U0961350

中国历史文化名人传

人间要好诗

白居易传

赵瑜　著

作家出版社

中国历史文化名人传

组委会名单

主任：李　冰
委员：何建明　葛笑政

编委会名单

主任：何建明
委员：郑欣淼　李炳银　何西来　张　陵　张水舟　黄宾堂　张亚丽

文史组专家成员（按姓氏笔划为序）

王春瑜　王曾瑜　孙　郁　刘彦君　李　浩　何西来　郑欣淼
陶文鹏　党圣元　袁行霈　郭启宏　黄留珠　董乃斌

文学组专家成员（按姓氏笔划为序）

王必胜　白　烨　田珍颖　刘　茵　张　陵　张水舟　张亚丽
李炳银　贺绍俊　黄宾堂　程步涛

出版说明

中华民族五千年文明史中，涌现了一大批杰出的文化巨匠，他们如璀璨的群星，闪耀着思想和智慧的光芒。系统和本正地记录他们的人生轨迹与文化成就，无疑是一件十分有必要的事。为此，中国作家协会于2012年初作出决定，用五年左右时间，集中文学界和文化界的精兵强将，创作出版《中国历史文化名人传》大型丛书。这是一项重大的国家文化出版工程，它对形象化地诠释和反映中华民族文化的基本精神，继承发扬传统文化的精髓，对公民的历史文化普及和建设社会主义文化强国都具有重要而深远的意义。

这项原创的纪实体文学工程，预计出版120部左右。编委会与各方专家反复会商，遴选出在中国文化发展史上产生过重大影响的120余位历史文化名人。在作者选择上，我们采取专家推荐、主动约请及社会选拔的方式，选择有文史功底、有创作实绩并有较大社会影响，能胜任繁重的实地采访、文献查阅及长篇创作任务，擅长传记文学创作的作家。创作的总体要求是，必须在尊重史实基础上进行文学艺术创作，力求生动传神，追求本质的真实，塑造出饱满的人物形象，具有引人入胜的故事性和可读性；反对戏说、颠覆和凭空捏造，严禁抄袭；作家对传主要有客观的价值判断和对人物精神概括与提升的独到心得，要有新颖的艺术表现形式；新传水平应当高于已有同一人物的传记作品。

为了保证丛书的高品质，我们聘请了学有专长、卓有成就的史学和文学专家，对书稿的文史真伪、价值取向、人物刻画和文学表现等方面总体把关，并建立了严格的论证机制，从传主的选择、作者的认定、写作大纲论证、书稿专项审定直至编辑、出版等，层层论证把关，力图使丛书经得起时间的检验，从而达到传承中华文明和弘扬杰出文化人物精神之目的。丛书的封面设计，以中国历史长河为概念，取层层历史文化积淀与源远流长的宏大意象，采用各个历史时期最具代表性的文化符号与雅致温润的色条进行表达，意蕴深厚，庄重大气。内文的版式设计也尽可能做到精致、别具美感。

中华民族文化博大精深，这百位文化名人就是杰出代表。他们的灿烂人生就是中华文明历史的缩影；他们的思想智慧、精神气脉深深融入我们民族的血液中，成为代代相袭的中华魂魄。在实现“中国梦”的历史进程中，必定成为我们再出发的精神动力。

感谢关心、支持我们工作的中央有关部门和各级领导及专家们，更要感谢作者们呕心沥血的创作。由于该丛书工程浩大，人数众多，时间绵延较长，疏漏在所难免，期待各界有识之士提出宝贵的建设性意见，我们会努力做得更好。

《中国历史文化名人传》丛书编委会

2013 年 11 月

白居易

目录

上卷

一、日本的文化恩人

唐朝距离今天已经久远，偏偏一位白居易，穿过千年历史云烟，依然踱步在我们身边。

初冬雪霁。我行走在洛阳伊水之畔，伸展手臂，能触摸岸边山崖。龙门石窟连绵一大片，层层叠叠。伊河对岸，可见香山寺连带居易墓园，坐落在松柏树木之间。举步过桥，到石窟对岸，头顶蓝天丽日，脚下大河奔流，耳听松风阵阵，心中惊叹不已。

白居易字乐天，号香山居士，纵横人间七十五载，晚年久居洛阳。他直把死期当归期，自选伊水岸上这块墓地，枕着青山览长河，要与彼岸石佛把盏临风，遥相唱和。

有记载说：白居易造墓香山寺旁，各色人等前来祭祀川流不息。来者情知逝者好酒，纷纷洒酒以献，以至墓前路径，流淌成一片泥泞。而今，我在进入墓园之前，也遵循古例，特地买了一瓶白酒，要向诗翁表达小子敬意。只见山路石阶尽皆硬化，墓首，置放一座半米高石鼎，即是香炉，炉中填铺黄土。凡前来酹酒祭祀者，且将美酒徐徐注入黄土鼎中，于是，墓前可闻醇香而不见酒水，松柏根底便不会泥泞。匆匆过往之现代人，很难体验唐人穿草屐嗅曲香踏酒泥那般愉悦了。

墓冢四周，新老碑石林立。不少新碑，为日本、韩国、新加坡等境外研究机构所敬献。一个日本机构在一九八八年七月所立碑文，采用尊贵人称“您”字，令人过目不忘：

伟大的诗人白居易先生，您是日本文化的恩人，您是日本举国敬仰的文学家，您对日本之贡献，恩重如山，万古流芳，吾辈永志不忘。谨呈碑颂之。

落款为“日本中国文化显彰会”。

简短碑文分量重，是中国传统文化有魅力，也是白居易个人有魅力。

唐王朝在中国古代史上，对外开放力度极大。一方面把好的外来文明消化吸收，一方面把本国文化产品输送出去。中唐以后，白居易诗集成为外国人眼中重器。使臣商旅往来中国，肩负一项奇特任务，就是搜求购买白居易诗歌。史载：“鸡林贾人，求市颇切，自云本国宰相每以百金换一篇。其甚伪者，宰相辄能辨别之。”白诗对外，百金一篇，真是瑰宝般行情。而在日本，能向皇室奉献白诗者，更有好事。唐文宗开成三年，也就是日本仁明帝承和五年，即八三八年，日人藤原岳守，“因检校大唐人货物，适得元白诗笔奏上，帝甚耽悦，授五位上”。就是说，此人因为进奉了元白诗篇，令皇帝高兴，竟然得了一个五品官职。

上述碑文，说白居易是“日本文化的恩人”，而且“恩重如山”，也有一定依据。在日本，醍醐天皇明确表示：“平生所爱，《白氏文集》七十五卷是也！”另一位嵯峨天皇，常将《白氏文集》置于宫殿案头，作为范本来考试其臣民。民国时，上海学者郭虚中，东渡日本，依托当地古籍史料，就此修成一部《白居易评传》；今人朱金诚、王拾遗作白居易研究著述，都明确表示参考了日本研究成果；近来，马歌东先生出了一本《白居易研究在日本》，说那里的学者们，从来没有间断过对白居易的鉴赏和研究。

白居易诗歌，中唐时期在国内就很值钱。根须扎得深厚，受众极为广泛，上至当朝皇室，下至黎民百姓，无不歌诵喜爱。有文人得到白诗新作，可以炫卖于市井“村路卖鱼肉者”，即拿乐天新诗换取美酒佳肴。荆州一位文人葛清，崇爱白诗，从脖颈往下，周身刺满白诗，腹背刺诗均能详记，“凡刻三十余处，首体无完肤”。今人李国文先生感慨道：“这位钻石粉丝，其崇拜之铁，其膺服之真，其虔诚之深，其尊从之诚，在这个地球上，恐怕也是绝响。”

唐代诗人优秀者，多数是在逝世以后，才逐渐确立诗名。而李白、杜甫、白居易，则是生前已经名扬天下的偶像级人物。中唐时代纸张稀缺，刻版印刷困难，白居易身后二百年，北宋年间，才诞生了毕昇活字印刷。而白诗竟能达到大众传诵、无孔不入的程度。“自长安抵江西，三四千里，凡乡校、佛寺、逆旅、行舟之中，往往有题仆诗者；士庶、僧徒、孀妇、处女之口，每每有咏仆诗者”（《与元九书》），“禁省、观寺、邮候墙壁之上无不书，王公、妾妇、牛童、马走之口无不道。至于缮写模勒，炫卖于市井，或持以交酒茗者，处处皆是”（《白氏长庆集序》）。读者们乘兴将白诗刻写在公共场所，以便万众游读，这就比少数人拥有纸张书卷还要厉害。

又闻长安城里，豪门招聘歌伎，竞争激烈，有歌伎自我介绍：“我诵得白学士《长恨歌》，岂同他伎哉？”就是说，能够演唱居易长诗，又是度量歌伎身价标准之一。后辈人，或把白居易称为“诗魔”，或称之为“诗王”，都是有道理、有根据的。白居易诗作，在当时就有一个巨大市场。

白居易去世后，当朝皇帝写诗悼念，谓之“诗仙”，说“缀玉联珠六十年，谁教冥路作诗仙……童子解吟长恨曲，胡儿能唱琵琶篇”，足见白诗雅俗共赏，确实渗透到各个阶层去了。

千百年以来，关于白居易诗歌的鉴赏与研究，可谓汗牛充栋，经久不衰。学界评价说：就作品在海内外的影响深远而言，从古到今，还没有谁能够超过白居易。

白居易诗作深入人心，说到底还在于这些作品大都是切中时弊、直面人生的力作，自会震动于当时，流传于后世。

白诗影响深远，还有一个原因，就是创作时间长，成诗数量多，远超同时代诸杰。有研究说白居易一生留下了文集七十五卷，诗文三千二百五十五篇，有的说数量更多一些。而不论怎么计算，都一致认为白居易是唐代诗歌创作之冠军。作品风格类型多样，满足了不同时代、不同读者层面的需求。

人们不禁会问，这样一位具备多重意义的伟大诗人，他的人生是个什么样子？他生活在一个怎样的世界里？他所创造的历史文化遗产，对于今日中国，又有哪些借鉴意义呢？

二、南北流离的童年少年

白居易诞生于唐代宗大历七年，即公元七七二年。出生那天是正月二十日。

向前推移十七载，天宝十四载（755），安禄山、史思明大叛乱，叛军于年底攻克东都洛阳，次年六月潼关失守，长安陷落。唐玄宗李隆基带着贵妃杨玉环仓皇西奔，王公贵胄四散而逃。杜甫“三吏”“三别”，正是动乱年代的真实写照。诗人至死也没有回到国都和故乡，五十九岁在贫病交加中逝去（770）。

两年后，白居易诞生。安史之乱历时八载，大唐王朝饱经重创。

白居易出生在河南新郑县：祖父和父亲在河南为官，新郑便是白家寄居之地。

白家乃秦朝武安侯白起后代，太原是白起之子白仲的封地。白居易一向自称为太原人。到了曾祖父白温这一辈，举家迁往陕西同州，后来定居下邽，就是今天的渭南市临渭区。曾祖父把家安在这里，年深日久，所以，不少学者常把白居易说成陕西渭南人，也有一定道理，并不为错。

祖父白锽，科举明经出身。从县尉做到巩县县令，治理有方。节度使保奏他得授“殿中侍御史内供奉”之衔，佩绯鱼袋。白锽性情宽厚，待人随和，但是见到不合理的事情，却能直言不讳。白锽也是一位诗人，五言诗达到很高水准，编有诗集十卷。白居易这个名字，就是这位爷爷起的，意在祝愿新生孙儿，将来日子过得容易些。白家从陕西下邽搬迁到河南新郑，也是这位爷爷的主张。

白居易父亲白季庚，同样是明经出身。新郑家里生了个儿子，这位父亲仍在外地坚守工作岗位，各种史籍都说白居易幼年和童年，父亲季庚在外为官，很少在家，那时白居易不过两三岁。他偎依在母亲陈氏身边，开启心智，学诗玩耍。陈氏把这个新生儿唤作阿连，听起来十分亲切。白居易和杜甫一样，启蒙者是母亲而不是父亲。当时，大乱之后仍多战事，白季庚时任宋州（即河南商丘）司户参军，距离新郑将近三百公里，想想一千多年前的交通条件，一位不足七品的小官，回趟家可不容易。

新郑郊外两条河流，一条溱水，一条洧水。颇多古意。《诗经》当中有《国风·郑风·溱洧》，描写郑国青年男女，手执兰草，在溱洧河畔撒下一路芬芳，踏春相恋，“伊其相谑，赠之以芍药”。少小阿连，就是在如此美妙的自然环境里，手牵母亲衣襟，开始认识人生和世界的。这家人上下都有文学素养，白居易直到十多岁才随母迁离而去，良好的家庭氛围和自然环境，对一个文学家的童年，产生着深刻影响。

后人为白居易作传，常常称许诗人襁褓待乳，生不足岁即“显示了非凡的识字能力”，说对“无”字、“之”字等屡以手指而从未误判，见者无不称奇。此类赞誉性说法，反正也不需要多少证据。而白居易五六岁学作诗，九岁能解声韵，则是没有疑问的。

母亲陈氏同样出身官家，识得书画文字。小小阿连，智力开发和早期教育，总体上堪称优良。白居易在这样一个敦厚儒业的中小官宦家庭里，度过了幼年和童年。

这里顺便提一下，与白居易同年出生的大诗人。一位是李绅，官至宰相，千古传颂的《悯农》“锄禾日当午”，出自此君笔下，《全唐诗》当中收有李绅诗四卷；另一位是刘禹锡，后世名声更大，佳作甚多；还有一位崔群，官至吏部尚书，也做过宰相，史上有高名。这三人与白居易交谊非同一般，后边都将写到。白居易出生前十年，李白去世，前两年，杜甫去世。而在前五年，又诞生了韩愈。柳宗元比白居易小一岁，元稹、贾岛比白居易小不太多。中唐仍然是一个人杰辈出的时代。

白居易八岁那年（779），唐代宗李豫驾崩，太子李适即位。李适曾经和皇室一起，饱尝战乱及家国之痛。七六二年，青年李适曾经出任“天下兵马元帅”，携手郭子仪，并肩讨伐安史余部，收复失地，重整河山。到七七九年，李适以唐朝第十位皇帝登基，是为德宗。从七八〇年正月起，改号建中。

这一年，白居易之父季庚，由宋州司户参军，转任徐州彭城县令。此彭城为江苏省铜山县，后来是徐州市铜山区。古代徐州向为兵家必争之地。唐时，这里有节度使驻守。问题就出在这里，时有徐州节度使李纳，抗拒中央，以图割据。白季庚力劝徐州刺史李洧不可与贼同党，招致李纳两万劲旅围攻无兵之徐州。季庚即与李洧征集吏民千余人，自已武装起来抗敌。白季庚亲冒矢石，日夜酣战，据城坚守四十二天，直至援兵赶到，合力击溃李纳叛军。徐州既保，捷报传京，德宗大喜，当即嘉奖有功县令白季庚，升任徐州别驾，赐绯鱼袋。叛贼从此不敢东窥江淮。这件事，在《资治通鉴》中有详尽记载。

刚做了一年县令，就升任别驾官阶，这是用生命和意志换来的，白居易家风忠正，由此可见一斑。

徐州之战发生在建中二年（781），白居易十岁。

不料，徐州兵戈稍息，河南狼烟又起。李希烈拥兵哗变，进占许昌，先克汝州，继克汴州，自称天下都元帅，新郑岌岌可危。白居易一家，只好避难东去，移居白季庚任所。

白家东迁徐州，时间是七八二年或是次年。白居易五十六岁在《宿荥阳》诗中回忆，说“去时十一二”，并不十分确定。而重要的是，居易在人生初期，经历了北国传统熏陶，又即将受到江南细雨沐浴，这对于一位杰出诗人的成长，很不寻常。

此时，白居易祖父祖母均已辞世，白家拖累不大。徐州别驾白季庚，将妻儿安顿在符离乡下，以利阿连寄居读书。符离，夹在安徽宿州、淮北和江苏徐州之间，史上有名。唐贞观五年（631），曾有符离五学子同中进士，轰动长安。符离古镇，今属安徽宿州市埇桥区，四季游客如云。

白居易一家团聚在符离朱陈村，却不能安居求学。这是因为，自德宗即位以来，朝廷为削减藩镇势力，废除租庸调法，改行两税法，增强中央财政收入。各地藩镇枭雄不满，便彼此勾结起来，穷兵黩武，抗衡中央。一时间兵戈扰攘，混战频仍，符离乡间还是不得安宁。

当朝廷两河用兵之际，徐州别驾白季庚，决定把阿连送往越中亲友那里，以便寻觅一个稳定的读书环境。白居易后来有诗曰：“九月徐州新战后，悲风杀气满山河。”这就是一家人刚团聚又分离的原因。于是，少年阿连独自奔走越中。

越中，唐时为越州，治所在浙江绍兴府，核心区域乃今天绍兴市和杭州市萧山区。盛唐以来，这里文风盛蔚，经济发达，名流云集，有两个原因：一是安史之乱“渔阳鼙鼓动地来，惊破霓裳羽衣曲”，战火燃烧北国，江南尚且安定，文士们纷纷避乱而至。名士顾况说得明白：“安禄山反，天子去蜀，多士奔吴，为人海。”（《全唐文》卷五二九）顾况自己就是“奔吴”群体之一员。第二个原因，是坐镇主官非同一般。当时苏州刺史韦应物、杭州刺史房孺复，都是名满朝野的大文人。白居易在《吴郡诗石记》中回忆道：“贞元初，韦应物为苏州牧，房孺复为杭州牧，皆豪人也。韦嗜诗，房嗜酒，每与宾友一醉一咏，其风流雅韵，多播于吴中，或目韦房为诗酒仙。时予始年十四五，旅二郡，以幼贱不得与游宴。”语多遗憾。

“幼贱”，年少无名之谓也。

韦应物自言说:“吴中盛文史，群彦今汪洋。”江南文士云集，顾况形容“为人海”，韦应物形容“今汪洋”，足见当时盛况。白居易少年求学环境，反差太大，一阵动荡流离无定所，一阵盛况空前文豪多，成长期翻腾着体验、悲苦、喜悦、思考的活水波澜，而不是拘泥一隅读背死书。

写到这里，涉及一个典故。讲少年白居易拜见顾况生出了趣闻，几乎无人不晓。

这位顾况先生，很不简单。后人“红叶传情”佳话，即源自顾况。当时，青年顾况身在东都洛阳，秋天，一片红叶顺着皇家宫女居住的上阳宫水道，漂流而至下池。顾况弯腰拾起来，却见红叶之上，写有一首宫女哀怨诗:“一入深宫里，年年不见春。聊题一片叶，寄与有情人。”

顾况顿时爱意萌发，当即在叶上赋诗一首，复将红叶传入宫中:“君畴不闭东流水，叶上题诗寄与谁？”从那以后，顾况与皇家宫女时常凭借红叶传递爱恋之情。不久，安史之乱突来，官军发动为期六十天的“洛阳保卫战”，顾况在战火中营救这位宫女，逃出上阳宫，并与之成婚，直至白头偕老。从此，红叶被视作爱情象征，传咏后世。古籍上把这段爱情称为“下池轶事”。

几年后，顾况进士及第，入朝为官，为著作郎，阶为正六品上。顾况很重视诗文理论，他的乐府诗同样反映现实困惑，大有才名。

白居易与顾况之间的一段趣闻，是说十六岁的白居易赴京初考，默默无闻“名未振”。他拿着诗卷去拜见顾况，以求指教。顾况接过诗稿，看到“白居易”这个名字，便玩笑道:“长安米价昂贵，要想居住下来可不容易啊！”待到读罢首篇“离离原上草，一岁一枯荣。野火烧不尽，春风吹又生”，态度立转，赞叹道:“能够写出这样好的诗句，居住长安又有何难？”从此，顾况屡向文坛夸赞白居易诗才，乐天诗名因而传开。(见《幽闲鼓吹》)

这段佳话流传下来:“长安米贵，居大不易。”除上述《幽闲鼓吹》外，还有《全唐诗话》《唐摭言》《唐语林》《北梦琐言》《能改斋漫录》《诗话总龟》《尧山堂外纪》《陈谱》《汪谱》等多种版本流传，内有长安“米贵”“物贵”“百物贵”多种表达，总之意思差不多。问题在于，所有典籍中，对白居易是在什么情况下拜谒顾况的，具体时间和背景都比较模糊，无非是白居易“少年赴京初举谒顾况”这样一个笼统说法。而顾况仅在贞元三年（787）至贞元五年（789）在长安为官，时间很短，此后便被贬离京。这两三年当中，白居易尚在江南苦读，从未去过长安。他在《与元九书》中回忆，自己直到十五岁，才明白考取进士始可为官这个道理，而真正赴京赶考，则是十几年以后的事情。

晚近学人，思考质疑渐多。对于白居易诗谒顾况之事，也有了新说法。学者们普遍认为：著名诗篇《赋得古原草送别》成于贞元三年春天，白居易十六岁。同年成《江楼望归》诗，题下自注“时避难在越中”，诗中有句“旅愁春入越”，据此可证诗人十六岁身在吴越，根本没有去过长安；而韦应物履官苏州刺史，顾况恰于贞元五年到达苏州，受到韦应物款待。韦应物专门写了《郡斋雨中与诸文士燕集》一诗，尽写韦、顾相聚，意气高昂之豪放情景，顾况本人还回诗唱和，有据可查。白居易后来写“幼贱不得与游宴”，即知他本人也在附近。

依照上述史实梳理下来，白居易拜谒顾况之事，时间和地点只能吻合于苏州而不是长安。据此，不难品味出顾况两段话语的前后意味：自己刚刚被贬外放，感慨京城“居大不易”，戏言也就十分自然，忽见佳句“野火烧不尽，春风吹又生”顿时大受鼓舞，诗句让落魄文人重添了豪气和希望，转而脱口激赏好诗并为作者“延誉”，这才是合情合理的。

趣话无非想说白居易少年奇才而已。尽管有王拾遗等学者屡对这段传说的真实性提出质疑，但学界并不认真对待此议。传说依旧可以继续流传下去。

白居易家世故事繁多，有一件事情，古今学界长期下不了定论，表述起来有些麻烦。历史谜团有待后人从容解析，不忙作出结论，我这里只能做个简述。

前头讲，白居易小时候受到哺育和教养，主要依靠母亲陈氏，加上他的外祖母，她们出身官家、极尽贤良。白母辞世后，白居易亲作墓志铭，内中说阿连兄弟从小读书，源自陈氏母亲传授："诸子尚幼，未就师学，夫人亲执诗书，昼夜教导，恂恂善诱，未尝以一呵一杖加之。十余年间，诸子皆以文学仕进，官至清近，实夫人慈训所致也。夫人为女孝如是，为妇顺如是，为母慈如是，举三者而百行可知矣。"

一位好母亲形象跃然纸上。不过，白居易父亲，却与这位陈夫人年龄悬殊。史载白季庚四十一岁时，娶了十五岁的陈氏为妻，夫妻间相差二十六岁之多。这种差异，很引人注目。晚清学者罗振玉提出：陈氏可能是白季庚妹妹的女儿，相疑此乃舅舅和外甥女之间的一场婚姻，因而迭遭市俗猜疑，白母饱受刺激，患染"心疾"而逝。此事，似乎成了白家一个"短板"。陈寅恪先生也同意并支持这种说法。学界进一步考据白家远祖出自西域龟兹王族，白姓是汉化后的胡姓之一，从而推论胡人婚俗异于汉人。而更多学者不同意这种判断，认为流传文字常常不准确，把人对错号，造成了误会。随即考证出白居易父母确是表兄妹，但"绝非舅甥联婚"（岑仲勉等）。两种意见依然存在，如顾学颉肯定陈寅恪的判断，陈之卓支持岑仲勉的说法，双方时作补正。还有新的论据认为：白季庚母系出自河东薛家，陈夫人则出自昌黎韩氏，二人原本不是同室一族，如何说成是舅甥联姻呢？真是众说纷纭，不一而足。

更麻烦之处在于，因为这样一个父母联姻疑案，学界又引申到白居易人生走向方面，把上一辈子婚事和下一辈的政治倾向联系到一起了。如中唐上层几十年"牛李党争"，朝中百官无不卷入其中。陈寅恪便说：白家由胡人藩镇之部归顺中朝，"其家风自与崇尚礼法之山东士族迥异，如其父母之婚配与当日现行之礼制（开元礼）及法典极相违戾，后来乐天之成为牛党而见恶于李赞皇，其历史之背景由来远矣"。苏仲翔也附和说："可借此说明唐时山东旧族与新兴士族间对于礼教不同的看法，以及后此二者在政治上分野的由来。"

学者大家轮番考研引申此事，自有其道理，笔者趣味则不在此处。我只是想告知读者：有这么一个谜团尚待破解。极言之，如果家庭模式太庸常，童年生活太平凡，还会诞生李白、杜甫、白居易这样的奇才吗？

老外婆和母亲，领着一堆孩子，经济收入也不高，还要千里行走，日夜教子读书。陈夫人十五岁成婚，养育着长子白幼文，十八岁时生了白居易，此后生了三弟白行简，四弟幼美。兄弟几人生逢乱世而“未就师学”，全凭陈夫人“亲执诗书，昼夜教导”，此中艰辛又有谁知？白居易祖父早逝，父亲外任，陈夫人独撑家室，辅导下一代自学求进，一般女性岂能做到？

白氏家族十分庞大，白居易的叔伯同宗兄弟很多。他在同辈兄弟当中，排行二十二。就是说，白居易上有二十一位兄长，下面兄弟小妹也肯定不少。如果这个大家族安然聚居下来，该有多么热闹。

然而，时值战火，百姓安居的愿望尽成泡影，白居易避难越中三年，一方面看到仕官府衙吟诗耽酒，竭力维持着昔日盛唐之风；一方面感受到“昼行有饥色，夜寝无安魂”的凄苦民生，体味到“道路通荒服，田园隔虏尘”的乱世悲凉。他想念远在徐州的母亲，在孤苦中生出一个少年人新的坚定。他认准了一个道理：只有刻苦读书进取，才能为改善这个社会尽一份责任，他必须重新回到符离去，中止流浪，伏案苦读，主宰自我命运。

对于这一段少年生活，白居易刻骨铭心，曾以一首《望月有感》概括之。后人一直将这首诗作为经典批注研读，题下小序完全写实，题谓：“自河南经乱，关内阻饥，兄弟离散，各在一处。因望月有感，聊书所怀，寄上浮梁大兄、于潜七兄、乌江十五兄，兼示符离及下邽弟妹。”大家族不可安居，此诗乃证：

时难年荒世业空，弟兄羁旅各西东。
田园寥落干戈后，骨肉流离道路中。
吊影分为千里雁，辞根散作九秋蓬。
共看明月应垂泪，一夜乡心五处同。

这首诗把一族一家之痛，与千家万户连接在一起，也把一位成长中的诗人，同一个悲壮时代紧紧捆绑在一起了。

三、符离苦读与初恋情人

白居易挥泪告别吴越亲友，回返徐州符离。这时候他不满二十岁，种种关于人生和世界的观念正在形成。少年眼中风景，终将演成诗人笔下风情。从苏杭一路向北，回乡途中，白居易看到了社稷凋零，流民哀痛。那两行诗说，“田园寥落干戈后，骨肉流离道路中”，定是一边跋涉，一边生发出来的。

唐王朝“安史之乱”是个分水岭，此前初唐、盛唐，历经贞观之治、武后变革，大唐帝国在政治、经济、军事、文化各方面得到空前发展，世界强国、万国来朝，是名副其实的“形势一片大好”。据记载，在安史之乱前夜，天宝十三载（754），唐帝国人口为五千二百一十八万零四百八十八人，经过血光烽火的十年，据广德二年（764）统计，只剩下一千六百九十二万零三百八十六人，从五千二百多万人口，十年跌落到不足一千七百万，何至于此？除去杀戮死亡之外，主要原因在于，各路藩王纷纷宣告脱离中央统治，许多郡县陷落敌手或战期对峙，根本无法统计齐全。《旧唐书》记载刘晏的话，说“函陕凋残，东周（洛阳）尤甚五百里中，编户千余而已。萧条凄惨，兽游鬼哭”。天下户册散失大半，生产力受到极大破坏。更重要的是，唐承隋制而行之有效的均田制早已失去依据，与之相适应的“租庸调”再也无法执行……

白居易北归符离，满目血泪：朝廷财政军耗亏空，黎民不堪盘剥怨声载道，悲愤困苦出诗人，国家不幸诗家幸，成长中的白居易，想不早熟都难。

贞元六年（790）岁末，十九岁的白居易回到符离。屈指略算，他漫游江南求学避难，不觉七八年过去。这期间收获是多方面的，最重要者，在于开阔了心胸眼界，明确了前进目标，把读书求进变成了一种人生自觉，每时每刻都不会放纵自己。

几十年以后，白居易难以忘记这段苦读生活。他在《与元九书》中写道：

> 二十已来，昼课赋、夜课书，间又课诗，不遑寝息矣。以至于口舌成疮，手肘成胝。既壮而肤革不丰盈，未老而齿发早衰白，瞥瞥然如飞蝇垂珠在眸子中也，动以万数，盖以苦学力文所致，又自悲矣。

英杰之所以横空出世，其天资聪颖当然是一个方面，而不懈努力则是更重要的一个方面，二者不可偏废。种种荒嬉轻狂，都无法代替艰辛持久的寒窗苦读。

江南八载启迪心智，上流社会精英感召，白居易更加明确了人生方向。唐时，科举制度走向成熟完善，投机取巧猎获功名的道路行不通。皇朝望族门阀荐举的好事，与白居易也不沾边。多年间，全家人东奔西走，所得益处无多，历经磨难不少。这是白家子弟不同于普通农户之处，也是促使一个青少年决不庸安行世、定要艰辛进取的动因所在。

提及唐代科举，不妨多说几句。后来学界偏崇西风，常把中国古代科举制度，看作传统文化当中腐朽没落的一个侧面，盲目地将古代科举与宦官、裹脚、纳妾等陋习相提并论，其实大谬不然。隋唐科举，打破了世族门阀唯亲是举的统治地位，为各阶层学子参与国事，建立起合法的上行管道，逐步形成以进士出身为标志的新兴进步阶层，从而极大地提升了中国政治文明生态，促进了儒士文化迅速繁荣。到武则天时代，进而开创武举制度，一改魏晋六朝以来阴柔文弱之风，重新确立文武双全的人才标准，不仅在英雄豪杰群体中树起了为国效力的持久观念，而且影响到文科学士，以豪气干云之广阔胸怀，走向自信自强。李白、杜甫、白居易，还有更多的唐代诗人，都不约而同留下了仗剑长歌的壮丽诗篇，边塞诗人地位起点甚高。乃至安史之乱，始有郭子仪等武举将帅，高呼着“再造唐室”的响亮口号，以荡寇平贼之壮举，完善国家栋梁之人格。

多年寒暑，符离苦读，白居易即将完成一次最重要的人生转折，他是一只雏鹰，从险象环生、冰雪风暴的悬崖上顽强长大，羽翼日渐丰雄，在一天早晨，终将迎着太阳之光，向着远方，向着群山峻岭，乘风翱翔而去。

苦读追寻进士道路的科举学子，都是从全国各地逐年逐阶选拔上来的佼佼者。金榜题名之后，人多势众，终于形成了一个新兴进步阶层，这是相对于北朝以来河北、山东的宗族豪门及“关中本位”的封建旧势力而言的。中唐前后著名的“牛李党争”，其背景也是这么来的。进士新兴群体反对知识垄断和政治垄断，不屑于既成权威的所谓“经术”，崇尚文辞异彩的清流创新，具有个人主体解放的思想倾向，简单说，旧势力重门第而日趋保守，新阶层重科举而普遍开明。表现在生活情感上，后者奔放自由，侧重人性，往往不拘一格，放浪形骸。

如此说来，白居易十九岁（790）回到符离读书，正是思想情感和身体发育蓬蓬勃勃日渐成熟的年龄段。他手不释卷，口不停诵，脑子里充满了精英前卫的新鲜理念。说浪漫，有李白仙风道骨，说苦难，有杜甫万古忧伤，更有爱不尽的贞观前贤：王勃、杨炯、骆宾王、卢照邻、陈子昂，盛唐巨匠王维、高适、岑参、孟浩然，有这么多优美诗文滋补灌输，年轻的白居易热情奔放，心潮激荡。

美丽姑娘名叫湘灵，此刻出现在白居易身旁，湘灵家和白家是邻居，有人考证，这女子本是白居易小弟金刚奴的玩伴发小，总之湘灵比白居易小好几岁就是了。居舍周边，环境清幽恬静，原野上，水港边，生长着茂盛的符离草，红日艳艳，碧水荡漾，白鸥飞翔，草木苍苍，灵秀美女，才学儿郎，朝思暮见，情深意长。

偷情私会，势在必然。

白居易作诗刹不住车，“艳质无由见，寒衾不可亲。何堪最长夜，俱作独眠人”（《冬至夜怀湘灵》）。找不到事由，可以让咱俩相拥，长夜漫漫只好各自独眠，这真是民歌中所吟唱的“难活不过人想人”——再看一首《寄湘灵》：

泪眼凌寒冻不流，每经高处即回头。
遥知别后西楼上，应凭栏干独自愁。

第二句特别好，低处看不到伊人倩影，高处能不能看到呢？三年相处之间，两位青春男女相爱已深。

湘灵的家境很一般，她除了自身秀美善良，没有更多优势，也没有什么贵重信物送郎托爱。于是，她用一双巧手，给白居易做鞋子，又一针一线在鞋面上绣出美丽图画。这双鞋，绣上了花，不是让人穿的，只让人带在身边寄托爱心。有人考证，鞋上所绣，是红花绿叶并蒂莲，一只鞋上绣一朵，合在一起始成双，是二人私定终身的信物，尤为珍贵。的确，这双鞋陪伴着诗人行迹，直到荣为高官时，直到远走山水间，白居易始终不舍“湘灵鞋”，长期带在身边。

那一次，白居易贬谪江州，年已不惑，行囊久捆，衣书潮湿，很需要晾晒。其中就有这双鞋。小侄龟儿年幼顽皮，便把这双鞋当作两只小船，漂置于水盆中玩耍，忽然被白居易撞见，急急制止，竟把龟儿惊吓得哭了起来。叹息之中，诗人提笔写下一首《感情》，湘灵和这双鞋分量之珍重，尽在诗中：

中庭晒服玩，忽见故乡履。
昔赠我者谁，东邻婵娟子。
因思赠时语，特用结终始。
永愿如履綦，双行复双止。
自吾谪江郡，漂荡三千里。
为感长情人，提携同到此。
今朝一惆怅，反复看未已。
人只履犹双，何曾得相似。
可嗟复可惜，锦表绣为里。
况经梅雨来，色黯花草死。

履乃鞋，綦，鞋带。情侣本来不可分割，却漂荡三千里之遥，时间和梅雨，使鞋上的绣花色泽黯淡，看来看去，只有惆怅……

白居易把湘灵称作“东邻婵娟子”，足见深爱。

不知为什么，从古到今，相关白居易种种言说，对于“白灵之爱”都是点到为止，一笔带过。晚近专著，或以斗争学说统领，干脆只字不提白湘此情，好像谈恋爱与“人民性”诗人不该发生关系。而在我看来，白居易这场初恋，由于门第差异等原因，构成悲苦结局，白居易情感上持久难平，这对于诗人今后妇女观的形成，包括《长恨歌》《琵琶行》以及一系列同情女性命运种种诗作，都将产生深刻影响。这位“东邻婵娟子”在诗人心中经过升华，对于白居易异乎寻常的平民化倾向，对于他一生保持着至性至情的率真品格，都是影响巨大的。

甚至可以这样认为：有两位女性对白居易发生了毕生影响。一位是仁慈温厚母亲；一位是红颜知己湘灵。与其说白居易创作深具人民性，不如说白居易始终保持了至美人性，是庄严的，也是优柔的，是广阔的，也是细腻的。

白居易的青少年时代，有苦有甜。一面战火动乱，一面柔美爱情，一面颠沛流离，一面寒窗苦读，一面存活于现状，一面着手于未来。符离三载，便是从现状迈向未来的中转站，美丽湘灵，更是白居易人生演进的同路人。

贞元九年（793），白居易二十二岁。秋天，他伴送母亲，从符离远赴襄阳。只因父亲白季庚，已从衢州任所，改调襄州别驾。未料，母子俩鞍马劳顿到达襄州，白季庚却在次年五月病故。白居易后来回忆说：“昔到襄阳日，髯髯初有髭。”可怜他刚刚生出了一些毛茸茸的胡须，全家人的靠山，便轰然倒塌。

在襄阳，白居易匆匆访问了孟浩然故居，又和弟兄们一起暂且将老父掩埋，母亲则前去洛阳，于白氏家族寄居。依照唐律，父母辞世，儿女丁忧，或叫“丁艰”，也就是关起门户，停止一切娱乐活动，回家尽孝。早在周朝始有此俗，及至唐代形成立法。守孝丁忧通常为三年，儿女不得谈婚论嫁，兄弟不可趁机分家，学子也不许应试投考；对待大小官员，则更为严格，丁忧期间，必须解官离职，停薪返乡，叫作“以孝管官”。朝廷将根据孝子丁忧期间表现，奖罚分明，只有武将依据战事可以例外。由此可知，儒家所奉行的仁义孝道，需要确立专项制度加以保证。如果只是一味说教，自我束缚，恐怕也不济事。尤其是在职权利益面前，多么好听的教导都是苍白无力的。

此刻，白居易必须返回符离家中，守孝丁忧。据王拾遗先生考证：白家弟兄的丁忧时限为二十五个月，即由前两年二十四个月，加第三个年头一个月，方为期满。（亦有二十七个月一说，即前两年加上第三年一个季度）如此算来，白居易须从贞元十年五月份起，到贞元十二年六月，在家丁忧不得外出。也就是公元七九四年五月到七九六年六月这个时段。

白居易回到符离，重新开始攻读。哀父之痛逐步平复。安慰心灵者，有诗书良友为伴，更有东邻湘灵往来。不难想见，两位爱侣别后重逢，耳鬓厮磨相顾泪眼，其情欲热焰，自比前番炽烈。屈指一算，二人相恋的时间着实不短。

谈到诗书良友，符离不乏其人，至少有六七位学子，时常和白居易学习生活在一起。这种群体聚会，对于提高学知大有益处。这个群体的学子日后很有出息，其中一位张彻，一位张复，一位白行简，后来都考取进士。而且，张彻与韩愈同在符离曾是邻居，只是未见白乐天与韩愈符离交往的记载。

为父丁忧两年，白居易日子过得十分充实，白诗《醉后走笔》回顾诸友，不吝笔墨，语多欢愉：

刘兄文高行孤立，十五年前名翕习。
是时相遇在符离，我年二十君三十。
得意忘年心迹亲，寓居同县日知闻。

衡门寂寞朝寻我，古寺萧条暮访君。
朝来暮去多携手，穷巷贫居何所有？
秋灯夜写联句诗，春雪朝倾暖寒酒。
陴湖绿爱白鸥飞，濉水清怜红鲤肥。
偶语闲攀芳树立，相扶醉蹋落花归。
张贾弟兄同里巷，乘闲数数来相访，
雨天连宿草堂中，月夜徐行石桥上……

诗中每一种情景，都令人神往，更有“东邻婵娟子”频频偷情约会，使得白居易诗文学业大有长进。古往今来，学子性情快乐并具勤奋品格，才能够独立思考敢于创新，倘若只有艰贫苦痛堆郁心胸，没有欢情奔放陶冶性情，作家和诗人定然迈不开脚步，走不到远方。这是陶渊明、李白、白居易等独领风骚者的一个共同特征。更多时候，他们是欢快的，还有美酒助燃。

白居易忆及湘灵，谓之“婵娟子”，却不曾使用其他形容词，对此只有一种解释，就是私会时分总是夜晚。每说湘灵，诗人就会想起月夜激情，月色明媚佳人妙曼，合称便是婵娟。如果，农家少女挥汗于“锄禾日当午”之山野，即使非常健硕美丽，诗人也不会冠名婵娟吧？

四、从宣州乡试到长安登科

可惜，男人对待功名之虔诚，总与早期情侣相对立，白居易和“婵娟子”的快乐时光也不会长久。贞元十二年（796）炎夏，白居易丁忧二十五个月期满。书也读好了，爱也爱够了，男儿行将奋斗出山。

次年，白居易长兄白幼文，仕任饶州浮梁主簿，做了一个难登品秩的小官。白居易也决计离开符离，一步步置身到主流社会中去。

白幼文到浮梁任职，可能与叔父白季康举荐有关。父亲季庚乃白家长子，季康为弟，时任宣州刺史崔衍属下溧水县令。宣州，为安徽省宣城市宣州区，南倚黄山，北通长江，东连江浙，西靠九华，地灵人杰。宣州泾县创造出宣纸来，成为中国传统文化最关键的载体；宣州隶下溧水县，今为南京市开发区。偏偏溧水之中山，又是中国毛笔诞生地。这就有了大趣味，自唐代始，文人铺展四尺宣纸，挥洒中山兔毫笔，尽情赋诗作画，纸寿千年，流传后世，就是传统文化中具有标志性的最高享受。

白季康在溧水为官，政声极佳。白居易南下一千多里，要参加最初“乡试”，找的正是这位县令叔父。顺便说一下，白季康去世以后若干年，溧水县衙改为白公祠，溧水县里城隍庙，所祭城隍神便是白季康。

几十年后，白居易早已名满天下，他专程参加了这位叔父与婶母的合葬仪典，亲自为叔父撰写墓志铭。季康独生子白敏中，继堂兄白居易之后，亦为进士，后来还做了宰相。有这样一个儿子，又有白居易这样一个侄子，世人把白季康供奉于溧水城隍庙中，也就不奇怪了。

乡试之前，符离月下，白居易和湘灵挥泪话别，细节不得而知，少不得一番海誓山盟，私定终身。

有人考证唐代学子参试与户籍之关系，认为属地和“身份”都很重要，但是并不严格。初唐以来文风盛蔚，官学私学均已成形，平民学子经历寒暑苦读，每年都可以在本土县乡参加“常举”考试即“乡试”。成绩突出者，晋升州府一级“州试”，由州府大人亲自考核拍板，确定本州“贡生”即举人。此后，这位学子就可以积极准备跋涉赴京，参加朝廷大考，争取功名了。

白居易告别符离，前往宣州溧水参加“常举”乡试，势在必行。痴女湘灵除了眼含热泪衷心祝愿，再也不能说些什么。这一年（798），白居易已经二十七岁，功名大事，岂敢耽误下去。惊回首，同时代才子元稹，明经及第年仅十五岁，柳宗元和刘禹锡同年进士，一个二十一岁，一个二十二岁，真不得了。

唐代科考偏重文学，以至大诗人层出不穷。白居易乡试一挥而就，进而参加州试到宣州，考题篇目，一为《射中正鹄赋》，一为《窗中列远岫诗》，答卷仍然拔乎其萃。贞元十五年（799），宣州刺史崔衍，将白居易确定为宣州贡生，推举到长安迎接进士大考。难免有人怀疑，这位白贡生，是不是县令白季康和宣州崔大人照顾了关系户呢？要回答此疑，并不简单。只因唐时荐举"州贡"赴京赶考，一旦成绩不佳，这位州衙大人就会受到朝廷质疑和惩罚。倘若有人检举营私舞弊，州官更要丢官辱门，结局不测。所以，天下"州贡"学子集结长安，州县两级大员同样肩负重责、坐卧不安。一旦荣登金榜，州县也将光芒四射。因此说，举荐学子赴京赶考，与州县官员之荣辱切切相关，是不能随便"照顾"的。

白居易在宣州初战告捷，便要掉头北上，途经鄱阳、洛阳到长安，参加次年春季京都大考。此时有件事值得一说：宣州距离浮梁不远，到浮梁去看望一下长兄白幼文，再往北去，也不太绕路。兄弟相见后，幼文大哥交给阿连一项艰巨任务，就是肩背一袋禄米（我想应该是大米），北归两千多里路，把米送给洛阳老母享用。很显然，白季庚去世后，全家生活重负压在长子白幼文身上，浮梁主簿，俸禄微薄，一袋禄米自然金贵，而白居易肩负米袋，只身跋涉两千五百里山川河流，其心灵深处所感，必将终生难忘。这项任务，与人杰首先劳其筋骨之说相吻合。白居易后作《伤远行赋》记其事："贞元十五年春，吾兄吏于浮梁，分微禄以归养，命予负米而还乡。出郊野兮愁予，夫何道路之茫茫。茫茫兮二千五百，自鄱阳而归洛阳。"又说："昔我往兮，春草始芳，今我来兮，秋风其凉。"

这一趟苦旅行程，让漂泊多年的白居易懂得了更多的国难民艰，一步步走向善思和成熟，诗人苦难的青少年时代，艰辛而又丰厚，他深刻地理解了民间疾苦，更懂得苦难之根源在于高层朝政的腐朽。这一切，对于他民本思想的形成，对于他一生立身行事的原则，影响极深，作用极大。

长安大考，等待着这位宣州举子的到来。

贞元十六年（800）早春，白居易终于站立在国都长安闹市街头。

这一年，诗人已经二十九岁，三十而立，时不我待，在等待大考之际，他两眼清泪，忧郁不安，写下一首《长安早春旅怀》：

轩车歌吹喧都邑，中有一人向隅立。
夜深明月卷帘愁，日暮青山望乡泣。
风吹新绿草芽坼，雨洒轻黄柳条湿。
此生知负少年春，不展愁眉欲三十。

长安夜景百般喧闹，与诗人向隅孤立的处境形成鲜明对比。安史之乱平复后，京城很快恢复了国际大都市的昔日风采，九州十国巨贾豪商，重新聚集而来。作家潘泰泉先生著《白居易传》，其中描绘此时长安景象，让人有如身临其境：

延兴门内昭国坊以及兴庆宫南东市场，更是店铺满街，喧声如潮，穿着各色衣服的买主卖主摩肩接踵，远远看去，宛若胭脂河上漂满花瓣，叫卖声，还价声，震耳欲聋，远远听去，又似兴善寺里五百禅师齐声诵佛，这里的二百二十行，花色齐全，山南海北货，应有尽有：卖官盐的，卖洛阳三彩的，卖洗心糖的，卖牡丹花的，卖浮粱茶的，卖黄莺儿的，卖石纹纸的，卖滇黔药材的，卖普贤像的，卖内丘瓷器的，卖苏州丝帛的，以及通过丝绸之路和海上通道，从波斯、大食、拜占庭、巴比伦等国来卖大宛马的、卖乐器的、卖珠宝的、卖白老鼠的……栉次鳞比，满目琳琅，直把两条大街塞了个水泄不通。

段落中间，连用十几处“卖”字，十分精彩。长安外表风貌恢复如前，可叹朝廷上下腐朽积弊很难改革，反而沉疴愈重也。

身居繁华盛景，白居易心事重重：“忆昔羁贫应举年，脱衣典酒曲江边。”一首《长安正月十五日》，既是忧己也是忧国：

喧喧车骑帝王州，羁病无心逐胜游。
明月春风三五夜，万人行乐一人愁。

这是白居易人生的分水岭。生活道路曲折困顿，艰难痛苦，民间疾苦声，朝政积弊事，由表及根，尽在胸中。

笔者注意到白居易为文处世的一个重要侧面，是他的人生独立性。要说朝野主流皇权至上，儒释道学说入脑入髓，对于古代作家虽有捆绑，但是，因为人生经历各不相同，由此形成的个人独立意识强与弱，又是至关重要一大元素，李白，就是一个突出例证，白居易同样具备独立自主、特立独行的显著特征。长安大考之前，白居易“出门可怜唯一身，弊裘瘦马入咸秦。冬冬街鼓红尘暗，晚到长安无主人”，他致信朝官陈京，一方面，学子追随主流功名；另一方面，在不经意间也表达了自我独立的心迹：

居易，鄙人也。上无朝廷附离之援，次无乡曲吹煦之誉，然则孰为而来哉？盖所仗者文章耳！

从这篇《与陈给事书》中可知，白居易随函附上“杂文二十首，诗一百首”，呈请陈京给予荐举，以期有助于大考进取。这种做法，在唐时学子中已成风尚，此处不议，笔者看重者，乃白居易信中表白：鄙人“上无朝廷附离之援，次无乡曲吹煦之誉……盖所仗者文章耳”。这种潜伏于心底深处，要以真才实学行世的独立品格，伴随了白居易一生。

这是贞元十六年（800）正月里写的信。二月开考，主考官是中书侍郎高郢。对做过充分准备的学霸白居易来说，考试并不是什么难事。而考题虽然不难，气氛却非常紧张。本次进士大考，贡生达千人之众，先后分三场决定去留，即淘汰制，一场一场往下刷人，十分残酷。第一场考诗赋，赋题为《性习相远近赋》，要求有韵脚顺序，限制字数不得少于三百五十字；诗题为《玉水记方流诗》，要求以流字为韵，六十个字。

考生一紧张，首场被刷下大半，第二场又淘汰大半，及至第三场再看，所剩考生屈指可数矣。

二月十四日，大唐礼部东墙外，张榜揭晓进士精英，官员每宣呼一人中榜，便击鼓敲钟一次，声势之隆，震撼万众。白居易以第四名佳绩得中。本届进士十七人，年近三十的白居易还是最年轻者。时有民谣道："三十老明经，五十少进士。"可见在而立之年能够考中进士，还是稀罕的。更何况，第四名白居易，又是"中朝无缌麻之亲，达官无半面之旧""上无朝廷附离之援，次无乡曲吹煦之誉"的独行者。

接下来，曲江盛宴，诸位新进士拜谒座主，宰相接见。白居易"慈恩塔下题名处，十七人中最少年"，算是出了风头。在这批进士中，以文名延誉后世者，还有陈权、吴丹、郑俞、戴叔伦、杜元颖、崔玄亮等，可知本次殿考，货真价实。

新科进士继而前往杏园，参加"探花宴"，举杯畅饮，然后齐聚大雁塔，题名留念。白居易却惦记着回乡报喜，告慰母亲。这次成功，直接关系到白氏家族的承继兴衰。"十年常苦学，一上谬成名。擢第未为贵，贺亲方始荣"，人生大喜，需要与慈母分享，白居易心系洛阳，归心似箭："时辈六七人，送我出帝城。……翩翩马蹄疾，春日归乡情。"（《及第后归觐……》）

五、宣州拜谒李白墓

白居易中止了长安庆祝活动，告别诸友，急匆匆返回洛阳。拜见母亲之后，又直趋江南宣城，专程拜谢第一个赏识他、荐举他的宣州刺史崔衍大人："……身忝乡人荐，名因国士推。……相马须怜瘦，呼鹰正及饥。扶摇重即事，会有答恩时。"（《叙德书情四十韵……》）他把自己比作瘦马饥鹰，真诚感谢将自己推上殿考平台的恩人。重复一下，唐时，县分七等，州分三级，三年一次大考，县考择优之后，凡下州限送贡生一名，上州许送三名，那真是百里挑一，慎之又慎。举人贡生赴京，不仅肩负着全州父老三年来的厚望，更肩负着州官身家责任，如果某州贡生屡次殿试不第，朝廷即将质疑该州选才有弊，严重失职，乃至追究严办。宣州刺史崔衍推举白居易赴京殿考，自是格外郑重，绝非轻率决断。同理，白居易考中进士，急匆匆辞离京城，经洛阳向母亲报喜，未敢停留，不远千里之遥赶回宣州禀报崔衍，就容易理解了。更何况，举人赴京赶考，其费用还是州府开支的。

史载宣州崔衍，廉洁勤俭，为民解困，是一位敢于向上直言陈情，“报忧不报喜”的忠良清官。崔衍辞世后，名动天下。这样的一流官员，对白居易从政道路影响很大。

奇巧的是，大诗人李白也对宣州宝地情有独钟，生前竟为这一地区留下诗篇五十多首。清人王士祯说李白“一生低首谢宣城”，谅非虚语。笔者不妨顺势考察一下李白在青年白居易心中的地位，也是个饶有兴味的话题。

简单说，李白一生仙游四方，从二十五岁算起，先后七次来过宣州当涂（今安徽马鞍山市当涂县）。唐肃宗上元二年（761）秋天，李白在战乱中投奔当涂族叔李阳冰，不幸身染重疾，含悲写就《笑歌行》《悲歌行》和最后的《临终行》，次年初冬李白去世，终年六十二岁。李阳冰时为当涂县令，为李白精心编就诗稿《草堂集》十卷，将李白安葬于当涂城南青山之麓。据说，“文革”期间，红卫兵前来挖墓掘尸，幸有当地农民奋力保护，得以留存。至二〇〇六年，李白墓升格为全国重点文物保护单位……

李白逝世十年，白居易出生。

此次赴京大考之前，刺史崔衍特地召集当地名贤，专程设宴为白居易壮行。席上，有人吟唱刘邦《大风歌》，有人诵念曹操《短歌行》，有人放歌曹植《白马篇》，主人崔衍则吟诵了李白成于当地的诗篇《宣州谢朓楼饯别校书叔云》。轮到白居易，他举杯向主客致谢，一口气背诵了李白《横江词六首》，半醉而吟，竟一字不差。青年才俊白居易，对于辞世不久的李白和杜甫，怀有极其深重的敬意。他曾经独自前往当涂，寻访凭吊李白之墓。当时，李墓尚未改迁重葬，白居易看到诗仙墓地简陋荒僻，内心深有触动。后来，白居易在贬谪江州期间，人生受挫又想到李白。一生雄心不遇，同病相惜，因作《李白墓》一首：

采石江边李白坟，绕田无限草连云。
可怜荒垄穷泉骨，曾有惊天动地文。
但是诗人多薄命，就中沦落不过君。

一千多年过去，当涂李白墓先后修葺十三次，早已成为历代文人膜拜圣地。无数名流政要在此挥毫题诗，所留诗文不计其数。倘按照每年只留一两首计算，又何止千百篇？目前，仅马鞍山择优选辑的李白墓地诗汇编，就有三大册。

这一次，当朝进士白居易，南下宣州拜谢了崔衍大人，遂往饶州浮梁，会见长兄白幼文。记否去年秋天，长兄将一袋禄米扶上兄弟肩头，托他背到两千里之外，去洛阳孝敬老母。而今，白居易高中进士如愿以偿，兄弟相见，该有多么高兴。正巧，还有一位族内六兄，时任符离主簿，同时相聚于浮梁。兄弟三人频频举杯，气氛越发豪畅。

酒中精神皆振奋，酒后犹有大事情。须知唐制政坛，考取进士不过是仕官资格起点。踏上进士这座基石，还要经历多次严考，才能委任实职。考中进士，只是获得了吏部铨选资质，徒有“功名”而无官做。可叹“铨试”甚为难考，多有十多年辛苦而未能如愿者。文豪韩愈，进士之后历经“铨考”三次淘汰，困顿长安近十年，才考得一个小官职。这条唐律，与明清时期得中进士即可任官，大不一样，唐时即有怨诗说：“太宗皇帝真长策，赚得英雄尽白头。”

所谓吏部铨试，是制举环节之概称，具体考拔入仕渠道尚有平判入等科、博学鸿词科等分类。白居易即将应试选项，叫作“书判拔萃科”。该科严考以经义和律法为主，此处“书”字指经义，难度相当大。所以，刚刚得中明经、进士的骄子们，必须快马加鞭准备，否则，将来生计仍是问题。

天气转凉，时不我待，白居易不敢久留，他放下杯盏辞过长兄，转赴徐州而去。回符离，回田园，有安静书桌，更有多情恋人。

前不久，徐州地面一场大战，累有忠臣惨死于战火之中。白居易目睹城乡烽烟残留，悲叹不已：

九月徐州新战后，悲风杀气满山河。
唯有流沟山下寺，门前依旧白云多。

这首《乱后过流沟寺》，加上悼诗《哀二良》，表达了诗人对于时局的深切忧虑，他仰面疾呼："谓天之恶下民兮，胡为生此忠良？谓天之爱下民兮，胡为生此豺狼？"俨然一位大龄愤青，爱憎分明。

贞元十七年（801）秋后，白居易周身上下充满使命感，驻扎符离，苦读求进，经义兼律法，"耽书力未疲"，一口气伏案十个月，不肯放松。

诗人的内心世界非常丰富，一方面，肩负使命时光紧迫；另一方面，美妙恋人就在近邻。这时，乐天和湘灵处在热烈而又隐秘的恋情之中。为什么花前月下偷情欢欣而无法公开？为什么有情人不能终成眷属？白居易和湘灵为什么不可以最终走到一起？各种文献，都不曾有过明确答案，个中原因想必非常复杂：有漂泊原因，有赶考原因，有家庭原因，更有社会市俗原因，容当后边研讨。总之，溧水乡试，宣城州试，长安考殿试，眼下又将迎战吏部铨试，南北孤苦行走，动辄千里之遥，人生压力大，两情多分离。距离产生美，也产生疏冷，有缠绵悱恻，就有苦痛酸楚，唯独没有答案：

酒盏酌来须满满，花枝看即落纷纷。
莫言三十是年少，百岁三分已一分。

（《花下自劝酒》）

转眼间，十个月光阴，白居易和湘灵又要分手离去。叹三十而立之人，“未如生别之为难，苦在心兮酸在肝。……黄河水白黄云秋，行人河边相对愁。……生离别，生离别，忧从中来无断绝。忧极心劳血气衰，未年三十生白发”（《生离别》）。湘灵悲声唤阿连，阿连独骑路途远，一双绣鞋怀中暖，天涯何时再相见？

六、结交元稹永别湘灵

吏部书判拔萃大考，万般熬人。往往从头年十一月开考，到次年三月才告结束，前后历时近半年之久。一考书写功力，二考判词文理，三考身材相貌，四考口齿言说，比起如今公务员选拔，不知难出多少倍。要在唐朝入仕做官，唯真才实学、行端品正者，始能登临折桂。投机取巧、钱礼裙带那一套，不大行得通。白居易《长安集》当中，存收书判一百道，正是此次大考答题，历千年仍可明证。大唐朝政三百年，涌现了中国历史上最多的文雄诗杰，绝非偶然现象。

贞元十九年（803）春天这次大考，由吏部侍郎郑珣瑜和一代名臣裴垍主持，同科及第者仅仅八人。白居易和才子元稹，就是这次相识定交的。说起来，元稹字微之，比白居易小七岁，十五岁以明经及第，那是贞元九年（793），少年元稹一战告捷。前面说过，学子考中明经、进士，还须再战吏部大考，胜者方可入仕为官。由于种种原因，元稹十五岁考取了明经之后，历经十载，直到贞元十九年，始与白居易同科及第。这时，白居易三十二岁，元稹二十五岁。二人同一天被录取，同授予秘书省校书郎一职。校书郎只是一个九品初级文官，顶头上司是秘书省长官秘书监，校书郎掌管邦国经籍图书诸事，说白了就是朝廷文本抄写校对，只是对任职者文字功力要求很高。尽管校书郎无权无势更谈不上显赫荣贵，但对白居易而言却是踏上朝政衙府的第一石阶，是白居易官宦道路上沉甸甸的里程碑。

多年苦读飘零，一朝安身立命，白居易终于能在帝都工作和生活了。史载诗人租赁房子时段很长，最初住在常乐里，是昔日宰相旧宅一角。可喜亭园多竹，白居易作《常乐里闲居偶题》一诗，十分鲜活：

帝都名利场，鸡鸣无安居。
独有懒慢者，日高头未梳。
……
小才难大用，典校在秘书。
……
茅屋四五间，一马二仆夫。
俸钱万六千，月给亦有余。
既无衣食牵，亦少人事拘。
……
窗前有竹玩，门外有酒沽。
何以待君子，数竿对一壶。

请看，有俸禄，有竹园，有诗酒为伴，科考前经常“借驴”用，现在有马可骑，还有两个仆人打理内外杂事。“俸钱万六千”，应指一万六千文铜钱，依照唐时一文铜钱折合人民币三毛钱计算，九品校书郎的月俸约合四千八百元人民币，生活条件大为改善。当然，如此换算方法不一定得当。

白居易善于将日常生活诸事用诗文形式详加记录，世人说他“诗魔、诗癖”，“喜文嗜诗，自幼及老”，他在《山中独吟》中表白：“人各有一癖，我癖在章句。”又在《醉吟先生墓志铭并序》中评论自编文集：“凡平生所慕，所感，所得，所丧，所经，所逼，所通，一事一物已上，布在文集中，开卷而尽可知也。”于是，白居易的人生便一字一句定格在诗文笔端，直到七十五岁去世那年，还在“走笔还诗债”。他这种不到闭目咽气决不停歇的吟歌状态，为后世留下诗作三千余首，在唐代诗人中雄冠第一。白诗涵盖意义至为广阔，陶渊明的“为人”，谢灵运的“心素”，李白的“浮世谪仙悲”，杜甫的“暮年逋客恨”，良臣国栋的正义疾呼，文人雅士的凄婉趣味，宗教信仰、时代风云、市侩庸习，还有传统文人心底深处复杂微妙的惆怅、虚荣、徘徊、逃避，在白居易厚重的遗存之中，都可以得到领略和感知。我们如果要问白居易，文学是什么？这答案只能是——人生本身。

半年之后，白居易抽时间重返符离，要搬家定居长安。他与湘灵最后的分别时刻，终于来临。

依从前面说法，讲湘灵与白家四弟白幼美乃是发小玩伴。白幼美，小字金刚奴，生于兴元元年（784），“七岁能诵诗赋，八岁读书鼓琴，九岁不幸遇疾，夭徐州符离县私第”。如此算来，金刚奴比白居易小十二岁。那么，湘灵若与四弟同龄，也就比白居易年轻许多。不过，恋人之间相差十几岁，算不上什么大事，更不会导致爱情悲剧。白居易与湘灵至亲至爱，有《邻女》《寄湘灵》《冬至夜怀湘灵》等二十六首情诗为证。痴情男女，早有肌肤之亲，最是销魂。白居易小诗《花非花》，对二人幽会写得很迷离：“花非花，雾非雾，夜半来，天明去。来如春梦几多时，去如朝云无觅处。”像这样缠绵悱恻的情诗，还有好几首。

继续前头话题，隔绝这对恋人的主要原因究竟是什么？如果把这个问号展开去，足以写部大书。笔者只能撮其要点，浅议辄止。简单说，唐代士人将婚姻选择看得非常重要，陈寅恪《元白诗笺证稿》认为：“唐代社会承南北朝之旧俗，通以二事评量人品之高下。此二事，一曰婚，二曰宦。凡婚而不娶名家女，与仕而不由清望官，俱为社会所不齿。”后有文艳蓉在著述中具体阐述道：“除了社会名声之外，在实际功用上，婚姻是官场中一条非常好的纽带，它往往对士人的宦途起到十分关键的作用。白居易自然也不能免俗。”前辈顾学颉、王辉斌均持相同观点。总的看法是，白氏家族尽管远祖辉煌，近代官阶却不过五品，白家兄弟要想在仕途中蒸蒸日上，同样需要借助婚姻力量。而邻女湘灵的家门身世，显然不符合白家长远利益，有研究认为，是白居易母亲不能容忍这对恋人的相爱和结合，明确干预阿连和湘灵交往。白母陈氏构成了这对恋人无法共结连理的主要障碍。这是白居易婚姻中的普遍说法。

进而分析白居易本人，我们不难推断，苦读进士首战告捷，吏部铨试入朝为官，同样需要赴京拓展道路。由此而加深了爱情痛苦，构成了人生大难题。

次年春上（804），白居易携母西迁秦地，这是一场永久性离别，研究者对此多有悲情描述。王拾遗写道："在赛神鼓声中，白居易全家离开了埇桥……白居易最为痛苦，此地一别，再见无期。"潘泰泉写道："在春寒北风中……那两心之外无人知的绵绵情思，像锁入深笼的独栖鸟，像利剑春断的连理枝，永不复返了……割不断、扯不开的只有白居易和湘灵的一缕情怀，万种愁思，它系着两颗心，却永远也连不到一处。湘灵用少女的梦做成的家乡布鞋，终于没有能够拴住白居易的双脚。"作家这段叙述，实有依据。请看白居易热泪浸泡而成的《潜别离》：

不得哭，潜别离。不得语，暗相思。两心之外无人知。

深笼夜锁独栖鸟，利剑春断连理枝。河水虽浊有清日，乌头虽黑有白时。唯有潜离与暗别，彼此甘心无后期。

白居易一生对女性极尽关怀爱怜，为女性命运的不公抱之以莫大同情，湘灵的切切哀怨，影响了诗人一生。粗略统计一下，白居易涉及女性主题的诗文达到一百一十多种，仅《讽喻诗》当中就有二十六篇之多，可谓浓墨重彩，不遗余力。

此类诗篇，充盈地体现了白居易人性化的一面，笔者注意到，巴蜀作家刘小川，穿行于历史文化之间，敏锐地发现了这一点。他在《品中国文人》一书中写道：

白居易有过一个叫湘灵的红颜知己，多年后仍难以忘怀。我查湘灵的资料，吃惊地发现，她似乎被什么人做了手脚，藏起来了。历史藏匿她，好像她见不得人似的。湘灵漂亮，诗中写得明白。两人同床共枕，热被窝里交颈眠，也是写在明处的。白居易牵肠挂肚的漂亮女子，竟然被人藏起来了。我找半天找不到，手上五六个白诗选本，没有怀念湘灵的一首诗。显然没有资格入选。这倒奇怪了：白居易的情感体验，看起来是不值一提，而他三十五岁写《长恨歌》，四十岁写《琵琶行》，写《井底引银瓶》，那么投入，那么感人，非谙情事者，哪能至于此？

就这样，乐天与湘灵符离一别，终身未能携手。西去路上过洛阳，心绪沉郁的白居易专程前往佛门，向圣善寺高僧凝公大师求教解惑。凝公教赠白居易八字真言，即“观、觉、定、慧、明、通、济、舍”八个字。白居易以崇敬的姿态，就此八字作《八渐偈》一篇，表示“升于堂，礼于床，跪而唱，泣而去”，竭力达到“入于耳，贯于心，达于性”之境界，大有敬请佛雨洗俗尘、解我情忧困惑身的趋向。

七、下邽安家兰台三载

白居易此次迁秦居住，在其一生中是件大事。合家落脚故里，乃渭南下邽县紫兰村，位于今天渭南市渭河之北，西距长安百余里。秦时，下邽置县治，元时并管，明洪武属渭南。白居易之前，此地诞生了大唐名将张仁愿，之后有宋代名相寇准，此镇因“三贤故里”而远近驰名。

乐天曾祖父白温这一支，早年从韩城白氏居住地分离出来，迁至下邽安家。祖父白锽、父亲季庚，长年在外为官，少有空闲经营下邽老屋，而家祖坟茔仍在这里，历经三世。而今，三十三岁校书郎在长安有了着落，选择回归故土安家，尽在情理之中。

此后，白居易与下邽胶着日深，留下丰富诗篇，容当后叙。

把下邽家园安顿妥当，白居易常从长安乘船往返照料慈母，百里之遥，还算方便。诗人对新生活充满了希望。

当朝秘书省，地点在兰台，属下校书郎工作并不紧张。这项工作职级虽低，结交人群却才学很高，与白居易同在兰台供职的校书郎，有元稹、王起、崔玄亮、吕灵、吕频、刘敦质、张仲元等，还有考进士之际相识的元宗简，新近又结交了李建、刘禹锡、柳宗元、李绅、贾岛、庾七玄师等众多才子，他们卓学精诗，思想前卫，纵酒风流，性情浪漫开放。

中唐长安，文化艺术活动空前繁盛。直接从西域引进了异族歌舞，完善了燕乐、清乐、南乐、西凉、高昌等十多种乐曲，充满活力，朝廷建立了规模宏大的教坊体系，推动古老音乐舞蹈从民间走向专业，又从宫廷普及到市井，文艺得以极大发展。贞元年间，梨园歌舞虽然不及天宝盛况，却更加成熟精湛，专业队伍越发完备，轻歌曼舞终日不绝。许多名诗佳句，尽在秦楼楚馆排练演唱。白居易和同僚们的诗歌流传朝野，大受欢迎。这群才子英萃，成为皇城一线明星。

三年前，白居易尚且沉沦在身心负重之中，彼时，他病卧客栈备战科考，写下那首《长安正月十五日》，诗曰："喧喧车骑帝王州，羁病无心逐胜游。明月春风三五夜，万人行乐一人愁。"偶尔外出，也是"轩车歌吹喧都邑，中有一人向隅立。夜深明月卷帘愁，日暮青山望乡泣"（《长安早春旅怀》）。帝都车水马龙、火树银花的繁华景象，与这位游历学子并不相干。而转眼之间，两考两胜的校书郎焕发了青春活力。加上那位形影不离的元稹，比白居易还要年轻七岁，更是少年得志，风流无忌。

于是乎，白居易在《代书诗一百韵寄微之》当中，有一段"非虚构"记述，让人开眼：

征伶皆绝艺，选伎悉名姬。
粉黛凝春态，金钿耀水嬉。
风流夸堕髻，时世斗啼眉。
密坐随欢促，华尊逐胜移。
香飘歌袂动，翠落舞钗遗。

诗中情景弄不清是说元稹，还是说白公自己，应是元、白兄弟的共同经历。元稹回诗《酬翰林白学士代书一百韵》，表达更加露骨狂放：

密携长上乐，偷宿静坊姬。
僻性慵朝起，新晴助晚嬉。
相欢常满目，别处鲜开眉。
翰墨题名尽，光阴听话移。
……
逃席冲门出，归倡借马骑。
狂歌繁节乱，醉舞半衫垂。

元稹以哀艳缠绵之笔抒写情爱诗文，历来为后人所看重，乃至超过了他对于政治、经济的诸多表述。元稹小说《莺莺传》更是名扬天下，流传至今。但是，笔者在这里写出以上段落，是想说明白居易当时所处的都市社会环境，而元、白最重要的人生成果，还是成体系的政治理想和规模化的诗歌变革。

不管怎么说，白居易科考入朝结识了志同道合的元稹，且与他保持了终身不渝的友情，乃是这部传记中十分重要的事情。他们在长安的娱乐生活只是时尚风气而已。这个繁华鼎盛的唐王朝，表面上歌舞升平奢靡依旧，实则藩镇割据，宦官专权，党争酷烈，税策伤农，社会矛盾日益尖锐，元、白面对这样一个腐朽政坛，不会沉默。

白居易出生在世敦儒业的中小官宦家庭，儒家“穷则独善其身，达则兼济天下”等思想，始终支配着他的政治态度。当代葛晓音认为唐代“文儒派”官吏变革社会的基本倾向，是唐代文学发展演进的基础动因。王相民则据此把白居易归纳为“文儒派”官吏群体典型人物，将白居易研究推进了一步。王相民认为，因为“文儒派”群体的历史作用优胜于“吏能派”，始有大唐盛世。概括说来：

从隋末到唐初，一批文儒派官吏逐渐走向政治舞台，受到唐太宗重用，形成了贞观之治。唐太宗和魏征等人力倡恢复礼乐，深感人才不足，以后推行一系列兴学崇儒政策，夯实了以文儒治国的思想基础；唐玄宗继承武则天重视文儒大策略，在张说等人支持下，重用文儒派官吏，进入开元盛世，达到中国古代社会全盛期。初唐盛唐，主流文坛人才辈出，文儒倾向更加明确。到中唐，以韩愈、柳宗元、孟郊为代表的古文派以恢复儒道为己任，促进了朝野文儒知识阶层发展壮大。唐玄宗开元五年（717），设立“文儒异等科”，专门选拔“儒学博通及文辞秀逸”者，使精通礼乐雅颂成为士人所追求的主要目标，为文儒型人才广开仕进之路，历经安史之乱而未衰。白居易就是在这样一个浓重的儒学背景下，走上从政道路的。

安史乱后，朝野兵疲民困，地方割据势力袭扰朝纲，吐蕃外敌不断入侵，北方烽烟又起，国无宁日，民不聊生。白居易南北奔走，青少年颠沛流离，对他成为一个关注民间疾苦的政治家和大诗人，产生了深刻影响。而唐代前期和中期，几代作家将儒学价值取向与现实政治紧密结合起来，形成以诗赋为谏章的自觉意识，对白居易坚定政教文学观，影响尤为重要。

校书郎阶别虽低，却是唐朝清流之内“九品三十阶”之正统官员。有志者往往由此起步，乃士人规规矩矩的基层“八俊”官位之一，《通典》云，“校书郎为文士起家之良选”。查唐代许多名流高官，从秘书省校书郎起家，后来官至宰相者，竟有三十五人之多。白居易从贞元十九年（803）春季授任此职，到宪宗元和元年（806）二月卸任，他在校书郎岗位上整整干了三年。

为什么任职不多不少整三年，而不是或长或短呢？那年，白居易作《早送举人入试》一诗，说自己“春深官又满，日有归山情”，这里的“官又满”，说明校书郎职位是有限期的。不久，他在《策林序》中写道“元和初，予罢校书郎”，校书郎任期为三年，“罢”，终结耳。

白居易任职三年间，当朝皇帝是德宗李适，临近期满时候，德宗皇帝于八〇五年驾崩。唐顺宗李诵即位，并迅速推行了一次朝政改革，史称“永贞革新”。可惜这位李诵皇帝在位仅仅八个月，就因为宦官反扑，被迫将皇位禅让给了太子李纯，是为宪宗。

白居易刚刚为德宗皇帝书写挽歌四首，又匆匆为顺宗新任宰相韦执谊写了《为人上宰相书》，积极表态支持改革，形势就发生了急剧变化。这一切，交织在短暂的八〇五年一年之间，故而这年既是德宗贞元二十一年，又是顺宗永贞元年，到次年正月，又忽然成为宪宗元和元年（806）了。白居易目睹从德宗、顺宗到宪宗的迅猛更迭，朝政人事变幻频繁，自己虽然矢志改革，却人微言轻，难有作为，不免深有感触，也许，皇权政坛，风云莫测本是一种常态。

朝政变革，何其难也。

八、制举大考著《策林》

宪宗元和元年春上，校书郎白居易、元稹等人“官满”卸职，离开了兰台秘书省。卸职以后干什么？按照唐代规矩，任官期满，首先离职下岗，然后进入“守选”行列，自学攻读，再次奔赴制举考场，通过严考择优，重新分配工作，从而做官升官得以延续，形成“文策高者，特授以美官”之惯例。可见大唐之鼎盛，赖于官制的先进与严明。全然不像后来的执政群体，一屁股坐定了办公桌椅，无所作为，连续任职，只升不降，终获高官。投机钻营者就更不用说了。

卸任“守选”之人参加制举策考，比起前两回考进士和吏部铨试选拔小官，考试内容大变，要求参考者拿出对于国计民生以及施政纲领的完整意见，几近于方针政策之提案，不经过精心准备，无法竞优。而且这种制举考试，时常由皇帝亲自主持策问，尤须郑重审慎。这年春天，白居易和元稹卸任校书郎，相约准备大考，携手入驻永崇里华阳观。一连数月，废寝忘食，他们每日里研究时政，合力撰写试题，最终完成《策林》七十五篇。这段苦读生活，使白、元从政思想提升不少，也促使他们的友谊更加牢固。

不久后，白居易把七十五篇《策林》，编辑成册，作序言云：“元和初，予罢校书郎，与元微之将应制举，退居于上都华阳观，闭户累月。揣摩当代之事，构成策目七十五门。及微之首登科，予次焉。凡所应对者，百不用其一二，其余自以精力所致，不能弃捐，次而集之，分为四卷，命曰策林云耳。”

序言中有“及微之首登科，予次焉”一句，说的是四月里制举考试，全国应考“守选”者近千人，考场设在尚书省，宰相以下大臣整装到场监考，可惜刚刚登基的宪宗皇帝没有亲临。大考设置三科：一是才识兼茂明于体用科，二是达吏明理可使从谏科，三是经术精深可为师法科。白居易和元稹应考第一项。主考官是中书舍人张弘靖和礼部员外郎韦贯之。

考场上，千名候补诸君分场坐定。先是享用皇帝赏赐的一道美餐，然后盘盏撤下，笔砚摆上，茶水伺候，展卷开考。元、白准备充分，志在必得。细心查看试题后，二人提笔纵横，一挥而就，率先交卷。出考场，双双来到南大街。跨上骏马，要到元稹家中喝酒议卷，换来一片惊羡目光：率先交卷出场，神态轻松自若，绝非等闲之辈也。

果然，三科应试千员，开榜得中仅十八人，榜首第一名便是元稹。白居易排名第四，判卷评语为四个大字“策对语直”，颇具特色，一字千金。

这一年，白居易已经三十五岁，静心算来，数年之间他三次投身大考，饱经历练，终成正果。白居易正是唐朝吏治科举制度的受益者。没有真才实学之人，很难一口气闯过三道大关。

大考补官，立竿见影。当月二十八日，朝廷授命白居易出任周至县尉。这个周至县，距长安西南百三十里，直属京兆府管辖。旧时把周至写作盩厔，县令之下，设县尉二人，实际业务相当繁重。而元稹所接任的“左拾遗”，官位则十分如意，此乃时常亲近皇帝的谏臣，文章欠佳者，品行庸碌者，高官近亲者，不得出任此职，且必须由皇帝亲自点名颁授。唐代许多大诗人都担任过拾遗官。在元、白前后，计有陈子昂、张九龄、王维、杜甫、柳公权、白行简、杨归厚、李绅、王涯等。这是极少数经常亲睹皇帝天颜的年轻近臣，是专门进谏忠言的词官，意在开通执政言路，减少中央失误，乃官阶不高而又清贵无比的美职。杜甫一生以曾任左拾遗为荣，留有“天颜有喜近臣知”诗句，倍感自豪。唐朝京署一般只在上午办公，中午，大家一起在官署食堂用餐，然后便可以闲散回家了，即“一饭而归，竟日无事”。非常人性化，着实让天下士人羡慕。

白居易到周至去做一名县尉，肯定比拾遗官辛苦许多。唐代九品官制依从正、从、上、下四阶，总共三十级。“从九品下”为最低即第三十阶，以此类推，“从九品上”为第二十九阶，白居易到周至，这个县尉乃“正九品下”，第二十八阶，也就是倒数第三阶。元稹任左拾遗却是“从八品上”，比白居易高两级。这也没有办法，谁让人家考中了当朝第一名呢？

士人能有官可做就很不错了。唐人陆贽有个说法：“天下士人，皆求宦名，获登朝班，千百无一。其于修身励行，聚学树官，非数十年间，势不能致。”这是一个深刻概括。如今，白居易三考成县尉，而且是京城附近“畿县”正统官员，史称“畿尉”，还有什么不高兴呢？

许多白居易传记文本，每写白公由校书郎而授县尉，总是走马上任，不曾耽搁，往往忽略了从参考到任官之间，还有上述重要环节，还有承载着白居易主要施政思想的备考大著《策林》七十五篇。千百年来，人们把李白、杜甫、白居易合称唐朝“李杜白”，他们的不朽诗歌，成为中华民族历史文化遗产之组成部分。也正是因为如此，以至对其散文忽略不计，乃至偏废《策林》，是非常遗憾的事情。

笔者思量这个问题，认为有必要与读者共同鉴赏《策林》诸篇，以利于弄清青年白居易怎样看待中唐政治与社会，知晓其诗歌创作建立在怎样的思想基础上。

近年白居易研究，出现了可喜的探索成果，人们对白居易散文，逐步重视起来。陈寅恪先生早在半个世纪以前就明确指出，“其实当时致力古文，而思有所变革者，并不限于昌黎（韩愈）一派。元白二公，亦当日主张复古之健者”。不久前，有付兴林《白居易散文研究》和王相民系列文章，都一致认为，白居易散文实为呼应韩、柳“古文运动”的一支重要力量，在当时产生过重大影响。

早在贞元十八年（802），白居易参加吏部“书判拔萃”大考之前，即精心撰写了一百道模拟判词，即《百道判》，流传于科举学子之间，风靡一时成为典范。其中第五十二道判，大胆谴责权贵豪门无视法律限定，超量使用人畜奴婢等不平等现象。第八十六道判，揭露科举考场上下联手营私舞弊，颇具力度。及至宪宗元和元年（806）白居易罢校书郎之后，结撰《策林》七十五篇，思想更加前瞻成熟，文笔愈见老到精辟，其主导思想贯穿白公一生，也完善了诗创作实践的理论基础。

近年学界对白文进行系统研究，其优势和特点，在于紧紧抓住了中唐政治生活中最突出的三大矛盾，针对性地解读白居易的思想主张，而不是无的放矢，单纯诠释文本。安史之乱后，朝野三大矛盾至为尖锐，一是藩镇割据，战乱频仍，中央集权不稳；二是宦官专权，正气受挫，精英倍受打击；三是朋党相争，朝纲紊乱，变革有名无实，包括永贞革新短命而终。大唐王朝危机演化，前景堪忧。白居易身处险恶环境中，以一个新锐文学家和青年政治家的双重身份，不避锋芒，直言诤谏，始有《策林》宏文。

在《白居易散文研究》一书中，付兴林先生对《百道判》《策林》等篇目阐述精专。如将《策林》思想内容梳理出八节解读，即为君为圣之道、施政化民之略、求贤选能之方、整肃吏治之法、省刑慎罚之术、治军御兵之要、矜民恤情之核、礼乐文教之功，八项侧重都是针对性的方略思考。读者仅见标题，便得其要领。

付兴林进一步解剖赏析《策林》精神特质，使白居易“达则兼济天下”的理想情怀跃然纸上，也为白居易诗歌追求找到了重要依据。书中第四节五个小标题概括精当：

以民为本的儒家情怀

重振国威的使命意识

有犯无隐的批评精神
尚明崇圣的复古理念
客观理性的辩证色彩

总之，只有重视白居易“以天下心为心”“以百姓欲为欲”的政治主张（《策林》十一），才能明晰地鉴赏他的讽喻诗歌。只有解读白居易对于中唐政治生活的思考，才会懂得他忧虑国事、思革除弊、为民请愿的民本思想，从而理解他即将开始的官宦沉浮和人生史话。

白居易力主禁止土地兼并，遏制权贵阶级的奢欲，明确反对官吏发放高利贷（《策林》四十八、四十一），建议减裁冗员节省度支（《策林》三十二），提出减免人民赋税（《策林》二十二），彻底废除肉刑（《策林》五十三）等一系列改革主张，赤子之心跃然纸上。白居易后来有“文章合为时而著，歌诗合为事而作”（《与元九书》）的著名论断，其根系就在这些文章里。

白居易连续写出《百道判》《为人上宰相书》和鸿篇巨制《策林》七十五篇，是冒了极大风险的。政局险恶，宦官专权，帮派对峙，他却在《策林》第二十一中公开指出“人之困穷由君之奢欲”，把百姓悲苦、国运不兴的责任直接与国君挂钩：“君之躁静，为人劳逸之本，君之奢俭，为人富贫之源；故一节之情，而下有以获其福，一肆其欲，而下有以罹其殃；一出善言，则天下之心同其喜，一违善道，则天下之心共其忧！”照直道出问题根本在于皇权的明与昏，他警策国君要以身作则，“以礼自修，以法自理”，且以制陶工艺例说，“器之良窳，由乎匠之巧拙；化之善否，系乎君之作为”，“君之作为，为教兴废之本，君之举措，为人理乱之源”（《策林》二）。须知这些话语绝不是背后牢骚，而是当朝皇帝主持大考的公开答题，要直接呈送吏部审阅判卷呢。

静心想来，这一切，一者反映出唐代高层政治设计确实开明高蹈，气度宏阔，学子科考是发现人才，而不是引蛇出洞挖掘敌人，因而先贤大家层出不穷；二者说明，白居易的确是一位具备通才实学、胸怀经国大业的真俊杰，考官做出“策对语直”四字评判，公平精当。近有王相民在白居易研究中写了一段感受，笔者深表赞同：

> 政治局面支离破碎，白居易的《策林》就是在险恶的大环境下写成的。其中许多提法在当时几乎有着杀身之祸。例如官吏的出身门第与素养问题，在党争中能否保持慎默问题，藩镇割据中的爱护民力、争取民心的问题，在当时都是比较敏感的话题，我们只有设身处地体会，才能深刻理解白居易对理想的吏治局面的企盼。

当诗人前往周至走马上任之际，这里对白居易的政治理想做了简要介绍，可惜本书只能点到为止。唯愿读者通过这一重要环节，知晓白居易等一批唐代诗歌巨匠，是站在多么坚实的理想基石上精诚创作的。他们以家国主人的身姿而歌唱，以时代俊杰的豪迈而立言，以独立人格的魅力而流芳。所谓天才论，并不能真正解说伟大的唐诗现象。好作品都是理想的践行者们以血泪凝结而成。

三十五岁的白居易，这位政坛新秀告别皇城，单身一人向山河深处策马而去。

九、周至趋走吟苦诗

白居易到周至做一名县尉。唐代一千五百多个县，划分七个等级，细分达到十级。最高为赤县、次赤县，全国只有二十个左右，分布在京都长安、东都洛阳、北都太原周边。

赤县之次百多个县区，叫作京畿县，地位也比较高，赤县、京畿以外，再由中心地区辐射开来，加上人户多少、开发程度等因素，依次为望县、紧县、上县、中县、下县，县令也从五品降为六品、七品了。

《元和郡县图志》和《新唐书·地理志》，将全国一千五百多个县，全部标明了“赤、畿、望、紧、上、中、下”七个等级，十分明确。周至就是一个畿县。县级班子成员职数，赤县核定十一人，畿县仅仅五人就够了，全国县、州、京公务员总数比现在一个地市还要少。

周至隶属京兆府，县班子与其他畿县一样，只设县令一人（正六品上）、县丞一人、县尉二人、主簿一人。此五人乃正式在册的朝廷命官，按月领取俸禄。县政酌情配备衙役，可多可少，都不是吃皇粮的人。繁荣昌盛的大唐王朝，行政管理成本非常低。中下县班子仅四人而已，把两名县尉减少为一名了。中下县份地处偏荒，虽然有一些优惠政策，士人们还是很不乐意前往任官，白居易初登政坛，就做了京畿县尉，“正九品下”这个待遇，也比中下县尉者高出一两级。

县尉近乎于副县长，主要职责一是分管公安政法，二是保证税收稽查，直接面对社会矛盾。《唐六典》称县尉“亲理庶务，分判众曹，割断追催，收率课调”，真是字字千钧，肩职甚重。凡唐代诗人，一说县尉就发愁，李商隐是一例。还有唐初王勃，作《送杜少府之任蜀州》，这个“少府”乃县尉尊称，末句却云“无为在歧路，儿女共沾巾”，可见杜氏到边远巴蜀赴任县尉，好友相送时，深感不是什么喜事，因而落泪沾巾；初唐陈子昂，作《饯陈少府从军序》，说好友陈县尉是个高才，实在不愿在岗位上干下去，“所以远赴戎机，从军征战”，希冀着战场立功而升迁。像这样辞去县尉而自愿从军的人，唐时竟能数出十几位来。好像担任县尉者，都特别没出息似的。大诗人杜甫奔波多年，好不容易得到了河西县尉的任命，他却坚辞不任，宁愿去率府管理兵械仓库：“不作河西尉，凄凉为折腰。老夫怕趋走，率府且逍遥。”（《官定后戏赠》）足见县尉连年“趋走”，屁股根本坐不下来。更典型的是边塞诗人高适，勉强干过两年封丘县尉，每年光是征兵入伍、送兵出征这种差事，已让他苦不堪言，牢骚满腹，高县尉最终还是辞职上前线去也。唐诗中，涉及少府、县尉诗作甚多，几乎众口一词不开心。分明是让衙中烦心事给累的。县衙要完成各项任务指标，而贫苦百姓往往对立不配合，县尉挺身一线催办，辛苦滋味可想而知。生活酸楚苦痛与高雅诗歌吟诵，实在不搭调，故而高适牢骚曰：“不是鬼神无正直，从来州县有瑕疵。”（《同颜六少府旅宦秋中之作》）

白居易来到周至，又怎样看待这一切呢？

基于“从来州县有瑕疵”这一现象，白居易同样不开心。他从京城先来京兆府报到，由此中转再去周至上任。不料他一进京兆府门，见到池水莲荷污浊，怎么看怎么不顺眼，便和诸位诗人一样，不由得牢骚起来，当即作《京兆府新栽莲》一首：

污沟贮浊水，水上叶田田。
我来一长叹，知是东溪莲。
下有清泥污，馨香无复全。
上有红尘扑，颜色不得鲜。
物性犹如此，人事亦宜然。
托根非其所，不如遭弃捐。
昔在溪中日，花叶媚清涟。
今来不得地，憔悴府门前。

诗人敏感，眼中莲池，污沟浊水，想想京城校书郎的日子，多么纯真，就像东溪之荷莲“昔在溪中日，花叶媚清涟”，故“我来一长叹”：就让忧烦憔悴的辛劳日子，从这里开始吧。

其实周至很美，名胜古迹遍布终南山下，曾是隋朝皇帝避暑所在。无奈白居易到任心情不畅，周至山水也黯然失色。他作《周至县北楼望山》诗云：“一为趋走吏，尘土不开颜。辜负平生眼，今朝始见山。”这里“趋走”一词，显系杜甫“老夫怕趋走”诗句传染。白居易一生崇敬杜甫，老杜不愿做县尉，他也跟着“不开颜”。

白少府上任不久，朝廷出兵讨伐四川刘辟。大部队挺进西南，周至乃必经之路，军需物资络绎属地，马嘶人喊昼夜不息。论职责，县尉负首责，趋走催办县内劳役粮草，最是奔忙。高适曾有诗曰“拜迎长官心欲碎，鞭挞黎庶令人悲”，白居易和高适一样，很不愿意把自己变作对上拜迎讨好、对下狼虎欺凌的酷吏，而现实却让这些基层小官难以应付，从而构成心灵矛盾，面临人格分裂的痛苦。

如果这场支前只是为了国家战争，便也无话可说，而实际情况是，征缴任务完成，而县令忽然作出决定：要以战时名义，额外催讨一批钱粮物资。县令担心朝廷宣告战争结束而失据，故要求征缴任务必须在五日内完成。此事引发了白县尉不满。可是，县令亦有难处，如果不趁乱搜刮摊派积累，又怎样应酬官场往来与上峰盘剥呢？于是，县令特地安排一个老吏，向白居易解释县府财政困难，以做通白县尉思想工作。白居易称病不起，县令便带着本县最好的郎中，为白居易号脉诊疗，并将自己的好马让给白居易乘骑。

郁闷之间，白居易来到“家田输税尽”的原野上，又看到一番凄凉景象。名篇《观刈麦》，反映了诗人的沉痛与不安：

田家少闲月，五月人倍忙。
夜来南风起，小麦覆陇黄。
妇姑荷箪食，童稚携壶浆。
相随饷田去，丁壮在南冈。
足蒸暑土气，背灼炎天光。
力尽不知热，但惜夏日长。
复有贫妇人，抱子在其旁。
右手秉遗穗，左臂悬敝筐。
听其相顾言，闻者为悲伤。
家田输税尽，拾此充饥肠。
今我何功德，曾不事农桑。
吏禄三百石，岁晏有余粮。
念此私自愧，尽日不能忘。

粮食都让官军征缴殆尽，农家只好在烈日下拾捡残穗，应对饥饿。面对此情此景，县尉白居易道出了自身惭愧。

诗中有“吏禄三百石”之句，如按每石粮食一百斤计算（历代标准不一），县尉一年俸禄相当可观，自然是“岁晏有余粮”。坐拥此等钱粮，面对捡拾残麦充饥的农妇，白县尉难以平静。

《观刈麦》之悲凉，有着王朝衰败的时代背景。首先是唐承隋制的均田制遭到了破坏。中唐以前均田制规定很详尽，这里说其大概：年老残弱者得田四十亩，寡妇三十亩。十八岁以上健康男儿得田百亩即一顷，其中百分之二十为永业田，子孙可继承、可买卖，所余百分之八十为口分田，如失去劳动力，则由朝廷收回重新分配。丁壮赋税每年交粟两石，称为“租”，再交一些丝麻绫棉称为“调”，青壮每年须替国家服役二十天，闰年二十二天，亦可以用二十丈布绢折抵，称为“庸”。国泰民安，官民两利；而安史之乱大动荡，人口流离失所，户册大半散失，均田制失去了基础，租调庸无从落实。故在德宗时期，采纳宰相杨炎奏章，舍弃租调庸，改行“两税法”，即不问主户客户，唯按财产多寡，定出等级高下，每年夏秋两季征税，征收部分现钱，流弊自此始出。只因大多数农户无钱，不得不贱卖实物，造成富户豪商施放高利贷伤农，以致贫困农民被迫出卖土地，租地而耕。白居易好友李绅名句“四海无闲田，农夫犹饿死”，说的就是均田制横遭破坏，“两税法”形成恶果。《观刈麦》中“家田输税尽”一句也可以说：贫妇拾麦这片田，早已不是自家土地啦。

战争连绵，军费苛繁，天宝以来，朝廷在边境设置十个节度使，边防军队四十九万人，战马八万余匹，全国养兵八十万大军，车马行营，动辄百里。为应付庞大军费，各州县设正仓、义仓存粟，有“和籴”“助军”“助赏”“贺礼”“采造”等种种名目，盘剥得百姓苦不堪言，还有宦官率“白望”人员入市，动辄在大街上白取货物，连本钱都不付，称为“宫市”。著名诗篇《卖炭翁》，正是在“宫市”上发生的揪心事件。

这里简要介绍一下“和籴”政策。本来，每到秋收季节，官府出钱，农家出谷，以和相籴，公平收购农产品充实军粮，同时可以调控谷价，免得谷贱伤农。政策不坏，然而在战乱时期，“和籴”早已演变为不问年景，强行征缴，谷价低贱，不和而籴，还要规定限期，逼迫百姓送达指定地点。对此，县尉白居易毅然上奏《论和籴状》历陈时弊，指出“号称和籴，其实害人——亲被迫蹙，实不堪命”，“臣近为畿尉，曾领和籴之司，亲自鞭挞，所不忍睹”，表达尖锐批评。

再看一下“采造”。“采造家”指专门分管采伐与建造的官衙人员。乱世之下，横征暴敛势如狼虎，无人敢管。白居易名诗《宿紫阁山北村》，无情地揭露了一场暴行。本来，此诗创作稍晚于白居易任周至县尉时期，笔者为了集中陈述乱象，谨将此篇放在这里鉴赏。白居易善于把纪实故事与艺术创作结合起来，强化了诗歌的现实力量：

晨游紫阁峰，暮宿山下村。
村老见予喜，为予开一尊。
举杯未及饮，暴卒来入门。
紫衣挟刀斧，草草十余人。
夺我席上酒，掣我盘中飧。
主人退后立，敛手反如宾。
中庭有奇树，种来三十春。
主人惜不得，持斧断其根。
口称采造家，身属神策军。
主人慎勿语，中尉正承恩。

欢快的农家乐宴，变成了一场夺掣酒杯、断砍奇树的神策军作案。村老和白居易当庭亲睹暴行，却无力阻止。施暴名义是朝廷采造家，施暴主力是皇室禁卫军，只好忍气吞声，任由宰割。最后两句“主人慎勿语，中尉正承恩”，看似简白，实则寓意甚深：

宪宗李纯，在宦官策拥下获得帝位，宠信宦官建有“翊戴之功”，阉党愈加骄横，满朝老臣、京外藩镇，竞相投靠。宦官所率左右神策军，本来是皇室家奴，眼下却势焰熏天，不可一世。其中领兵宦官名叫吐突承璀，正是“左神策军护军中尉”。后来竟被宪宗提升为大军统帅。白居易深知“中尉正承恩”内情，所以急忙劝告村老“主人慎勿语”，免得引火烧身。就在这一年，吐突承璀为宪宗修建一座安国寺，还要竖立新朝帝王功德碑，因而“身属神策军”的“暴卒”们，打着官府“采造家”旗号，跑到终南山下征伐建筑材料来了。于是，村老庭院中这株三十多年大“奇树”，被斧断其根，栽种者却只能退后而立，敛手如宾，痛惜无语。

这首诗揭露神策军暴戾，点明了中尉职官。艺术特色鲜活，一经传抄问世，朝野众口流传，宦官阉党也就恨上了这位才子。白居易年轻气盛，并不退让。诗人贬官江州之后著《与元九书》，谈到自己早已被“握军要者切齿”，所指便包括这一回，还有，白居易上书谏阻宦官担任三军统帅，对象仍是“中尉”这个人。

十、终南山诞生《长恨歌》

白居易在周至，感叹农妇拾麦穗充饥，愤懑宦官蛮横采造，现实生活就是这般糟糕。而白乐天又是一个充满生活情趣之人，他交游广泛，常与友人纵酒吟歌，才华横溢而心胸豁达。畿县周至，配置县尉二人，除了白居易，另一名县尉叫作李文略，估计也是一位单身汉。李文略的存在，对白公周至生活是个安慰。据县志记载，白县尉当时断过一个案子，说城西赵乡绅和城南李财主打官司，争夺田亩。双方都是大户，通过衙役给县尉送礼，又是送鲤鱼，又是送西瓜，并分别将鲤鱼和西瓜里头装满银子，当即遭到白县尉拒绝，赵、李均被白居易判处了“买衙贿官”之罪。这位同事李文略毫不迟疑站到了白居易一边。请看白居易赠送李文略这首诗：

低腰复敛手，心体不遑安。
一落风尘下，始知为吏难。
……
赖有李夫子，此怀聊自宽。
两心如止水，彼此无波澜。

往往簿书暇，相劝强为欢。
白马晓蹋雪，渌觞春暖寒。
恋月夜同宿，爱山晴共看。
野性自相近，不是为同官。

（《酬李少府曹长官舍见赠》）

同为“趋走吏”，两位少府性情相近，不仅是可靠同僚，更是一对亲密挚友。也许，白居易牵挂元稹而不得见，转而对身边好友更加依赖。

周至县才俊辈出，白居易身边不乏其人。除了好同事李文略，还有隐居赋闲的名流王质夫、进士陈鸿、尹纵之等多位好友。有一次，白居易背着酒葫芦，要找尹纵之对饮，竟然冒着风雨，一路寻去，踏行山道三十多里，可见苦闷中人，内心狂野，此酒非喝不可。这位尹先生满腹才学却珍珠土掩，未能得到科举赏识，白居易这首《见尹公亮新诗，偶赠绝句》，道出了深切同情：

袖里新诗十首余，吟看句句是琼琚。
如何持此将干谒，不及公卿一字书。

一个写出句句美诗的才子，找不到如意出路，比不上权势公卿们一封推荐信啊。

一群失意学士，扎堆儿纵酒妄议朝政，诗情迸发，互有促动。白居易为官周至时间不长，却留下了《观刈麦》等三十多首好诗。更有流传千载的《长恨歌》也诞生在周至山中。《长恨歌》绝唱，摇心撼肺，如此精绝大诗是怎样创造出来的？内中缘由颇多意趣：《长恨歌》横空出世，离不开挚友们的纵酒环境，也离不开王质夫和陈鸿的鞭策助推。

这年（806）年底，天气清寒，白居易约了王、陈二友，同聚终南山仙游寺畅饮。举杯议及安史动乱，放谈唐玄宗宠爱杨贵妃，斥责杨国忠荒淫专权，天下沸怨乃至战乱祸国，同声感叹何其沉痛？酒酣面热之间，王质夫和陈鸿力劝白居易据此史实而成诗。两人一左一右轮番敬酒，见白居易于沉思中并未推辞拒绝，王、陈便大呼“三日为限”，即请白居易独自落脚本寺，就地开工。王、陈告辞下山，约定三日后携酒复来。

白居易《长恨歌》主题宽广丰厚，其一为反思先朝皇帝因奢欲而误国，与诗人一贯主张和政治思想相一致。前头提到《策林》第二十一篇，直陈君王奢俭明昏与国家兴亡有着因果关系，读者稍作温习即可体味。

三天到期，王质夫与陈鸿急不可耐奔向仙游寺，要看一个结果。但见白居易倦伏于案尚未醒来，案头诗稿杂陈，蜡泪成堆，《长恨歌》已成。寺内住持相告：自二位去后，白少府三日未出寺门半步，斋室灯烛彻夜不熄，出来解手也是疾步匆匆，失魂落魄而废寝忘食，可是吃了些苦头呢。

绝世长歌，由此诞生。王、陈二友捧读吟诵极为振奋，推拥白居易一醉再醉。

大唐王朝以安史之乱为分水岭，此前一百三十七年强盛，自此而衰。《长恨歌》牢牢把握住这一历史转折点，又以亘古不变的爱情悲剧作为叙事主线，将国家大事与人性抉择结合为一体，搅动了读者悲剧情怀，一经传诵，朝野震动，千百年间研评鉴赏从未衰减。清人赵翼，向以发展眼光看经典，反对厚古薄今，其《论诗》曰：“李杜诗篇万口传，至今已觉不新鲜。江山代有才人出，各领风骚数百年。”就是这样一个不崇前贤的大评论家，唯将《长恨歌》断评为“千古绝作”。赵翼在《瓯北诗话》中评价《长恨歌》：“以易传之事，为绝妙之词，有声有情，可歌可泣。文人学士既叹为不可及。妇人女子亦喜闻而乐诵之。是以不胫而走，传遍天下。”赵翼认为，白居易有了《长恨歌》和《琵琶行》之双璧，即使没有白氏全集，“此二诗已自不朽”，“且其笔快如并剪，锐如昆刀，无不达之隐，无稍晦之词，工夫又锻炼至洁，看似平易，其实精纯”。评价之高，至为罕见。更多评论家，认同白居易乃妙解音律之人，《长恨歌》韵律转折行云流水，音节运用铿锵嘹亮，熔文采、声调、情意于一炉，不啻戛玉锵金，境界高深。

当然，负面声音也是有的。如诗人杜牧，因对待某些人事看法不一致，曾贬损元白诗作色情艳俗，“非庄士雅人，多为其所破坏”。不过，杜牧也承认白诗具有强大渗透力，说白诗“流于民间，疏于屏壁，子父女母，交口传授，淫言媟语，冬寒夏热，入人肌骨，不可除去”。你看，白诗就像气候寒暖一般，浸入肌骨而不可拒之。还有明代王世祯和王世懋，清代王夫之等人，也惯从色情淫乱角度发掘问题，对白诗提出批评，如同道德家曾经批评流行音乐是靡靡之音那样。

《长恨歌》全篇一百二十句，八百四十言，应是白居易第一首长诗。王质夫当即铺纸援笔，将全诗抄录下来，从首句“汉皇重色思倾国，御宇多年求不得”，到末句“天长地久有时尽，此恨绵绵无绝期”，只字不丢不错，担当了这首名诗第一位传播者，陈鸿尤为亢奋，也提起笔来，挥洒一篇《长恨歌传》，作为响应并留存：

……元和元年冬十二月，太原白乐天自校书郎尉于盩厔，鸿与琅琊王质夫家于是邑。暇日，相携游仙游寺，话及此事，相与感叹。

质夫举酒于乐天前曰：“夫希代之事，非遇出世之才润色之，则与时消没，不闻于世。乐天深于诗，多于情者也，试为歌之如何？”乐天因为《长恨歌》。意者不但感其事，亦欲惩尤物，窒乱阶，垂于将来者也。

歌既成，使鸿传焉。世所不闻者，予非开元遗民不得知；世所知者，有《玄宗本纪》在，今但传《长恨歌》云尔。前进士陈鸿撰。

本传文字挺长，上引一段，把《长恨歌》诞生前因记载清楚了。同时提醒人们：好友白乐天创造出伟大力作，也有俺们乡党兄弟一份功劳啊。

唐代诗文群友真诚交往，扩张互动，纯粹、率性，去虚假，爱知音，个个才华横溢，实为传统文化现象一大景观。古代没有出版社，也没有印刷厂，好诗佳赋全凭逐字抄录，优胜劣汰，更不需要组织专题研讨鼓吹。《长恨歌》从王质夫和陈鸿手中流出，立即不胫而走，好评如潮，白居易名声大振。这一年，诗人正当三十六岁也。

《长恨歌》自元和元年完成创作，次年得以传播，为唐代长篇叙事诗之最佳。此后长达一千多年经久不衰，历代间二度创作层出不穷，多种国语教学课本迭加选用。如黄仁宇回忆："小时候上学，还没读到安禄山的身世和他的反叛事迹，却先听到杨贵妃的故事。主要原因是国文课本中选了白居易的《长恨歌》。当老师吟诵'迟迟钟鼓初长夜，耿耿星河欲曙天'时，抑扬宛转，纵使是铁石心肠，怕也会为之同情落泪。"黄先生在《赫逊河畔谈中国历史》这本书中，还回忆到抗战期间的重庆，观众们"完全置敌机轰炸战火蔓延于度外"，痴迷于国立音乐院所排演的新编《长恨歌》，"在两小时内台上音乐院师生和台下听众重新体会一千两百年前那位'英断多艺，尤知音律'的君主和'姿质丰艳，善歌舞'的妃子，当初恩爱与生离死别忧恨缠绵的情节。"这部歌剧的作者黄自，同时创作了激奋人心的《焦土抗战》，人们并不认为两剧作之间有什么不相容或矛盾之处。正如黄仁宇先生所评"其实人本议（humanism）是人类一种共通的性格，白居易的诗既具有这性格，则不论其所叙故事与目前政策有无依违，总之不能禁断。纵有传统中国专制政府的庄严与道学家之刻板，《长恨歌》仍是千古传诵，并能通过抗战流传至今。"

《长恨歌》永远说不完，还需回到白居易那个周至县。

转眼间冬去春来，"深于诗，多于情者"，当红诗人白居易，三十六岁仍然偏居一隅，家室空空。情侣湘灵不可及，相会只在梦中泣，岁月好不孤寂。一日，还是那位终南山下王质夫，给白居易捎来两株幼松和一丛野蔷薇，用以装点县尉住所，慰藉好友孤独生活。白居易谢过质夫，遂将小松野花栽于庭前，唯愿野花能在庭院扎下根来，即时开花。又念及老母亲反复催促婚姻大事，联想到自己周至孤单，吟成小诗一首：

移根易地莫憔悴，野外庭前一种春。
少府无妻春寂寞，花开将尔当夫人。

（《戏题新栽蔷薇》）

趣味小诗，透着无边苦涩。

婚姻之事没有着落，元稹的命运也令人牵挂。本来，元稹留在朝中做了拾遗，要比白居易外任基层强出许多。未料元稹锋芒毕露，接连向宪宗皇帝提出《论教本书》等十多条尖锐意见，备受朝中官僚攻讦。又因反对宰相儿子担任补阙官员，进一步得罪了宰相杜佑等人。而元稹只是大考成绩突出，身在朝中并无根基，权臣杜佑迅即找茬儿，把元稹打发到河南洛阳，也贬为一名县尉了。可叹这位精英才俊，元和元年（806）初夏任拾遗，当年九月十日即被贬离京，只在左拾遗岗位上干了八十三天。白居易身在郊县，知道消息后毫无办法，连话别相送都来不及，只能对好友寄以无限同情。一首《别元九后咏所怀》，满目悲凉："零落梧桐雨，萧条槿花风。……勿云不相送，心到青门东。相知岂在多，但问同不同。同心一人去，坐觉长安空。"好友历经挫折远去，使白居易一想到皇城便觉得空空落落。元、白相知相通，互为依存，难以替代。

谁知祸不单行，元稹贬谪洛阳不久，其岳父、老母又相继去世，悲苦连连。元稹只好拖着病体返回长安，为母丁忧。白居易得知后，急忙嘱咐自家母亲，从郊区赶到城里元家，照料元稹治病诊疗，又拿出一部分俸禄，资助元稹渡过经济难关。病中元稹拜托兄长白居易，为老母郑氏写了墓志铭。

趋走逢迎的周至岁月，把白居易搞得身心俱疲。"始知吏役身，不病不得闲"（《病假中南亭闲望》），而在病休之际，他忽然发现，自己未满四十却生出了白头发，这让他吃惊，"白发生一茎，朝来明镜里。勿言一茎少，满头从此始"（《初见白发》），唯到此刻，白居易更加理解了杜甫，老杜能做县尉而不做，宁愿去看守库房，确有道理。

白居易履任周至一年多，收获还是很大的。他切实体会了底层民众生活疾苦，亲眼目睹了政治生态日渐腐败，从《观刈麦》《长恨歌》《宿紫阁山北村》等创作中，真正发现了诗歌的现实意义和无穷魅力，掌握了使用诗歌这一艺术手段，表述政治主张，鞭挞丑恶现象，自在地抒发对待人生万物的真实感悟。周至为官阅历，对于一个抱负远大的青年才俊而言，正是走向成熟道路上不可或缺的一步，是弥足珍贵的。

十一、诗文如意识杨家

白居易在周至写了《长恨歌》等几十首诗，很快传遍长安京兆，连同他几次考试答卷，包括《策林》，也成为众多学子仿效范本。引起了京城里杨汝士、杨虞卿等名流仕人广泛关注。

笔者读陈寅恪先生《元白诗笺证稿》，发现一个观点，值得重视。陈先生认为："盖唐代科举之盛，肇于高宗之时，成于玄宗之代，而极于德宗之世。"白居易正是德宗后期考中进士的。陈先生进一步判断说："德宗本为崇奖文词之君主，自贞元以后，尤欲以文治粉饰苟安之政局。就政治言，当时藩镇跋扈，武夫横恣，固为纷乱之状态，然就文章言，则其盛况殆不止追及，且可超越贞观、开元之时代。此时之健者有韩、柳、元、白，所谓'文起八代之衰'之古文运动，即发生于此时，殊非偶然也。"

陈先生给后人凿开了理解研判中唐文坛之窗口，清风徐来，顿觉爽悟：要认识中唐古文运动兴起，首先要弄清楚文体发生了重大变异。运动特征就是把古文、骈文、散文、俗文、小说、乐府长诗熔于一炉，赋予崭新文风面貌，由此完成了"叙写表达人情物态、世法人事之职任"。"而其时最佳小说之作者，实亦即古文运动中之中坚人物是也"。为了说明这个论点，陈寅恪先生特地撰写了《韩愈与唐代小说》一文，首发于美国哈佛大学，"其要旨以为古文之兴起，乃其时古文家以古文试作小说，而能成功之所致，而古文乃最宜于作小说看也"。元稹因小说《莺莺传》名噪文坛，白居易胞弟白行简，其代表作也是小说《李娃传》。白居易《长恨歌》等系列作品，均以叙事为主体。《长恨歌》既成，进士陈鸿还要配上一篇《长恨歌传》，正是文体扩张互动之举。陈寅恪先生甚至认为，《长恨歌》也是新兴“小说中之诗歌部分也”，并举同期李公垂（李绅）之《莺莺歌》为例，说是同样一种体例。看来，文体创新实乃文坛复兴之重头，值得今人长思。老八股文章陈词滥调，哪里还有生命力，哪里还有人喜欢呢？

中唐诗歌群体人脉广泛，连扩张带互动，不仅形成了一代文风，也演进改善了文官仕人的生活方式。白居易在《与元九书》中，总结他与元稹等友人交往时说：

> 与足下小通，则以诗相戒。小穷，则以诗相勉。索居，则以诗相慰。同处，则以诗相娱。

炮制和鉴赏佳诗美文，成了中唐上流社会沟通交往的精神食粮。《长恨歌》传诵京都，引发众多诗友交流，迅速扩展了白居易社交朋友圈。

正因为如此，白居易的人生命运也将发生变化。

长安城里，有名流杨汝士、杨虞卿、杨汉公、杨鲁士等同族兄弟，备受文坛尊重，杨氏家族在政治、文学多方面享有声望，人称百年不衰“靖恭杨家”。“靖恭”，指杨家累世居住在城内靖恭坊。

杨汝士亦有诗誉，且自认不在元、白之下。他引领诗坛酬唱往还，靖恭豪宅十分热闹，白居易虽与杨汝士并不相熟，与杨虞卿却久有交往，早在宣州乡贡备考期间，二人已经相识。白少府凡从周至回京，便是杨家常客。查《全唐诗》可知，白诗中涉及杨汝士者，多至三十余首。白居易重友情，诗文唱和有来必往，兼多酒趣，在诗友圈中极受欢迎。

白居易在新昌坊租房而居。聚会酒后，常常留宿靖恭坊不归。一位独身大咖，其婚事必受友朋关注，有意无意之间，白居易在靖恭坊结识了杨汝士胞妹，也是杨虞卿从妹。才子与千金，相互留下不错印象。唐代仕人筹划婚事，有个规矩非常苛刻，即仕人不得娶平民之女为妻。先前白居易与湘灵痛切分手，很可能受到这条规矩制约，尽管当时白居易还不算仕人。

后半夜，白居易在杨家大院耿耿难眠。索性从榻上披衣而起，踱步院中，吟得《宿杨家》一首：

杨氏弟兄俱醉卧，披衣独起下高斋。
夜深不语中庭立，月照藤花影上阶。

夜深不语，独立庭中，诗人是否想念着湘灵？诗中没有明示，留给后人去猜。

白居易在杨家纵酒吟诗，多日不归，有一回连续住了十几天。这就超出了寻常诗友交际，很有些联姻亲戚之意了，白诗《醉中留别杨六兄弟》曰：

春初携手春深散，无日花间不醉狂。
别后何人堪共醉？犹残十日好风光。

请看，从春初到春深，白居易舍不得离开靖恭坊。临到分手还说："数日非关王事系，牡丹花尽始归来。"表示过不了几天，还要回来接着喝。想一想，如果没有杨家千金勾魂摄魄，仅仅是杨六兄弟友情，恐怕不至于如此吧。

十二、翰林拾遗老友新妻

事实证明，杨氏兄弟有眼光。这位基层县尉、苦闷诗人白居易，因名声大噪而时来运转，迅速得到朝廷破格提升。按说，府衙为官皆有任期，而白居易做县尉只干了一年零两个月，吏部下达调回长安的诏书，白居易即从“趋走吏”职位上得到了解脱。他在《寄题周至厅前双松》中说：“忽奉宣室诏，征为文苑臣。”欣慰之情，溢于言表。离开周至之际，乐天与同事们依依话别，又为少府李文略继续独留小城而哀伤。王拾遗先生考证，白居易在黎明前，趁着晓月，策马登程奔向了长安。

这次调动很突然。契机是集贤殿大学士武元衡，在元和二年（807）七月，上奏请求增补“集贤校理”人选，经宪宗批准，白居易被选拔入殿。匆忙间，白居易带着县尉官职，进京赴任。主因在于这位佼佼才俊历经数考，具备超群实力，知名度亦高。

不出两个月，白居易又由集贤校理一职，荣授为翰林学士院翰林学士。这就不是偶然现象了。凡进翰林学士院，必须经过吏部专题考试，才能最后裁决。这年十一月五日，白居易又一次登堂应考，当场完成制、书、诏、表四种体裁文章，同时完成律诗一首，五项考试合格，这才过关。

宫廷翰林学士院这一机构，先前混同于翰林院，成员复杂，未必参政，李白曾以“布衣翰林”为诗待诏，享此殊荣。到了肃宗、德宗以后，翰林学士地位得到极大提高，“天下用兵，军国多务，深谋密诏，皆从中出”。并单独分离出“翰林学士院”，区别于各类待诏。翰林学士成为朝廷核心成员，其历史原因，在于唐肃宗时逢安史之乱，中央政府跑到灵武、凤翔维持，京都行政机构近乎崩溃，中书舍人等职事官派不上用场，战乱之中也就打破旧章办公程序，皇帝就近起用身边翰林学士掌管书诏，可靠而方便。皇帝与学士骤然密切起来。战后回京，翰林学士“独承密命”，开始深度参与国家大事。而分离后的翰林学士院仅设六人，其中一位领班叫“承旨”。此六人若非真名士，没有真才实学，或人品存疑者，断然不可荣任。有《旧唐书·白居易列传》为证：

> 居易文辞富艳，尤精于诗笔，自雠校至结绶畿甸，所著歌诗数十百篇，皆意存讽赋，箴时之病，补政之缺。而士君子多之，而往往流闻禁中。章武皇帝纳谏思理，渴闻谠言。二年十一月召入翰林为学士。

笔者所感慨的是，白居易精于诗文，才艺超群，名震朝野，固然没有异议，但是我们想一想，居易不仅有《长恨歌》，不久还有《秦中吟》十首和《新乐府》五十首（容后边详谈），这批诗篇大都是关心民瘼、针砭时弊之作，道出了民心民意，表达了对时政的强烈不满，他没有歌功颂德，没有曲意逢迎，诸名篇皆不符合主旋律之俗韵。宪宗皇帝何以对他网开一面，情有独钟呢？既说《长恨歌》通篇叙事，而其主要倾向乃批评"汉皇重色思倾国"则毫无疑问。唐玄宗"春宵苦短日高起，从此君王不早朝"，导致"渔阳鼙鼓动地来，惊破霓裳羽衣曲"，险些亡国，全诗指责前朝皇帝李家祖爷，一目了然，朝廷非但没有将作者问罪制裁，反而一再破格拔擢重用，这该如何解释？我们只能认为，中唐磨难，百废待兴，宪宗皇帝和德宗一样，期盼广开言路，变革图强。为此强化言官谏奏制度，鼓励翰林、补阙、拾遗等学士近臣据实进言，完成使命和职责。不这样做，就不是一名好词官。制度保证了言路，大唐王朝之所以雄踞天下，纵横四海，正是言官制度上能够以博大胸怀海纳百川，开得了盛世，也容得下挫折。请注意上文"章武皇帝纳谏思理，渴闻谠言"这句话，辞书对"谠言"释义为：正直之言、慷慨之言。有一个"纳谏思理，渴闻谠言"的皇帝，又以制度做保证，白居易才能继承杜甫遗风，"意存讽赋，箴时之病，补政之缺"，正是生逢其时。而笔者发现，宪宗破格擢用白居易这件小事，竟然载入了史书。捧读清代《纲鉴易知录》，其中卷五十五写至唐宪宗时期："纲，以白居易为翰林学士，目，居易作乐府百余篇，规讽时事，流闻禁中；上悦之，故有是命。""上悦之"，即知宪宗不仅没有生气，反因发现了一个杰出人才而高兴。这真是白居易之大幸。编著这部史书者乃康熙年间吴乘权，他在大量古籍中辛劳查检，史海排沙，摘录这一条入书，很有眼光。吴乘权这个名字也许不算响亮，而他主持编撰了著名的《古文观止》，却无人不晓……

翰林学士院既是枢密机关，授任学士仅此六人。清一色进士出身，不仅有荣誉，而且要官职，才能名正言顺。未出数月，白居易得授左拾遗，直属门下省，级别也提升到从八品上，《旧唐书·职官志》对拾遗职责说得很清楚，朝廷“凡发令举事，有不便于时、不合于道（者），大则廷议，小则上封。若贤良之遗滞于下，忠孝之不闻于上，则条其事状而荐言之”。是一名可以对皇帝当面发表不同意见或直接呈上奏表的“谠言”近臣，发挥着最高当局耳朵和眼睛的作用。之所以官阶不高，是担心拾遗、补阙官珍惜官阶而舍不得放胆说话，怕他惜官混饭，起不到“大则廷议，小则上封”的直言作用。

有趣的是这两句话，“若贤良之遗滞于下，忠孝之不闻于上，则条其事状而荐言之”，意思是说，既不能让政绩显著之正派官员久滞基层得不到提拔，又不能让感动中国之道德英模埋没民间得不到表彰，左右拾遗具有发现并写出事迹奏报朝廷的职责，或是对刚性行政法规的重要补充。

翰林学士携带左拾遗之官，便是皇帝“私臣”，上班位置在“禁省”之内，学士们从大明宫北部偏门径直出入，皇帝有事召唤，十分方便。世人戏称为“北门学士”，翰林学士院与大殿和“内朝”非常近。而以宰相为首的“三省六部”等中央政府机关，则集中在皇宫南部，统称“南衙”，各部大员见皇帝要走程序，远不如“北门学士”方便。白居易入翰林并担任左拾遗的时候，直接领导者即承旨学士，乃誉满朝野的裴氏家族名士裴垍，山西闻喜人。裴垍秉性正直，庄重沉稳，二十岁就考中了进士，很受宪宗皇帝倚重。巧的是他也干过基层县尉，令白居易深为佩服。同期翰林李绛、崔群、李程、王涯，加上裴垍、白居易，此六人志同道合，是一个励志改革的新兴群体，为“元和中兴”起了积极作用。后来，这六位学士全部得到朝廷重用，大多官至尚书甚至宰相。其中，李绛挺兵奔赴削藩前线，王涯喋血与宦官厮杀，十分壮烈。

白居易摆脱了黄土风尘，值宿禁中。他心情舒畅，诗兴大发，一口气给刘禹锡寄上新诗一百首，请好友鉴赏。刘禹锡，字梦得，本与白居易同庚，早年被誉为“江南神童”，乐天在徐州、宣州等地流浪苦读之际，二十二岁的刘禹锡已经高中进士。白居易二十九岁进士及第，三十二岁考得校书郎，刘禹锡已经做过了渭南县主簿，复调回朝中做了监察御史。刘、白二人常与柳宗元、元稹把酒唱和，不亦乐乎。刘禹锡加盟“贞元革新”，成为王叔文、王伾、柳宗元革新集团骨干人物，史称“二王刘柳”。在力推新政的斗争中，他们遭到俱文珍宦官集团和重臣武元衡力量的双重反击。白居易当时只是一名校书郎，为支持刘禹锡等人革新，不顾人微言轻，也秉笔数千言《为人上宰相书》，进劝宰相韦执谊支持“二王刘柳”，白居易的心与刘、柳紧紧连在一起。殊可叹，不出半年多，身患中风之疾的顺宗皇帝李诵，在俱文珍宦官势力威逼之下，诏书禅让皇太子李纯坐朝监国，自己退称太上皇。不出一个月，李纯登基为宪宗，宦官得势，坚持了一百四十六天的永贞革新宣告失败，形势急转直下，“二王刘柳”集团悉遭贬遣。刘禹锡本是“屯田员外郎”，这一来，先贬连州为刺史，赴任途中再贬为朗州（今湖南常德）司马，柳宗元先贬为邵州刺史，继贬为永州司马，革新骨干纷纷递解出京，史称“二王八司马”。

此处有一段小闲话，饶有人生意味，就在刘禹锡贬任朗州途中，恰与韩愈相逢于江陵，而命运截然不同的是，宪宗初登皇位，渴求治国人才，刚刚下诏要把前几年贬在岭南阳山，又迁江陵的韩愈调回朝堂。一个南下受贬，一个北上荣任，韩、刘曾在朝中相识已久，彼此还发生过一些误会。此时不期而遇，韩、刘把酒交心，酸甜苦辣千般滋味，尽在酒中。彻夜长谈之后，两人不仅尽释前嫌，而且更加敬重对方人品高尚，为官忠良。天亮起身各奔南北而去……

元和元年（806），刘禹锡到达朗州不久，白居易在周至创作《长恨歌》。这时，宪宗皇帝因改元而大赦天下，本以为前番受贬之官回京有望，却又下一诏：贞元革新骨干“二王八司马”，不在量移回京之列，而且，为首的王叔文更遭到下诏赐死的悲惨结局。看来短时间之内，刘禹锡肯定回不来了。

白居易的忠厚仁义正在这里。元和二年（807），他荣入翰林做了拾遗，可以亲近宪宗皇帝，他不但没有离弃朗州老友，反而遥寄新诗百首，与刘禹锡沟通交流，安慰激励革新者那颗凄苦悲凉之心。

刘禹锡的坚强豁达同样感染着白居易，二人诗文酬唱一直延续到晚年，合称“刘白”。眼下，刘梦得远在朗州，多次寄诗来信，提醒白居易不要因顺通而大意。其中两首长诗，对白居易触动不小。一首是《聚蚊谣》，说朝中群小攻击忠良，如同蚊蚋集聚发出巨大噪音那样，虽然身形微茫，却能将人咬得体无完肤，把血吸干；另一首《百舌吟》，提醒居易注意识别百舌雀鸟，啼鸣弄姿，声流婉转，舌端千变万化，要警惕和远离这种谗言祸端之人。

待到元和三年（808）正月，宪宗又一次大赦天下，叹刘禹锡身为永贞“罪人”，仍然不在量移调动之册，白居易暗自为他叫苦，而刘禹锡以豪诗《游桃源一百韵》回复：“我心归隐桃源，我身纵横四海！”毫无颓伤之意。刘、白情谊，未必在元、白之下。以后漫长岁月，还将证明这一点。同时，刘禹锡和元稹之间，也是志同道合、友情弥深的。

元和二年（807）及次年春，白居易又接连迎来两件好事，使他彻底摆脱了孤独寂寞的流落生活。一是胞弟白行简，不负众望进士及第之后，又选入秘书省做了校书郎。兄弟二人同在朝中走动，可以经常见面，共同照顾家中老母，减轻了全家经济负担。二是三十七岁的白居易终于成婚，迎娶了杨汝士胞妹杨氏为妻。这位杨氏夫人虽然不通文字，却也出身大户，贤淑端庄。多少年奔波漂泊之人，如今总算有了归宿。白母陈氏对于这门婚事十分满意，身体也明显好了起来。杨氏世代家教，女德懿范，深懂规矩，白居易特地写了一首《赠内》，读给夫人来听，请看：

> 生为同室亲，死为同穴尘。
> 他人尚相勉，而况我与君。
> ……
> 我亦贞苦士，与君新结婚。

庶保贫与素，偕老同欣欣。

白居易把诗歌完全引入人生岁月当中，逢事皆可入诗，已经形成一套生活方式。他这样做，一是留下了大量的中唐生活写照，至今为史家研考依据；二是在上下审美交流中，白居易很自然地降低了庙堂诗歌的高度，把士大夫独享的诗歌艺术拉向平民，并在民间扎下根来，成为民间文化的组成部分。今人刘小川认为白居易是在理论指引下有意识这样做的，这种平民化倾向，持续影响到后世中国诗歌。

乐天夫人不识字，自己看不懂诗词，白居易就念给她听。传说中白居易把诗歌读给老媪听，以老太太能否听懂为准则，这一说法流传甚广，虽然没有太多依据，但传说必定有其道理，《赠内》就是实例之一。

《赠内》中段，白居易例举了四对古代贤良夫妻，赞其安贫相守："黔娄固穷士，妻贤忘其贫。冀缺一农夫，妻敬俨如宾。陶潜不营生，翟氏自爨薪。梁鸿不肯仕，孟光甘布裙。君虽不读书，此事耳亦闻。"颇有些苦口婆心之况味。新婚展望未来，本应祈祷富贵，诗人偏偏拿贫穷入诗，此为何意？刘小川先生作《品中国文人·白居易》，对此品出一番见解来。小川先生认为：

> 白居易当时正值壮年，诗人丰情多欲，感受力异于普通男性，三十几岁的多情男儿，夜里独自上床，持续了好些年，情爱之躯派不上用场。而他看待女性的目光又很准确很缠绵，所以处在一种较严重的性压抑状态之中，写出《长恨歌》正是一次能量大喷发。待到与杨氏成婚，肉体厮磨，饥渴缓解，新的问题随之而来。白居易倏然发现，夫人出身名门，深受长辈亲友影响，对白居易的前程要求很高，希望郎君能够做上大官，以获取荣华富贵。面对杨氏根深蒂固的家族祈求与愿望，白居易写了《赠内》。这首诗可以看作白居易于苦闷中另寻交流通道的屈语产物。这种"精神不融洽，阴阳生间隙"的夫妻格局，也许是白居易后来钟情宠爱众多家媛艺伎的原因和根由。

刘小川先生所析有没有道理呢？学界不好一口断定，而笔者觉得能从人性角度对诗人内心世界开拓探索，要比正襟危坐从事文学研究深入得多，也生动得多。

白居易情爱生活深处，曾有湘灵为伴，但无法与之成婚。直面现实，他对于新婚家庭生活，还是比较投入的。此后几十年，或甜或苦共携手，证明杨氏是一个明识大体、淑惠贤良的好夫人。皇帝后来封授给她荣誉称号，叫作“弘农县君”。有一种流行看法，说杨氏夫人家族，就是先前杨玉环贵妃家族，同为“弘农杨氏”显赫一门。杨家所居靖恭坊，便是“弘农杨氏”家族的长安旧府。对这个说法，笔者无力详考，且作为一则闲话，写在这里也罢。

十三、元和震荡《新乐府》

范文澜先生在《中国通史简编》中说，唐宪宗深有振作朝纲意愿，亦能听取朝臣直言谏诤。元和年间，指宪宗登基（806）到元和十五年（820），历时十五载，史称“元和中兴”，因此在政治上呈现蓬勃气象，军事上也获得了不小胜利。宪宗新政，与顺宗“二王刘柳”的激进变革完全不同。那时，顺宗帝病卧禁中，眼看着朝中帮派打成一锅粥，却中风失语，口不能言，无法主导事态走向。而今宪宗任用裴垍为相，亲自坐殿理事，让新兴进士集团掌控了主流话语。他一手将前朝“二王刘柳”远贬流弃，以平息纷争，另一手又将白居易等翰林六学士破格重用，激励新人发挥才智，要“纳谏思理，渴闻谠言”。如此一来，朝野文赋和诗歌艺术随之发生重大变化。

新兴进士集团为了改革前朝弊政，奋起与旧官僚集团和宦官集团抗衡，决心不小。他们舍身谏诤，挥动如椽巨笔持续发言发声。韩愈、孟郊、元稹、白居易，主导这场文化变革，带动周边许多参政诗人，共同推演出一个“诗到元和体变新”的璀璨格局。所不同之处只是流派相异，在风格上各有千秋，诗歌意象别有洞天。简单说，韩孟一派偏重形式创新，元白一派偏重内容诉求，韩孟险怪奇崛而求其难，元白质直通达而求其易。清人赵翼在《瓯北诗话》中评论道：“中唐诗，以韩孟元白为最，韩孟尚奇警，务言人所不敢言，元白尚坦易，务言人所共欲言。”两大流派在继承李、杜基础上，自觉地突破文章辞赋和诗歌老套路，开辟了一代浩荡新风。千百年过去，形成定论：韩愈乃古文运动杰出领袖，白居易乃新乐府运动卓越代表。

山西文友陈树义先生谈中唐文学话题，观点愈加鲜明：韩愈古文运动，对旧散文和骈文体进行了总清算，白居易新乐府运动，高扬现实批判大旗，促使形式主义诗风大变革。两大流派合流于中唐元和，代表着时代进步最强音。

笔者深以为然。用时髦话来说，韩愈和白居易两位大家，都是学科带头人。

读者们会发现，笔者不吝笔墨，时常谈论韩愈、柳宗元、刘禹锡和元稹等人。之所以这样写，是想说明，白居易的存在不是孤立的，成长不是偶然的。一个伟大诗人的诞生，和时代群体的崛起应该是同一回事。不仅如此，大唐以来从陈子昂、王维到李白、杜甫，都对白居易产生了无法割裂的重要影响。

白居易《新乐府》组诗横空出世，情况就是如此。题为“新”乐府，实乃区别于以往“乐府古题”而已。古乐府以官府名称演变为诗体名称，可以追溯到汉代，乐章、歌牌逐步固定，创作者只须依曲填词，像《乌夜啼》《贾客乐》《伤歌行》等，皆归此类。沿至初唐，诗坛从陈子昂、长孙无忌到顾况、杜甫，都力图突破旧曲调，寻求解放。战乱之中，杜甫作《悲陈陶》《石壕吏》《新婚别》《哀江头》《兵车行》《丽人行》，已经达到“即事名篇，无复依傍”之境。同期诗人元结，推崇陈子昂进步文学观，反对六朝淫靡，呼唤汉魏风骨，以《系乐府十二首》驰名。顾况是新乐府诗歌倡导者，“首句标其目”的创作方法，即从顾况发端。到元和初年，又有“锄禾日当午”之李绅，切中现实弊端，挥洒而成《新题乐府二十首》与元稹交流。元稹又是思情灵动之人，当即对应李绅，写出《和李校书新题乐府十二首》，又拿给白居易鉴赏。元稹后有《乐府古题序》，对此做了小结：沿袭古题，唱和重复，不如意寓古题，刺美现事。而意寓古题，刺美现事，又不如“即事名篇，无复依傍”，即因现事而别拟新题，颇具理论宣言色彩。诗人借助效法汉魏复古，实则开辟新文学革命。

所有这些探索和实践，都与白居易平民化诗文对接相承，尤其与白居易以诗歌为利器讽喻现实之思想丝丝入扣。此前，白居易已经写出了《观刈麦》《宿紫阁山北村》和《长恨歌》等名作，影响巨大，此时又作《秦中吟》十首，再度震动朝野。《秦中吟》之《重赋》，揭露“两税”制度给农民以痛苦;《议婚》谴责“富女易嫁”陋习;《伤宅》抨击权贵修筑奢华豪院;《不致仕》讽刺朽官年过七十不愿放权退休;《立碑》指出很多碑铭多是阿谀不实之辞;《轻肥》痛斥权臣军头脑满肠肥，全然不顾“是岁江南旱，衢州人吃人”之惨况;《歌舞》揭露贵族法吏红烛醉唱，狱中却有冻死冤囚;《买花》道出了长安社会贫富不均的巨大差别与矛盾……这些奋不顾身“直歌其事”的诗篇，一经传播，迅速达到“闻《秦中吟》则权豪贵近者相目而变色”的激烈效应。

眼下，元稹刚刚从贬放之地亢进回朝，先是称赞《秦中吟》犀利讽喻，继而拿出李绅和自己抨击现实多篇新作，请乐天评判赏析，并告知还有张籍、王建等多人，也为乐府模式寻求突破进行了积极尝试。展卷闻言，白居易倍感振奋，所有这些尝试，与他讽喻诗作紧密吻合。差异只在于《秦中吟》统一使用了五言格律，新乐府则多用七言，灵动变化，使用“三三七”句式而已。在白居易看来，此类差异自然不成问题。

浓墨重彩，谏纸飞动，巨笔一开，不可收拾。白居易一鼓作气写出《秦中吟》十首、《新乐府》五十首。他思想准备相当充分，《策林》思考烂熟于心，他且将新诗作奏章使用，要把自己从政以来的强烈危机感，传达给平民、同僚、高官乃至皇帝，让困苦平民百姓泄导积怨，让统治阶层一朝清醒，让整个社会回归儒学道统而正本清源、除弊兴邦。

一个伟大诗人，历尽漂泊、磨砺、积累、试验，终于在不惑之年，真正站立起来了。

白居易为《新乐府》五十首自作序言，开宗明义，旗帜鲜明，完成了一次文学创举：

> 凡九千二百五十二言，断为五十篇。篇无定句，句无定字，系于意不系于文。首句标其目，卒章显其志，《诗》三百之义也。其辞质而径，欲见之者易谕也；其言直而切，欲闻之者深诫也；其事核而实，使采之者传信也；其体顺而肆，可以播于乐章歌曲也。总而言之，为君、为臣、为民、为物、为事而作，不为文而作也。元和四年，为左拾遗时作。

这是一篇宣言。白居易毫不隐瞒自己的创作方法和主张，毫不避讳自己为官从政的坚定立场，坦坦荡荡，不计安危，忠实践行"文章合为时而著，歌诗合为事而作"的理论方向，既要做忠良之臣，又要做真诚诗人。

在五十首《新乐府》当中，诗人笔触从唐高祖武德创业，写到玄宗失败，一直写到当代宪宗，广泛涉猎唐朝一百九十年间政治、宗教、经济、军事、民俗、文艺等各方面事务，丰富而又清醒。陈寅恪先生赞许白居易大作，说："质而言之，乃一部唐代《诗经》。"真是一语中的，高端评价。

笔者无力对《新乐府》组诗展开评议，此处把《新乐府》五十首诗目，保留诗人诗前提要，以原貌展示给读者，更直接地贴近诗人心声：

> 《七德舞》，美拨乱陈王业也。
>
> 《二王后》，明祖宗之意也。
>
> 《立部伎》，刺雅乐之替也。
>
> 《上阳白发人》，愍怨旷也。
>
> 《新丰折臂翁》，戒边功也。

《司天台》，引古以儆今也。
《昆明春水满》，思王泽之广被也。
《道州民》，美贤臣遇明主也。
《五弦弹》，恶郑之夺雅也。
《骠国乐》，欲王化之先迩后远也。
《骊宫高》，美天子重惜人之财力也。
《青石》，激忠烈也。
《西凉伎》，刺封疆之臣也。
《涧底松》，念寒俊也。
《红线毯》，忧蚕桑之费也。
《缭绫》，念女工之劳也。
《母别子》，刺新间旧也。
《时世妆》，警戒也。
《陵园妾》，怜幽闭也。
《杏为梁》，刺居处奢也。
《官牛》，讽执政也。
《隋堤柳》，悯亡国也。
《法曲》，美列圣正华声也。
《海漫漫》，戒求仙也。
《华原磬》，刺乐工非其人也。
《胡旋女》，戒近习也。
《太行路》，借夫妇以讽君臣之不终也。
《捕蝗》，刺长吏也。
《城盐州》，美圣谟而诮边将也。
《驯犀》，感为政之难终也。
《蛮子朝》，刺将骄而相备位也。
《缚戎人》，达穷民之情也。
《百炼镜》，辨皇王鉴也。
《两朱阁》，刺佛寺浸多也。

《八骏图》，戒奇物、惩佚游也。

《牡丹芳》，美天子忧农也。

《杜陵叟》，伤农夫之困也。

《卖炭翁》，苦宫市也。

《阴山道》，疾贪虏也。

《李夫人》，鉴嬖惑也。

《盐商妇》，恶幸人也。

《井底引银瓶》，止淫奔也。

《紫毫笔》，讥失职也。

《草茫茫》，惩厚葬也。

《古冢狐》，戒艳色也。

《天可度》，恶诈人也。

《鸦九剑》，思决壅也。

《黑潭龙》，疾贪吏也。

《秦吉了》，哀冤民也。

《采诗官》，鉴前王乱亡之由也。

请看，白居易诗题“关键词”，除去美，就是刺，是警，是鉴，是讥，是讽，是忧，是戒，是辨，是思，是远古《诗经》“美刺比兴”传统的弘扬和发展，真正把“为臣为民为物为事”之立意发挥到淋漓尽致。

即以《卖炭翁》而言，白居易谴责“宫市”制度，揭露贪官太监“名为宫市，其实夺之”（韩愈语）的专横罪恶，毫不留情。好友元稹被贬河南，其中一项罪状，就是公开反对宫市制度，引发朝内贪官阉党嫉恨，遂合力加害元稹。白居易明知此情，却仍在《新乐府》当中，再次大声谴责宫市不合理，很有些前仆后继之胆。

再看末一首《采诗官》，明确呼吁君主应该广泛搜采民间歌谣，调查研究，兼听则明，“君耳唯闻堂上音，君眼不见门前事”，导致“贪吏害民无所忌，奸臣蔽君无畏意”，全诗以“欲开壅蔽达人情，先向歌诗求讽刺”结束，几近呐喊。正是《策林·采诗》篇的又一次艺术表现。

《新乐府》不计安危，干预时政，同群唱和，是元和精英实现政治理想的重要组成部分。“诗到元和体变新”一语，是白居易自己说出的一个目标，他奋力把这场文化运动推向了高峰，社会效应巨大。

白居易更希望这些诗作，能够对上层决策产生积极意义。他说：“非求宫律高，不务文字奇，惟歌生民病，愿得天子知。”讽喻诗，是白居易投身政治改革的利器，是忠臣谏诤的意见书。王拾遗先生对此评价道：

> 居易提出诗歌和政治具有密切关系的论点，是从来没有人如此明确地阐述过的，在中国古代诗歌理论发展上，是一个不小的突破。

白居易将诗文与政治改革结合起来，对后人产生了深远影响。然而，他披肝沥胆诤谏不休，在宪宗皇帝那里，究竟能起多大作用？王拾遗先生进一步作出分析，忧心忡忡：

> 宪宗即位，很想刷新时政，提拔了白居易等一批进士出身的新锐精英。白居易等人一参政，必将把宦官和旧官僚两大集团视为抨击对象。而残酷的现实是，宪宗李纯能够当上这个皇帝，本是一帮宦官拥戴推动的结果，因此宪宗对俱文珍为首的宦官集团袒护有加，无法离开这帮阉人。同时，老旧官僚集团因循守旧，势力也不小，他们本来就是凭着门第士族进入上层掌权的，哪里会支持什么改革？
>
> 不久前，两种力量合为一处，刚刚摧垮了“二王刘柳”的永贞变革。
>
> 宪宗理政以来，两大集团为死保自身利益，势必合力对付进士集团，在许多事情上配合起来一致对外。

当然，统治集团上层，也是充满了矛盾与分裂的。王拾遗先生说："这种朋党之争，延续了四十年党同伐异，互相贬斥、残害，甚至有人丧失了性命。实质上还是革新与反革新的矛盾冲突。"

在如此严峻的历史条件下，朝廷忠邪并存、结党营私，白居易不愿意介入任何一方，始终坚守革新立场，保持着独立性和倾向性。他诤谏发声不退缩，绝不是为了哪个集团利益，而是由于嫉恶如仇，不愿与任何恶势力同流合污。请看这株大桐树：

一株青玉立，千叶绿云委。
亭亭五丈余，高意犹未已。
山僧年九十，清净老不死。
自云手种时，一颗青桐子。
直从萌芽拔，高自毫末始。
四面无附枝，中心有通理。
寄言立身者，孤直当如此。

（《云居寺孤桐》）

"四面无附枝，中心有通理"，诗人宁愿孤直清白，也不想依附任何势力。而绝大多数人正在梦想依附攀援，求之不得。白居易拥有一个诗歌王国，在这个精神世界里他绝不寂寞，甚至需要保留一些孤寂，真诗人不需要拉帮结派；而政坛险恶，各派倾轧，昨天人上人，今朝阶下囚，卷入太深必惹祸端，不如谨慎独处，知足自保，做出趋利避害的现实选择。

白居易性格深处，刚直狷介与闲适情趣合二而一，融为一体。又因人因事因时，表现出不同侧面来。研究者普遍认为，中青年时代的白居易，刚正不阿忠言直谏，明显强烈于中年之后。有《折剑头》诗为证：

拾得折剑头，不知折之由。
一握青蛇尾，数寸碧峰头。
疑是斩鲸鲵，不然刺蛟虬，
缺落泥土中，委弃无人收。
我有鄙介性，好刚不好柔。
勿轻直折剑，犹胜曲全钩。

这正是诗人仕官前期的性格写照：达则兼济天下，为臣宁折不弯。

《长恨歌》《秦中吟》《新乐府》，众多篇章涉及皇帝尊严，涉及阉官利益，涉及权臣党争，一个小小拾遗，何来这般胆略？宪宗李纯虽有肚量，能否容得下这位乐天？此前，多位好友已被贬谪，白居易能否保全自身？真叫人不寒而栗。

十四、极言直谏屡挫笔锋

白居易并非不知道危机四伏。他在《太行路》一诗中，以夫妻困境作喻，道出了君臣关系之险：

不独人间夫与妻，近代君臣亦如此。
君不见左纳言，右纳史，朝承恩，暮赐死。

此言已经十分惊悚了。但是白居易依然如故，他以《骊宫高》继续讽喻宪宗，指出皇帝游幸一方，挥霍浪费极大，“中人之产数百家，未足充君一日费”，一人纵欲，百姓承当，情何以堪？诗人认为君王纵欲致百姓困穷，与《策林》理念一脉相承：

盖以君之命行于左右，左右颁于方镇，方镇布于州牧，州牧达于县宰，县宰下于乡吏，乡吏传于村胥，然后至于人焉。

自君至人，等级若是，所求既众，所费滋多，则君取其一，而臣已取其百矣，所谓上开一源，下生百端者也。

《骊宫高》指向更加明确：“君之来兮为一身，君之不来兮为万人。”皇权官僚机构易产生连锁反应，故皇务须收敛慎行。

白居易一次次赋诗词、上奏章，内容多与纠正宪宗决策有关，常令宪宗不悦甚至恼怒，总让人为他捏一把汗。如果，仅以诗歌言论行世，皇帝尚且可以容忍，而一旦直接干预重大事务，阻挠皇帝决策，站在了宦官、旧官僚两大集团对立面，问题就会严重起来。

元和四年（809）秋，成德军节度使王承宗反叛，朝廷怒而征讨。谁知宪宗居然舍弃良将不用，偏要诏命宦官吐突承璀担任兵马统帅。这位吐突承璀时任神策护军两员中尉之一，统辖禁军左翼。该奴从小服侍宪宗起居，虽系宪宗心腹，还是宫中家臣而已。而神策禁军延续到中唐，早已变成了宦官集团掌控皇室的实力基础。皇帝为什么要用宦官统军？原因在于深忌勋臣宿将坐大，而宦官则无远大志向，还是奴才。韩愈一针见血指出“天子自将非他师”，就是说，皇帝自己要当大军统领，宦官出征不过是家臣副帅，故谓“天子自将”。

宪宗诏命吐突承璀统率三军出征，史无前例，满朝文武惊愕愤然，不少臣将纷纷表示：“征东大事，不可以内官为将帅。”左拾遗白居易更是坐卧不安，深感此例一开，为害无穷。他首先面陈反对意见，无效，继而疾书《论承璀职名状》，挺身进言：

……陛下自春宫以来，则曾驱使承璀，岁月既久，恩泽遂深。望陛下念其勤劳，贵之可也；陛下怜其忠赤，富之可也。至于军国权柄，动关于治乱，朝廷制度，出自于祖宗……然则兴王者之师，征天下之兵，自古及今，未有令中使专统领者……臣恐四方闻之，必轻朝廷，四夷闻之，必笑中国……

更难听的话还有："陛下宁忍徇下之情而自堕法制，从人之欲而自损圣明，何不思于一时之间，而取笑于万代之后。"这话既不顾皇帝情面，亦不顾自身安危，并当廷指责"陛下错了"，这就触怒了宪宗，对白居易发出了怨言。幸有中书舍人李绛，力陈拾遗官理应尽职，忠心可鉴，才保护白居易过了这一关。此事今日说来，似可一笔带过，无足轻重。而在史书当中却有专门一笔。请看《纲鉴易知录》卷五十六：

〔纲〕以李绛为中书舍人。〔目〕上每有军国大事，必与诸学士谋之。白居易因论事，言"陛下错"，上色庄而罢，密召绛谓曰"居易小臣不逊，须令出院。"绛曰："陛下容纳直言，故群臣敢竭诚无隐。居易言虽少思，志在纳忠。陛下今日罪之，臣恐天下各思箝口，非所以广聪明，昭圣德也。"上悦，待居易如初。

用白话道来，是说每逢军国大事，唐宪宗都要和翰林学士们商讨。白学士在讨论中，公然说出"陛下错了"这样的话。宪宗神情严肃地停止了讨论，秘密召见中书舍人李绛，说："白居易这个小小臣子，出言不逊，应该把他赶出翰林院！"李绛回应说："您能容纳切直真话，所以群臣才敢于竭尽诚心而不隐讳。居易所言虽然欠考虑，但他的动机还是出于忠诚。您现在责罚他，我担心天下人都将琢磨着缄口不言。这样就不能广纳聪明才智，也不能昭彰您的美德了。"宪宗闻言转怒为喜，还像从前一样对待白居易。

皇帝生气，密令逐臣，谁敢不从？幸有李绛睿智婉言劝帝，居易始能转危为安，前后过程惊心动魄。唐宪宗毕竟算个明君，依然高待言官辞臣，不久还提升李绛做了宰相。

宪宗皇帝迫于压力，把承璀领兵的名称做了修改，但仍然让他统领大军。

战况一开，成德军节度使王承宗根本不把这个宦官统帅放在眼里，连斩官军良将，致战况陷于进退两难之境，四路大军出征半年，难以打败一支叛旅。最后，还是王承宗假意上表谈判，释放俘臣薛昌朝，请求朝廷开恩宽大，愿意臣服，给了宪宗一个台阶。结果，朝廷草草收兵，王承宗官复原职，辖城地盘依旧，皇帝明知无法取得胜利，也只好同意，罢兵休战。

表面看，事情好像过去，白居易躲过一劫。实际上，人家已经将他划入进士“牛党”阵营一边。从德宗到宪宗，新兴进士集团主张重振中央权威，从改善人民生活做起，去除旧制之弊，多次与李吉甫为代表的旧官僚集团发生冲突。这一回，白居易进而招惹了宦官集团，成了两大集团共同的眼中钉。

回顾一下，白居易履职谏官拾遗两年多，种种奏章令保守势力难以容忍：先是要求减免江淮旱区百姓租税，主张取缔“和籴”改行“折籴”；且坚决请谏释放宫人；时逢制考案发，牛僧孺等人激切抨击时政，白居易公然站在牛等立场，上书谴责宰相李吉甫；不久，前朝魏征故居，被旧官利用掠美求誉，白居易激浊扬清予以制止；更有淮南节度使王锷，赴京挥金跑官要当宰相，“好事”将成，突遭白居易抗辩阻击；在军事上，白居易反对当朝向河北藩镇用兵，更反对诏用宦官承璀统领征战，与宪宗皇帝“争论得面红耳赤”（王拾遗语）。所有这些，都是奋不顾身“上疏直谏”，深具力度。而他那些诗歌，更是有计划的系列创作，《卖炭翁》发难宫市政令，《盐商妇》指证官商勾结，《轻肥》斥责将军骄奢，《牛官》抗议丞相威福，《杜陵叟》疾呼农民减负，《红线毯》揭露太守无情，《新丰折臂翁》诅咒残暴战争，《宿紫阁山北村》怒向神策军……

朝中险象环生，如此直言谏诤，足以引人嫉恨。居易自身难保，偏在此时，老友元稹又出现严重问题，白居易当然不会袖手旁观，再次挺身而出。

元稹前番触犯了权贵，元和元年（806）九月贬谪河南县尉。所幸时过三年，宰相裴垍念他才学出众，且丁忧期满，便力主提拔做了监察御史。元和四年（809）春，元稹出使剑南东川，他大胆劾奏不法贪官，主持平反冤假错案，政声鹊起。白居易非常高兴，以诗相赞，“元稹为御史，以直立其身。其心如肺石，动必达穷民。东川八十家，冤愤一言伸”（《赠樊著作》）。而太监旧党则恼羞成怒，复将元稹再次排挤到东都洛阳，做一名外遣“御史大夫”，“分务东台”。元和五年（810），元稹不屈不挠弹劾河南违法大员房式，而元稹官阶仅是八品，他一着急，竟将三品大员拘禁起来，剥夺房式之权由自己代摄。因而引起宪宗不悦，随即将元稹罚俸召回待除，前程未卜，吉凶难料。须知这位大员房式，与旧官僚集团本是同一体系。

前途未卜倒也罢了，罚停三个月俸禄也能承受，只要不再发生灾祸就有转机。而冤家路窄，事不由人，越怕祸端祸越来。这天，元稹接诏西赴长安，神情抑郁，一是贤妻韦丛病逝不久，咏念三首悼亡诗催人泪下；二是以八品之身拘押三品大员，绝非因私而为，却被罚俸调回，元和希望何在？沉吟独行，不觉日暮云低，前头已是华阴地面。元稹入宿敷水驿站，胡乱吃些酒菜，入住上厅官房，枕卧休息。

不一会儿，门外人声嘈杂，原来是以刘士元为首，拥入一群禁内宦官。吵吵闹闹，嚷着要住上厅官房。驿吏连声解释，说上厅房间客满，已有御史大夫元稹先到住宿了，刘士元闻听“元稹”二字，专要给人难堪，竟手提马鞭径自闯入，逼迫元稹腾房，元稹怒从中来，拒绝搬出。争辩之间，那宦官手起鞭落，连续抽击元稹脸面，手下人强行将元稹行装抛撒屋外。鞭击负重，元稹只好跃窗而出，逃至后院躲避。夜半，驿吏才将元稹寻回安歇，不待天明，元稹悲愤难平，疾向京城奔去。

宦官凶焰蛮横，已经到了这般地步。

朝廷命官横遭宦官鞭打，成何体统？元稹满脸羞辱，同人无不愤怒，白居易等人大声疾呼，并将撑腰做主之愿，寄托在宪宗皇帝身上。未料，宪宗听信太监诬告，采信旧臣说词，反批元稹一向多事，驿馆争厅，乃“少年后辈，务作威福”，“有失宪臣体面”，且不由分说，“复引稹前过，贬为江陵士曹参军”。宪宗如此决断，令白居易等人大惊失色。

唐朝规矩，凡左降诏书一出，被贬官员当日接旨，次日必须启程赴任，任何情况都不许滞留京城。紧急之中，文臣李绛、崔群同时上疏保奏，白居易更是不计安危，“累疏切谏”，连奏三状，直言力保，请求宪宗在诏书下达之前，收回贬谪成命，挽救元稹于危难之际。事态刻不容缓，居易笔锋迫促，极为恳切：

> 元稹守官正直，人所共知。自授御史以来，举奏不避权势……臣恐元稹左降已后，凡在位者每欲举事，先以元稹为戒，无人肯为陛下当官执法，无人肯为陛下嫉恶绳愆。内外权贵，亲党纵横，有大过大罪者，必相容隐而已……元稹所追勘房式之事，心虽奉公，事稍过当。既从重罚，足以惩违。况经谢恩，旋又左降，虽引前事以为责词，然外议喧喧，皆以为元稹与中使刘士元争厅，自此得罪。至于争厅事理，已具前状奏陈。况闻刘士元踏破驿门，夺将鞍马，仍索弓箭，吓辱朝官，承前已来，未有此事。
>
> 今中官有罪，未见处置；御史无过，却先贬官，臣恐从今已后，中官出使，纵暴益甚，朝官受辱，必不敢言……臣恐元稹左降后，方镇有过，无人敢言，皆欲惜身，永以元稹为戒。如此则天下有不轨不法之事，陛下无由得知。朝廷误左降一御史……诚以所损者微，所关者大，以此思虑，敢不极言？

白居易不惜自身安危，为拯救元稹仗义执言，奏章所陈之事，实际上已经道出了中唐王朝从繁盛走向衰败的深层危机。封堵各方言路，惩贬正直御史，层层要员也就失去了监督，专权冲出笼子之外，为非作歹，上下贪腐，“纵暴益甚”，病入膏肓，终将不可收拾。宪宗一味袒护宦官，贬元稹外放，只能使正气受挫，邪气上升。白居易公开疾呼，也必然遭受潜在危害，他正在变作一个不受皇帝喜欢之臣，成为权淫势力的眼中钉。

元稹含悲登程那天，居易当班不能远送，二人只在街头马上，匆匆作别。何以慰勉好友之心？何以留存人生希望？唯有以诗言志。

白居易便把新诗二十章卷轴，交给白行简，令他急送元稹，但愿后会有期。

十五、画师高明难绘学士内心

元稹贬离长安，是元和五年（810）三月之事。再过月余，白居易左拾遗任期即满，或可改官别任。这时，有一桩“奉诏写真”公务，需要乐天配合完成。笔者没有查到唐朝“奉诏写真”的规章和实行办法，浅析零碎记载，此事倒也有趣。诗人为此留下一首《自题写真》，让后人揣摩白居易心灵轨迹。我的理解，唐时实行“奉诏写真”，近乎于今日官员拍摄照片存档。凡朝官“留影”肖像，要由专职宫廷画家奉旨完成。白居易在《香山居士写真诗》序言中说：“元和五年，予为左拾遗翰林学士，奉诏写真于集贤殿御书院，时年三十九。”时间地点都有了。查集贤殿御书院，亦称丽正修书院，设立于唐玄宗开元十三年（725），书院内设“画直”，即官方当值画家，专事朝廷绘艺。在朱景玄所著《唐朝名画录》中，收录一位肖像写真大家，名叫李仿。白居易此诗开篇谓“我貌不自识，李放写我真”，李仿、李放，大约是同一人吧？多年后诗人又咏此画，仍然是“李放写我真，写来二十载，莫问真何如，画亦销光彩”。依“光彩”而设想，唐朝官制肖像画，有可能还是彩色图本。

究竟何等官位臣子，方能“奉诏写真”于集贤殿御书院？恐怕一般官员还没有这个福分。白居易身为左拾遗并不显赫，而翰林学士则非同一般。此事还需专家解惑。而诗文首句“我貌不自识”，又带来一个问题：难道唐代大员，包括文化人艺术家，都不知道自己长啥模样吗？唐时已有优质铜镜可鉴，乐天还有《百炼镜》诗句流传，如果常以铜镜对照梳理鬓发，又怎能“我貌不自识”呢？唐时，为保证铜镜光亮如新，已经出现了专门抛光镜面的工匠，与市井磨刀人一样沿街兜揽生意，就地打磨镜面。

但是，无论怎样调配合金材料炼制铜镜且百般打磨抛光，古铜镜也无法企及今日水银玻璃镜之效，毫发毕现更不可能。

《自题写真》诗云：

我貌不自识，李放写我真。
静观神与骨，合是山中人。
蒲柳质易朽，麋鹿心难驯。
何事赤墀上，五年为侍臣。
况多刚狷性，难与世同尘。
不惟非贵相，但恐生祸因。
宜当早罢去，收取云泉身。

这首诗，由外貌及至内心，对于后人了解乐天年近不惑充满矛盾的心路历程，颇多收益。不爱蒲柳，偏爱野鹿，却又恐怕惹祸加身。

紧接着，左拾遗任职期满，例当改官。过去，主流研究者为了突出白居易与封建王朝具有斗争性，偏执地认为：皇帝以及朝中旧势力厌恶刚正直言的白居易，便“利用左拾遗任期已满的机会，把他挤下谏官位置”。这一说法十分牵强，中唐诸官离职他任，通常还是按规则改官，宪宗皇帝对白居易这位才子毕竟有所偏爱。据《旧唐书·白居易本传》记载：“上谓崔群曰：居易官卑俸薄，拘于资地，不能超等，其官可听自便奏来。”上，皇帝也。关心白居易生计“俸薄”，又不能越级提拔，因此特地叮嘱宰相崔群，征求一下居易本人意见，“其官可听自便奏来”，就是打算除授较好官职、提高待遇之意。

白居易承恩，据此写了《奏陈情状》略云：“臣母多病，臣家素贫。甘旨或亏，无以为养，药饵或阙，空致其忧。情迫于中，言形于口。伏以自拾遗授京兆府判司，往年院中曾有此例，资序相类，俸禄稍多，傥授此官，臣实幸甚！”

很快，宪宗诏授白居易升任“京兆府户曹参军”，保留翰林学士一职。“参军”本是“参谋军事”，汉已有之。演变到唐，逐渐脱却军事色彩，成了中层文官。“户曹参军”是统称为“判司”的六曹官员之一，主管州府户籍。而保留翰林学士则不须走马赴任，仍在朝内上班尽责，只是俸禄明显提高。居易如愿以偿，随即写了《谢官状》，又作诗《初除户曹，喜而言志》：

罗列高堂下，拜庆正纷纷。
俸钱四五万，月可奉晨昏。
廪禄二百石，岁可盈仓囷。
喧喧车马来，贺客满我门。
不以我为贪，知我家内贫。
置酒延贺客，客容亦欢欣。
笑云今日后，不复忧空尊。
……
人生百岁期，七十有几人。
浮荣及虚位，皆是身之宾。
唯有衣与食，此事粗关身。
苟免饥寒外，余物尽浮云。

从诗中看，并不见忍受排挤之意。

京兆府，辖首都周边二十二县，面积相当于今日西安、渭南、咸阳三市地盘，行政司法权限高于各地州府。如惩治罪犯，京兆府不必逐级上诉，不经三司会审，可以当堂判处死刑。白居易对京兆府并不陌生，周至县即属京兆府管辖。户曹参军为正七品官员，比起以前“从八品上”的左拾遗，已升两级，“俸钱四五万”，且无须离家远任，是值得“喜而言志”的理想结局。好友元稹远在江陵，知悉白居易改官升阶，写来贺诗相庆，“闻君得所请，感我欲沾巾”，为老友好运而激动。以往研究者循着斗争哲学看待历史事件，主观判断人物命运，其结论必然走样，尤不可取。

顺便说一句，唐朝民与官的比例是一千九百二十七比一，将近两千人养一个官，俸禄高点也属正常。七品户曹白居易，诗称月俸四五万，相当不错了。

这一年(810)，白居易三十九岁，宝贝女儿金銮子，已经一周岁了。改官以后，月俸提高，家人们很想迁到宣平里一带，改租宽敞大房子居住。对此，白居易却不太积极。诗人对精神生活永不满足，对物质生活则不善铺张。他在《秋居书怀》中说：

何须广居处，不用多积蓄。
丈室可容身，斗储可充腹。
况无治道术，坐受官家禄。
不种一株桑，不锄一垄谷。
终朝饱饭食，卒岁丰衣服。
持此知愧心，自然易为足。

青少年吃苦受累，如今还不知足吗？不劳动而享此官俸，还要贪图多少才觉得够呢？常持愧疚之心，也就容易满足。许多朋友贬谪他乡，诗人更无心独享荣华。中秋节前后，他“禁中独自对月”，作《八月十五日夜禁中独直……》等诗，怀念元稹等友人：

犹恐清光不同见，江陵卑湿足秋阴。

诗人内心十分孤独：

宫漏三声知半夜，好风凉月满松筠。
此时闲坐寂无语，药树影中唯两人。

(《同钱员外禁中夜直》)

这年秋冬，朝中政治生态环境愈加不堪。宰相裴垍，以进士集团领袖之身强撑格局，初冬裴垍忽然中风，一时难理政务，只得辞职。旧官僚集团首领李吉甫，从扬州召回，入朝主政。宦官集团整日围着宪宗转，吐突承璀打了败仗也不惩办，还提了左卫上将军，阉党更加有恃无恐。白居易对于朝中这批“图身忘国者、惑上蛊下交乱君亲者、狠暴跋扈壅君树党者、色仁行违先德后贼者、外状恢宏中无实用者、附离权势随之覆亡者”深恶痛绝。他挥笔赋就《有木诗八首》，并在序文中严正指责这批人对于国政大有危害性：“其初皆有动人之才，足以惑众媚主，莫不合于始而败于终也！”这首长诗以八种不成栋梁之材的树种，分别剖析讽喻八种类型之奸臣群小，非常独特：

《有木名弱柳》，讽喻随波逐流的无用之材。
《有木名樱桃》，讽喻见风转舵老滑头。
《有木名曰枳》，讽喻貌似高洁内藏奸诡之辈。
《有木名杜梨》，讽喻外形虽在而心胸空朽者。
《有木曰野葛》，讽喻木味虽香其性奇毒者。
《有木曰水柽》，讽喻形如松柏实则摇摆之人。
《有木曰凌霄》，讽喻不能独立终生依附之群。
《有木曰丹桂》，讽喻人品不坏难当重任之庸才。

全诗一百二十八句，主题鲜明，落笔形象，喻物析人，入木三分，没有对现实生活的深厚体察，绝难成篇。白居易“致君济人”做良臣，却成年累月被或贼乱或腐朽或庸俗或奸猾群体所缠绕，其身心苦恼、郁闷、困扰、厌恶，也就可想而知。坐镇担当的丞相倒下了，交心倾诉的良友离去了，“是非不由己，祸患安可防”（《杂感》），“既适又忘适，不知吾是谁”（《隐几》），更谈何改革图强？

冬寒，白居易深陷失望之中，昔日愤怒青年正在消沉下去。他最后一次抗争，是次年开春抵制严绶升迁之事。这位严绶本是一个外官，德宗时有过治功，元和初年，身为节度使，在讨伐叛军作战中胸无方略，只知一味犒赏士卒，以致巨额钱粮挥霍一空。严绶便重贿宦官为己辩解，长期依附宦官集团，元和四年（809）反而入朝为官。宪宗又决定诏颁严绶，去接替江陵节度使，指令翰林学士白居易拟撰制书。居易闻听要让严绶接替江陵重镇，认为其执政能力远不如现任忠良赵宗儒。他拿起笔来，不但不为宪宗制诏，反而写了表示反对的一道奏折："赵宗儒众称清介有恒，严绶众称怯懦无耻，二人臧否，优劣相悬。"

宪宗皇帝拒绝接受白居易诤谏，诏令不变。结果，严绶乘皇威赴江陵，毫不意外地与监军宦官崔潭峻捆绑成团。不久，严、崔竟把江陵元稹拉拢为同伙，还给元稹修建豪宅，供这位才子享用。笔者无从判断，白居易反对严绶此任，是否联想过、担心过元稹之变呢？事实证明，元稹指望投靠宦官集团而重返朝廷逐渐背离进士集团，也给自己带来许多猜忌和非议。

严绶及元稹等事，像最后一瓢冰水，又一次对白居易实施降温。年头岁尾，诗人感叹自己生不逢时，迷惘、孤独笼罩着他，枯灯下，笔砚旁，诗人一口气写了《赠友诗五首》《寓意诗五首》《和答诗十首》《读史五首》等诗章，不断以屈原、贾谊、司马迁、韩信、嵇康等人之不幸遭际，抒写自己痛苦忧伤的矛盾情怀：朝任无能为力，何如归隐山林？在清官儒子心中，尊王政治与自保隐居，两条路线时常交会并存。

白公《咏怀》一诗，心绪哀哀思归隐，正写于元和六年（811）之初：

岁去年来尘土中，眼看变作白头翁。
如何办得归山计，两顷村田一亩宫。

可以说，一位杜甫，一位陶渊明，两位精神前辈在白居易心目中扎下了深根。从这首《咏怀》中不难看到，那个昼夜秉笔直谏，一写就是纸满"盈箱"的刚直词官，那个以古剑作比"可使寸寸折，不能绕指柔"的忠臣学士，正在磨棱去角地发生着深层变化。

无论宫廷画师多么高明，也画不出皇权碾压之下的赤子之心。

十六、归葬慈母佛儒同心

《咏怀》诗云“如何办得归山计”，本是诗人感叹，未料却不幸言中。时仅数月，诗文感叹竟然成为生活现实。

元和六年（811）四月三日，白居易母亲陈夫人，忽然辞世于长安宣平里。悲痛之中，白居易和白行简将亡母灵柩运回下邽县安葬。按照礼制，官员要在孝道方面成为百姓表率，职官父母亡故，必须解职离岗，守候祖地尽孝“丁忧”。宋以后，朝廷遇到特殊情况，有可能召回“素服”公务，是为“夺情”。此刻，白氏兄弟只得告别长安，返回下邽，去渭河北岸紫兰村居住下来，归山，躬耕，守孝。

母亲陈氏一族，与白家本是表亲。陈氏尚在幼年，就没了父亲。其母带着她回到娘家守寡，寄人篱下。十五岁那年，陈氏嫁给了中年丧妻的白季庚，两者相差二十六岁。对于这场婚姻，研究界长期以来众说纷纭，情由复杂，此处不赘。又谓四十一岁白季庚续弦陈氏，时在大历四年（769），带来一个儿子白幼文。谢思炜先生研究认为，幼文来时已近二十岁。陈氏婚后，于大历七年（772）生了白居易，之后生了白行简和幼美（金刚奴）。陈夫人望子成龙，“亲执诗书”教诲诸子，为白氏兄弟打牢了文化基础。可惜小弟幼美九岁而夭，丈夫季庚又在襄阳去世，终年六十六岁（贞元十年，794）。连续两场悲哭，对陈氏夫人精神上构成深度刺激。白氏兄弟很给母亲争气，同朝为官，出类拔萃，对于陈夫人哺育应是最大补偿。但是，对于治疗母亲的精神疾病显然无济于事。

白居易写出大量关切妇女命运的忧伤篇章，想必与母亲的不幸难以分割。

慈母患上精神疾病，“叫呼往往达于邻里”，孝子遍寻名医，久治不愈。近年，陈夫人数次“以苇刀自刭”，都侥幸得救。为加强防护，白居易特地安排两名体格较好的“壮婢”，照看母亲，生怕再次出事。这一次，婢女稍有疏忽，陈夫人还是突然投井而亡，年仅五十七岁。

悲痛病史内情，难与外人细说。白氏兄弟对外宣称母亲“看花坠井”意外死亡，说法比较含糊，唯愿息事宁人。

这一说法后来被朝中对立派抓住不放，攻讦陷害白居易，造成了严重后果。留待后章细叙。

臣子去官返乡，除服丁忧三载，有没有俸禄呢？这是一个问题。唐时材料缺乏，对此说法不一。到宋时可见记载，知高级官员定制全俸，中下级官员给予半俸，白家兄弟是否如此，尚不确定。白诗中常见不同时期俸禄数额，这次却长达四年未见诗录。白家很可能没有什么固定收入。

唐时下邽县，位于长安以东百余里。邽字本应读作“归”，当地人却一直读作“吉”，说是北魏时，拓跋珪避讳“归”音，下令改读“吉”。现在，下邽成为渭南市临渭区一个文化重镇。

贞元二十年（804），白居易自符离移家下邽县义津乡紫兰村（今下邽镇太上庄）。时隔七载，白氏兄弟扶柩葬母而归。紫兰村地处平原，当时四十几户人家，是典型的河畔农业区域，村南百步便是渭河，渡口时称蔡渡。河畔远望，可见华山峰峦起起伏伏。

紫兰村是个好地方，而白居易在这里却很忧愁。

十年方一还，几欲迷归路。
追思昔日行，感伤故游处。
……
白日如弄珠，出没光不住。
人物日改变，举目悲所遇。
回念念我身，安得不衰暮。
朱颜销不歇，白发生无数。
唯有山门外，三峰色如故。

（《重到渭上旧居》）

刚刚不惑之年，诗人频发“衰暮”之叹，可见母亲坠井亡去，对白居易打击十分沉重。而重振大唐几无希望，更构成诗人心底极大哀伤。

偏在这时，白居易三岁小女儿金銮子，忽然得了急病，不过十天竟然一命归西，白居易几近崩溃，当即一病不起：

朝哭心所爱，暮哭心所亲。
亲爱零落尽，安用身独存。
几许平生欢，无限骨肉恩。
结为肠间痛，聚作鼻头辛。
悲来四支缓，泣尽双眸昏。
所以年四十，心如七十人。
我闻浮屠教，中有解脱门。
置心为止水，视身如浮云。
斗薮垢秽衣，度脱生死轮。
胡为恋此苦，不去犹逡巡。
回念发弘愿，愿此见在身。
但受过去报，不结将来因。
誓以智慧水，永洗烦恼尘。
不将恩爱子，更种悲忧根。

此诗题为《自觉》，诗人寻觅感情解脱，心向浮屠教化。小女夭折，加深了诗人求救于佛门的消极情怀，成为白居易人生旅程一个重要转折点。还有一首《病中哭金銮子》，心境愈加悲凉：

岂料吾方病，翻悲汝不全。
卧惊从枕上，扶哭就灯前。
有女诚为累，无儿岂免怜。
病来才十日，养得已三年。
慈泪随身迸，悲肠遇物牵。

故衣犹架上，残药尚头边。
送出深村巷，看封小墓田。
莫言三里地，此别是终天。

丁忧第一年，居易和行简不停顿地往返于坟茔墓地之间：安葬了母亲，掩埋了爱女，继而将多年前寄厝于旧地的祖父白锽、祖母薛氏灵柩，迁护下邽入土；复将权窆于襄阳的父亲旧棺，归葬下邽白氏墓地。次年二月，白氏兄弟又把寄葬符离的外祖母和小弟幼美的灵柩，也迁回下邽。

这一年，在草风沙雨之中，又得知远在符离的长兄白幼文，重病缠身，久卧难医……

这一年，元稹派侄儿来到紫兰村，为白兄母亲吊祭。元稹亲撰祭文，更增添居易悲悼之情。

这一年，朝中李吉甫弄权，忠良李藩被罢相，进士集团主心骨、宰相裴垍凄然病逝。消息传来，白居易忧愤难平，再也没有雄心回到斗争旋涡中去。

怎样才能“度脱生死轮”“永洗烦恼尘”呢？儒家现世求进，显然无法疗治诗人心灵伤痛，而寺院晨钟暮鼓清朗入耳，佛门香火烛光昼夜长明。

说起来，白居易年轻时，曾经主张排佛抑释。从政之初，他和韩愈、柳宗元、刘禹锡、元稹等人一样，尊崇君王儒学不二地位，认为经世政教非儒学不可。儒学革新由此演进为中唐意识形态领域重大事件。元和元年（806），白居易《策林》第六十七篇，题为《议释教》，那时，他还认为儒释道三教鼎立乃近世不良现象，提出“令一则理，二则乱”，西方佛教岂可与天子王道争雄？从治理国家现实出发，他认为佛寺僧徒日盛，势必劳民伤财，耗民害农以致天下凋敝。同期，朝中精英抑佛言论不断，如裴垍主张：凡僧人道士，只允许六十四岁以上老大爷，尼姑女冠只允许四十九岁以上老太太，才能终身在教；德宗犹豫中征求群臣意见，多数官员认为佛教理应澄汰，只是不宜大举驱灭。员外郎彭偃，提出一条新鲜而可行意见，建议责令僧道“就役输课”，要给国家纳税，以消解佛道害政之危。稍后，宪宗迎佛骨入大内，当即遭到韩愈、李翱等人急谏反对，把崇抑佛门之争推向高潮。此刻，白居易当然站在国家主流立场，对佛教长期干扰军国政事同声反对，与韩愈等人抑佛主张是一致的。

但是，如果排除政治经济因素，而从理学上深究人性因素，白居易和刘禹锡等人，又认为儒佛之间未必水火不容。居易此前认真听取高僧讲授佛理，先后研读过密宗、北宗、南宗等禅法经学，感觉“静心、觉性、慈情、由缘、天命、无常”等人生哲学，深富禅理，由此还写过《八渐偈》等诗歌，表达“真言”与“君道”并不冲突。诗人以经世治国角度弘扬儒家，坚持儒学革新，排抑佛门，代表着中唐士人“致用”现实政治的基本态度，意在努力挽救和变革中唐基本秩序。与此同时，士人又往往从佛禅空门中寻找“独善”自适的精神高地，为自己那颗落魄心灵探求居所与出路。佛教经学与诗人慈悲性格深度吻合。白居易前期一篇诗作，题为《客路感秋，寄明准上人》，读者不妨从中品析诗人心路历程：

日暮天地冷，雨霁山河清。
长风从西来，草木凝秋声。
已感岁倏忽，复伤物凋零。
孰能不憯凄，天时牵人情。
借问空门子，何法易修行。
使我忘得心，不教烦恼生。

这便是白居易、柳宗元、刘禹锡等人共同信奉的理念，“外服儒风，内宗梵行”，前者兼济国家，后者独善个人。柳宗元甚至说：“浮屠诚有不可斥者，往往与《易》《论语》合，虽圣人复生，不可得而斥也。”以圣人儒学经典，来证明和肯定佛教具有深广的道德力量，认为佛宗与传统伦理秩序可以相互补充，而非相互矛盾。

陈寅恪先生对白居易“中和”姿态做出分析：“乐天之思想，一言以蔽之曰知足。知足之旨，由老子‘知足不辱’而来。盖求不辱，必知足而始可也，故释迦以忍辱为进修，而苦县则以知足为怀，借免受辱也亦乐天安身立命之所在。”陈先生可谓高屋建瓴，指出中唐士人因屡屡受挫祈求“知足不辱”，势必接受释迦作为心灵归宿。乐天就是一个典型。汤用彤先生同样认为，“盖当时士大夫根本之所以信佛者，即在作来生之计”。

白居易渭南丁忧，十分悲苦，思想转变尤为显著，他宁愿变成一个“在家出家”的佛门信徒。

笔者浅析白居易兼具儒、佛两重思想，是为了方便读者对诗人后半生崇佛易于理解。惜我勾勒粗略，实难精当，幸有谢思炜先生，用诗一般的语言做了概括小结：

> 佛教信仰对于他，既是现实的逋逃所，也是人生的新境界；既是自我屏翳的迷雾，也是自我认识的金篦。正因为佛教信仰如此自然地融入了他的精神生活中，白居易才确实成为有别于此前时代的唐以后崇佛士人的一个代表；而他所代表的不仅是士人的信仰状况，而且是标志着佛教思想在整体上融入中国社会意识形态传统的程度。

白居易把儒学、佛学、文学十分自然地结合融汇到人生实践当中，并能以我为主而应用无碍，他在“大国”意识与“庶民”生存之间，能够“知足不辱”自觉“中和”，心灵也就找到了归宿。

十七、渭南躬耕四件事

白居易在紫兰村安下心来，盖了几间新房。他从村外移来几棵小松树，亲手栽种于房前，吟得小诗言志：

爱君抱晚节，怜君含直文。
欲得朝朝见，阶前故种君。
知君死则已，不死会凌云。

（《栽松二首》）

后两句语多顽坚。白居易身体一旦有所恢复，发现内心深处那股士人理想之气脉，毕竟无法灭绝，他无法做到向腐朽势力屈膝低头。风雨终将过去，希望永在心中。

卖掉骏马换成牛，开始学躬耕：

种田计已决，决意复何如。
卖马买犊使，徒步归田庐。
……
策杖田头立，躬亲课仆夫。
……
学农未为鄙，亲友勿笑余。
更待明年后，自拟执犁锄。

（《归田三首》）

渭南劳作，诗人对农民阶层产生了更深切的认识。在《观稼》中他愧疚叹息，“筋力苦疲劳，衣食常单薄。自惭禄仕者，曾不营农作”；在《夏旱》中更为农夫着急忧虑，“旱日与炎风，枯焦我田亩。金石欲销铄，况兹禾与黍。嗷嗷万族中，唯农最辛苦”。严冬来临，妻子为他缝制了新棉布裘，白居易抚衣思农，坐卧不安：“丈夫贵兼济，岂独善一身。安得万里裘，盖裹周四垠。稳暖皆如我，天下无寒人。”（《新制布裘》）

如果说，十年前写《观刈麦》，白居易身为官员站立田头，还是一个旁观者、同情者，到了《夏旱》和《新制布裘》，他已经切切实实成为农耕生活的一员。“嗷嗷万族中，唯农最辛苦”，“安得万里裘，盖裹周四垠。稳暖皆如我，天下无寒人”，与杜甫“安得广厦千万间”一脉相承，是乐天服膺杜甫两心相印的再次证明，震撼人心。

说到白氏渭南躬耕，说到乐天与杜甫，还可以往深处展开。谢思炜先生认为白居易返乡劳作，牢骚不多却能自适，与他壮岁之前的人生沉浮分不开。白氏家族“世敦儒业”，为官不过五品，权势背景靠不上，进取全凭苦读书，“纵有宦达者，两鬓已成丝。可怜少壮日，适在贫贱时”。比不得门阀大户“沉沉朱门宅，中有乳臭儿。手不把书卷，身不擐戎衣”（《悲哉行》）。豪门出身者，“声色狗马外，其余一无知”，哪里经得起挫折，垦得动农田，担得上租税，止得住牢骚呢？

白居易全家几十年生活不定，身份多有变故：季庚辞世由官变民，居易入仕由民复官，丁忧渭南再度去官为民。对此，谢思炜先生感叹道：“封建社会官民之别犹如天壤，白居易却几次身经这种转换，自己为官并无任何特殊背景，所以能从损益循环的角度来看待这种身份变化。由于他自己曾经身受官府逼剥（和籴纳粮之户），所以当实际位置颠倒过来时，他常常暂时放下官员身份，设身处地思考农民的遭遇。”

乐天世家不像杜甫自述那样“生常免租税，名不隶征伐”（《自京赴奉先县咏怀五百字》），杜家明显有别于百姓“平人”。杜甫名句“朱门酒肉臭，路有冻死骨”，实乃自觉地发现社会阶层差别，努力寻找自身与平民同忧共戚的一致性。学界认同杜甫深具仁者爱人情怀，同时也指出杜甫很难放弃比较浓重的世族门阀观念。杜甫所幸运的是，“他从贵族阶级跌落下来，而且再也没有上升回去；白居易幸运的是，他来自平民阶层，而在为官时也没有忘记这种身份”（谢思炜语）。因此，白居易身历生活变故，或应举入仕得意，或贬谪沦落苦寒，总能把自己置于“中人”地位，看待人生损益变化。上则心忧朝纲，同情民生疾苦；下则忍韧克难，知足不辱，决不怨天尤人。

以定位“中人”调节自我，是一种恒定博大的文化力量。白居易虽然没有采用“中庸”这个词，而两者之思想内涵，相同不悖。只是中人比之中庸，包含着一些中小地主经济度衡之意，“中人”也是中等人家之谓。唐代户制，细分九级粗分三等，《买花》有言，“一丛深色花，十户中人赋”，即指豪门“上户”十分奢侈，中人小户哪里买得起呢？

在下邽紫兰村，自家拥有土地和房屋，其规模亦属唐代中等水平。白诗《西行》云：“我虽非富人，亦不苦寂莫。”“我今幸在穷富间”，乐天好酒不好利。

不过，常在乡村恋酒买醉，花销并不轻松，一首《晚春沽酒》，可知丁忧中的翰林学士亦很寒酸，其诗下半首令人心痛：

卖我所乘马，典我旧朝衣。
尽将沽酒饮，酩酊步行归。
名姓日隐晦，形骸日变衰。
醉卧黄公肆，人知我是谁？

卖马典衣，隐姓埋名。一个大名鼎鼎的近臣名流，如今迁落荒村以至如此。曾赴庙堂品国宴，忽见醉卧野肆中。此翁既是贵官文雄，又是俗庸农夫。他活得很踏实。

暑去寒来紫兰村，荏苒光阴流逝，“但有鸡犬声，不闻车马喧”（《效陶潜体诗十六首》），村野数年，白居易具体做些什么呢？笔者为他小结四件事：

一是参加生产劳动，“谷苗深处一农夫，面黑头斑手把锄”（《得袁相书》）。

二是读书思考人生命题。“形质及寿命，危脆如浮烟，尧舜与周孔，古来称圣贤，借问今何在？一去亦不还。我无不死药，万万随化迁。所未定知者，修短迟速间”，“暮读一卷书，会意如嘉话，欣然有所遇，夜深犹独坐”，诗人手不释卷，独处精神世界。

三是笔不停挥，创作一批诗歌。“复多诗中狂，下笔不能罢”，“我有乐府诗，成来人未闻，今宵醉有兴，狂咏惊四邻”。自写自咏，狂放不羁，效法陶渊明组诗，一写就是十六首，渭南除服总共得诗一百五十首。

四是常饮常醉。“不以酒自娱，块然与谁语？”“一杯复两杯，多不过三四，便是心中适，尽忘身外事。更复强一杯，陶然遗万累。”有时他劝自己，小饮三四杯就得，更多时候，则是干脆放开喝个够。谁能知道，白居易对于酒精的依赖程度究竟有多深？

不外乎就是以上四件事吧。在效法陶渊明组诗前头，乐天写下序言：“余退居渭上，杜门不出。时属多雨，无以自娱。会家酝新熟，雨中独饮，往往酣醉，终日不醒。懒放之心，弥觉自得，故得于此而有忘于彼者，因咏陶渊明诗，适与意会，遂效其体，成十六篇，醉中狂言，醒辄自哂，然知我者亦无隐焉。”自画生活图像，跃然纸上。

白家虽然不富，乐天四事不闲，很有耕读境界。老友们时常接济一些钱，也能补贴救急。记载中，元稹、崔群、钱徽、李建等人，都资助过白氏丁忧生活，且不止一次，有银子有马匹，还有药物书籍，给诗人以极大慰藉。

按说，三年丁忧期满，大都会补官起用。而白居易、白行简兄弟俩，却因李吉甫当权，迟迟得不到朝廷召唤。待到第四个年头悄然来临，白行简无奈先行一步，应剑南节度使卢坦之聘，到梓州（今四川绵阳）去做一名幕僚。行简此去，居易愈感孤单，心灰意懒，殿中侍御史李建送来一匹马，他也辞退掉了。

白行简临行前，新添一子，起名龟儿。这个小侄儿，成了白居易心头嫩肉，视同己出。行简也就把龟儿托付给兄长，这才放心离去。

白居易返乡丁忧四载，其实并非一件坏事。客观上，他避开了李吉甫专权和阉党凶焰的高涨时期。几年间天下不安，发生了淮西叛乱等许多纷争，白居易如果仍在朝中行走，命运如何实难测断。前述《自题写真》中已有预感：“况多刚狷性，难与世同尘。不惟非贵相，但恐生祸因。”像裴垍、薛存诚等刚正之臣忍辱而逝，便是明证。这位李吉甫绝非平庸之辈，治国惩吏也是极有手段的。

从元和六年（811）四月，到元和九年（814）岁尾，白居易渭南丁忧将近四年。前后相加，诗人曾在下邽乡村生活十年之久，这是他藏锋守拙、躬耕磨砺以达更高境界的苦寒修行。

离离原上草，一岁一枯荣。野火烧不尽，春风吹又生。元和九年（814）冬，李吉甫病重身亡。十二月二十五日，韦贯之做了宰相，进士集团重新有了代表人物。经朝中韦贯之、崔群、钱徽等多位老友协助，宪宗诏命白居易回朝，授任太子左赞善大夫。诏命传来，白公长吁而谢："上感君犹念，傍惭友或推。"（《酬卢秘书二十韵》）白居易终于结束了乡村丁忧服除生活，回返朝中。

这一年，白居易四十三岁。

十八、同年再贬刘柳元白

白居易新任赞善大夫，属太子东宫"掌侍从"文官。此官自唐设到宋止，史家注解总是不大确切，一说为东宫教研成员，是围绕太子劝善规过职官之一，其领班称"左谕德"。依唐律，东宫官不可过问朝政，白居易也就提不起多大兴趣，且在《答李绅》诗中说了一些怪话："一种共君官职冷，不如犹得日高眠。"

同期一首《白牡丹》，明显就是发牢骚："白花冷澹无人爱，亦占芳名道牡丹。应似东宫白赞善，被人还唤作朝官。"不得过问朝政，还叫什么朝官？东宫赞善级别可达五品，按说乐天本应欣喜于怀，却时见牢骚怪话，说明白居易那颗忧国之心未泯，总想做一些实事，不愿虚度时光。

元和十年（815）正月，白居易闲坐"青宫"（东宫别称），但见帝都依然声色犬马，朝廷帮派角斗正酣。旧官僚和宦官集团之邪恶势力，仍然强大于进士集团。

开春时节，宪宗李纯图进，诏命一批精英回归长安，白居易为之一振。先是元稹正月里从江陵归来，次月柳宗元、刘禹锡相继归来。诸友与白居易、李绅、张籍等人十年后聚首，城南春光格外明媚，长安一下子热闹起来。老友携手同游之日，便是乐天开心之时。有一回，诸友同往南郊骑游，元、白二人兴致激昂，从皇子坡并肩回返昭国里，骑在马上高声问答吟诗，二十余里不绝于耳。相随同伴难以插言，俱知良辰雅兴来之不易。

宪宗将元稹以及“永贞党人”刘、柳诏回，要重新任用这批才子。此议很有些爆炸性，当即引起旧势力高度警觉，认为这伙人挺过十载岁月回朝，必与当朝李绛、崔群、裴度、韦贯之、权德舆、韩愈、张籍、白居易，还有李吉甫之子李德裕等人凝聚抱团，对宦官和旧官僚两大帮派构成严重威胁。而在宪宗正式任命新官之前，偏偏这批人个性鲜明，不乐意收束自身，言辞不慎，柳宗元新诗云：“十一年前南渡客，四千里外北归人。”更有刘禹锡冷眼看花吟诗：“玄都观里桃千树，尽是刘郎去后栽。”流露对当年外贬心存不满。立即被旧势力攻击为“语涉讥讽，执政不悦”之狂妄言论。反对派以宰相武元衡为主，又抓住刘禹锡贬谪朗州时所作《华佗论》，上奏宪宗，称刘禹锡将永贞罪人王叔文比作华佗，把当朝君主比作曹操，并将此稿寄给柳宗元等同伙，长期为王叔文鸣冤。这一状，致使宪宗震怒。只因奏状击中了宪宗要害：这位开明皇帝虽有中兴之举，却对“永贞革新”王叔文绝无宽宥之心。须知宪宗继位之前，曾经目睹父亲顺宗重病之际，王叔文等人将父亲摆布于深宫病榻，充当傀儡。而今记忆如昨，余恨未消，眼下恩诏柳宗元、刘禹锡回朝，宪宗待他们与王叔文有所区别，原以为十载光阴逝去，刘、柳本应知恩报效，痛改前非，想不到这些“前朝罪人”依旧心怀不满，未减轻狂。这是宪宗皇帝所不能容忍的。

到了三月十四这一天，各位回朝官员入宫待命。刘、柳无不期待着一个美好安排。诸君入朝听旨，宪宗却没有上殿露面，只由武元衡宣读诏书。万万没有想到，诏命不但未将复归官员除授朝官，反而一律无情外放：

原永州司马柳宗元，转除柳州（今广西柳州）刺史。

原朗州司马刘禹锡，转除播州（今贵州遵义）刺史。

原虔州司马韩泰、饶州司马韩晔，远放漳州、汀州。刺史虽然强于司马，但清一色表面擢用，实则继续外放贬黜。

大殿中一片哀默，死寂无声，众司马胸中倒海翻江。

刘禹锡所任播州，唐时户仅五百，是极荒僻下州。禹锡大叹：欲加之罪，何患无辞？柳宗元则深虑好友禹锡老母年事已高，远赴播州，必成母子死别，便向中丞裴度提出，愿以己任柳州与禹锡置换。柳宗元言诚意笃，裴度深为感动，遂急向宪宗进奏，谓朝中出现孝义之事，情当支持，促使宪宗改授刘禹锡为连州刺史。连州地处广东岭南，与湘、桂交界，汉瑶杂居，也比播州好不到哪里。禹锡之前，韩愈曾任岭南阳山县令，瑶乡境况尤为贫艰。

风雷激变，诏命刻不容缓，诸位刺史出了长安，白居易挥泪送别好友，心境凄凉。更加意外的是，乐天原以为老友元稹总算留在了长安，然而仅仅过了十天，到三月二十五日，宪宗又将元稹贬放为通州司马，还不如诸君新任刺史。此通州（今四川达州）远在巴蜀湿热之地，元稹形容此州，“哭鸟昼飞人少见，怅魂夜啸虎行多”。而诏命不可逆转，元稹只得含悲忍辱，独骑上路。他要在蜀道上苦行三个月，始可到达任所。后知元稹到任不久，这位北国洛阳人难以适应当地环境，即被湿热疟瘴所染，几乎丢了性命。他离职治病时近两年，才勉强渡过疟疾险关。

元稹二度遭逢贬谪，白居易痛心疾首。三月二十九日，乐天远送元稹直到城外蒲池村，设酒饯行。次日晨，二人别于沣水西岸桥边。待到乐天返回，将入长安城，酒意方醒，“行到城门残酒醒，万重离恨一时来”（《醉后却寄元九》），他猛然意识到，元稹此去，不知何日才能相见。回到府上，居易提笔又写《重寄》：

> 萧散弓惊雁，分飞剑化龙。
> 悠悠天地内，不死会相逢。

诗句充满悲愤，为好友遭遇而不平。白居易也许没有想到，此类遭遇，很快就会降临到自己头上。太子东宫尽管无权无势，人家也不会容他在朝久留。

唐朝中期藩镇割据，不少节度使拥兵自重，挑战中央集权。代宗、德宗频繁用兵，倾力讨叛征藩。到了宪宗，继续支持主战派宰相武元衡、御史中丞裴度，接力讨伐实力强劲的淮西节度使吴元济，引发淄青节度使李师道、成德节度使王承宗等军镇势力不满，合力反扑朝廷。

战事一发，李师道为解吴元济蔡州之围，派精骑袭击官军河阴兵站，烧毁钱帛三十万缗匹、军粮三万余斛，阻挠朝廷进军；王承宗也要解救吴元济，派将领直接游说武元衡罢兵，亲自写信威胁诋毁，均遭到武元衡叱斥。宪宗也毫无退让之意，平藩决策坚定不移。

武元衡相貌堂堂，器宇轩昂，曾祖父是武则天堂兄弟，武元衡则是武则天曾侄孙，建中四年(783)，武元衡名列进士榜首。后任华原县令，晋升很快。永贞改革派王叔文、刘禹锡试图拉拢武元衡，他拒绝加入，遂被王叔文罢职。此次报复刘、柳，盖有前因。宪宗即位，感念武元衡忠君，又重新迁升，元和二年（807）武元衡主政西川，元和八年（813）还朝为相，力主加强中央权威。此次清剿淮西蔡州势头勇猛，吴元济、李师道、王承宗几个节度使恐惧之际，认定武元衡、裴度就是主战栋梁，势必除之而后快。

元和十年（815）六月初三，是个血崩之日。凌晨，武元衡从靖安坊宰相府出行上朝。天色未明，宰相马前两名导骑，打着相府灯笼引路，一行人沿着宽阔(约一百四十七米）的朱雀大道左侧，前往大明宫。忽然，暗箭射中导骑，灯笼扑灭，几名黑衣刺客冲将出来，一把抓住武元衡马头，蹿行十余步飞刀杀武。刺客飞速割去武元衡头颅，弃下尸身和一张字条，提头遁入暗夜而逃。整个刺杀行动，刀起血迸，迅捷到让人来不及反应。

当日早晨，御史中丞裴度上朝，同样遭到刺客袭击。凶悍刺客向裴度连劈三剑，首剑砍断裴度鞍带，次剑削刺背部划破内衣，末剑直劈裴度头部，幸有厚毡帽隔阻，刀刃未入颅骨。裴度落马跌入沟中，贼人又要追杀，侍卫王义挺身与贼搏战，奋力抱住凶手不放，刺客砍断王义双臂奔逃。

一日两凶案，显系周密策划阴谋行动。铁血大臣一死一重伤，震惊朝野。凶犯气焰十分嚣张，公然在武元衡无头尸上留下字条，声称谁要追捕他们，必将向谁开刀。朝官一片惊惧，人心惶惶。

当天上午，白居易在东宫惊悉凶信，顿时血脉偾张，堂堂宰相被刺毙街头，实乃王朝奇耻大辱，而削藩大计断不能因此而恐慌退却，必须紧急通缉严惩要犯，雪国耻正视听。武元衡虽然与白居易所亲近的永贞党人互不相容，但居易出以公心，从国事尊严出发，认为此刻不可以幸灾乐祸，而应该坚决维护大局道义，贼子暴行决不能容忍。

中午，白公奋笔疾书，上奏中书省，表态主张捕贼雪耻。诗人一时激愤，忽略了东宫文官不得参谏朝政这条清规。

本来，旧势力几度贬谪革新人士，内中亦有白居易之名，只因宪宗厚爱，且尚未抓住什么借口，权且将他留在了朝中。这一回，乐天身为东宫闲官却激情奏表，逾规越职谏政，正撞在了人家枪口上。

果然，对立集团立即抓住把柄，不仅声言白居易越职言事不可恕，并且同时围攻诬告，说“其母因看花坠井而死，而居易作《赏花》及《新井》诗，甚伤名教，不宜置彼周行”（《旧唐书·白居易本传》），恶意营造乐天不孝舆论。朝官不孝，历朝历代都是老大罪名。而实际情况是，居易每逢春暖花开，必有赏花闲适之作；又查《新井》一诗，竟是多年前在周至写成。与白母坠井一事俱不同时，纯属谗谤。诗人后来在《与杨虞卿书》一文中，表达了他上奏谏言的初衷与心底冤屈：

> 盗杀右丞相于通衢中，迸血髓，磔发肉，所不忍道。合朝震栗，不知所云。仆以为书籍以来，未有此事。国辱臣死，此其时耶！苟有所见，虽畎亩皂隶之臣，不当默默，况在班列，而能胜其痛愤耶？……仆之书奏日午入，两日之内满城知之。其不与者，或诬以伪言，或构以非语，且浩浩者不酌时事大小与仆言当否，皆曰丞郎、给舍、谏官、御史尚未论请，而赞善大夫何反忧国之甚也？……赞善大夫诚贱冗耳，朝廷有非常事，即日独进封章，谓之忠，谓之愤，亦无愧矣，谓之妄，谓之狂，又敢逃乎？

一片肝胆，赤诚忠正，谏言者却横遭诋毁。

面对汹汹舆论，宪宗皇帝对白居易处置犹豫，贬谪诏书迟延月余未下，诗人陷入群小恶语包围中。算起来，从渭南丁忧还朝，不过半年，难道又将离去？这一个月，是白居易平生最苦闷的一个节点。我们从《自诲》诗中，不难察知他“心化为灰”的困苦之情：

乐天乐天，来与汝言：
汝宜拳拳，终身行焉。
……
万类递来，锁汝形骸。
使汝未老，形枯如柴。
万感递至，火汝心怀。
使汝未死，心化为灰。
……
人生百岁七十稀，设使与汝七十期。
汝今年已四十四，却后二十六年能几时。
汝不思二十五六年来事，疾速倏忽如一寐。
往日来日皆瞥然，胡为自苦于其间。
……
而今而后，汝宜饥而食，渴而饮；
昼而兴，夜而寝；
无浪喜，无妄忧；病则卧，死则休。
此中是汝家，此中是汝乡，
汝何舍此而去，自取其遑遑。
遑遑兮欲安往哉，乐天乐天归去来。

如此沮丧颓废之作，在白居易几千首诗篇中，极为罕见。全诗格式无定，句法不一，三言、四言、五言、六言、七言、九言、十言，长长短短穿插凌乱，足见诗人心绪弗宁，似已丧失信念。

终于，贬谪诏书于七月下旬下达，先是贬为江州（今江西九江）刺史。而中书舍人王涯不依不饶，落井下石，复上疏论奏，称白居易所犯状迹，“不宜治郡”，宪宗遂改授江州司马，比刺史又降了一格。

王拾遗认为，整个事件“就是一个计划周密的诬陷”。

前头说过，执行贬官外放十分严厉，头天下诏，次日必须启程离京，来不及携眷搬家时，贬官也必须单骑先走，走到京畿之外很远的地方，去等待家人。没有二话。

白居易离京那天，晨光未现，唯有曾经同任校书郎的李建，只身一人赶到昭国坊送行。而长安挚友们，如十载不得升迁的九品清官张籍，已经做了郎官的监察御史元宗简，翰林老友李绅，知音杨汝士，才子吴丹、周皓等，很可能连消息都未及得到。关系更近的妻兄杨虞卿等人，则是在白公出城远去之后，驷马追至四十里外的浐水，才垂泪而别。

皇帝权力专制无边，君权神授，除了重兵割据尚能分庭抗礼于一时，朝官臣子则毫无拒命之力，即使有强烈不满也只能吞咽腹中。臣子们从精神到物质，一切属于君主，不属自身，专制之下，所有朝臣深受冤屈，只能百般调节自我身心，适应事态变局。

白居易就这样离别长安，向江州而去。

中卷

十九、贬途苦诗多

江州史上也称浔阳，唐中期升为上州。从长安到那里去，先要向南翻越秦岭到商州，再到襄阳，改行汉江水路，转换郢州、荆州、鄂州（今武昌），再沿长江往东行船，才能到达浔阳城。如果走今日高速公路，从西安到九江也要上千公里，跨越三省多个地市。古代舟车简陋，山重水复，其艰辛可想而知。

一位帝都当朝近臣，忽然远放荒州贬作地方小官，一步步行走几千里地赴任，这本身就是一次巨大磨砺。

第一天，白居易独骑进入蓝田县境，在秦岭北麓蓝桥驿馆歇脚，仅七八十里路已是人困马乏，还没有走出京兆府。从这里向南到武关，秦时开辟古官道，数百里尽在万山之中，乃京师通向南方最重要出入口。自此经商州、南阳、邓州而襄阳，史载驿站二百三十三处，处处都有文化名人的印记与诗篇，而壁上录诗最多者，恰是白居易旧作。前路商州，也叫鹤城，距长安三百里，尤为著名。而今一条东西绿荫大街，先后竖起了八尊人物雕塑，或坐卧或站立，或凝思或长啸，叫作“名人街”。他们是李白、韩愈、元稹、杜牧、白居易、柳宗元、李商隐、温庭筠，个个千古流芳，名人街当之无愧。即使再塑一批历史文化名人群像，此地也不乏其人，只因千百官员贬谪或者升迁，此乃必经之路。南方学子赴京赶考，更是必驻之城。笔者在这里记住两句旅游推介词，说“见识过王公权贵的雍容，也包容过布衣书生的落魄”，有点意思。

白居易此番踏入鹤城，在此等候家眷会合同行。白诗《发商州》曰“商州馆里停三日，待得妻孥相逐行”，想必杨氏怀抱刚刚出生的二女儿阿罗，又携引着幼侄龟儿，一路南来，身心俱疲，无论如何也走不快呢。

不久前，元稹自通州给白居易来信诉苦，乐天复诗《得微之到官后书……》，感慨同情了一番，他形容通州荒蛮“虫蛇白昼拦官道，蚊蟆黄昏扑郡楼”，“人稀地僻医巫少，夏旱秋霖瘴疟多”，“何罪遣君居此地，天高无处问来由”。哀叹“通州海内恓惶地，司马人间冗长官。伤鸟有弦惊不定，卧龙无水动应难。”并急忙给元稹寄上清爽衣裤，诗云，“莫嫌轻薄但知著，犹恐通州热杀君”（《寄生衣与微之……》），这是夏初的事。哪知尚未入秋，居易一家竟也行走在这条贬谪路上，悲苦又向谁人说？泣血颠沛，老少悲啼。柳宗元曾在这条路上搀扶着七旬老母翻山越岭，一家人再也没有返回长安，韩愈携全家，忍饥渴过险关，叹“云横秦岭家何在，雪拥蓝关马不前”，十二岁的爱女病累惨死在这条路上。而今，白居易踏上这条贬谪之道，留下了真实感受：“皆疑此山路，迁客多南征。忧愤气不散，结化为精灵！”（《和〈思乐归〉》）今有尚永亮先生分析唐朝官员贬谪生涯，所言尤为深切：

> 贬谪，实实在在是一种饱含逐臣血泪的苦难。就好比一道界碑，一座分水岭，贬谪以它所内含的专制的无比严酷和生命史上的全部痛苦，把从政文人的人生历程截然划分成为两段，贬谪之前，这些文人们优游宫廷，作诗唱和，或者直言强谏，大呼猛进，他们的生命内蕴得到了充分展现。但是接踵而来的贬谪，又把他们抛上了万死投荒的路途，使他们的生命形态顷

刻间发生了巨大逆转，生命的价值也由发展高峰跌落到了无底深谷。这种情况，我们把它称作生命的沉沦。

苦难成诗多内涵。白居易打开行囊，一遍遍吟诵友朋贬后诗作，体味其中的命运交响。此刻，读柳宗元《江雪》，才能真正体会到贬谪荒谷的冷峭:“千山鸟飞绝，万径人迹灭。孤舟蓑笠翁，独钓寒江雪。”初看绝美风景，细品彻骨萧寒。不唯奇景罕有，尤在精神悲切。

唐朝对于贬官的人身自由，有着明确限定，他们不能擅离州县任所，出行外埠必须具名奏报，包括奔丧、宴会都被限令禁止。日常活动半径十分狭小，由此在精神上近乎软禁困苦。而这种磨难遥遥无期，流官迁客唯有苦苦坚守，“待之以时”。仅以白居易同时期贬官而言，元稹把贬所视为畏途，说“黄泉便是通州郡，渐入深泥渐到州”，几近绝望；韩愈贬潮州仰天长叹“臣少多病，年才五十，发白齿落，忧惶渐悸，死亡无日”。柳宗元贬永州居无定所，一度栖身残寺，几番遭逢火灾，书稿俱焚，母亡人病。他把贬所比作囚禁人身的“圜土”狱城，绝望中作《囚山赋》。又有诗曰:“沉埋全死地，流落半生涯。入郡腰恒折，逢人手尽叉。”腰杆子实在直不起来。

虽有《永州八记》极尽精美，却是永贞党人末日余晖，“千山鸟飞绝”才是柳宗元心路历程。历尽肉体和精神双重磨难，一代俊杰柳宗元，死于柳州贬所，年仅四十七岁；至于那位永不服输的刘郎禹锡，先后被贬朗州、连州、夔州、和州，在这些不发达地区，耗尽了人生雄健的中年时光。他放声怨叹:“巴山蜀水凄凉地，二十三年弃置身。”（《酬乐天扬州初逢席上见赠》）刘禹锡凭借顽强坚韧，创造了唐朝官员长贬二十三年的最高纪录。

极权专制力量，对忠臣俊杰摧残蹂躏，黑暗传统，即使在盛世唐朝也不会例外。贬官悲剧数不胜数，精灵冤魂，千古弥漫。

白居易夜读元稹贬放江陵组诗《放言五首》，发觉这位老友在逆境中缺少豁达坚定，人生态势已见颓唐。“近来逢酒便高歌，醉舞诗狂渐欲魔。五斗解酲犹恨少，十分飞盏未嫌多。眼前仇敌都休问，身外功名一任他。”“云到何方不是家”，“柳树迎风一向斜”，白居易则认为，是非曲直，终有公道评说。他劝元稹眼光放远一点，“草萤有耀终非火，荷露虽团岂是珠”“何须恋世常忧死，亦莫嫌身漫厌生”。

元稹精神上不够振作，白居易便在长江岸畔诗寄他们共同的好友李建，写了《舟行阻风寄李十一舍人》，以激励友人包括自身不可颓废:“虎蹋青泥稠似印，风吹白浪大于山。且愁江郡何时到，敢望京都几岁还。”

既要正视左贬江州已成现实，又要看到重返京阙大有希望。白居易不断调整自身心态，树立起“敢望京都几岁还”的良好信心，这很不简单。这个信心的树立，很可能与一路上凡遇驿馆亭台，处处可见诗人自己的作品有关。天下竞相传播白诗，激励乐天重新鼓起了勇气，李白不是说“天生我材必有用”吗?

江州路上，白居易且行且吟，又创作了一首力作。此诗本是对应元稹《放言五首》而写，“因缀五篇以续其意耳”，其中第三首，享誉至今:

赠君一法决狐疑，不用钻龟与祝蓍。
试玉要烧三日满，辨材须待七年期。
周公恐惧流言日，王莽谦恭未篡时。
向使当时身便死，一生真伪复谁知?

（《放言五首·其三》）

诗中深意不仅在于劝寄元稹，也是白居易贬后自述的写照，他认为时间可以证明一切，而自暴自弃不可取，随风摇摆失节更不可取。

从江船上东望，到了江州浔阳。

“遥见朱轮来出郭，相迎劳动使君公。”（《初到江州》）只因白居易名满天下，江州刺史崔能，亲率本府大小官员，破格来到江岸码头迎接白司马，对这位贬官给予特殊礼遇。使君崔能乃诗人崔融曾孙，特地带来官车，请居易一家乘坐，鼓乐齐鸣。

浔阳城依傍大江，向为水陆要枢，城乡人口可达两万，又距庐山不远，比起元稹所在通州好了许多，更强于荒野部落那些无文字族群，物产丰盛，山水非同凡俗。

地方郡守热情接待，贬官却不能忘乎所以。白司马感受着盛情暖意，心神依旧惶恐未安，“伤禽侧翅惊弓箭，老妇低颜事舅姑”（《初到江州寄翰林张李杜三学士》）。初抵任所，人地两生，身心实难自由奔放起来。

二十、诗论瑰宝与分类集成

州府司马是个闲官，所谓协助刺史处置州务，实际无权无责。日子平庸而空闲，白居易迎来贬谪任上第一个冬天。

浔阳地处江南，本不寒冷，今冬却十分反常。风雪南侵，大地成冰，鸿雁声声迁移而来，哀鸣雪原寻觅吃食。猎手张网捕捉，缚雁于市，终成桌上佳肴。白居易见状心生恻隐，遂买雁放生。遥望孤雁飞入云端，诗人又担心它被乱兵射杀，即吟《放旅雁》一首。此诗在白氏集中并不显要，笔者还是愿意录在这里，体味诗人悲悯：

九江十年冬大雪，江水生冰树枝折。
百鸟无食东西飞，中有旅雁声最饥。
雪中啄草冰上宿，翅冷腾空飞动迟。
江童持网捕将去，手携入市生卖之。
我本北人今谴谪，人鸟虽殊同是客。
见此客鸟伤客人，赎汝放汝飞入云。
雁雁汝飞向何处？第一莫飞西北去。
淮西有贼讨未平，百万甲兵久屯聚。
官军贼军相守老，食尽兵穷将及汝。
健儿饥饿射汝吃，拔汝翅翎为箭羽。

怜悯生灵孤雁，赎而放生，又恐被甲兵乱箭射杀，“官军贼军相守老”，战争对峙旷日持久，民不聊生。

雪后初霁，白居易收到一封重要书信，这便是元稹《叙诗寄乐天书》。这位才子从各个侧面思考诗歌问题，先谈诗赋比兴，继谈新题乐府，又从情爱艳诗，谈及杜甫悲欢，乘兴提出诗歌可分十个类别。元稹论诗多以感性闪光，远未完善，但这封书信深深地触动了白居易。诗歌早已成为乐天生活重要组成部分，老友叙诗传书，意在切磋砥砺，居易当然要做回应。往昔长安峥嵘岁月，论诗谈艺难得从容，眼下江州闲职，何不将多年诗文见解，加以系统总结?

正如当年《策林》问世一样，著名诗论《与元九书》，也是在诗友思想碰撞之下诞生的。白居易回溯自古以来诗歌发展轨迹，以丰厚的创作实践为基础，系统阐述了心存已久的诗文主张，全文近四千言，层层递进，论述全面，构成古代诗歌理论瑰宝，为历代研究者所珍视。

白居易自觉的理论意识，在唐代诗人中独树一帜，《与元九书》所阐述的文学理念，实为作者政治理想和人生追求的延伸:其中心思想“文章合为时而著，歌诗合为事而作”，是要改变以往“嘲风雪，弄花草”，一味“为文而作”之弊，使文学创作为社会进步发挥能动作用。谢思炜先生认为，“白居易对传统儒家诗教做出了实质性的巨大贡献，具体解决了如何通过主动性的诗歌创作，在实际政治运作层次上，为完善儒家伦理秩序服务的问题”，从而“使诗的有用性与本体意义在一个最高层次上获得统一”。谢思炜先生此论也是有依据的，《策林》第十五篇《忠敬质文损益》，第六十八篇《议文章》，第六十九篇《论采诗》，第七十篇《纳谏》，均对文章辞赋的经世作用给予了崭新评估，把文学创作引申为国家政治文化生活中一个重要问题提了出来。而《策林》本身就是一种政治纲领设计文献，十多年过去，白居易一直在极力寻找着诗文新价值，以适合经邦治国、学以致用的需要。“采诗”补察时政，白居易观点鲜明，有提倡之功。而以诗歌“讽上”观念，“在中唐以前十分淡薄，持论激切如陈子昂，成就之高如杜甫，也未曾提出过明确的理论口号”（谢思炜语）。白居易《新乐府序》坦言“为君为臣为民为物为事而作”，《秦中吟》等一系列讽喻诗实践莫不如此。他将文章和诗歌崇为经天纬地、匡君理国之道，以平凡“中人”的自我思想情感为基准，力图与官员民众取得无障碍沟通，据此在文学手法和形式上，尽力深入浅出，通俗易懂，以期雅俗共赏，建构士人平民都可以接受的平易诗风。一句话，白居易前期以“诗文干政”为显著特点，对当时和后世造成了巨大影响。

仆，传统中的自我谦称。《与元九书》多用“仆”字表明自身：“自登朝来，年齿渐长，阅事渐多，每与人言，多询时务；每读书史，多求理道，始知文章合为时而著，歌诗合为事而作……仆当此日，擢在翰林，身是谏官，月请谏纸。启奏之外，有可以救济人病、裨补时阙，而难于指言者，辄咏歌之……闻仆《贺雨》诗，而众口籍籍，已谓非宜矣；闻仆《哭孔戡》诗，众面脉脉，尽不悦矣；闻《秦中吟》，则权豪贵近者相目而变色矣；闻《乐游园》寄足下诗，则执政柄者扼腕矣；闻《宿紫阁村》诗，则握军要者切齿矣。大率如此，不可遍举。”这一段，阐明自己著文歌诗，干预时政，批判现实，以至于既得利益者相目变色，咬牙切齿。

乐天作品直面人间疾苦，敢于针砭时弊，且合于乐律明畅好读，每有新作，人们竞相传阅。“豪权近贵者”“执权柄者”“握军要者”越是不喜欢，广大读者越是爱不释手，屡有轰动效应：“礼吏部举选人，多以仆私试赋判传为准的。其余诗句，亦往往在人口中……又闻有军使高霞寓者，欲聘倡伎，伎大夸曰：我诵得白学士《长恨歌》，岂同他伎哉？由是增价。又足下书云：到通州日，见江馆柱间，有题仆诗者，复何人哉？又昨过汉南日，适遇主人集众乐娱他宾，诸伎见仆来，指而相顾曰：此是《秦中吟》《长恨歌》主耳。自长安抵江西三四千里，凡乡校、佛寺、逆旅、行舟之中，往往有题仆诗者。士庶、僧徒、孀妇、处女之口，每有咏仆诗者……”

用今天的话说，一个诗人、作家，能拥有如此众多的拥趸粉丝，作品能够广植民间，深入人心，吟诵之声不绝于耳，足够幸福了。即使贬谪外放，内心深处也大可宽慰。正因为这样，白居易对于流离挫折，并没有凄凄惨惨，而是十分看得开，在《与元九书》中颇有些自豪：

“初应进士时，中朝无缌麻之亲，达官无半面之旧，策蹇步于利足之途，张空拳于战文之场，十年之间，三登科第……始得名于文章，终得罪于文章，亦其宜也。”又说：“名者公器，不可以多取。仆是何者？窃时之名已多，既窃时名，又欲窃时之富贵，使己为造物者，肯兼与之乎？今之迍穷，理固然也。”又举前辈陈子昂、孟浩然、李白、杜甫等诸多文豪诗杰为例，一生坎坷，穷悴终身，孟郊六十岁，张籍五十岁，也未曾得到什么公平待遇，这批与荣华富贵无缘的才子，又是多么了不起的人物啊，白居易连连自省发问，感叹不已：

> 彼何人哉？彼何人哉？况仆之才，又不逮彼。今虽谪佐远郡，而官品至第五，月俸四五万，寒有衣，饥有食，给身之外，施及家人，亦可谓不负白氏之子矣。

白居易真是一个通悟人生哲理的明白人。他继而谈到“达则兼济天下，穷则独善其身”的深切体会，“大丈夫所守者道，所待者时……进退出处，何往而不自得哉？故仆志在兼济，行在独善，奉而始终之则为道，言而发明之则为诗。谓之讽喻诗，兼济之志也，谓之闲适诗，独善之义也”。

《与元九书》仿佛一把金钥匙，为后人打开了白居易心灵之锁：“浔阳腊月，江风苦寒，岁暮鲜欢，夜长少睡，引笔铺纸，悄然灯前，有念则书，言无铨次，勿以繁杂为倦，且以代一夕之话言也。”此一夕之话，立意何其高远，坦荡真诚一泻千里，振聋发聩，非大彻大悟之人，无论如何写不出来。

日本学者对于《与元九书》的评价，比中国人还高。下定雅弘在其论述中说：白居易将诗歌创作分为讽喻、闲适、感伤、杂律四类，“这种分类理论的提出，典型地体现了白居易对待精神生活的态度，即不用现成的陈旧理论规范自己的精神活动，而是从自身实际出发，建构反映自己所要求所期望的理论总结。它本质上是中唐新兴士大夫阶层充满活力的自我表现的反映。韩愈、柳宗元等同期人杰，也是这么做的。《与元九书》提出自己的理论，表现自己的才能和自信，不仅在中国文学史上，而且在思想史上，都具有里程碑的意义”。

反复揣读《与元九书》，深入了解乐天精神世界，诗词文化之精髓要义，尽在字里行间。

我们需要从中华古典文学宝库中重新认识前贤，参悟中国。钱穆先生有个论断，他说：“古代的文学，是应用于贵族社会的多些，古代的艺术，则应用于宗教方面者多些，但一到唐代全都变了，文学、艺术全都以应用于平民社会的日常人生为主题。这自然是中国文化史上一个显著的大进步。”白居易，就是推动这种进步的突出典型。

白司马在江州，自云“官品至第五，月俸四五万”（《与元九书》），“寒有衣，饥有食，给身之外，施及家人”。在物质生活上，显然不致受穷。

白居易调节心态能力很强，同时，江州郡府人际温度也起了抚慰作用，他很快稳定情绪，抓住大块空闲时间，对以往诗作进行了一次系统整理。手边积累“自拾遗以来”十多年诗稿约八百首，将其分作四个类别，《与元九书》均有简叙：

“关于美刺兴比者，又自武德讫元和，因事立题，题为‘新乐府’者，共一百五十首，谓之‘讽喻诗’。”这是第一部分，关键词是“讽喻”。

“或退公独处，或移病闲居，知足保和，吟玩情性者一百首，谓之‘闲适诗’。”关键词是“知足、保和、闲适”。

“有事物牵于外，情理动于内，随感遇而形于叹咏者一百首，谓之‘感伤诗’。”关键词是“感伤”。

“又有五言、七言、长句、绝句，自一百韵至两百韵者四百余首，谓之‘杂律诗’。”关键词是“杂律”。

以上八百余首诗稿，分作讽喻、闲适、感伤、杂律四大类，白居易将其编纂而成十五卷。前两类，集中反映了白居易“达则兼济天下，穷则独善其身”的处世思想，“仆志在兼济，行在独善，奉而始终之则为道，言而发明之则为诗，谓之讽喻诗，兼济之志也；谓之闲适诗，独善之义也”，又特地说明，“其余杂律诗，或诱于一时一物，发于一笑一吟，率然成章，非平生所尚者”，今日未能删去，姑息留下，声明“他时有为我编集斯文者，略之可也”。

至此，白居易做了一件大事，完成了生平第一部诗集。诗人情绪更加开朗，甚至有些悠然得意。由是轻松写下一首律诗，置于卷尾，又寄给元稹和李绅。标题点明事由，谓之“戏赠”。《编集拙诗成一十五卷因题卷末戏赠元九李二十》：

一篇长恨有风情，十首秦吟近正声。
每被老元偷格律，苦教短李伏歌行。
世间富贵应无分，身后文章合有名。
莫怪气粗言语大，新排十五卷诗成。

长恨风情，秦吟正声，足可流传，得不到高官富贵又有什么要紧？

翻检新诗集，逆境中自寻快乐，一高兴又要饮酒。新近结识一位友人，名叫刘十九，何不请他一起品尝新酿美酒，畅所欲言，共享诗集之乐呢：

绿蚁新醅酒，红泥小火炉。
晚来天欲雪，能饮一杯无？

（《问刘十九》）

小诗二十字，历代诗评赞赏精彩。《唐诗三百首》誉之：“信手拈来，都成妙谛，诗家三昧，如是如是。”《唐诗评注读本》誉之：“用土语不见俗，乃是点铁成金手段。”《诗境浅说》誉之：“末句之无字，妙作问语，千载下如闻声口也。”绿蚁，酿酒的曲子。新酒成时，绿曲浮渣泡沫如蚁，最是馋人，室内温度上升，窗外飘起雪花，红陶器小火炉，你说该醉不该醉？偏巧，前辈杜甫一首《对雪》，竟也提到了新酒、寒雪和蚁沫：“北雪犯长沙，胡云冷万家。……无人竭浮蚁，有待至昏鸦。”独斟寒酒，友朋何在？除了茫然愁苦，全无温情快乐。同为对酒吟诗，语境心境不同。

二十一、江州司马青衫湿

次岁春，白居易大哥白幼文，从符离来到江州。老兄只做过一任浮梁主簿，容颜衰老而恬淡豁达，同父异母兄弟分别竟已十三年。二人欢喜，国事家事尽在杯中。

浔阳城南数十里，便是壮美庐山，往西面行不远，又是陶渊明故乡栗里。乐天对两地向往已久，身处闲职正可以尽情访游。香炉峰下，爱不能舍，柴村研读，佛道兼修。数百年前陶渊明，更是居易心中烛光亮色。白诗《访陶公旧宅》，小序注满真挚感情，“予夙慕陶渊明为人，往岁渭上闲居，尝有效陶体诗十六首。今游庐山，经柴桑过栗里，思其人访其宅，不能默默，又题此诗云”：

我生君之后，相去五百年。
每读五柳传，目想心拳拳。
昔常咏遗风，著为十六篇。
今来访故宅，森若君在前。
不慕尊有酒，不慕琴无弦。
慕君遗荣利，老死此丘园。
柴桑古村落，栗里旧山川。
不见篱下菊，但余墟中烟。
子孙虽无闻，族氏犹未迁。

每逢姓陶人，使我心依然。

白居易对陶潜高风亮节敬佩之至。也可以说，在诗人心中，杜甫是达兼天下、忧患家国的一座灯塔，陶潜是独善其身、知足度难的另一座灯塔，两座灯塔光芒闪烁，昭示着白居易顽强而又美善的人生。

既来之，则安之。白居易经过踩选，决计在香炉峰之北、遗爱寺之南，建造一座草堂，借以寄情山水，安家归隐。他看透了名利荣辱，宁愿终老山林。因作《端居咏怀》云："贾生俟罪心相似，张翰思归事不如。……胸襟曾贮匡时策，怀袖犹残谏猎书。从此万缘都摆落，欲携妻子买山居。"又在《寄李相公崔侍郎钱舍人》诗中说："官满更归何处去？香炉峰在宅门前。"看来，只要放平心态，居庐山而终老，足可安然。曾闻长安"居大不易"，为官险恶居亦难，难道居江州也不行吗？

行年四十五，两鬓半苍苍。
清瘦诗成癖，粗豪酒放狂。
老来尤委命，安处即为乡。
或拟庐山下，来春结草堂。

（《四十五》）

白居易认为自己已经老了，"老来尤委命""老度江南岁""老死此丘园""邻老罕复遗"之类句子，稍不留神便生乎笔端。谁曾想到，在他人生低落之际，又一次惊世骇俗的艺术高峰凸现在浔阳江畔。

诗人贬居江州第二年（816），又是萧瑟秋天。湓浦江口晚风清冷，白司马送友到客船，且在舱间小饮。水面上渔火点点，波光灯影，码头岸畔入静于夜阑之中。皓月当空，离愁别绪，不觉酒至半酣。忽然，江风拂动，隐隐约约，飘来一阵琵琶乐曲，时而悠扬婉转，时而呜咽凝重，弹奏名曲，声声动情。

诗人屏息静听，心生惊异，若非精工妙手，不能得此绝技。便让船家轻摇橹桨，循声而动，慢慢向那弹奏船只靠近。舟灯之中，果有风韵女子怀抱琵琶，半遮颜面，弹拨如诉。长安《霓裳羽衣曲》惊现此间，诗人闻声激动不已。当即礼邀相见，移船添酒，细节不尽。《琵琶行》序言云：

> 元和十年，予左迁九江郡司马。明年秋，送客湓浦口，闻舟中夜弹琵琶者，听其音，铮铮然有京都声，问其人，本长安倡女，尝学琵琶于穆、曹二善才。年长色衰，委身为贾人妇。遂命酒，使快弹数曲，曲罢悯然。自叙少小时欢乐事，今漂沦憔悴，转徙于江湖间，予出官二年，恬然自安，感斯人言，是夕始觉有迁谪意。因为长句，歌以赠之。凡六百一十六言。命曰《琵琶行》。

行，行歌也。长诗始名《琵琶引》，又名《琵琶行》，是共通的。贬官与歌伎，一位曾经红极乐坊的京城名伎，一位誉满天下的皇室近臣，同样来自遥远长安，同样被命运无情遗弃，一朝相遇在同一条江舟之中，共享昔日帝京名曲，灵魂震荡而不能平复。诗中“商人重利轻别离，前月浮梁买茶去”，据寅恪先生考证，饶州浮梁县向为茶行集散地，唐中期，“每岁出茶七百万驮，税十五余万贯”，而寡情商贾，视此女可有可无，哪里还将这条孤舟放在心上？琵琶女“去来江口守空船，绕船月明江水寒”，白司马“我从去年辞帝京，谪居卧病浔阳城”，京味丝弦促相逢，此情此景，令诗人内心产生强烈共鸣：“同是天涯沦落人，相逢何必曾相识。”撼动心魄。

如果说，此前《长恨歌》《秦中吟》《新乐府》种种重磅诗文，多是为君为臣为民而作，那么，这一回《琵琶行》，却是为自我不幸而作，为女性哀怨而作。有学者把这首长诗，看作白居易人生态度和文学观念发生重大转变的分水岭。事到如今，白居易对兼济天下正在丧失信心，曾经铿锵有力的脚步在浔阳江头凝滞不前……

笔者思量，这是白居易完整性格两个不同侧面，随着严酷现实而自然转换，并非前后自相矛盾。中国古代政治生态，制约着千百个志士仁人，臣子命运尽在极权掌控中，无法真正独步天下。帝王主宰着历史走向，才人学子是多么软弱渺小。

琵琶曲再次响起来，丝乐凄凄，满座掩泪，“座中泣下谁最多，江州司马青衫湿”。有关《琵琶行》的艺术鉴赏，古往今来层出不穷，有宏观大论，更有微观赏析，尤在音乐描述方面纷纷叫绝，足可编成一部大书。笔者不再赘叙，且另作他议。

青衫，六品以下阶官的制服颜色，包括绿色，统称为青衫。依唐律，官阶服色一目了然，三品以上服紫，四品服深绯，五品服浅绯，六品服深绿，七品服浅绿，八品九品服青。六品以下合称为青袍、青衫，在自我谦称时，更是如此。

问题来了。白居易从九品校书郎起步，此后县尉、拾遗、翰林、参军、赞善，一路升迁，到江州做个上州司马，常例应为从五品下，为何也讲青衫泪湿?

人们习惯认为，做什么官，就是什么级，而唐朝不是这样，唐代官场有“职、散、勋、爵”四大概念，必须把“职官”和“散位”两者分开。官是职，散是阶，有官职还要有阶衔。文官着袍，先看散阶标准，也叫“本阶”，百官均有“散阶”，到达“朝散大夫”一级，始可着绯，工资俸禄，也依据这一标准。“散”，就好比我国自一九五六年以后行政干部定二十四级。军队从准尉到元帅定十四级。发工资都要依凭级衔，并不凭据职务。职务时有调整，而级别不常变动。到如今，官职与级别才变成了一回事，做什么官得什么级。而唐时，“职、散、勋、爵”，散是核心，是刚性阶品，这一点后面还会谈及，白居易一生把四种情况都涉及了。江州司马着“青衫”，原因正在于彼时乐天尚未领授“朝散大夫”这个“本阶”，几年后才达此标准。此外，唐官独有一项特例，即州郡刺史，不论上、中、下州，不论散阶是五品或六品。凡刺史官员必须着绯，不达散阶标准时亦可“借”穿绯袍，佩银鱼袋。这项规定，是为了庄重朝廷权威，地方主管代表着国家形象，而州郡司马不是主官是副官，则不在此列。

这种特例故事，也即将发生在白居易身上，容当后叙。

笔者研读王拾遗先生《白居易生活系年》，发现两则文本，而且是白居易本人在江州所写，证明白居易此时散阶不达“朝散大夫”而是其下之“将仕郎”。一份是白居易上庐山所写《祭匡山文》，文首云“将仕郎守江州司马白居易，谨以清酌之奠，敢昭告于匡山神之灵”。祭山文告，用词规范，“将仕郎”身阶清楚。另外距前文四天后，诗人又写一份《祭庐山文》，再次使用这一称谓：“将仕郎守江州司马白居易，以香火酒脯告于庐山遗爱寺四旁上下大小诸神。”

两文本均为祭山拜神而作，两次注明“将仕郎”官阶，行文严肃，并与“守江州司马”连在一起，足见前述职官、散位与官服及待遇的关系。故寅恪先生分析《琵琶行》之青衫泪湿，断言“作此诗时，其散官之品必为将仕郎无疑”。这个散阶正排在五品“朝散大夫”之下。那么，又有人会提问：地位奇高的翰林学士是什么级别？回答是，翰林学士具有皇帝机要秘书职能，前程也十分显赫，但自身却不限官阶品秩，上至六部尚书，下至校书郎，都可能入选担任。其阶品工资待遇仍要看自身散位。所以江州司马白居易，虽有从五品官职，却身穿“将仕郎”青衫制服，并被凄泪所湿，也只能如此了。

《琵琶行》塑造了琵琶女这个形象，与《长恨歌》里的杨玉环，双双活在了古今中国。当代评论针对《琵琶行》塑造典型人物这一点，说“白居易已经掌握了现实主义创作方法的基本艺术手法”（王拾遗语）云云，以今法析古诗，十分勉强，似不可取，但《琵琶行》写人写事写情，包括写音乐，确实大有创新并远超同时代诗作，为中华文化宝库留下了无价瑰宝，却没有争议。

《琵琶行》诞生绝非偶然，在白居易来说，创作的思想准备和艺术准备是充分的。他秉持儒家博爱精神，对女性命运深切同情，一以贯之，关注已久。作品从杨玉环往下，后妃宫嫔，官府淑贤，农妇织娘，市井艺伎，厨丫婢女，无论显妃贵妇，还是弱势贫妞，均有倾心倾情的人性化描绘，常常不惜笔墨。白诗相关妇女问题，仅在讽喻作品中就有二十六篇，总计达到上百篇，远超同时代诗人。与历代诗家相比，难有第二人。在白居易笔下，名篇即有《长恨歌》《上阳白发人》《井底引银瓶》《陵园妾》《太行路》《后宫词》《母别子》《观刈麦》《妇人苦》《红线毯》等等，形成一个主题文学现象。这就不难理解，《琵琶行》因何一挥而就。

还有一件事，长期未予重视。此事对于理解《琵琶行》应该有所帮助：此前不久，白居易贬迁途中，沿汉水行舟东下，进入长江又过武昌，泊船鄂州。秋夜江头，传来一阵悲凉歌声，有女子边哭边唱。“夜泊鹦鹉洲，秋江月澄澈。邻船有歌者，发调堪愁绝。歌罢继以泣，泣声通复咽。寻声见其人，有妇颜如雪。独倚帆樯立，娉婷十七八。夜泪似真珠，双双堕明月。借问谁家妇，歌泣何凄切？一问一沾襟，低眉终不说。”

全诗戛然而止，诗人与少妇没有对话，却写下这首留白无尽的《夜闻歌者》。

此事距《琵琶行》写作整整一年。两件事，秋夜江畔，同样泊舟闻声，同样移船相近，同样遇见不幸女子。差异只在于一为歌泣一为弹奏，歌者无语，弹者倾诉。很显然，左贬诗人悲情延续，前一次未能说透，后一次复遇琵琶女，始有《琵琶行》。

真是耐人寻味。两首诗的基调和情绪前后相连。记得有人说过：中国古代文学发展演变史，也是一部知识阶层心态史。具体到这两首诗，也完全可以这样说。只可惜，《琵琶行》流传极广，人们干脆把《夜闻歌者》忘了个干净。

白居易关心悲切歌女，笔者不禁联想，诗人会不会想到符离那段恋情呢？这种可能性是存在的。痴爱湘灵而被迫分离，刻骨铭心，女性命运与严酷现实之间构成矛盾冲突，也构成诗人心底永远的伤痛。当年，湘灵赠绣花鞋，实为信物。诗人一直带到了江州任所。白司马这年已经四十六岁，写了一首《感情》怀念湘灵，昔日情侣对诗人情感世界影响久远，其中有一句“为感长情人，提携同到此。今朝一惆怅，反复看未已”，白居易深切同情女性命运，为之多愁善感。须知白居易出生时，母亲十八岁，外祖母只有四十二岁。少儿阿连在这样两位女性滋养下成长，其文化教养主要来自母系。白居易重要诗文中，几乎从未提及父亲对他有何情感影响，只是引父亲为国家立功为荣，而对母亲教养之恩总是铭记不忘。

笔者从《琵琶行》谈到《夜闻歌者》，从情侣湘灵谈到母亲陈氏，都是为了强调白居易在政治、道德和仕进世界之外，更有一个自我情感世界。父亲代表着前一个世界，母亲代表着后者。两个世界不是相互分裂或排斥的，而是时分时合、对立统一的。

总之，《琵琶行》的诞生，构建了白居易诗歌山脉的又一座高峰。

二十二、庐山草堂佛香道火

在江州，白居易一阵子心有不甘，依旧抱有为国家挺身而出的强烈愿望，一阵子长思无奈，生出安时顺命、隐退山林的自守保和情怀。两种思想起起伏伏，对诗人造成莫大折磨。看一下国家大事：

前述武元衡宰相被刺杀，宪宗派遣大军征讨。白居易念念不忘淮西战事，常叹“仍闻陈蔡戍，转战已三年”，“壮志郁不用，须有所泄处”。战争越打越大，官军增援达九万雄师，军粮五十万石运往前线郾城。战至元和十二年（817）元旦，宪宗破例诏示天下，念前方浴血，今年不接受八方朝贺，还要调出绢布六十九万段匹，银五千两，授以军用。消息传到江州，白居易得知宪宗决战信念坚定，顿时激情难抑，报国之心不死，也要参军上阵杀敌，作诗题曰《元和十二年淮寇未平诏停岁仗愤然有感率尔成章》：

闻停岁仗轸皇情，定为淮西寇未平。
不分气从歌里发，无明心向酒中生。
愚计忽思飞短檄，狂心便欲请长缨。

从来妄动多如此，自笑何曾得事成。

豪歌壮志为国生，恨不荷戟请长缨，可叹乐天热血无人喝彩，文弱司马亦不能冲锋陷阵。诗末，连诗人自己都觉得一厢情愿，空怀激情岂不可笑吗！

冲动之余，酒醒之后，还得平下心来，考虑适时知命，安身独善，有个着落才好。

白居易在江州时期，经常处于这样的矛盾之中。

庐山仙境，魅力无穷。白居易登香炉峰，游大林寺，不由得生出修筑草堂之意。此动意在《四十五》一诗中有所表达："老来尤委命，安处即为乡。或拟庐山下，来春结草堂。"

小诗很快对外公开。他给朝中挚友李绛、崔群和钱徽寄诗说："官满更归何处去？香炉峰在宅门前。"（《寄李相公崔侍郎钱舍人》）

元和十二年（817）暮春，白居易庐山草堂欣然落成。从短时间修建完工推断，估计房屋建筑并不复杂。但是风光好，位置好，朝向好，生态环境好。到四月九日这天，前来参加草堂落成典礼的知名人士，达到二十二人。而今可见《草堂记》一篇，文辞充溢着堂主一片喜悦：

匡庐奇秀，甲天下山。山北峰曰香炉，峰北寺曰遗爱寺。介峰寺间，其境甚绝，又甲庐山。元和十一年秋，太原人白居易见而爱之，若远行客过故乡，恋恋不能去。因面峰腋寺作为草堂。明年春，草堂成。……待予异时弟妹婚嫁毕，司马岁秩满，出处行止，得以自遂，则必左手引妻子，右手抱琴书，终老于斯，以成就我平生之志。清泉白石，实闻此言。

文末注明："时三月二十七日始居新堂。四月九日，与河南元集虚、范阳张允中、南阳张深之，东西二林寺长老凑、朗、满、晦、坚等凡二十有二人，具斋施茶果以落之。因为草堂记。"

乐天又乘兴给元稹写去一信，再次倾诉心中欢愉，也让人具体看到了草堂生态环境之美：“到东西二林间，香炉峰下，见云水泉石胜绝第一，爱不能舍，因置草堂。前有乔松十数株，修竹千余竿，青萝为墙援，白石为桥道；流水周于舍下，飞泉落于檐间，红榴白莲，罗生池砌，大抵若是，不能殚记。每一独住，动弥旬日，平生所好者尽在其中。不唯忘归，可以终老，此三泰也。”白居易毕生诚挚率真，心中休戚有感，总要相告友人，从不隐瞒。

白居易深感此地生活条件要比关中好，既然报国无门，庐山便是一条退路。他对元稹分析江州益处：“江州风候稍凉，地少瘴疠，乃至蛇虺蚊蚋，虽有甚稀。湓鱼颇肥，江酒极美，其余食物多类北地。仆门内之口虽不少，司马之俸虽不多，量入俭用，亦可自给，身衣口食且免求人。”“声来枕上千年鹤，影落杯中五老峰。更愧殷勤留客意，鱼鲜饭细酒香浓。”（《题元十八溪居》）哪怕今后再不会升迁移地，冤假错案平反不成，我也能身居此山，愉快地将青衫穿到终老。

环境氛围与人生境遇促进思考，白居易内心原有的儒、释、道三种底色也发生了变化。儒家主旋下降，佛、道色彩腾升，三教调和并存。《草堂记》中描绘厅堂样式，“堂中设木榻四，素屏二，漆琴一张，儒道佛书各三两卷”，三经平起平坐，同样重要。

儒学思想包容性很强，汲取别家思潮元素，并不排斥佛、道传经送宝。眼下草堂落成，贺礼宾客中，就有“东西二林寺长老凑、朗、满、晦、坚”等佛门高僧参加。据胡遂教授和陈书良确认，白居易钻研佛学经典，偏重于般若诸经中极负盛名的《维摩诘经》。这位“维摩诘”身为居士不出家，不脱离世俗生活，竟是一位“在家菩萨”，这就非常适合白居易身守宦海，又以禅学抚慰心灵的需要。《维摩诘经》对酒肆青舍、爱欲色相通盘接受，认为不必严格戒守出家修行条律，也能达到人生解脱。笃信佛祖，同时拥抱世俗生活，兼求精神升华超脱。白居易当然喜欢这种学说，维摩诘居士成了效仿榜样。诗人不会想到，他信奉“在家菩萨”之举，深刻地影响了后来的“居士佛”“官僚佛”，唐以后又添一位苏东坡，诗中“维摩”词句随处可见，比乐天有过之而无不及。

当然白居易学佛并非仅限于《维摩诘经》。胡适先生《白居易时代的禅宗世系》、谢思炜先生《白居易的佛教信仰》，都指出白居易研习佛学视野相当宽泛，《维摩诘经》只是其中偏爱而已。

再看一下道教。唐代道家也曾波澜壮阔。道教原从本土生，老子李耳是先宗，李唐王朝总将李耳认作自家远祖。唐高宗以下，无一帝排斥道教行世。今有毕宝魁教授认为：汉民族为了推行儒家治国，与外来佛教相抗衡，明里暗里需要借助道教一臂之力，佛道相争千百年，原来背后还有更大推手。唐玄宗以儒治国，一面与杨贵妃谈情说爱，一面亲手注释《道德经》，且将庄子著作尊为《南华真经》，将庚桑子著作尊为《洞灵真经》，将列子著作尊为《冲虚真经》，并将道学正式编入科考系列，使道教思想俨然进入半官方领域。仅帝都长安城内，宏大道观多达三十余处。甚至，不愁嫁娶的皇帝女儿玉真公主、金仙公主等人，还欣欣然当了女道士。佛道论战达到高潮时，但见年轻美艳道姑，浓妆登台上阵，公开与佛门争夺信徒，大讲道经，盛况类如文艺表演，“观中人满坐观外”，听众为之倾倒。这种奇异景观，韩愈同样不满，在《华山女》一诗中有着精彩讥嘲。

道士成了皇家座上宾，其教义升至中唐显学，李白则全身心投入道门。再看韩愈笔下那位时尚美女，“洗妆拭面着冠帔，白咽红颊长眉青”，高台亮相，大谈道法能够呼风唤雨，有长生不老之术。

白居易闲适江州期间，不仅与佛僧过从甚密，而且与道家术士同样交往频繁，直至参与烧炼仙丹。他在《寻王道士药堂因有题赠》中说：“常悲东郭千家冢，欲乞西山五色丸。”这宝贝五色丸，云山雾罩，据说食之可以长寿。在山中，白居易辞别了王道士，又去寻访郭道士：“药炉有火丹应伏，云碓无人水自舂。”（《寻郭道士不遇》）接下来拜访李炼师、萧炼师：“曾犯龙鳞容不死，欲骑鹤背觅长生。”（《酬赠李炼师见招》）最有意思的是拜见女道士韦炼师，白居易以怪味调侃诗相赠，谁知这位深山女炼师还动了芳心。读者不妨查阅一下《赠韦炼师》，便知炼丹炉旁不乏人间烟火。

常与诗人庐山同行者，各色人等不一而足。有归隐闲官，有养病药客，有住庵读书学子，有游走求仙方士，乐天对道家并非泛泛应酬，他在草堂厅间摆上“儒道佛书各三两卷”，实为诚心诚意。

所幸，白居易对于炼丹方术只是浅尝辄止，没敢深入下去。与维摩诘相比，道家药种很难在乐天心中扎根生长。虽然他一度参与炉火炼丹，甚至亲自品尝过那类药物，却不曾痴迷其术出不来。原因在于他从根本上把自己看作一个凡俗“中人”，始终没有得道成仙的幻想，没有长生不老的奢望。他认定：“中天或有长生药，下界应无不死人。”（《曲江醉后赠诸亲故》）与其冒险服药，不如适时举杯，与其苦求成仙，不如吃好睡好。现实生活中，因乱服铅汞药丸而致病夺命的友朋甚多，教训惨烈，也促使诗人不断醒悟，理智地看待道家黄白之术。以后也就脱身远离，直至自我检讨，批判质疑，断绝神仙遐想，继续贯彻个体适意、身心健康的人生哲学。正如陈寅恪先生所言：“乐天之思想，一言以蔽之曰知足。”在佛道两者之间，他还是选择了重佛轻道。吃香、睡足、醉酒、迷诗、饱读、休闲，拒绝神圣向凡俗。

白居易认为佛家和道家教义，都可以为儒家学说所涵容，以至殊途同归。他在《三教论衡》中写道：“夫儒门释教，虽名数则有异同，约义立宗，彼此亦无差别。所谓同出而异名，殊途而同归者也。”对道家，他同样认为，庄子、列子经典，与儒家《诗经》如出一辙：“庄列寓言，风骚比兴，多假虫鸟以为筌蹄。故《诗》义始于《关雎》《鹊巢》，道说先乎鲲、鹏、蜩、鷃之类是也。”白居易从思想深处没有把儒释道作为矛盾分立，反而以儒学尺度去衡量三者之间的融通性，将三教思想杂糅吸收，形成了自我思想体系。顺利时，以儒家入世学说匡扶国家，救济民生，当个人力量不敌环境之险，便从儒家“知天命”、佛家“四大空”、道家“逍遥游”当中，寻得依据解脱烦恼。这种进退有据的思想方法，伴随了诗人一生。差别仅仅在于，三教学说常在特定时段、特定环境中此消彼长，变通沉浮地支配着白居易人生轨迹，时而儒家忠君民本，时而佛祖慈悲为怀，时而道禅知足不辱，这种多元状态在白居易心灵世界里各司其职，并不混乱。

不久，前方捷报传天下，告裴度督战，李愬奇袭蔡州，吴元济就擒，旷日持久的淮西战事终告平息。白居易量身自处，先是激动一下，很快低落长思：“红旗破贼非吾事，黄纸除书无我名。唯共嵩阳刘处士，围棋赌酒到天明。”（《刘十九同宿》）“唯共嵩阳刘处士”，正是那位“晚来天欲雪，能饮一杯无”之超级酒友。看来，如果没有改善命运的时运出现，白司马只能沉湎在佛香道火、棋琴酒醉之中。往昔谢灵运、陶渊明，及至后来无数高才志士，一旦被残酷统治者所遗弃，便只能如此。

二十三、兄弟会合盼出山

庐山草堂落成不多日，长兄白幼文病逝于陕西下邽故里。白居易闻讯深为震惊：不久前，慈爱大哥还在江州举杯欢聚，刚刚返乡离去，就与世长辞了？诗人大叹“垂白之年，手足断落，谁无兄弟，孰不死生？酌痛量悲，莫如今日”，落泪杯中苦酒，复看庭中晚辈小童，愈加怜爱。惜乐天无子，唯有侄儿阿龟、幼女罗儿，年龄都还太小，玩耍嬉闹，无形之间，却也安抚了诗人心头忧伤。有《弄龟罗》诗云：

有侄始六岁，字之为阿龟。
有女生三年，其名曰罗儿。
一始学笑语，一能诵歌诗。
朝戏抱我足，夜眠枕我衣。
汝生何其晚，我年行已衰。
物情小可念，人意老多慈。
酒美竟须坏，月圆终有亏。
亦如恩爱缘，乃是忧恼资。

举世同此累，吾安能去之。

亲情抚慰一时忧虑，回过头来，还是无法解脱深层苦闷。有《咏怀》诗曰：“尽日松下坐，有时池畔行。行立与坐卧，中怀淡无营。不觉流年过，亦任白发生。”又有《醉吟二首》曰：“酒狂又引诗魔发，日午悲吟到日西。”“可怜白司马，老大在湓城。”（《浔阳岁晚，寄元八郎中、庾三十二员外》）

长兄离世，白居易牵挂兄弟白行简，思念朋侣挚友，写下《东南行一百韵》，寄给多人。这时，白行简为之效力的剑南节度使卢坦病故，由京官李逢吉继任，人事更迭，行简前程难测，白居易便劝行简快来江州团聚，从此不与世事纠缠。《登西楼忆行简》一诗，深情无限：

每因楼上西南望，始觉人间道路长。
碍日暮山青簇簇，漫天秋水白茫茫。
风波不见三年面，书信难传万里肠。
早晚东归来下峡，稳乘船舫过瞿唐。

白居易就剩下这么一个亲弟兄了。兄嘱弟，你乘船行驶三峡险滩，千万要稳稳当当啊。算起来，白行简元和九年（814）初夏自下邽入川就职，到元和十二年（817）夏日此诗，恰恰是“风波不见三年面”也。

当白行简准备动身前来江州时，白居易又是一番牵挂：“朝来又得东川信，欲取春初发梓州。书报九江闻暂喜，路经三峡想还愁。潇湘瘴雾加餐饭，滟滪惊波稳泊舟。欲寄两行迎尔泪，长江不肯向西流。”

后人研究白居易，有一大便捷，就是他在人生每一阶段，必将种种感受付诸诗文，真性情，无遮拦，不伪饰。“人各有一癖，我癖在章句。万缘皆已消，此病独未去。”（《山中独吟》）我是俗人写我心，从古到今，这一点无人可比。若想探究他某种境况下所思所想所喜所忧，便去查看他那时诗文，一查一个准儿，诗人表白尽在笔端。

元和十三年（818）春末，白行简果然从巴蜀梓州（今绵阳三台县）来到九江，兄弟团聚，悲喜交加，兄长作《对酒示行简》再表心迹："今旦一尊酒，欢畅何怡怡。此乐从中来，他人安得知。兄弟唯二人，远别恒苦悲。今春自巴峡，万里平安归。……不叹乡国远，不嫌官禄微。但愿我与尔，终老不相离。"

白居易沉湎山林中：自家草堂，手足亲情，新醅美酒，几卷诗书，佛师道友，小儿绕膝，无忧岁月，远离尘嚣。他在《早春闻提壶鸟因题邻家》诗中，似乎又在检讨自责，"进士粗豪寻静尽，拾遗风采近都无"，我还是当年那个充盈着报国雄心的战士吗？《江州司马厅记》一文，还有几句怪话："州民康，非司马功，郡政坏，非司马罪，无言责，无事忧，识时知命而已。"玩味这些话语，不难想到在"识时知命"背后，还存活着一个心有不甘、期待再起之臣：

天长地久无终毕，昨夜今朝又明日。
鬓发苍浪牙齿疏，不觉身年四十七。
前去五十有几年，把镜照面心茫然。
既无长绳系白日，又无大药驻朱颜。
朱颜日渐不如故，青史留名在何处。
……
古来如此非独我，未死有酒且高歌。
……
颜回短命伯夷饿，我今所得亦已多。
功名富贵须待命，命若不来知奈何。

（《浩歌行》）

人近半百，忧虑焦急，改变命运的消息何时到来？若再等待下去，只怕白司马真要荒废山中了。

二十四、江舟西上与心路流变

白行简春天来到江州，一转眼夏秋过去，又临冬寒。细算一下，白居易从元和十年（815）六月贬离长安，到元和十三年（818）十二月，时跨四个年头，相加四十二个月，即将进入第五个年头。

忽然，就在十二月二十日这天，白司马终于接到“量移”诏书，诏命他前往忠州，除任刺史一职。

所谓“量移”，是唐朝对于贬谪官员逐步减轻处罚的一项制度。顾炎武《日知录》云：“唐朝人得罪，贬窜远方，遇赦改近地，谓之量移。”长期处于贬谪地位的官员，能够重新得到朝廷“量移”起用，实在是仕途人生之大事，如果从州府司马，升迁为刺史，更不容易。白居易和白行简高兴至极，家人也纷纷忙碌起来，为搬迁赴任做准备。草堂上下，一片喜气洋洋。

忠州，今重庆忠县。州境在川东、鄂西之间，浩荡长江穿境而过，如今地处三峡库区核心，“三峡橘海”加上石宝寨，天下扬名。旅游胜地白居易祠庙，乃明崇祯三年（1630）初建，清道光年间扩建而成，与洛阳香山白公墓祠齐名。不过，在一千二百年前，这里却是不折不扣一个下州，州城仅仅几千户人家。

白居易深知，能到下州做个刺史，尽管荒僻，却是东山再起一大转折。没有朝中老友鼎力相助，也绝无可能。这位友人，便是当朝宰相崔群。十多年前，崔群也做过校书郎，并且与白居易同一天诏为翰林学士，同“以谠言直论闻于时”，崔白有“同龄同事”之厚谊，白居易为母丁忧期间，崔群还往下邽寄过药品，寄过成箱书籍，关心备至，白居易曾写长诗答谢。此次崔群促成白司马量移，还获得了同朝宰相裴度合力援掖，终获宪宗恩准。

诏书颁来江州，白居易立即提笔挥就《除忠州，寄谢崔相公》一诗。因自己人说话知根知底，无需掩饰，故全诗倍见真切：

提拔出泥知力竭，吹嘘生翅见情深。
剑锋缺折难冲斗，桐尾烧焦岂望琴。
感旧两行年老泪，酬恩一寸岁寒心。
忠州好恶何须问，鸟得辞笼不择林。

是啊，鸟儿只要能跃出樊笼，飞向哪一片树林都好啊。

读者也许会问：既然能够得到朝中宰相帮助，那就把江州司马直接调回京城不行吗？何必去偏远下州做刺史呢？这是一个好问题。今有张卫东《唐代刺史若干问题论稿》一书，对此做了系统回答：唐初陈子昂，曾上书要求重视刺史、县令之任用。到了武周长安四年（704），武则天专题研究州县任官问题，旨在加强中央与地方吏治建设。到玄宗开元三年（715），左拾遗张九龄正式奏议“不历州县，不拟台省”，唐玄宗下诏确定，“京官不曾任州县官者，不得拟为台省官”，“三省侍郎有缺，先求曾任刺史者”。眼下宪宗时期，继续强调地方任职经历是担任中央高官的必要条件，形成高官升迁基本准则。所以，崔群、裴度帮助白司马去做刺史，是真帮忙，是为其长远仕途着想，而不是权宜之计。白居易虽然在基层干过，却没有做过州郡一把手，将来如何升迁录用呢？张卫东先生把刺史课题说清楚了。

临行之前，白居易需要去趟洪州（今南昌），专程向江州主管上级辞别。这位上级即江西观察使裴堪大人。裴大人尤爱白诗，特地在滕王阁备酒，为诗人饯行。这次拜见，对白居易重新鼓舞仕途信念，具有特殊意义。

改变形象，刺史换装。

唐代，刺史上任一项重要标志，在于绯袍官服。前头说，“江州司马青衫湿”，白司马哪里会有这项准备？不仅没有绯衣，而且没有配件“银鱼袋”。所谓绯衣，即为红色，四品深绯，五品浅绯，新刺史如果不达散阶五品，也要着绯，以示皇权威严。白居易尚未配发这套行头，仍然穿着青衫旧袍前来洪州辞别，裴堪一见此状，顿感同情。

唐《通典》谓：开元八年二月敕，“都督刺史品卑者，借绯及鱼袋，永为常式”。《唐会要》谓：“凡授都督刺史，皆未及五品者，并听著绯、佩鱼，离任则停之。”《新唐书·循吏传》也说：“刺史准京官得佩鱼，品卑者假绯、鱼。”

官场着装规矩，老官裴堪自然懂得，散阶不达五品但已任刺史者，可以借绯袍赴任，白居易同样心知肚明。可是滕王阁上，江岸洲头，谁能弄来一套绯袍银鱼，让青衫刺史解此尴尬？又向哪里去借？这般无奈，连今人都能体味到。

老官裴堪是个宽厚之人。要说这身“刺史绯”，他曾任同州刺史，就存有一套。那时，白居易尚在下邽丁忧。现在裴大人身为江西观察使，官阶早已超越五品，恰有红绯衣袍存放。这时，裴大人举杯敬酒，笑意盈盈，当即命人取来绯袍鱼袋，诚请乐天脱下青袍，着绯佩鱼。顿时，滕王阁上，齐唱“落霞与孤鹜齐飞，秋水共长天一色”，那绯袍图案为鹘衔瑞草，看去格外吉祥气派，席间赞誉之声大哗。座中白刺史是否感动得掉泪，史无记载不好断言，而大杯致谢倍觉鼓舞，必当无疑。白居易不假思索，呈诗一首：

新授铜符未著绯，因君装束始光辉。
惠深范叔绨袍赠，荣过苏秦佩印归。
鱼缀白金随步跃，鹘衔红绶绕身飞。
明朝恋别朱门泪，不敢多垂恐污衣。

诗题为《初除官蒙裴常侍赠鹘衔瑞草绯袍鱼袋因谢惠贶兼抒离情》，欣喜之意溢于言表，丝毫不加掩饰。裴常侍，另一种官称，说明裴堪兼为朝中高官。诗人高适晚年也做过此官，亦称高常侍。

笔者顺便说明一点，唐朝前期，中央集权“三省六部”制，对下实行州、县两级统治，即京管三百多个州，州管一千五百多个县。稳固百年。而朝廷直管三百多个州，实在忙不过来，为加强管控，遂步强化了“道”这一级，由州、县两级行政体制，演变为道（藩镇）、州、县三级制。中央派遣几十位节度使、观察使，担任道级使臣，从此州、县成为道之下属。江西观察使裴堪，就是从朝中派出的使臣大员，负责监察江、饶等八个州郡，职高权大。宪宗时期，道、镇已由玄宗时期的十五个，发展至四十五个。当然，藩镇体制变革，对中央集权有利有弊，此处不多说了。注意，节度使和观察使都不是“官”，而是“使”，由朝廷派出监察地方并统兵镇守。节度使略高于观察使，两臣在朝中自有官职，两使臣不派驻同一地区……

就这样，白居易于元和十四年（819）早春二月，身着绯袍告别江西观察使，返回江州，又从湓口登船，也就是相遇琵琶女那个渡口上船，带着白行简和家眷，向长江上游驶去。这时，小女儿阿罗已经四岁，白行简之子龟儿，也六七岁了，一家子十几口，欢声笑语，饱览两岸风光无限。男孩龟儿、女孩阿罗，生来首次见到长辈身上添了一只绯鱼袋，感到新鲜好玩，便追着父亲、伯父抚摸嬉耍，弄得白居易有些不安，这套服佩毕竟还是借穿。

湓口距离鄂州（今武汉）不远。鄂州刺史李程，曾是白居易翰林学士同僚，如今升任鄂岳观察使。得知乐天舟经属地，李程早早前往夏口江岸，迎请老友登临黄鹤楼，一叙别情。李程与元稹还是连襟，关系更近一层。

二人久别重逢，举杯连连。忽而，白居易察觉李程端详他的服饰，诗人敏感，便有些不好意思。白诗《行次夏口先寄李大夫》说：“假著绯袍君莫笑，恩深始得向忠州。”关于绯袍鱼袋，往后还有故事，不得消停。

辞别李程，白家继续行舟西上。不日进入峡江夷陵（今宜昌）地段。两岸山岭愈见奇峻。白居易和白行简，时在船头临风观涛，自有充裕时间讨论以往官场生涯，忧虑今后行为准则，从国家到小家，从皇权到仕途，怎样才能规避危害，平安恒久呢？思前想后，乐天吟得《江州赴忠州至江陵已来舟中示舍弟五十韵》。这首诗，是研究白居易中年思想轨迹的重要资料，耐人寻味：

老见人情尽，闲思物理精。
如汤探冷热，似博斗输赢。
险路应须避，迷途莫共争。
此心知止足，何物要经营。
玉向泥中洁，松经雪后贞。
无妨隐朝市，不必谢寰瀛。
但在前非悟，期无后患婴。
多知非景福，少语是元亨。
晦即全身药，明为伐性兵。
昏昏随世俗，蠢蠢学黎甿。
鸟以能言缚，龟缘入梦烹。
知之一何晚，犹足保余生。

白居易矛盾、痛苦、智慧而现实。人们深切怀念白拾遗秉笔直言的风采，不停地吟咏他人生前期的壮丽诗篇，他敢于向恶势力奋勇斗争，为贫翁弱女大声疾呼的光辉形象，在后人记忆中挥之不去，历久弥新。笔者进而想到，所有这些赞叹，确有道理。但是，分析白居易中年思想变化，还有更深一层缘由被后人所忽略，那就是唐朝上层政治制度对仕人思想情感的左右和制约。一位大唐朝官，任何个人都没有多少自主力量，谁也不能超越时代局限而主宰命运。往昔论者认为白居易“已经冲破了本阶级的限制，完全站在人民立场上了”，这是明显的偏颇。中国古代社会，当朝官员不可能具备千年之后的思想认识。白居易接受儒家“民为重，君为轻”的民本思想，在执政和言论中有着自己鲜明的好恶取舍和倾向性，也就很难得了。后人剖析白居易《新乐府》《秦中吟》以及直言进谏的动因，必须看到唐代言官制度所带来的决定性作用，谈不上突破阶级局限。

隋以降，唐之初，中央政权进一步健全和完善朝廷谏官功能，鼓励拾遗、补阙、翰林学士据实进言，到盛唐已近成熟，沿革演变为监察制度体系的组成部分。朝中同时设置专职官员，有谏议大夫，有给事中、起居郎，更有包括陈子昂、杜甫、岑参、元稹、王维、张说、杜牧、韦庄、张九龄、李绅、柳公权、白居易等在内的左、右补阙、拾遗官。此官可以与其他高官一道，直接参加早朝。补阙、拾遗这两种谏官，初设于武则天登基之垂拱元年（685），《旧唐书·官职志》明确写其职责：

> 左补阙二员，右补阙二员……掌供奉讽谏，扈从乘舆。凡发令举事，有不便于时，不合于道，大则廷议，小则上封。若贤良之遗滞于下，忠孝之不闻于上，则条其事状而荐言之。

足见谏官责任重大，可以亲睹天颜，当面陈述不同意见。

港大教授赖瑞和先生研究表明，由卓越才子出任的补、遗谏官，统称为“词官”，官秩虽卑，地位极高，在街头遇到御史中丞，都不须回避。唐肃宗至德二载（757），腊八这天，杜甫以左拾遗早朝，肃宗李亨皇帝不仅赐饭给大家吃，还因天寒地冻赐给谏臣防冻膏。杜甫作《腊日》诗谢恩，一辈子铭记不忘。唐朝同时规定，三种人不可出任补、遗官：一为宰相之子，二为宰相旧僚，三为品行不端者。

年轻“词官”白居易，在朝力主“以天下心为心”，“以百姓欲为欲”，打造《策林》七十五篇，“明德、亲民、止于至善”，因而“忘身命，沥肝胆”，“不惧权豪怒，亦任亲朋讥”，同时采引、创作反映时弊的诗歌词赋为变革所用，一定程度上代表了人民的心声愿望。这一切，都是以忠君尽职为基础，以谏官制度为保障，才可能存在发生和进行下去。有时他激进甚至固执，又是因为“所以过言者，以为词不切、志不激，则不能回君听、感君心而发愤于至理也”（《才识兼茂明于体用·策一道》）。换句话说，如果没有谏官督政这项政治制度，就没有“直言”者白居易“兼济天下”之可能。笔者再度举出前后两件事例，用来证实和思考这一问题：

前头说过，元和初年，左拾遗白居易多次对宪宗以宦官统兵提出质疑，敢在朝堂之上脱口而出，指责天子“陛下错矣”，导致宪宗变色，遂对中书舍人李绛怒曰：白居易这小臣，本是我拔擢用之，如今竟敢指责我，我必须废了他。李绛即劝帝，谏官忠诚履职，实乃制度所倡，他这样做，正说明其忠心。李绛依据制度劝解，理由充分，宪宗闻言息怒，居易躲过一劫。

再看后一件事：白居易丁忧回朝，不再履职拾遗，而任东宫赞善大夫。这时发生武元衡被杀、裴度重伤惨案，白居易愤而为两宰相书写奏章，要求从速缉拿凶手，按理并无错误。但是，旧势力立即判定，白居易违犯东宫规责，实属越职言事，按律当罚。就此贬谪江州。

前后两事相仿，却在同一个人身上发生两种结局，足证谏官制度与东宫制度之别，这些因素才是前提，个人品行和胆略则在其次。

笔者乘兴进一步以白居易元和四年（809）表现，深入说明左拾遗职事官功效。这一年，白居易屡陈时弊，尽职尽责，先是请降囚徒，蠲租税，放宫人，继而上书绝进奉，请禁掠卖良人。更令人惊异的是，这位白拾遗放胆对当任宰相提出非议，一论宰相裴均违制进奉银器，二论宰相于頔不该暗进爱妾，三论宦官吐突承璀不可担任制军统领。试想，倘若不是职官制度所允，一介微官岂敢如此造次？于此前后，白居易在《新乐府》诗中写下一篇《官牛》，抨击宰相特权，诗题之下，直接注明“讽执政也”。

“执政”唐时为宰相别称，是个名词，不当动词用。那么，这位“执政”是指哪一位宰相呢？陈寅恪先生《元白诗笺证稿》，推断为新任宰相于頔，其子还是当朝附马。《官牛》批评朝廷拜相的仪式，应该革除。当时，新拜宰相上任，朝廷按例要动用官牛官车，从浐水之畔远道装载沙子，专为宰相铺设道路，一直从住宅铺到宫城，免得道路泥污弄脏了宰相马蹄。这条沙路时称“沙堤”。白居易认为这项仪规劳民伤财，便毫不留情进行批评。全诗通俗易懂，完全不用翻译：

官牛官牛驾官车，
浐水岸边般（搬）载沙，
一石沙，几斤重，

朝载暮载将何用？
载向五门官道西，
绿槐阴下铺沙堤。
昨来新拜右丞相，
恐怕泥涂污马蹄。
右丞相，
马蹄踏沙虽净洁，
牛领牵车欲滴血！
右丞相，
但能济人治国调阴阳，
官牛领穿亦无妨。

陈寅恪评曰："乐天于于頔入朝之前，已有痛诋之语，在其入朝以后复于奏状中言其'性恶'，此篇为专指于頔者，亦不足怪矣。"寅恪先生认为词官言事痛快无忌，而若非此官必须尽责，一个八品小官岂敢公开批相？长庆年间，白居易将《官牛》一诗收入《长庆集》，还特意补写了一段话，表露创作此诗的动机与忐忑：

于頔身是大臣，子为驸马，……一朝到来，权兼内外。若绳以规制，则必失君臣之心，若纵其所为，则必败朝廷之度。

品味这段话，可知写《官牛》不轻松。说到底还是补阙、拾遗有此职能，制度允许白居易发挥效用而已。

因此，以白居易从贬谪到量移，论断白居易中年思想由"兼济"而"独善"发生巨变，显然有些简单。还是依从制度层面思考，要可靠许多。笔者分析乐天中年思想：既然官身不在谏议之位，就不如珍惜自由，做好一个地方官，以不介入党争、不同流合污而洁身自好，多做一些对民众有益的功德事业，这才是白居易中年以后实实际际的思想谱系，论者不宜脱离制度而轻言其思想流变。

以上分析，与原先诸多论家最主要区别，在于看待白居易中年思想流变的着眼点不同。笔者更侧重于制度功能对官员思想具有推动和制约的力量。做什么官，说什么话，到忠州去做刺史，就再也不能像朝中谏官那样，以谠言刚直为荣。昔日耿介求实、忠君直言、不计后果的做法必须改变，年轻谏官的突出优势必须放弃。

赫赫唐朝三百年，几乎没有扩大和增设新的职事官署，尽量保持官吏编制不再扩张。唯独在武则天时期，创立增设了补阙和拾遗这两种谏官，中央集权兼听则明，朝中确立词官直谏制度，包括文艺作品言论自由，揭示现实真相，是唐朝盛世宝贵经验之一，后人理政该不该加以借鉴应用呢？妄议朝政如果不行，那么直言建议行不行？如何从制度层面保证“谠言直谏”？以制度来保障说真话，保障批评监督言路畅通，才是治国治吏的光明正道。

滚滚长江东逝水，浪花淘尽英雄，笔者针对白居易中年思想流变与谏官制度做了浅显分析。白居易继续溯江西上，到忠州去，做一名下州刺史。船泊夷陵峡口，白氏兄弟意外地遇到了老朋友元稹。这次突然相遇，有点像电视连续剧一个重头情节，可把三兄弟高兴坏了。

当时，白居易停船夷陵休息。元稹乘船恰由上游驶来，也在夷陵停船休息。元稹本是蜀地通州司马，如今改授虢州（今河南灵宝）长史。长史也称别驾，为州府副长官，比司马高一级，巴蜀向虢州，总算望北而归，要算好事。白居易有诗序曰：“（元和）十年三月三十日，别微之于澧上，十四年三月十一日夜，遇微之于峡中，停舟夷陵，三宿而别。”如此算来，元白阔别四载，中间变故丛生，憋了一肚子话语要说。

他乡遇故知，人生一大乐事。白氏兄弟与元稹先是举杯，而后游历“峡州上二十里北峰下两崖相廛间”一处无名洞穴，三人“各赋古调诗二十韵”，乐天作序，命名这个洞穴为“三游洞”。笔者曾到此地游览，近年又专程去了一回，但见洞中怪石嶙峋，泉流有声，确是奇绝风景。遥想三位大诗人曾在千百年前，于洞中围绕篝火促膝谈心，吟诗论道，凭一壶浊酒，聊至晨曦渐明，别有古贤滋味。白居易那篇《三游洞序》，至今刻在洞口石碑上。此后若干年，苏洵、苏轼、苏辙父子三人，也同游此洞，史称“后三游”。复有欧阳修、黄庭坚、陆游等众多大家慕名而来……

白氏兄弟与元稹聊了三天三夜，仍不能杯停言尽，终因“各限王程”不敢久留，只好登舟分驶东西，挥泪而别。

二十五、小忠州大文章

元和十四年（819）三月二十八日，白居易穿越风雨三峡，抵达忠州。

唐时忠州，又称南宾郡，属山南东道，几近西南边防，远距长安二千二百二十二里，下辖临江、丰都、垫江、南宾、桂溪等五县，户仅七千，是个下州，相当荒僻。杜甫于代宗永泰元年（765）到过此地，写下好几首诗。那时，杜甫侄儿在忠州主政，特地派衙役抬滑竿，迎接杜甫前往府衙。那一百多级石磴台阶，让老杜望而生畏。小小山城内外，商旅人气萧条，野生动物欢实。杜甫与这位侄儿话不投机，诗写忠州，也好生凄凉：

忠州三峡内，井邑聚云根。
小市常争米，孤城早闭门。
空看过客泪，莫觅主人恩。
淹泊仍愁虎，深居赖独园。

（《题忠州龙兴寺所居院壁》）

“淹泊仍愁虎”，应指华南虎出没，时有袭扰，千年之后竟已灭绝。土人早早关上城门避虎，荒凉程度可想而知。

几十年后，白居易惶惶而来，时年四十八岁。前任刺史李景俭，性格开朗，本是“永贞革新”中韦执谊、王叔文同党，亦是刘禹锡、柳宗元挚友，众人失败被贬，李景俭则因丁忧守丧侥幸躲过一劫。李景俭与元稹、李绅同为好友，亦是乐天旧相识。这时，李景俭盼乐天早已望眼欲穿，当即整绯袍，备老酒，迎接继任刺史。白居易挥笔奉上《初到忠州赠李六》，其苍凉景况堪与杜诗相印证：

好在天涯李使君，江头相见日黄昏。
吏人生梗都如鹿，市井疏芜只抵村。
一只兰船当驿路，百层石磴上州门。
更无平地堪行处，虚受朱轮五马恩。

诗中“生梗都如鹿”，是说本土差吏生硬少训，举止如同野鹿般缺失官场稳重。末联更惨：依唐制，州府刺史可乘坐“五马朱轮”官车，而忠州，处处陡坡石磴，道路高低不平，哪里还能运行豪华车马？故云“虚受朱轮五马恩”。乐天之前，先有刘晏、陆贽、李吉甫三位知名宰相，贬到忠州为政，想必都不曾坐享朱轮。再看畲田，刀耕火种，生产方式原始落后，穿的吃的都非常清贫：

畲田涩米不耕锄，旱地荒园少菜蔬。
想念土风今若此，料看生计合何如。
衣缝纰纇黄丝绢，饭下腥咸白小鱼。
饱暖饥寒何足道，此生长短是空虚。

（《即事寄微之》）

畲，双音字，此处读奢，畲田，专指以火攻烧草木而耕田，草木灰烬权为肥料。种菜则缺乏技术，唯以小鱼下饭，诗人觉得腥咸。将这首诗与前头杜诗并读，忠州土风景况也就了然明白。两诗风格情绪如出一辙，落笔留痕，反映了同时代诗人相似性。

白居易此诗，是写给元稹看的。重点在于“想念土风今若此，料看生计合何如”。黎民百姓生活焦苦，生产落后，身为主政官员，上任应该怎么办呢？白居易首次出任州郡一把手，对平生政治生涯至关重要。

可以说，这是考验一个贤良忠臣最关键时刻。白居易到任当天，依制赶写《忠州刺史谢上表》，向宪宗表态：“誓当负刺慎身，履冰厉节，下安凋瘵，上副忧勤，未死之间，期展微效。”其信心可见一斑。

忠州近邻是万州，政经境况相似。郡守是名官杨归厚，也做过左拾遗，还是刘禹锡儿女亲家，即禹锡长子岳父。杨归厚与刘禹锡、柳宗元均属卫门书派同门师兄弟，为人耿介，极富个性，在朝决不与宦官谗臣为伍。有一回杨归厚向宪宗帝请谏，帝告天色已晚，改日接见，杨却坚请不退，直至允奏直陈。所谈事项知无不言，也不管宪宗是否爱听，如要求皇帝警惕宦官奸党等等，忠言逆耳，遂贬为国子主簿，继而外放。杨归厚离朝，履官多地，先后任凤州司马、万州刺史、唐州刺史、巴州刺史、寿州刺史、郑州刺史、荥阳太守、虢州刺史，可谓历尽沧桑，鞠躬尽瘁，终生不得回朝，逝于虢州任上。

白居易向好友杨归厚通报忠州概况：“山束邑居窄，峡牵气候偏。林峦少平地，雾雨多阴天。隐隐煮盐火，漠漠烧畬烟。”白居易需要这位万州刺史，能给忠州出些主意，以期尽快解救黎民，扶贫济世之心十分急切。每临夜晚，山野里传来百姓哀苦歌声，令他席不安枕，夜不能寐：

竹枝苦怨怨何人，夜静山空歇又闻。
蛮儿巴女齐声唱，愁杀江楼病使君。

（《竹枝词四首》）

白刺史作文作诗固然大名显赫，那么，如今到州郡府衙主政，首次做了地方一把手，他懂不懂得执政方略呢？今人往往会质疑这个问题。笔者认为有必要就此多谈几句。首先，在古代中国，凡文豪诗杰多是大小官员，作诗只是副业及爱好，并不存在今日“专业作家”这门职业。既为官，自然明察执政事要。例如宪宗元和四年（809）春上，白居易时任翰林学士、左拾遗。去岁江南、京畿大旱，百姓饥馑，白居易积极奏请，要求对灾区免税，宪宗遂颁布《免税令》。

白居易做此表奏实非偶然，《策林》首篇即为《辨水旱之灾，明存救之术》，指出自然灾害分“人灾”和“运灾”两种，人之灾害可以避免，天运之灾亦可以通过善政措施，减轻损失。《策林》告诫统治者，要设仓储粮，要兴修水利，要酌免税赋。

那一次，朝廷颁发《免税令》，宪宗还下了《罪己诏》，但实施效果不佳。须知地方政绩，成为“良吏”提升首要依据，此风由来既久，盛唐已见端倪。特别是道、州、县三级体制之后，州郡及各县官府，备受藩道管制夹板气，刺史不得不向下“加估征钱”。每遇灾害，州府往往左右为难，还得加紧征税收赋，四方灾民叫苦不迭。

面对困局，当年白居易沉痛愤懑，走笔疾书《杜陵叟》一诗，序言六字“伤农夫之困也”。开端先说灾荒严重：

杜陵叟，杜陵居，岁种薄田一顷余。
三月无雨旱风起，麦苗不秀多黄死。
九月降霜秋早寒，禾穗未熟皆青干。

继言地方官员酷政：

长吏明知不申破，急敛暴征求考课。
典桑卖地纳官租，明年衣食将何如？
剥我身上帛，夺我口中粟。
虐人害物即豺狼，何必钩爪锯牙食人肉？

笔锋一转：

不知何人奏皇帝，帝心恻隐知人弊。
白麻纸上书德音，京畿尽放今年税。

殊可叹：

昨日里胥方到门，手持敕牒榜乡村。
十家租税九家毕，虚受吾君蠲免恩。

诗中“急敛暴征求考课”，即指单纯追求政绩指标。“白麻纸上书德音”，是说皇室颁发诏令，通常使用黄麻纸，只有重大紧要文告，才使用白麻纸，以麻纸黄白区分军国大事之轻重。《新唐书·宪宗纪》记录此事：元和四年（809）“正月壬午，免山南东道、淮南、江西、浙东、湖南、荆南今岁税”。京畿四十余县，亦在蠲免之列。如此重大救灾政令，等到次年春正月下达农村，却已经“十家租税九家毕”，为时已晚。诗中张贴告示的“里胥”，实指里正。唐制以百户为一里，设里正一名，掌“催驱赋税”等事，即知催逼租税者是他，贴榜免税者还是他。可惜一纸空文晚来迟，只剩下虚受皇恩而已。

这首《杜陵叟》，将急征暴敛官员，比作钩牙锯齿的豺狼，今天读来，犹感震惊。

白居易悲愤于“剥我身上衣，夺我口中粟”，成诗者不是大官就是小官，绝非只懂作诗而不懂参政之辈。而庸常之辈又岂能写出疾呼呐喊之诗文？

谁能说唐朝诗人不懂得为官执政呢？凡是大文人做地方官，从史上研考，普遍优秀，白居易《与元九书》中说：“大丈夫所守者道，所待者时。时之来也，为云龙为风鹏，勃然突然，陈力以出。”时之不来则修建草堂，垂首常思陶渊明，举杯呼唤刘十九。如今诗魔坐镇忠州，终于等到了“为云龙为风鹏”之机。初来任上，白居易先以一个外来人目光，观察陌生边城，情绪不高，很快，他即以主人姿态，将巴土当成家园，要竭尽全力推行仁政。今有忠县政协编著《白居易与忠州》一书，详写白刺史在忠州任上“整顿地方行政，宽刑均税，奖励生产”，做了许多实事。

词组“宽刑均税”，前者宽刑，比较容易理解，就是治理州县不靠严刑峻法，民众有错失，不要过分苛责，狱中积案应该宽理快放。把囚人关死牢中，对生产并无益处。后者“均税”一词，不太明白，还是刘小川先生做了解释：中唐大地主兼并土地，往往勾结官府逃租避税，把赋税负担转嫁给中下层平民，积重难返。白居易决心动一动这项利益格局。均税，就是要求地主阶层放弃特权，和普通百姓一样，平等缴纳租税。从而减轻贫苦农民负担，国家赋税增多，政府公信力提升。忠州豪强劣绅从此不再嚣张，还得俯首恭维白大人改善政绩。时间不长，忠州变样，吏风改善民风，犯罪率下降，粮油盐业上升，乐天政治理想得到初步实现。

谢思炜先生对白居易忠州施政感喟颇深：一个文人，在从政路上本是可以选择的。他可以选择做好官还是做坏官，是不畏权贵洁身自好，还是卑躬屈节同流合污？表面看，选择做一名好官并不令人惊讶，而在实际生活中，却并不容易，甚至很难很难。

白居易在忠州，曾于“薰草席铺座”上问计于民，得知此地土壤气候，非常适合植树造林。于是他一边肃盐法，劝生产，宽刑均税，一边号召城乡百姓大量植树，并身体力行加以推动。《东坡种花二首》有句：

持钱买花树，城东坡上栽。
但购有花者，不限桃杏梅。
百果参杂种，千枝次第开。

白居易带领民众大量种植柳树：“不如种此树，此树易荣滋。无根亦可活，成荫况非迟。三年未离郡，可以见依依。”（《东涧种柳》）大片桃树杏树，都成活了：“忠州且作三年计，种杏栽桃拟待花。”（《种桃杏》）

城西山林中，生长一种木莲树，高耸常青，花大如莲。乐天一见即爱，特地请人把这个物种画下来，并为画题序，作《木莲树……》，联系自我人生境遇，好生感慨：“已愁花落荒岩底，复恨根生乱石间。几度欲移移不得，天教抛掷在深山。”

就这样，白居易身处长江小城，与百姓共同建造这一切，他毕生亲近生机自然，乐此不疲。

忠州偏远，刺史禄米和百姓一样，是畲田粟，每月俸钱，多是当地黄绢土布。他经常周济孤寡老人：

八十秦翁老不归，南宾太守乞寒衣。
再三怜汝非他意，天宝遗民见渐稀。

（《赠康叟》）

又一个春天来了。白刺史从江西庐山移植而来映山红，在忠州大地得以成活。但见忠州城乡“花木繁奇”，梅花、桐花、樱桃花、桃杏花百花争艳，香气四溢。春风拂面，美酒开坛，白居易心绪大好，特以家园主人身份，邀请乡邻老幼，举办露天咂酒会，与民同乐。欢声笑语鼓乐奏鸣，“蛮儿巴女”婆娑起舞，长歌不眠，歌者随意用竹枝在坛中汲酒来饮，小吃胡麻饼解馋，甜橘新荔枝保鲜。白居易蘸墨挥毫，向众人高声吟诵《郡中春宴，因赠诸客》，为酒会助兴：“蛮鼓声坎坎，巴女舞蹲蹲。使君居上头，掩口语众宾。勿笑风俗陋，勿欺官府贫。蜂巢与蚁穴，随分有君臣。”乐天全身心融入忠州生活，引领着巴山文化新风尚，努力实现着“宽刑、均税、养树、崇文”等治郡理想：“养树既如此，养民亦何殊？将欲茂枝叶，必先救根株。云何救根株？劝农均赋租。云何茂枝叶？省事宽刑书。移此为郡政，庶几氓俗苏。”这样一位好州官，在忠州期间留诗一百三十首，更为忠州创造了持久财富。

北宋黄庭坚有一篇《四贤阁记》，记述了一则忠州小故事：先讲中唐刘晏、陆贽、李吉甫、白居易曾相继到此为官，“四君子相望凛然，犹有生气，忠民每以此自负”，三百多年后来了一位新知州名叫王辟之，“下车问民疾苦……咨问故老，咏四贤之逸事，而三君之政，寂寥无闻……乐天由江州司马除刺史，为稍迁，故为郡最暇豫有声尔……忠于一时，遂为三峡名郡”。就是说，后来官员咨询老人得知，所谓四贤治忠州，前三人政绩寂寥无闻，唯白居易执政“最暇豫有声”，忠州也因此成为三峡名郡。

到了明代，又一位知州马易从，在《创修白公祠记》中赞颂白居易曰："以大贤裁治理，犹慈母之保子，良医之察脉，此一方之沐浴膏泽可想而知也。"用慈母、良医作比，誉乐天治郡，非常温暖，这样的好官员，百姓怎能不爱戴?

一千多年逝去，忠县城西一条白公路，相传为白居易率先捐助钱物所倡修。一座明代白公祠，与洛阳白公墓祠齐名。万亩橘海，生态大园，都是白居易为官一任的最好延续。二〇一五年十二月十三日，当地官民纪念他，重庆市联合光明日报社，在忠县举行"白居易文化研讨会"，许多专家学者，从北京、四川、陕西、河南等地赶来共同探讨白居易为人、为文、为官之路，珍重乐天文化资源，要做一篇大文章。

二十六、诏返帝都

元和十五年（820）夏末，忠州白刺史突然接到朝廷诏书，调他返回长安，除任"尚书司门员外郎"一职。如此算来，白居易在忠州任期不足两年时光。比预期"忠州且作三年计"，缩短了一年多。

唐代刺史任期之长短，不是一件小事，李卫东先生对此深入研究："依唐制，刺史等高级文官任期应为三年至四年，即《旧唐书》所言'三载考绩，著在格言'，或'今之在任，四考即迁'，而实际情况却不一定。"事实上，经济文化发达地区，官员更迭频繁，刺史、县令任期都不长，长安周边京兆尹，平均任期一点二六年，洛阳周边河南尹，平均一点六五年，不足两年即换一官。而偏远州郡刺史则任期偏长，如开州（今重庆开州区）刺史在任长达十三年。黔州（今黔、渝、湘、鄂交界）刺史薛舒竟然在任十四年，最后油尽灯枯，以身殉职。刺史任职长短无定，朝廷内外对此早有争论。大部分臣属认为三年四载任期太短，针对官员们"争求冒进，不顾廉耻"等弊端，主张地方主官长任为宜，文学家孙樵，批评某些刺史县令把任所当作"驿站"，不利于政。看来，而今时弊，早在一千多年前就存在了。

白居易深知地方主官任期制度的重要性，《策林》第二、第三十二等篇，专门阐述“庶官迁次之迟速”问题，认为官员升迁调动不宜过迟但也不能过快，“虽圣贤，为政未及三年不能成也”，“若未三年而迁，则政未立，绩未成”，任期太短唯做表面文章了。反过来，如果八年九年不升迁也不责问，干好干坏一个样，同样不能达到砥砺官员、劝善惩恶之功效，对吏治更是一种破坏。

查唐朝历任忠州刺史共四十一人，平均任期甚长：安史之乱前，平均任期为八年至九年，令人望而生畏。安史之乱以后，平均任期稍短，为五年至六年。前后期平均下来，唐代忠州刺史平均任期为七年，超过白居易任期数倍。白刺史很可能在四十多位忠州刺史中任期最短，实际在任仅仅二十个月。

这是因为什么？

背景在于长安高层，又一次发生了血腥宫廷事变。宪宗李纯十五年来，咸理中外，励精图治，使本朝在安史之乱后初见中兴，大有起色。短板和缺陷，在于内部殊厚宦官，为害至深。尤其在确立接班人问题上，久陷宦官重围，终成灾祸。神策军这支禁内武装力量，左翼为吐突承璀统领，他们要废掉太子李恒，另立澧王李恽。而另一批宦官将领梁守谦、王守澄等人，统领右翼，坚持拥立李恒。双方剑拔弩张。元和十四年（819）末，梁、王一方首先发动攻击，杀死了吐突承璀和澧王李恽等多人，血染帝都。月余，不出元和十五年（820）正月，四十三岁的宪宗李纯也被毒杀，遂立李恒为穆宗。得胜宦官对外谎称：宪宗之死，是大臣皇甫镈推荐了道人柳泌的长生不老药，药发驾崩。

事件发生，兵部尚书李绛，修书告知老友白居易凶信。怀想宪宗以来，乐天从周至县尉任期未满提拔入朝，左拾遗而充翰林，以户曹参军为母丁忧，又重新任用为赞善大夫，深宫行走，弹指十五载，荣贬诸事和宪宗皇帝密切相关。忠州尽心竭力，时时不忘宪宗擢用之恩。白居易相信，三年之后，宪宗必将诏任自己回朝。而今先皇既逝，新君如何，尽在未知矣。

穆宗李恒继位，改号长庆。一朝天子一朝臣，穆宗倾向“销兵”休战，故而重用裴度、萧俛、段文昌为相，诏李绅等人入翰林，李绛兼任御史大夫，并先后诏还元稹、韩愈等人，对白居易迁官十分有利。多年来，白居易言行正派，不愿涉及党争，这时节起了良好作用，各派朝官大都会说乐天好话。而穆宗皇帝自幼熟读居易诗文，印象甚佳，并将白居易比作西汉大家司马相如。司马相如能令汉武帝叹佩，白居易也行将得到唐穆宗诏用。

此次高层巨变，影响到各派人事和地方阙员连锁变更，忠州刺史白居易，就这样被穆宗突然诏回长安。

算起来，乐天于元和十年（815）夏日被贬离京，历经江州、忠州两地，到元和十五年（820）夏末北归，总时段五年多一点。比起同时代诸多大诗人穷困际遇，他是幸运的。在江州时，他写《与元九书》，设身处地回顾诗人们命运之坎坷，叹“陈子昂杜甫，各授一拾遗而迍剥至死，李白孟浩然辈，不及一命，穷悴终身，近日孟郊六十，终试协律，张籍五十，未离一太祝”，得出“诗人多蹇厄”的结论。写到这里，笔者再次回顾白诗《李白墓》。为什么居易身处江州，却重写多年前宣州探访李白墓地之事？俱因同病凄然也：“采石江边李白坟，绕田无限草连云。可怜荒垄穷泉骨，曾有惊天动地文。但是诗人多薄命，就中沦落不过君。”同是天涯沦落人啊，贬谪伤感才会书写沦落。

唐官普遍重朝室而轻外任，白居易任期未满而诏回京师，对居易和杨氏夫人来说，这是隐忍五年后的最大安慰。至于庐山修成养生草堂，忠州种植桃李千株，都不惜留存在记忆之中，去慢慢回味：

> 三年留滞在江城，草树禽鱼尽有情。
> 何处殷勤重回首，东坡桃李种新成。
>
> （《别种东坡花树两绝》之一）

此处“三年”，显系概指。前头说过，居易东坡植树传为美谈，一直影响到北宋大家苏轼潜心效法，以至苏轼谪居黄州（今湖北黄冈），学习白乐天，把东门外一块荒地命名为东坡，亲自躬耕植树，由此将“东坡”一词做了自豪别号。苏东坡平生敬重陶渊明和白居易，仰为前贤。

二十七、从员外郎到上柱国

一别京城五六春，白居易五十岁返京诏用，他沉稳了许多，思想上也复杂了许多。

本该为返京而欢喜，但他却高兴不起来。首先，新天子穆宗李恒，胸无大志，远不能和宪宗李纯相比。倒是有一条与先帝相同，即父子俩都不能摆脱宦官专权，邪恶势力依然肆虐朝政。阉党之下，文臣武帅岌岌可危，不得安生。白居易对穆宗缺乏信心，情知李恒难以继续中兴伟业，这是一个基本判断。

再看满朝文武，党争激烈，人人俱是帮派中人，元和改号长庆，“牛李党争”矛盾日深，成为白居易心底深处一大难题。“牛李党争”横亘中唐，陈年积弊侵蚀官场，凡事必先思虑帮派利益之得失，对一代文官影响至深。

乐天忧喜参半，还有难言之隐。

诏命“尚书司门员外郎”，这是什么官？算不算提拔？唐朝尚书省之下，设吏、户、礼、兵、刑、工六部，正副官员称尚书、侍郎。各部下设四司，合二十四司。统领这些司的还有一左司、一右司，总计二十六个司。各司主官称郎中，也叫正郎，官阶为从五品上，月俸五万文；次官称员外郎，也叫外郎，官阶从六品上，月俸四万文。正副两官并称“郎官”。唐以主官为重，副官例为闲职，“员外”二字，含有编员外置之意。那么，“司门”为刑部四司之一，掌管天下门关、津梁、道口稽查，制定颁发相关政策法令法规，简单说，白居易就是“司门”这个司的副官，一个不太重要的司门员外郎。各司之下设九寺、五监，如大理寺、国子监等，具体业务甚繁。

郎官已是中层文官，距高层仅有一步之遥。按唐制，五品以上官员要由皇帝任命，而郎官无论五品六品，都由皇帝亲自除授。大唐诗杰多数不达此官，仅有张说、张九龄、王维、岑参、韦应物、韩愈、白居易、刘禹锡、柳宗元、元稹、李德裕、杜牧等十多位，曾获郎官之荣，李白只做到翰林待诏。杜甫虽然做到了“检校工部员外郎”，尊称杜工部，而职前却附加“检校”一词，是“相当于”或“有待于”某官职之谓，“检校”往往身处外埠为幕僚，不在朝中当班，实乃编外一个名誉。杜甫授此“检校”之官，则由其幕主严武（节度使）屡向皇帝奏请而赐。这种例子还有不少，元结和李商隐，中年得获“检校水部员外郎”，没有实职，亦没有退休半俸保障生活。可叹杜甫在幕主严武辞世后，半生流离失所。至于王绩、陈子昂、孟浩然、王昌龄、孟郊、王建、贾岛、李贺、温庭筠诸位诗贤，只做到县尉、拾遗等，或在各地幕府服务，都未能做到朝中郎官。高适算一个特例，越过郎官直升刑部侍郎，十分罕见。

所以，白居易由一个下州刺史诏还朝中，升任某司员外郎，可喜可贺。须知历来贬官都是单向度往下放，常说朝中某官贬向某州，或刺史，或司马，或更低，罪错越重，贬谪越远。从这个意义上讲，居易由山野刺史回朝为郎，要算一次提升。

可是，从散阶品秩上衡量，员外郎相比刺史，却有所降低。也许，穆宗诏回白居易，有短期安置后图重用之意，总之司门员外郎白居易，尚未授除朝散大夫，实际散阶仍是前述六品“朝议郎”。这样一来，穿着什么样的官袍再次成为问题，原先做刺史，代表中央政府执政，特许借着绯袍，腰佩银鱼袋，现在是否脱袍卸鱼，重新回到“江州司马青衫湿”的模样？回答是，必须的。

前头说过，唐官三品以上着紫袍，佩金鱼袋，四品五品着深浅绯袍，佩银鱼袋，六品七品着绿袍，无鱼袋。八品九品着青袍。习惯上，把后四品统称为“青衫”。

官场等级森严，哪管你心理感受？白居易只好脱却绯袍换绿袍，还得遵守纪律上下朝。这时，居易同朝诸友，如元稹、李宗闵、李绛、王起、钱徽等等，均着一色绯袍，而白居易穿绿袍且无佩鱼，自然很没面子，由此作诗向几位老友自嘲："紫垣曹署荣华地，白发郎官老丑时。莫怪不如君气味，此中来校十年迟。"（《初除主客郎中知制诰……》）面对差距，诗人不得不忍受心灵熬煎。更有《初授尚书郎，脱刺史绯》一诗，前六句喜庆，末联却叹，"无奈娇痴三岁女，绕腰啼哭觅金鱼"。这位娇痴女孩，便是乐天二女儿阿罗。阿罗之上姐姐金銮子，幼年夭折，阿罗生于五年前即元和十一年（816），《琵琶行》就是那年所作。"娇痴三岁女"，年龄可能不确，阿罗这时总该四五岁了。

阿罗找不到老爸腰间那只鱼袋，着急啼哭，白居易便愈加烦恼。看多年挚友当中，一位张籍长期官运不佳，仍任秘书郎，距离五品官阶尚远。另一位老友元宗简，与白居易同为郎官副职，他二人散阶同为"朝议郎"，正六品上，距"朝散大夫"着绯，只差半阶，而且两人还是邻居，每日同朝进退，于是白居易将元宗简引为知音，说怪话：

朝客朝回回望好，尽纡朱紫佩金银。
此时独与君为伴，马上青袍唯两人。

（《朝回和元少尹绝句》）

绝句有趣，个中甘苦唯当事同僚始能体味。品析诗人不同时期情绪波澜，有助于后人了解乐天性格不同侧面。唐时，长安城里有一处皇家园林，内有水道弯弯，因得曲江美称。学子文官常在这里醉酒吟诗。《全唐诗》保存曲江诗章多达五百二十首。白居易也不会例外，先后写过几十首曲江诗，随着心情境遇变化，呈现出不同意趣。此时，他留下一首《曲江亭晚望》，表达了心中的纠结与苦涩：

曲江岸北凭栏干，水面阴生日脚残。
尘路行多绿袍故，风亭立久白须寒。
诗成暗著闲心记，山好遥偷病眼看。

不被马前提省印，何人信道是郎官。

残阳之下凭栏望，浮尘路畔，满眼“绿袍”文官，大家当然没有马前卒吏，谁知道你还是一个朝中郎官呢？白须渐老，觉出了风亭寒意，仕途尽在未知，此诗表意遥深，后世不得意者，多有附和。

仍说那位六品老友元宗简，时任京兆府少尹，比白居易还要年长九岁，向他发发牢骚，应是最好人选，于是白居易写了上一首还不够，又续写一首《重和元少尹》，继续衣袍话题：

凤阁舍人京亚尹，白头俱未著绯衫。
南宫起请无消息，朝散何时得入衔。

南宫，尚书省位于朝殿之南。朝散，朝散大夫，前些日子就闻“起请”，说可能升迁，还要等什么时候，才能换袍佩鱼？

再拖下去，诗人就要生病了。幸运的是，两位老友牢骚诗章之后不久，皇帝终将诏书颁制下来，白居易、元宗简同时擢升朝散大夫，并且把二人写在同一篇制书中。由于制书文件送达京兆府，过程延迟数日，白居易因而比这位元老兄早三天脱却绿袍换绯袍，于是白居易高兴地与老友戏作比较：“青衫脱早差三日，白发生迟校九年。”老伙计呀，你比我年长九岁，我比你着绯早三天呢。这首诗题曰《酬元郎中同制加朝散大夫，书怀见赠》，还说“老来同病是诗篇”，乐天也承认心理上染了市俗疾病。尾联：“五品足为婚嫁主，绯袍著了好归田。”婚嫁主，喻比新婚般喜庆。民间则常说，洞房花烛夜，金榜题名时，人生两大喜事，就算从此退休回归田野，也不会有什么遗憾了。

白居易充分记录唐代高级文官悲喜交加的生活景况，映射出自身波澜起伏的心路历程，把官场悲欢与人性虚荣，表现得非常真实。他和所有臣子一样，希望仕途荣耀，却又不愿去争去抢，更不懂阴谋诡计，只好忍受种种煎熬。他每对友人升迁总是热情祝贺，一片真诚。今人会说，如此荣官心态，的确俗气，须知古代官场上，实属正常。而今为官，心急犹甚，反而没有这般坦诚了。

此事对于白居易来说，算一次奇特体验，半年司门员外郎，磨砺意志情怀，颇多益处。

元和十五年（820）十二月，白居易升任“主客郎中、知制诰”。其位置和职责都特别重要。知制诰专为皇帝撰写各种制诏，如诏令、任官敕书、赐书等等，其上再高一级，谓中书舍人，他们同隶中书省，同署办公在舍人院，相当于中央办公厅，位于太极殿西侧，一度与宰相厅堂有门相通，可以随时议事，起草诏书。所谓中枢要害，此地名副其实。舍人院与翰林学士院职能相近，互为补充，当然两院也有差异，容待后面详议。两院骨干各为六人，舍人制诏文件使用黄麻纸，翰林学士院使用白麻纸，一目了然。舍人院任免官员事无巨细，翰林学士院政研长远，颁发诏书更显机要，如任免宰相、大赦天下等等。两院骨干都是皇帝信赖亲近的特殊群体，兼有皇帝顾问之责。

行政事务繁忙的尚书省，六部二十四司集中于朝殿之南，距离较远。除了六部正职尚书，其余副职侍郎以及诸司郎官，都不能觐见皇帝面议朝政。如此比较下来，白居易只半年便由南省郎官副职直奔西省舍人院，是相当快速了。很可能，穆宗李恒诏还刺史白居易，先做半年司门员外郎，本来就是一个过渡安排。

要晋升中书舍人，最近台阶就是知制诰，其文辞必须功力深厚，严谨优美。历任知制诰，从郎官中选任最多，郎官之职往往是知制诰的“本官”，且在唐中期形成一项制度，元稹也是以祠部郎中担任知制诰的。故而白居易此时两种官名连用，称“主客郎中、知制诰”。主客司，本是礼部之下四司之一，主管少数民族事务和外事礼宾活动。就是说，白居易从刑部司门员外郎职上，升任礼部主客郎中，同时担任知制诰。他并不需要前往主客司坐班，而是携此“本官”离开南省，直接进入舍人院上岗，那么，白居易是否在原先的刑部司门司坐过班？也没有留存迹象。只因他在夏季收获荔枝之后，才应诏离开忠州，迢迢水陆三千里，全家搬回长安还须安顿，少说也得三个月时光，只过了一个秋季，回京后时日不多，曾以绿袍例行上朝，未曾在司门司管过事。

有趣的是，郎官白居易荣兼知制诰，这篇委任诏书恰是元稹所写，元稹代言皇帝金口，着实把白居易夸赞了一番，明显有些私谊。制词先做回顾性表扬："元和初翱翔翰林，蔼然直声，留在人口。朕尝视其词赋，甚喜与相如并处一时。"白居易曾为翰林学士确实有功，在这里誉称"翱翔"。而"相如并处"则言语畸重，战国赵王信赖名臣蔺相如，汉武帝重用司马相如，都是史上美谈，盛誉高达这般地步，而且皇帝"甚喜"。接下来才写"由是召自南宾，序补郎位。会牛僧孺以御史中丞解制诰职，司掌书命，人推尔先"。谓原来此任牛僧孺，升任御史中丞了，接任者首推爱卿白居易。

元稹文采优美，名不虚传，而文件要由穆宗御批才能下发，元稹可以添加溢美私货，却不敢违背皇帝本意，这篇制诏表明，穆宗确实看重白居易，将他类比名臣相如。

果然，主客郎中白居易于长庆元年（821）正月初一上任知制诰，到十月初八，穆宗又将白居易提升为中书舍人，成了正五品。知制诰任职十个月，就提升中书舍人，纯属破格。若非皇帝偏爱，一切岂可速来？

还有更使同僚瞠目之事。穆宗皇帝不仅给白居易升阶加官，还于同年授予白居易"上柱国"荣勋称号，合称"朝散大夫转上柱国"。

前面说过，唐朝为官有"职、散、勋、爵"四大概念，职，指职事官，散，指阶别，勋，指荣誉表彰。上柱国，由早年军事统帅名称延伸唐代，演变为高等功勋称号，已不限文武。勋官等级设十二转，最低一转，称"武骑尉"，视为从七品，逐级上升至第十二转，称"上柱国"，誉达正二品，为勋官顶级。

最高一级荣誉勋臣，非同小可，其夫人照例授予封号，乐天夫人杨氏，也同时授封为"弘农郡君"，合家大喜。

长庆元年，白居易年过半百，忽然得到这么多奖赏：阶别上去了，衣袍更换了，官职有了，还得到了最高荣誉勋号。劫难六载，严冬尽退，迎送暖春，拥抱盛夏。好友们惊异之余，纷纷为之庆贺。但是，研究者长期困惑着：皇室出于对乐天的喜爱和信赖，加上白居易确有资历，授其官，升其阶，引为近臣，都不难理解，唯此勋官一项，在郎官知制诰升为中书舍人之际，就授予顶级荣誉称号“上柱国”，究竟为什么？这一点很不好解释。笔者查阅许多相关资料，都对白居易“朝散大夫转上柱国”一笔带过，看不到合理解说，仿佛是个空白。

莫非皇帝喝得高兴，一时兴起而奖授之？史上不乏其例，但毕竟稀少，又如何向文武百官交代？

近年，白居易研究向深广发展，新成果日多。研读厦门大学毛蕾教授《唐代翰林学士》一书，思路顿开一层。毛蕾博士采用新方法，以综合数据为凭，考证白居易身为近臣，在宪宗及穆宗时期，是一位当之无愧的“特级劳动模范”。白居易曾在翰林学士院，后在舍人院，两院任职时间虽然不很长，然而他所完成的工作量，却远超他人，两朝均排第一。这里所说工作量，指翰林学士院和舍人院，撰写起草各种任命诏书和中央决策文告，兼写许多德政碑文、事件志要等文献，同期编纂完成了辅政治国的长卷大书。例如，由白居易领衔《搜次君臣成败五十种》。制成《前代君臣事迹》十四卷，隆重推出了“御制”文本。元稹等人也曾负责绘制《图经》《京西京北图》以及州镇烽戍道路图系，后来又完成了《大中刑法总要格敕》。这些工作放在今天，必由国家各大部委成立专门机构，长年累月分工合作才能完工，而唐时，则由翰、舍两院少数人承担。毛蕾博士考察了宪宗、穆宗前后几代翰林学士和中书舍人，列举陆贽、元稹、白居易、杜牧等十一人为例，进行统计比较，结果表明：元稹完成制文六十五件，薛廷珪六十六件，陆贽八十一件，钱翊九十一件，杜牧一百件，而白居易（排除后人伪制部分）在宪宗朝完成一百二十二件，又于穆宗朝完成二百三十三件，两朝合计完成三百五十五件，高居榜首，没有人比他更勤奋了。想及白居易在《与元九书》中回忆，“擢在翰林，身是谏官，月请谏纸”，看来不是夸张之语，每月不领新纸，下笔就不够用啦。

撰文制诏数量第一，再看质量。白居易写奏章，多次推动皇帝采纳其建议，明显有功于中唐复兴。毛蕾书中，以白居易举例事由很多，这里不妨简略补叙一二：

藩镇割据困扰中央，宪宗讨藩意志明确。时成德节度使王承宗抗拒朝廷，宪宗怒而讨伐。诸臣对于诏命宦官吐突承璀挂帅，大有非议，认为自古未见宦官统帅三军先例，因而奏请换帅，以白居易奏章最为恳切。但是，皇帝在御前会议和宰相会议上，已经对决策案签署同意，这时提出不同意见，则存在抗旨之嫌。宰相们慑于皇威，更不愿招惹宦官集团，往往闭口默认。偏偏白居易和李绛等，明知风险，还要屡上奏章，反对宦官挂帅出征，并拒绝拟写授任诏书。

请看，宪宗依照前定不改，你白居易还在频频上书，硬要把统帅改为“诸军都监”，胆子是不是太大了？就不怕龙颜震怒，宦官抽刀？

还好，宪宗将吐突承璀名号降了一个等级，改为“招讨宣慰使”。你们仍不愿意起草诏书，那就让舍人院制授颁令也罢。

不出白居易所料，宦官不懂用兵之道，出师一年，财粮耗尽，战局对峙，征讨并无进展。直到一年后，王承宗表示愿意保爵求和。这时白居易分析战局，料定讨叛取胜无望，便向宪宗连进三状，恳请先行罢兵，徐图再战。宪宗咽不下这口气，仍然犹豫不定，居易便在《请罢兵第三状》文中，分析时机不可延误，请求皇帝“伏望读臣此状一二十遍，断其可否，速赐处分”。宪宗终于听从了白居易建议而休战。

毛蕾博士证实白居易于元和四年至五年（809—810），在十个月时间内，独因讨叛王承宗战事，呈递奏状或下颁诏命十九道，等于列出了一卷讨王之战的大事年表，忠心可鉴：

> 白居易作为翰林学士，自始至终担任着与讨伐王承宗有关的诏敕草拟以及表疏批答工作。从奏状内容反映出，白居易对各路大军的进程以及动态相当熟悉甚至有胆量要求宪宗读状一二十遍以作决定，这就不仅仅是出于普通臣子对局势的关注，更主要是白居易自始至终参与了这场斗争，故对时局事态的发展了然于心。其请罢兵状中所陈述的对吐突承璀、卢从史、范希朝、张茂昭、李师道、田季安等各路人马的判断都相

当准确。白居易措词激烈的奏状对宪宗的决定起到了相当重要的作用。

毛蕾评价符合实际，《旧唐书·白居易传》亦有明确记载，说白居易“请罢河北用兵，凡数千百言，皆人之难言者，上多听纳”。

此外，在各路节度使人选上，在限制宦官权力问题上，包括处置前朝名臣魏征房屋遗产，精心编写历代兴亡十四卷，等等，都先后鉴明，白居易意见是正确的，预言在数年之后得到了验证。这样统计下来，穆宗授予白居易最高荣誉勋号，也就不难理解了。

唐穆宗将白居易视为司马相如一样的贤臣良相，这一点，研究界过去关注不多。乃至若干年后，乐天已是高龄，新的武宗皇帝仍然打算请他回朝，担任宰相重任，及至居易辞世，宣宗亲自撰写悼诗，都不是偶然的。笔者联想到另一个问题：安史之乱教训极大，对皇室忧扰至深，那么《长恨歌》《新乐府》《秦中吟》，在玄宗之后几位皇帝心目中，究竟产生了怎样的阅读意义？或悲叹，或警策，或共鸣，或长思，白居易显然高贵于一般良臣……

二十八、好事连台唯谨慎

长庆元年（821）春来早，白居易一家还有几件喜事值得庆贺。

二月里，白家在长安城内新昌坊置办新居，常年租房生涯终于结束。多年前，先辈顾况为白居易留下名言，“长安米贵，居大不易”，其实何止米贵，房子更贵，安居京城确实不易。而今，白居易衡度现有俸禄后，所购宅院不大也不小，地段不好也不坏，因作《卜居》诗云：“游宦京都二十春，贫中无处可安贫。长羡蜗牛犹有舍，不如硕鼠解藏身。且求容立锥头地，免似漂流木偶人。但道吾庐心便足，敢辞湫隘与嚣尘。”

又作《题新居寄元八》：“青龙冈北近西边，移入新居便泰然。冷巷闲门无客到，暖檐移榻向阳眠。阶庭宽窄才容足，墙壁高低粗及肩。莫羡升平元八宅，自思买用几多钱。”

诗寄元八，正是那位和居易一起叹绿袍发牢骚的好友元宗简。元家房子较多，白居易购置新居之前，曾在元家借居一时。乐天筹办新宅，很愿意和元八成为邻居。因而作诗《欲与元八卜邻，先有是赠》，“明月好同三径夜，绿杨宜作两家春”，恨不得让子孙后代长久相处，“何独终身数相见，子孙长作隔墙人”。诗中“三径”和“绿杨”，都是贤者隐居典故，并非后人所解“一棵大树遮阴两家院子”之意。而乐天所购新居，是否达到了与元宗简做邻居的目的？显然没有达到。原因还是钱少手紧，元家地段房价不菲，所以，“莫羡升平元八宅，自思买用几多钱”，能够移入新居，也就满足了。“阶庭宽窄才容足，墙壁高低粗及肩”，应是自谦之辞，实际上新宅院落并不算小，阶前有松十余株，高者达三丈，园外还有闲田，“门闾堪驻盖，堂室可铺筵。丹凤楼当后，青龙寺在前”（《新昌新居书事四十韵，因寄元郎中、张博士》），相当可以了。元郎中即元宗简，张博士则是好友张籍。

新居迁就，举家欢喜。偏在这时，多愁善感的诗人想起了少年情侣湘灵。要是与湘灵在一起生活，那该多好？“欲忘忘未得，欲去去无由。两腋不生翅，二毛空满头。坐看新落叶，行上最高楼。暝色无边际，茫茫尽眼愁。”（《寄远》）想忘却忘不了，想去没有理由，两臂不能长成翅膀，斑白发丝却已满头。少女湘灵，毕生思恋……

乔迁新居是件喜事。还有一喜：胞弟白行简于同年授任左拾遗，他像当年兄长一样，成为一名近臣谏官。此事非比寻常，两兄弟每天早晨同步入朝，令人瞩目。白居易兴奋之余，又怀隐忧，一方面穆宗重用行简，再度说明皇帝对白家充分信赖；另一方面，拾遗言事，伴君伴虎，尤需谨慎当心。直言进谏忠良为国，往往与自我保全矛盾抵牾，内宫金殿，同样又是杀身之地。白居易以《行简初授拾遗，同早朝入阁，因示十二韵》，深情叮嘱行简千万不可掉以轻心：

夜色尚苍苍，槐阴夹路长。
听钟出长乐，传鼓到新昌。
宿雨沙堤润，秋风桦烛香。
马骄欺地软，人健得天凉。
待漏排阊阖，停珂拥建章。
尔随黄阁老，吾次紫微郎。
并入连称籍，齐趋对折方。
斗班花接萼，绰立雁分行。
近职诚为美，微才岂合当。
纶言难下笔，谏纸易盈箱。
老去何侥幸，时来不料量。
唯求杀身地，相誓答恩光。

诗中情感厚重多义，一言难尽。

居易劝行简务必行为端正，为官谨慎，他自己也是这样做的。这年八月，白居易奉命前往功臣田布府中，代表皇室，宣谕田布出任魏博节度使，并授田布检校工部尚书，以宁远将军号令大军，征讨杀父叛将王廷凑。田布身为忠烈之后，志在削藩，聆听白居易宣旨，壮怀激烈，当即决定将自家魏州产业变卖，同时拿出俸禄百万钱粮，充作大军军饷，戴孝杀敌。精诚之下，田布执意要将五百匹丝麻织造，作为谢礼赠送给白居易。唐时，每匹绢长度约为四丈，合今日长度十三米，宽度为一米，以绢帛三十五匹，可换一匹良马，史称“绢马贸易”，是中原官民与游牧民族经济互市形式之一，丝绸之路得名与此相关。在很长时间里，绢帛可以视同货币。《卖炭翁》曰“半匹红绡一丈绫，系向牛头充炭直”，《琵琶行》曰“五陵少年争缠头，一曲红绡不知数”，此处缠头、红绡，均指有价财物。

田布赠送五百匹绢，数额丰厚，诱惑甚大，白居易静心思量，却表示不能接受。田布以为朝臣收纳外将馈赠，有所顾忌，便求助宫中他人，劝居易放心收下，又派人将绢匹运往白家，白居易仍然坚辞不取。这件事传到了皇帝耳中，穆宗特派中使宣达圣旨，告知爱臣乐天，战将田布真诚相赠，收纳无妨。皇帝发了话，反而弄得白居易不知如何是好，一夜无眠。

凌晨，白居易慎重写就一篇《让绢状》，奏复穆宗皇帝，表达自身态度：

> 感戴圣恩，昨日不敢不谢，酌量事理，今日不敢不言。臣家素贫，非不要物，……田布今日之事，不同诸家。何者？未报父仇，未雪国耻，凡人有物，犹合助之，况取其财，有所不忍。……制中诚云：一饭之饱，必均于士卒，一毫之费，必用于戈矛。今以五百匹绢与臣，臣若便受，则是有违制命，不副天心。……发军讨叛，大费虽资于公给，小用亦借其家财。今陛下方欲使田布誓心报仇，捐躯杀贼，……臣恐镇州贼徒未殄，田布财产已空。……臣食国家之厚禄，居陛下之清官，每月俸钱，尚惭尸素，无名之货，岂合苟求？……其前件绢臣寻已却还田布，伏乞圣慈许臣不取……

一桩皇帝特许之财，白居易坚辞不受悉数退还，佳话流传，博得上下称赞。

殊可叹，田布率军出征，家财散尽，前方战事不利，兵退魏州（今河北大名、魏县）。绝望之际，田布拔剑自刎，忠烈报国。穆宗感动不已，废朝三日哀悼，追赠田布为尚书右仆射，公示表彰。这一道表彰制书，仍然出于白居易手笔。诸臣不难想象，居易提笔挥泪，百感交集，是多么痛心。

白居易自元和十五年（820）秋初回朝，到长庆二年（822）夏日，两年之中事事如愿，心情大好。就在长庆二年春天，白居易堂弟白敏中，进士及第。这位白敏中，比堂兄居易小二十岁，自幼跟随居易苦学，深得要领，且相貌堂堂，在当年二十八名进士中格外耀眼。人们便赞誉说，白居易荣为中书舍人，白行简晋身朝中拾遗，白敏中今又开榜登科，一族三兄弟，都是良臣学霸，白居易耳闻道贺声声，半喜半忧，作《喜敏中及第，偶示所怀》诗云：

自知群从为儒少，岂料词场中第频。
桂折一枝先许我，杨穿三叶尽惊人。
转于文墨须留意，贵向烟霄早致身。
莫学尔兄年五十，蹉跎始得掌丝纶。

白居易为政为文总是敢作敢为，当仁不让，处世做人却低调谦虚，自敛修身，时时以自律为戒。不久前贺白行简任拾遗那首诗，也表达了同样意味。这位堂弟白敏中，日后果然非比寻常，一路攀升，做过节度使，后来还做了宰相。

前面多处提及翰林学士、翰林待诏等称谓，史家常将供职机构统称为翰林院。也就是说，人们没有把“翰林学士”与“翰林待诏”区别开来，此处再做一议。

唐初，先有翰林院，纳聘技艺能人众多，称作“供奉”或者“待诏”。到唐玄宗开元二十六年（738），另外成立了专门机构“翰林学士院”，学士们与技艺才人不是一回事，学士也不多，最终确定为六名职数，专门担当皇室决策建议者，起草诏书，参政议政。学士院成立后，与原翰林院并存，工作地点同在大明宫里一个大院之内，两座官署南北相对，两院人马都要通过“翰林之门”进出。这就很容易混淆翰林院和翰林学士院的区别。

翰林待诏人数众多。以文学、经术、僧道、书画、棋琴、阴阳、医术、合炼等各色技能见长，随时听候君王召见。其中文化名流大有人在，如书法家褚遂良、大画家吴道子，等等，永贞革新领袖王叔文，曾是一位棋艺待诏。最著名者要数李白，以诗待诏。

六位翰林学士则公务繁重，每天要在皇帝近旁轮值夜班，值班室备有床铺被褥，往往通宵勘写。学士院内设有悦耳悬铃，不分昼夜，随叫随到，铃声一响立即领诏，动笔起草文件，军机大事刻不容缓。

白居易从元和二年（807）十一月至元和六年（811）四月，连续担任翰林学士，资格很深。同时期学士有李绛、王涯、裴垍、李程、崔群等多人升拜宰相。白居易则因丁忧数载，直到元和九年（814）初冬，才回返朝中，次年六月即贬江州。

笔者再聊这段闲话，是想引申另一重含意：白居易曾经长期担任翰林学士，位处中枢，在性格中养成了清直谨慎的一面。从毛蕾博士研究可知，翰林学士由皇帝亲自录用，对入选者操守素质要求严格。毛蕾认为：

> 对翰林学士素质方面的要求集中在两点：一是谨恪缜密，二是清直无党。翰林学士居职内廷，接触机密要事，甚至了解宫闱秘事，因此对学士在保密性方面要求甚高，即曰“亲近之地，慎密为先”。韦执谊《翰林学士院故事》更把缜密作为翰林学士的首要素质。另一方面的要求是清直无党，这是为了保证学士居职的公正性，防止学士之间结党营私。或偕亲近皇帝之便，为同党谋利。

毛蕾举例说，由于有着“清直无徒、孤贞雅厚”的具体要求，元稹和李德裕等同为翰林学士，情投意合，却不敢结伴游玩。白居易则在《醉后走笔》中表示，“晚松寒竹新昌第，职居近密门多闭。日暮银台下直回，故人到门门暂开”。好友张籍吟诗《寄白学士》，描绘了同样情景：“自掌天书见客稀，纵因休沐锁双扉。几回扶病欲相访，知向禁中归未归。”可见老友造访，也是犹豫再三，不敢擅往。

白居易长期身处皇室中枢，职业素质要求甚严，构成了中晚期性格上的慎独因素，并直接影响到中年交游。年轻时呼朋唤友，纵酒唱和，放荡不羁，何等快乐？到后来，身居内宫要地，翰林学士、知制诰、中书舍人，每一种工作都让人如临深渊、如履薄冰，哪里还敢不分里外纵酒高歌？从性格底色察看，白居易痛恨奸邪，直言刚正，拒绝与小人为伍，这一点终生未变。但是在满朝党争格局中，他又不得不采取谨慎避让、偃旗息鼓姿态，以保护自我，保全家族。皇帝允许接纳田布赠绢，居易仍不接受，便是一例。总之，白居易前半生历经波折，后半生顺和平安，与他性格深处具有两重性密不可分。

二十九、党争困扰元白危机

回到前面那个老问题：历代研究者一直想弄清楚，人到中年白乐天，挫折之后备受皇恩，忠州返回好事连连，完全有理由高高兴兴意气飞扬，为何总是忧心忡忡不开颜？回朝数载，诗人作品鲜有痛快淋漓篇章。究竟是哪些因素困扰着这位“上柱国”大人？朝野威望日隆之际，白居易究竟向往着什么样的生活？他又急于摆脱什么？

回答这个疑团，还要从“牛李党争”说起，否则就不能理清白居易处在怎样一个生态环境中。

“牛李党争”横贯中唐四十年，简述如下：牛党以牛僧孺和李宗闵为领袖，亲近诸多进士官员结成营伍；李党以李德裕为首脑，成员多是门第世族官僚。研究界通常认为，双方斗争并非出于方针路线分歧，而是因为宗派人脉和个人利益。网结朋党，焦点在于争夺权力。两党人马都做过一些利国利民的好事。宪宗元和之初，牛党人物尚且年轻，在表达对藩镇用兵等问题的策文中，讥讽斥责李德裕之父、老宰相李吉甫，李吉甫因而压制牛僧孺、李宗闵，久不升迁。（一说，牛党针对宦官集团，李吉甫可能有误会）双方结怨，矛盾从宪宗始，延续到穆宗登基，双方又在科考中闹出纠纷。白居易从忠州刚回朝，穆宗即派他牵头重新复试。此案结局严重，翰林学士李德裕推波助澜，将牛党要人李宗闵左贬出京。连带被贬官员十多人，双方结怨愈深。后来证实李德裕并不一定在科举案中落井下石，倒是元稹归属了李党嫌疑很重。此后，到了文宗大和三年（829）及至四年（830），牛党李宗闵、李党李德裕，分别从地方被召回朝中。同期担当重任，斗争再度升级，双方势同水火。此党议事，彼党必斥，进而延续到武宗一朝，李德裕为相，牛党失势俱贬。及至宣宗，牛党还朝翻身，白敏中执政，李党全部遭到贬罢，可怜李德裕贬死在“鸟飞犹是半年程”之崖州（今海南三亚），牛党完胜李党。而胜利者俱已垂垂老矣，牛僧孺亦于宣宗初期病故。牛、李双方党同伐异，经宪宗、穆宗、敬宗、文宗、武宗到宣宗，激烈倾轧四十年，人才倍损，良臣失望，反而使宦官乘机操纵两党，大得其道。牛、李权势多次更迭，你方唱罢我登场，同朝执政时相互发难，一党专政时无情打击，以至文宗仰天长叹：“去河北贼易，去朝中朋党难。”由此加速了大唐王朝走向衰亡。

白居易在穆宗登基之初还朝，正科举案发，党争局势日趋公开化，百官在两党间各有抉择。读者不禁要问：大名鼎鼎白居易，属于牛党还是李党？他自己又是如何处理危机的？

学界对此研判多年。针对白居易之党争属性问题，浙大胡可先教授总结学界三种意见：

陈寅恪、傅锡壬认为白居易属牛党。

岑仲勉、胡如雷不同意陈、傅观点。

傅璇琮认为白居易没有参加党争。

新锐学人文艳蓉等对白居易交游做出全面分析，判断白居易还是牛党中人，主要依据来自白居易与牛僧孺保持了长期友情，从年轻到老年没有改变，唱和诗多达三十余首，人格上也是一致的。更重要者，白居易婚娶杨氏，而杨氏兄弟汝士、虞卿、汉公等杨系人物均属牛党骨干，举足轻重。乐天与杨家同忧喜，共进退，自然属于牛党之列。

复杂性在于，白居易与李党魁首李德裕结识久远，从未发生过利害冲突，更与李党要员元稹、李绅等人结有深厚友谊，平生关照至深。

时下穆宗登基，主见摇摆，牛李党争进入白热化阶段。两党势均力敌：牛党领袖牛僧孺官居御史中丞，李党领袖李德裕先授翰林学士，继任中书舍人，都是皇室近臣。元稹也做了中书舍人，翰林学士，李绅也是翰林学士，和元稹、李德裕并称长庆初年“翰林三俊”。而其中多是居易好友。

白居易身处如此格局中，无可逃避，他只有竭力保持公正，躲绕祸端以保全自我。但从根子上说，他痛恨奸邪，不屑与党人为伍。白居易《续左右铭》，写下一项基本原则，即“游与邪分歧，居与正为邻”，身为与皇帝近在咫尺之臣，尤须清直谨慎、埋头苦干。从另一角度说，一个真正具备实力、言行独立者，也无须拉帮结派，扎堆取暖。回朝以来白居易尽可能保持中立，淡泊自守，不为功名利禄而奔忙。他对待牛党人物与对待李党群雄都是这样。乐天性格中和，史上见不到他与某人发生冲突以致撕破脸皮的记载，任职往往对事不对人，身上没有霸气，得意而不忘形。相比之下，同时期元稹等人，命运跌宕起伏，则与才高气盛、个性太强有着直接关系。元微之朋友相对少，敌人却很多。性格决定命运，元稹与白公形成对照。

正在此时，元稹又与裴度闹出了争端，而且事态严重到不可收拾，加剧了元、白二人身心痛苦。长期以来，白居易视裴度为安国鼎臣，前朝宪宗帝，盛赞裴度“得一度而灭三贼”，在削藩治国等重大决策上，白、裴意见基本一致。如今元、裴对立起来，白居易情何以堪？

众所周知，元稹与居易关系深远，青年结伴起跑线，一心进取，同朝磨炼，诗名共振，世称元白。这一时期，他们傲视权贵，诗文干政，可谓志同道合。即便是男女风流教坊艳事，元白也是亲密无间。白居易年长元稹七岁，人们将二人视作一对兄弟看待。元和四年（809），居易做翰林学士、左拾遗，元稹意气风发担任监察御史，居易屡陈时弊不遗余力，元稹弹劾不法官员，平反冤假错案。他们做了好事，却也得罪了阉党权贵。元稹蒙受宦官凌辱，皇室断理不公，白居易不计后果冒险陈谏。元白情谊，朝野尽知。元白之交到这个段落，学界评价完全一致，历史记载也没有分歧，千百年来传为佳话。

但是，就在元稹贬谪江陵之后，以元和五年（810）为界，情况发生较大变化，史上记载包括后人评议，众口一词斥责贬损元稹，质疑他人格不端，变节投靠了宦官集团，以致影响到白居易和元微之友谊的延续。种种说法成形千年，鲜有新论甄别真伪。直到近年，学界吴伟斌先生对元稹生平重新作出研究评价，纠正史论谬误，为元稹正名翻案。

元稹新旧评价差异甚大。笔者不敢贸然简述一方意见，不妨多写几笔，将两种说法分别提供给读者思考。

老说法讲：元稹贬赴江陵，开始转变立场，向阉党势力靠拢。宦官崔潭峻身为江陵监军，利用元稹软骨动摇，拉拢微之，握手言欢。多种元白传记和研究文献，一律沿袭这种论断，包括鲁迅、陈寅恪，今人王拾遗、陈友琴、朱金城、胡可先、付兴林等，均持相同观点。即元稹变节于江陵，转而与宦官集团联盟。其依据，来自新旧唐书《元稹传》、司马光《资治通鉴》以及远近年谱。陈寅恪形容元稹为“极热衷巧官之人”，诸史家进一步联系到元稹名篇《莺莺传》，说文中张生薄情寡义，对痴女始乱终弃，此形象正是元稹自我写照。说元稹婚娶名门韦氏，也是为了谋官进取，谓之“巧婚”。韦氏病亡，元稹哀诗一罢，速纳小妾安氏，后与薛涛肆情巴蜀，品行轻浮。种种例证，将情场风月与政坛操守结合于一身，令元大才子面目全非。

元稹与宦官推杯换盏，白居易正在乡村为母丁忧，收到元稹信云“行道须有职，无官难展志”，表明元稹调整了思路，“效蚓鳝曲背以进”，欲求依附荣变，由此模糊了元稹气节形象。元和十年（815），元稹返回长安，元白短暂欢聚。当年，元稹复贬蜀地通州，居易贬江州，二人再次分手。元和十四年（819），白居易量移忠州，船行夷陵巧遇微之，老友重逢，万分欣喜，携白行简同游江畔奇洞。而恰在船上，居易写了名句“玉向泥中洁，松经雪后贞”（《江州赴忠州……》）。

元和十五年（820）穆宗登基，居易与元稹次第诏还长安，同时被皇室重用。此时穆宗摇摆，牛李朋党相互倾轧，宦官专横势焰愈炽。白居易尽职中立，为官为人还是老样子，元稹却发生很大变化。《旧唐书·钱徽传》，内中提及元稹：“初稹以直道谴逐久之，及得还朝，大改前志，由（曲）径以徼进达。”元稹因宦官魏弘简、崔潭峻协助，屡向穆宗献诗，遂翻身得意，高马嵬冠，显赫于朝，并与多人发生嫌隙。长庆二年（822）二月里，穆宗李恒依凭宦官权朝，不顾群臣非议，先是安排元稹担任翰林学士院承旨，很快擢升同中书门下平章事，元稹成了破格提拔的新宰相。时两河兵乱，三月里裴度也做了宰相，亲征藩敌，元稹却力主罢兵。裴度认定元稹不配合前方战事，勾结宦官，屡误战机，愤而三次上奏，弹劾元稹，裴度强烈要求，将奏章当朝公示，让百官明辨是非。朝臣心向裴度，白居易最是苦恼：裴度拼死讨逆，理当全力支持。这些糟糕事端怎会出自元稹？旋即裴度赴京，面对穆宗及百官，当庭慷慨陈词，挥泪泣哭，闻者无不动容，元稹自此人心尽失。这时，兵部尚书李逢吉，内外检举，告元稹勾结凶手和王府司马于方，准备刺杀裴度。文武百官闻讯大惊。穆宗下令立即抓捕于方等，成立专案组，对一干嫌犯严加审讯。一时没有结论。

李逢吉举报不论真假，元稹已成众矢之的。于国于友，事关重大，白居易必须做出割舍决断，激愤中，居易痛下决心，挥笔上奏《论请不用奸臣表》，直论裴度舍身赴难，力挽狂澜，大功于国，兵权相位不可夺。继而陈言，为了国家大义，誓与元稹断交。事情闹到这个地步，元稹眼见得众叛亲离，穆宗皇帝也就放弃元稹，一并撤掉承旨学士与平章事两大要职，可怜元稹在宰相任上，只待了短短九十天，其中一多半时间，因刺杀裴度嫌疑遭受监视，真正理政不过月余。

以上是关于元稹以及元白关系变化的老说法：元稹变节求荣，私争相权，朝官非议，乐天断交，既成定论传世。

此后，元稹被贬为同州（今陕西渭南大荔县）刺史，不久调任浙东观察使。八年间，穆宗、敬宗、文宗，两次大赦，都没有诏回元稹，仅于大和四年（830）正月，改任武昌节度使。任职一年半，一代文豪元稹急病逝于武昌，史称“暴亡”，终年五十三岁。

史说混沌，千年莫辨。时光到了二十世纪八十年代，吴伟斌先生潜心研究元稹生平及元白之交，十多年间连续推出新论五十余篇，成书《元稹考论》《元稹评传》等多部，认为元稹蒙受千年之冤，理应纠正谬误，还其本来面目。傅璇琮先生为吴著作序，评价吴著治学严谨，观点扎实，推荐学界郑重关注。一时虽有不同意见和争论，但总体上认为吴伟斌术业有专攻，论据少遗漏，新说值得重视。

吴伟斌指出：新旧《唐书》皆由宋人所著，误读误判元稹，一味推崇裴度，有失公正。裴度乃因其子进士落榜而责罪元稹，故有报复弹劾之举；谓元稹勾结宦官晋身，继而破坏河朔前方平叛，谋夺裴度兵权，亦无实证；而司马光《资治通鉴》在新旧《唐书》基础上再度取舍，片面诽谤元稹；近人陈寅恪认为元稹“巧婚”“巧宦”猎取高官，且将文学形象张生与历史人物元稹混同起来，以致演成公论，均为信从接受和沿用旧说，没有多少道理。吴伟斌分析说，宋人史书贬诽元稹，一是因为元稹诗文佚散太多，第一手资料不全；二是因为“他们对李唐因宦官专政而致亡国的教训记忆犹新，故特别痛恨宦官和藩镇，进而仇视与宦官勾结反对平叛之人”，所以在缺失研究鉴别条件下，“将元稹涂抹得面目全非，这不仅是元稹个人的悲哀，也是李唐历史的悲哀”。

具体说到元白关系，前谓白居易得知元稹阴谋刺杀裴度，义不容私，上奏《论请不用奸臣表》，愤而断交，元白至此决裂，吴伟斌先生经过爬梳辨证，道出事件真相如下：

> 元刺裴之说纯系莫须有传谣，制造谣言之源头在于兵部尚书李逢吉。李在穆宗做太子时曾为旧臣侍读，乃穆宗近身亲信。此前，宪宗时，李逢吉在朝尊居宰相，对藩镇割据主和而裴度主战，李裴矛盾对立。裴度赢得淮西战役大胜，李逢吉也就结束了首次宰相之旅，外贬川东节度使，宪宗身死，穆宗继位，李逢吉还朝，初与元稹、李德裕同在禁署。而元稹和裴度并肩为相，对李逢吉重谋相位构成极大障碍。为了搬开这两块绊脚巨石，李逢吉便利用元稹和裴度之间的尖锐对立，指使党羽传谣，把元稹委派于方施计解救前线将领牛元翼这件事，说成元稹买凶刺杀裴度。由此一箭双雕。元稹成了犯罪嫌疑人。穆宗不辨是非，却诏李逢吉、韩皋、郑覃审理此案。此三人均与元稹对立，为首李逢吉本是阴谋谣言制造者，疑案自当久审未决，元稹遭受无端诬陷，已做了自杀鸣冤的最坏准备。此案终究查无实据，遂将于方等嫌疑人流放荒蛮之地。元稹裴度双

双遭受贬谪，李逢吉阴谋得逞取而代之，平生第二次做了宰相……

那么，白居易在元稹嫌疑之际，奏表绝交，又该如何解释？吴伟斌断言，居易奏表纯属伪造。笔者由此设想，上一次，官员集团迫害元稹，居易挺身冒险极谏，拯救好友于危困之中，案由冲突明白，青年诗人立场坚定。这一次，疑案相对复杂，谁也不好轻言擅断，所以，经见了太多纷争的白居易并未发声。

说白居易愤而撰写奏章与元稹绝交，可能性非常小。吴伟斌认为这不过是一则“奇闻”而已，“有人为了坐实元稹排挤裴度的罪行，特地借用元稹最要好朋友白居易的名义，伪造了《论请不用奸臣表》的文章”。持同样观点者并非吴先生一人。早在一九七九年，中华书局出版《白居易集》四卷本，邀请顾学颉负责校点，顾先生特地在这篇文章之后写了按语：“无论元白交笃，不应有此，即以文理而言，亦欠通顺，其为伪作无疑。但宋籍已录，姑存于此，以明其伪。”所谓“宋籍已录”，是指宋初李昉等人所编《文苑英华》，几将唐代名家奏章一网打尽，其注文对此明确质疑：“元白交分始终不替，方元倾裴时，白不在谏列，文既不应，集固无之。”这里的“集固无之”，是指《白氏长庆集》等元白所编自选本，确实没有收录此文。白居易晚年在《白氏文集后记》中特别做出说明：“若集内无而假名流传者，皆谬为耳！会昌五年夏五月一日，乐天重记。”

问题已经很清楚了：李逢吉搞阴谋，唐穆宗真糊涂，元微之受冤屈，白居易没动笔，元白关系一如既往，终其一生。否则，就不能解释元白之间依然持久思念互通诗文等现象。并且，元稹嘱咐家人，自身逝后，至关重要的《墓志铭》务必拜托白居易完成。

此情成旧忆，当时却惘然。诏令既下，元稹出京。一到同州，便写了《寄乐天二首》，有句云：

荣辱升沉影与身，世情谁是旧雷陈。

唯应鲍叔犹怜我，自保曾参不杀人。

鲍叔，典指“管鲍之交”中鲍叔牙，鲍与管仲真挚信任，佳话尽人皆知。名句“生我者父母，知我者鲍子也”即由此出。末句曾参杀人事，指如果谣传三次重复，连曾参母亲也会受惊动摇，李白亦有“曾参岂是杀人者，谗言三及慈母惊”之句。才子元稹在一场阴谋劫难之后，诗引春秋战国典故与白居易表露心迹，令人叹服。据考证，元白之间以诗文交流酬和，留下佳作多达九百余篇，古今第一，足可编成一部大书。只是可惜，至今独有陈寅恪先生，把二人放在一起研究，作名著《元白诗笺证稿》，其他元白专著却极鲜见，这不能不说是中国文史研究一大缺憾。

三十、急流思退盼自由

元稹离去，乐天无力挽回，裴度离去，乐天怅然长叹。这位穆宗李恒，不过二十多岁，本应强势振兴中唐，可惜未能继承父亲宪宗遗志，整日里不是纵马狩猎山林，就是歌舞宫廷坊间，专注于修复偏殿，每当边关军情紧急时，经常找不到帝踪何在，谏官近臣勇敢进言相劝，他却我行我素，屡闻良言而不改。白居易等有识之臣，一味履行反贪官不反皇帝老一套，也就渐渐磨削了锐气。眼见得长庆难继元和事业，朝政一天不如一天，群臣也只有夜半长叹息，凌晨再早朝，大家都在维持现状，力图保全既得利益。

元稹、裴度身为宰相，尚且不能自保，何况他人。长庆之初，不仅元、裴离朝令居易寒心，更有其他哀伤事端，叠加造成诗人悲切，这里简要一叙：

前头写到一位李景俭，白居易量移忠州，亲临江边迎接之前任，便是这位名士了。李景俭与元稹尤为厚善，和白居易也是亲近挚友。景俭自忠州而澧州，还朝为仓部员外郎、谏议大夫。

李景俭性情俊朗，才学过人。他像李白那样，平生恃才傲物，喜欢纵酒长歌。昔年白居易得知李景俭随军上前线，曾夸他“不独文词供奏记，定将谈笑解兵戈”。这样一位性情之交正派人，在长庆之初给予白居易许多支持。

不料某日，李景俭诸官退朝，聚众宴酒，很快喝高，景俭恍惚间踏行中书省衙府，只顾发泄近日对朝政庸乱诸多不满，指着王播、崔植、杜元颖三位宰相鼻子，点名道姓好一番斥责，直言大唐迟早要断送在尔等这班昏官手中，醉图一时之快，却不知闯下身家祸灾。

李景俭醉骂朝政，面辱重臣，穆宗不分青红皂白，当即将李景俭等五位聚饮官员贬放出京。白居易闻讯，急奏：景俭等皆为僚友，旦夕往来，一饭一饮，盖是常事。景俭忽然醉发，情有可恕云云。而白居易势单力薄，奏请无效，眼见得这批老友挥泪外贬他乡而去。

元稹走了，裴度走了，李景俭诸臣走了，举目朝中同道，尚有几人？

白居易面对朝廷种种腐败，众友死伤贬离，真正寒了心。他一连写了几首诗，表达人生悲苦，心生退意。一首《早朝思退居》，深值品味：

霜严月苦欲明天，忽忆闲居思浩然。
自问寒灯夜半起，何如暖被日高眠？
唯惭老病披朝服，莫虑饥寒计俸钱。
随有随无且归去，拟求丰足是何年？

另一首《自问》相当直白：

黑花满眼丝满头，早衰因病病因愁。
宦途气味已谙尽，五十不休何日休？

朝中党争危机四伏，乐天不但报国无门，更可能遭受李逢吉以及阉党势力打击，那么，不如尽早转到地方上为官，脚踏实地做些实事，也为老来归去节聚一些资费吧。

写到这里，笔者还是有些犹疑。上面几首诗，确实道出了诗人低落心境，而作诗毕竟为一时情绪言辞，白居易真正退离中央朝政，理由仍然不够充分。如果没有直接危害临头，臣官很难辞却皇恩，说走便走。笔者想到，白家流贬六载苦盼回京，长庆二年（822）时来运转，且刚在长安购置新房大院，老妻授号，行简任拾遗，敏中及第，好事连连不断。乐天更是在短暂两年之间，三任当朝主考，升阶朝散大夫，转上柱国，官拜中书舍人，足够辉煌。中书舍人六员，乃密政机要重臣，正五品上，朝野谓之“阁老”，史称“文士之极任，朝廷之盛选”。今人付兴林评价说，“中书舍人是人臣素质在政治领域的对应物，是无数士大夫文人可望而不可即的朝中要职”。

那么，如此重要一位京官，未见直接危害，为何轻言退出以求外任？历代学人研究白居易，都带着同样疑问，对这个“节骨眼”做了不少探索。据付兴林统计，白居易从元和十五年（820）十二月改官主客郎中、知制诰，继于长庆元年（821）十月拜中书舍人，到长庆二年（822）七月离职外任，时段为一年零七个月，短短五百多天，白居易点灯熬油，在黄麻纸上一笔一画创写完成“中书制诏”高达二百三十三道（篇），此统计只是其选集当中留存部分，其余未计。但是，《旧唐书》却对此评论道：

> 凡朝廷文字之职，无不首居其选，然多为排摈，不得用其才，时天子（指穆宗）荒纵不法，执政非其人，制御乖方，河朔复乱，居易累上疏论其事，天子不能用，乃求外任。

这位首席制诏人，忠心耿耿，一遍遍疏奏进言，献计献策，荒纵穆宗却漠然置之，“天子不能用”，与前朝宪宗相距甚远，以致相如良臣报国无门。所以“乃求外任”，尚成一途。付兴林认为，长庆初始两年间，白居易“经历了兴奋、期望到怨尤、失望，再到厌倦、绝望的转变过程”，一边对生还京朝、步步擢升深怀感激，一边对朝政乖舛、忠而不用心存叹喟，“我们无法否认白居易对中书舍人的依依不舍，亦无法否认他决然离去的决心和理由”。也就是说，白居易尚非离经叛道之人，摆脱旋涡到朝外为官，应是一种变通选择。

吴伟斌则从另一角度做出分析：中唐藩镇叛乱，宦官跋扈，党争惨烈，白居易身在顶层体会尤深，元稹、裴度、李景俭等好友遭受重大挫折，李逢吉得势弄权，白居易“长庆初年平叛中，几次论河朔用兵的建议不被采用”，诗人根据元和十年（815）先出贬元稹接着贬谪自己的历史事件，担心像元稹这样的厄运再次降临到自己头上，故而行三十六计走为上之谋，以主动要求出守外地的办法，躲避新的打击。

白居易处境外表平静实则艰危，此类分析都有道理，也一定程度上解答了笔者疑问。那么，如果从白居易精神层面上进一步分析，更可以加深认识诗人内心世界。

陈寅恪先生总结白居易以传统儒家为正宗信仰，还深得佛教、道教之精要，三流归一，信奉始终，“明于此，然后可以言乐天之思想矣”。据此，陈寅恪在《白乐天之思想行为与佛道关系》一文中说：“乐天之思想，一言以蔽之，曰知足。知足之旨，由老子‘知足不辱’而来。亦乐天安身立命之所在。”这是诗人在刚刚回到长安不久，就厌进思退的思想根源。

陈先生告诉我们，“乐天皆取不如己者以为比较，可谓深得知足之妙谛矣”。他之所以主动退却，还可以用下面这首诗做出注释。这首《狂言示诸侄》，正写于长庆初期：

> 世欺不识字，我忝攻文笔。
> 世欺不得官，我忝居班秩。
> 人老多病苦，我今幸无疾。
> 人老多忧累，我今婚嫁毕。
> 心安不移转，心泰无牵率。
> 所以十年来，形神闲且逸。
> 况当垂老岁，所要无多物。
> 一裘暖过冬，一饭饱终日。

勿言舍宅小，不过寝一室。
何用鞍马多，不能骑两匹。
如我优幸身，人中十有七。
如我知足心，人中百无一。
傍观愚亦见，当己贤多失。
不敢论他人，狂言示诸侄。

一首哲理诗，处处充满生活实例，非常贴近现实。白居易告诫子孙，语不惊人，却发自肺腑。

陈先生文中，特地例举了这首诗，佐证白居易："其趋向消极，爱好自然，享受闲适……夫当日士大夫之政治社会，乃老学之政治社会也，苟不能奉老学以周旋者，必致身败名裂"，根本原因就是接受和实践了道家禅学，知足常乐，知足保和，最终栖身远祸，转危为安。

同时期还有一首《衰病无趣，因吟所怀》：

朝餐多不饱，夜卧常少睡。
自觉寝食间，多无少年味。
平生好诗酒，今亦将舍弃。
酒唯下药饮，无复曾欢醉。
诗多听人吟，自不题一字。
病姿与衰相，日夜相继至。
况当尚少朝，弥惭居近侍。
终当求一郡，聚少渔樵费。
合口便归山，不问人间事。

此诗慢慢读来，试与四十岁之前白居易相比较，判若二人。曾以诗文干政，大声疾呼，敢于发表激进意见的讽喻诗首领，而今"合口便归山，不问人间事"，锐锋屡挫，独善其身，应该说是从长庆二年（822）开始的。后人看待居易后半生，往往以为白公消沉知足独善是缺乏斗争性的表现，这种观点在昂扬年代尤为常见，显系强求古人之谬。古代文人一上岁数，很难做到奋不顾身，所谓坚持斗争，徒虚语耳。

笔者想说，居易中年拒绝权欲、地位等诱惑，明白知足当下才能保和将来，这种人生境界，值得今日角逐权力金钱的“强者”们深思借鉴。白居易“如我优幸身，人中十有七。如我知足心，人中百无一”，只可惜，从古到今，明白人实在不多。

那么，白居易舍弃功名利禄，拒绝诱惑，他究竟想要什么？

这是一个问题，答案多种多样。

初唐英雄逐鹿，盛唐气象万千。诗人群体千里穷目，胸襟高远，梦游天姥，天地沙鸥，傲睨万物，纵横文章，坚决抵制个体平庸。经过了安史之乱，盛世不再，诗坛气骨两衰，有相当长一个时期，巅峰之下呈现凡庸状态。永贞革新继而宪宗复兴，一度为诗坛带来生机，一批新锐诗豪，重新踏上了以诗报国的征程。学界常说，“以李白为代表的理想浪漫文学向以杜甫为代表的写实文学转型”，白居易做出了突出贡献。我们不妨把“诗到元和体变新”这样一个中唐繁荣现象，看作回光返照，这光焰无论如何也不会保持太长时间。

安史之乱，对士大夫精神生活造成巨大磨难，使他们感到时运无定，生命渺小，再也不能恃才傲物，自命不凡。正当此时，佛教禅学促使诗人们更多地思索人生意义，关注个体生活自身，白居易身在其中亦不能例外。

回到长庆二年（822）的大明宫，中书舍人白居易，决计消极自保，退出朝禁，请求外任为官。谢思炜评论道：这是白居易难以坚持兼济理想之后，自留下来的精神退路，也是个体在不得不适应社会制度的情况下，舒缓社会压力，保持内心平衡的一种方式。

更重要者，谢思炜进一步引申出“思想史上具有重要意义的一个概念，这就是自由”。谢先生长期精研白居易，在《唐代的文学精神》一书中，明确提出乐天晚年企盼着“遍寻山水自由身”，这一发现，给白居易研究增添了新亮点。谢先生在忠县等地论坛上，多次阐述这一论点：“在消极而又颇显无奈的生活态度中，白居易还是表达了一种强烈意愿，就是对自由的向往。”

谢思炜先生提出“自由说”，是否有些勉强？其依据从何而来？笔者起初心存疑虑，在静心研读了谢先生多种论著之后，则深表赞同。其《唐代的文学精神》一书，特地写了白居易《遍寻山水自由身》一节，这里摘要如下：

“自由”这个词语，本是近代政治思想和哲学思想的中坚概念之一，特指人要从外力的约束和屈从当中解放出来，是与奴役、专制等概念相对而言的。中国古代《后汉书》等典籍中出现过“自由”一词，意指放任自姿，具有某种消极意味。

到了唐代，特别是佛学汉译之后，“自由自在”“来去自由”成为禅门常用语，但初唐盛唐诗人，却很少以“自由”一词入诗，《全唐诗》当中可见沈佺期“意气骄奢不自由”一例，杜甫三例，如“出门无所待，徒步觉自由”等，到中晚唐，“自由”一词入诗增多，王建用过，韩愈用过，姚合用过，元稹用过，张籍用过，用意内涵也延伸到人生意义上来。经统计发现，使用频率最高者，正是白居易。“自由”成为乐天诗中一再重复的重要词语，大概只比“酒”“诗”少一些。这就不是一个偶然现象。笔者试举几例，请读者留心诗中寄意：

《赠吴丹》：“宦途似风水，君心如虚舟。泛然而不有，进退得自由。”

《适意二首》：“有酒不暇饮，有山不得游。岂无平生志，拘牵不自由。”

《兰若寓居》：“薜衣换簪组，藜杖代车马。行止辄自由，甚觉身潇洒。”

《咏意》：“富贵亦有苦，苦在心危忧。贫贱亦有乐，乐在身自由。”

《题四皓庙》：“卧逃秦乱起安刘，舒卷如云得自由。”

《闲行》：“专掌图书无过地，遍寻山水自由身。”

《勉闲游》：“贫穷心苦多无兴，富贵身忙不自由。”

《苦热》:“朝客应烦倦,农夫更苦辛。始惭当此日,得作自由身。”

《与诸道者同游》:“他日终为独往客,今朝未是自由身。”

《晚归早出》:“坐厌推囚案,行嫌引马尘。几时辞府印,却作自由身。”

《老热》:“仕者拘职役,农者劳田畴。何人不苦热,我热身自由。”

《风雪中作》:“心为身君父,身为心臣子。不得身自由,皆为心所使。”

《重修香山寺毕题二十二韵以纪之》:“官散殊无事,身闲甚自由。”

《对酒劝令公开春游宴》:“时泰岁丰无事日,功成名遂自由身。”

《和杨尚书罢相》:“道行无喜退无忧,舒卷如云得自由。”

《感所见》:“莫嫌山木无人用,大胜笼禽不自由。”

至于虽无“自由”二字,却一心向往自由人生的诗篇,更是数不胜数。很明显,白居易诗言自由,已经上升到一种哲理境界,表达了人生除去奋斗进取之外,还要追求另一种生命状态。

谢先生提出白居易中晚年“遍寻山水自由身”这一论点,有着充分依据,足可成立,这项新发现,对拓展深化白居易研究很有意义。

那么,白居易所言“自由”,与现代概念的自由又有何异同?

谢先生指出:春秋战国出现君主专权思想,秦以后建立专制制度,从政治上抑制了中国自由思想的发展。庄子和阮籍曾经启示过人的自由精神,李白也借助“大鹏”喻象,呼唤着“安能摧眉折腰事权贵,使我不得开心颜”,却未能找到一个简洁明晰、凝练准确的核心词语,来具体表达这种精神和思想,他们都没有使用过“自由”一词。即使后来在佛禅传播中出现了“自由自在”“来去自由”等语,诗人们开始使用“自由”一词,但启蒙源头大不相同,仍然不能与近代自由概念相提并论。

白居易对“自由”二字情有独钟，并且频繁入诗，也是在认同和屈从当时的制度前提下使用的，这是一种深有缺陷的自我救赎。而古老中国的自由概念，缺少政治自省内涵，尚不能与反抗奴役、专制、追求思想解放发生关联。面对大一统皇权体制，古代知识精英力量非常渺小，白居易反复呼唤个人自由，已经与众不同难能可贵了。

三十一、过洞庭寄情治水

白居易自忠州返回朝中，只待了短短两年，笔者却写了不少篇幅。只因为这两年正是白居易平生关键所在。他理想无法实现，思想交锋尖锐，内心焦灼不安，此刻的决策直接关系到今后命运走向。在这个时段之内，前述发生了诸多事端，还应补述一件麻烦事：长庆元年（821）四月里，乐天刚刚回京，朝廷进士科考乱象横生，出现反复，案涉朝中许多权贵，穆宗信赖心中“司马相如”，指派白居易和王起坐镇重考。考场内外，顿时成为党争倾轧旋涡中心，将白居易这位主考官夹在中间，苦不堪言。这件烦心事，从多方面影响乐天情绪，时日持久。读者如有兴趣，不妨翻检史籍，察解此案。

长庆二年（822）七月里，白居易终于向穆宗提出外任请求，竟然很快得到穆宗同意。笔者力图探知君臣交流细节而不得。诸多史料未说过程只谈结果：七月十日诏免白居易中书舍人，七月十四日，诏除白居易杭州刺史。罢、除之间，出现四天空白，这种情况不合唐官任免惯例，比较罕见。几天当中究竟发生了什么？均无明确记载。

长安生活处处强于外埠。官场风气重内轻外，京官很少有人请求外任他州，何况还是一位当朝中书舍人。而综合各种史籍分析下来，白居易确属主动要求外任，这正是乐天清醒于奢欲官员之处。新昌坊大宅刚刚修缮完毕，这时竟也闲置不顾，只留下一位老婆婆照料年少阿龟。

事情确定下来，白居易决不多做停留，当即携全家出得京城，路干脚爽，没有丝毫留恋之意，只是一味吟歌“老逢不次恩，洗拔出泥滓”，倒把个皇宫贵殿，比作泥潭渣滓，庆幸“洗拔”出来也。

白居易此次远任杭州，既不是提升，也不是贬谪，应该算作一次“左迁”。杭州虽为上州，但刺史总不比朝中近臣尊贵，左迁正是现职要比原职差之谓。而江南乃李唐帝国重要经济区，朝廷对于江南道、州主官非常重视，只有施政有方之官，才能派到那里担任使臣或者刺史，杭州要地更不能例外。从这个意义上讲，穆宗对白居易还是另眼高看、充分信任的。白居易也觉得去杭州符合心中意愿。出京第一晚，入宿蓝桥驿。诗人不顾鞍马劳顿，舒展纸笔，吟写一首《长庆二年七月自中书舍人出守杭州，路次蓝溪作》，把前日郁闷、今朝解脱的心境好好表达了一番。

首四句先写现状：“太原一男子，自顾庸且鄙。老逢不次恩，洗拔出泥滓。”接下来四句，回顾不久前对朝政深怀失望：“既居可言地，愿助朝廷理。伏阁三上章，戆愚不称旨。”三次陈奏时局政见，都难合圣上口味而不被采信。幸亏圣上没有责罪于我，“圣人存大体，优贷容不死。凤诏停舍人，鱼书除刺史。冥怀齐宠辱，委顺随行止”。皇上恩准并安排我到一个好地方去做刺史，“我自得此心，于兹十年矣。余杭乃名郡，郡郭临江汜。已想海门山，潮声来入耳。昔予贞元末，羁旅曾游此。甚觉太守尊，亦谙鱼酒美。因生江海兴，每羡沧浪水。尚拟拂衣行，况今兼禄仕。青山峰峦接，白日烟尘起”。诗人曾在贞元末年到过杭州，当时觉得在那里为官该是多么尊贵，风光好，生活条件也好，而今，我竟也能到此上任，还不快活赶路？“东道既不通，改辕遂南指”，谓当时汴州军乱，徐州不稳，从东面走旱路不可通行，便改道襄阳汉水，然后入长江顺流而下，“自秦穷楚越，浩荡五千里。……策马渡蓝溪，胜游从此始”。这一来总算得到了自由和解放。

从诗中品味出，诗人亦有“庸而鄙”之凡俗侧面。白居易向以“中人”自我定位，他没有任何豪强荫族背景，中年以前历经数次沉浮，其父去世全家由官转民，自己应举入仕则由民而官，为母丁忧再度归乡而民，丁忧期满重返为官，继遭贬放，身份损益循环迭变，这使他既能以平民眼光审视官府与社会，关切国计民生，又能以庸常姿态看待自身。在乐天看来，中人与寒士几无差别，都是现世人生，不甘沦落下沉，但求俸禄上升，既然兼济不成，何妨独善其身。

白居易确有一种与生俱来的平凡或曰平庸感，又不乏新晋士人的道德使命感。此次离京赴任，一路上山重水复，手边没有了公务繁杂，促使他再度思考人生意义。继忠州之后，第二次担任刺史重任，诗人还是决计为一州父老实实际际做些好事，以便安心退出宦海。新诗《初下汉江舟中作，寄两省给舍》，可鉴耿耿忠心：

秋水淅红粒，朝烟烹白鳞。
一食饱至夜，一卧安达晨。
晨无朝谒劳，夜无直宿勤。
不知两掖客，何似扁舟人。
尚想到郡日，且称守土臣。
犹须副忧寄，恤隐安疲民。
期年庶报政，三年当退身。
终使沧浪水，濯吾缨上尘。

红粒，惯喻稻米。淘米烹鱼赴公干，躺在船舱想一想，上任以后还应心忧天下，关切民生。“恤隐安疲民”，指必须给予疲于生计的苦难百姓体恤安抚。虽然尚不明了具体事功，总要“期年庶报政”，一年之内做出政绩才好。

古有《沧浪歌》曰：“沧浪之水清兮，可以濯吾缨；沧浪之水浊兮，可以濯吾足。”水清，谓出污泥而不染，积极进取勤以治世，才能对得住这顶官帽啊。

途经南阳内乡县，白居易与老友张籍不期而遇，同宿客舍，添杯放谈，一晚未眠。二人眼神都不好，张籍半瞎，暗夜里无碍谈兴，想必话题相当深入。

过湖北钟祥，有郢州刺史王镒，好一阵举酒款待。这位王镒，半年前在京城聚众酗酒，李景俭醉后责骂宰相被贬，大伙儿都受连累，刑部员外郎王镒也跟着被贬郢州。当时白居易仗义上疏力图救援，穆宗哪里听得进去？奏表虽然无效，而王镒等人感怀在心，相逢自然格外亲热。

别汉水入长江，白居易伫立船头，感慨万千。滚滚长江东逝水，千古不变，为官命运却不可捉摸。诗人又一次来到江州。在这里，他曾有名篇《与元九书》，阐述笔底志向，更有《琵琶行》流芳百世。庐山草堂别五载，白鹿洞中见青苔，诗人叹吟：青山满眼在，白发半头生。

江州刺史李渤盛情作陪，庐山禅僧纷纷挽留，白居易还是不敢停顿，他与家人在草堂住宿一夜，便告别江州继续赶路。可惜那位刘十九不曾出现，不知哪里云游去也。

舟船鞍马，交替前行，白家历时两个多月，行程数千里，一天天接近了大运河最南端，即将止步于杭州古城。

大运河春秋末年开掘，隋唐通航洛阳，转广通渠可抵长安。到元朝从淮水改凿向北，竣工京杭大运河。运河开凿历时悠久，给历代官员提供了一整套治水教科书。做官不懂治水，则不懂执政之道。白居易最心仪的官职竟是“水官伯”，可惜一直未能如愿。年轻时，白居易与元稹备考策试制举，挥汗完成《策林》七十五篇，第一篇专为治水谋策，曰《辨水旱之灾，明存救之术》，明确指出治水可以“保邦邑于危，安人心于困”，并说减灾防患，责在郡使。凡大难来临，天灾乎？人祸乎？唐玄宗叹曰，“诸州遭涝之处，多是政理无方，或堤堰不修，或沟渠未泄”，将水旱灾害成因，归结到官政郡治才是根本。古代中国，水旱灾害频仍，唐朝二百八十九年中，约有一百三十八年发生水灾，亦有一百一十四年发生旱灾，《唐会要》等史籍中均有记载。《策林》首篇毫不讳言：

> 水旱之灾，有小有大，大者由运，小者由人。由人者，由君上之失道，其灾可得而移也；由运者，由阴阳之定数，其灾不可得而迁也。

在白居易看来，水旱灾害分人灾、运灾两种，人灾可以避免，运灾虽然难以全避，但通过官民有力措施，可以减轻损失。他告诫高层乃至郡县官员，必须持公道而施善政，调动各种手段，防灾减灾救灾赈灾，拯救百姓于水火。而州郡刺史乃防救灾害主要负责人，自当全力组织地方防涝抗旱，修筑堤堰，固土祈福，以期有备无患，逢凶化吉。

白居易治水言论精辟，也是大唐帝国上下共识。据谢祥林研究，单以长江中下游地区统计，自春秋至隋朝，共建水利工程六十四项，进入唐代，兴修水利工程达到一百零四项。也就是说，唐朝治水，远超此前千年积累。强国建立在治水功德之上，而诸州刺史正是指挥完成各项工程的直接主官。每逢开工，刺史大举动员成千上万民众投入劳作，如大和七年（833）河阳修堰，出动役工达四万之众。就当时生产力而言，有多么艰难，又何等壮观。

这就需要重提此前路上情节：白居易途经南阳内乡之际，相逢老友张籍，二人彻夜长谈。张籍时任工部所属之水部员外郎，此时正以水务大臣身份巡视水利和漕运。而张籍上任水部，制书乃白居易所撰写。今年江淮旱灾十分严重，万千“疲民”嗷嗷待哺，白居易恰恰前往杭州灾区上任，他们此刻相逢，将会碰撞出怎样的浪花？谢祥林认为，二人同宿客栈，大有文章：“一位是钦差水务大臣，一位是赴旱荒的刺史，水利必是当晚的重要话题。”

接下来，白居易过了洞庭湖口，随即到达故地江州，与同龄刺史李渤相聚。昔元和十年（815），白居易贬为江州司马，与这位李渤同日黜官，李改为资议参军，分司东都。眼下，白、李竟在江州相聚，二人百感交集，共上庐山，交流尤为深入。目前李渤江州任上，“管田二千一百九十七顷，今年旱死一千九百多顷”，年景歉收现实严重，而财政昏官仍在横征暴敛，还要征收往年拖欠，李渤拼死上奏，强烈要求皇室免除百姓当年负担，并明确表示自己“不忍鞭笞黎庶”，如不准奏免负，则“特乞放臣归田”，甘愿弃官。穆宗这才批复“江州所奏，实为诚恳”，准予免赋，州民得救。就是这样一个好官，今夜举杯过头，郑重相告白公，为了抗旱，他正在积极筹划治理本州甘棠湖，准备筑堰安水，建桥定闸，调控湖水，以保旱涝灌溉之利。居易闻言大震。史载当年十二月，甘棠湖工程果然如期开工，“筑堤三千五百尺”，次年正月竣毕，“蓄水为湖，人得其赢”。

白居易与郢州王镒、水部张籍、江州李渤等务实官员次第相逢于赴任途中，深入交流，对于执政杭州大有深意。这些朝官虽在腐朽中央不遂心愿，一旦出京执印州府，赋予实权，其精英特征便很快凸显于世。他们彼此激励互勉，可以迸发出惊人力量。如韩愈、刘禹锡、柳宗元包括宋代苏东坡等人，皆在贬后励精图治，为一方土地经济、文化发展做出了卓越贡献，书写了功德一页。白居易在忠州同样如此。他们历经挫折不幸，却往往成为落后地区进步突变的难得契机，给当地黎民带来幸运祥光。

张籍、李渤坐论治水，令杭州白刺史深受鼓舞。乐天退出京朝知足保和，其主旨在于疏离官场争斗，远避人事祸端，而绝非不思进取。诗人年轻时为民呐喊请命，如今更要为百姓兴办实事。

白居易一贯主张“文章合为时而著，歌诗合为事而作”，此番赴任路上，诗人与诸友热议治水，又亲眼目睹了洞庭浩瀚，“混合万丈深，淼茫千里白”，利可兴社稷，害可吞黎民，他面对洪涛骇浪，胸中豪情不可平复。查岳麓书社《洞庭湖近代变迁史话》，载记长庆二年（822）“长江倒灌，湖区大灾”，也正是居易途经洞庭之夏，他写出《自蜀江至洞庭湖口有感而作》，充分抒写难以遏制的治水情怀，完成了又一首重要诗篇。此诗撼人心魄：

江从西南来，浩浩无旦夕。
长波逐若泻，连山凿如劈。
千年不壅溃，万姓无垫溺。
不尔民为鱼，大哉禹之绩。
导岷既艰远，距海无咫尺。
胡为不讫功，余水斯委积。
洞庭与青草，大小两相敌。
混合万丈深，淼茫千里白。

每岁秋夏时，浩大吞七泽。
水族窟穴多，农人土地窄。
我今尚嗟叹，禹岂不爱惜。
邈未究其由，想古观遗迹。
疑此苗人顽，恃险不终役。
帝亦无奈何，留患与今昔。
水流天地内，如身有血脉。
滞则为疽疣，治之在针石。
安得禹复生，为唐水官伯。
手提倚天剑，垂来亲指画。
疏河似剪纸，决壅同裂帛。
渗作膏腴田，蹋平鱼鳖宅。
龙宫变闾里，水府生禾麦。
坐添百万户，书我司徒籍。

据考，乐天此诗是历史上第一首记载洞庭水患之作。全诗可分三部分赏析，第一部分写长江气势和大禹功绩；第二部分写洞庭、青草两片大湖，侵蚀农田，乃至“水族窟穴多，农人土地窄”；第三部分希望大禹复生，实现“龙宫变闾里，水府生禾麦”的美好愿望。全诗想象奇特，雄健豪迈，一气呵成。“水流天地内，如身有血脉。滞则为疽疣，治之在针石”，说明白居易对于疏导水流、掘开堵滞的治水原理，已有正确认识。最后两句“坐添百万户，书我司徒籍”，采用了刺史公务用语入诗，说的是大唐户部，执掌国家土地、户籍、赋税、军需、俸禄、粮饷等一应财政收支相关之事，而州府刺史必须完成户部各项年度指标，以对应考核。户部以及各地节度使、观察使，对州级刺史年考首要指标，正是人户田亩之增长。张卫东在《唐代刺史若干问题论稿》一书中指出：

各地刺史对治下人口的升降变动，甚为敏感，无不以促成本地人口田亩的迅速增加为首要施政目标，各地刺史对唐代人口增长起到了重要作用。唐后期人口增长有所下降，但各地户口的增减依然是刺史施政最为关心的问题之一。

白居易熟知刺史要务并亲履忠州刺史之职，此时怀抱终止湖水泛滥，增添人户良田的美好理想，以期“坐添百万户，书我司徒籍”，力图通过治水尽刺史职责。正如陈子昂所说：“一州得贤明刺史，以至公循良为政者，则千万家赖其福；若得贪暴刺史，以徇私苛虐为政者，则千万家受其祸矣。”（《上军国利害事·牧宰》）

详读此诗，探讨白居易彼时执政情怀，心胸自见。曾有学者认为此诗作于居易从忠州回京之时，今有谢祥林先生研考唐时荆襄水运路线，确认此诗作于乐天前往杭州途中，意见得到统一。谢先生以水利、文学跨学科优势，从水文化领域开辟白学研究新视角，对白居易治水业绩作出论述，耳目一新，颇有教益。后章还将谈及这件事。

三十二、裘暖杭州忧任期

长庆二年（822）十月一日，白刺史抵达东南大郡杭州城。

数千里跋涉，怀半生梦想，落脚杭州为尊，白居易一家理应欢欣鼓舞。前些天在路途中，诗人作《舟中晚起》一诗，“退身江海应无用，忧国朝廷自有贤。且向钱唐湖上去，冷吟闲醉二三年”，原本觉得杭州物华天宝，执守州政冷吟闲醉，不该有太多烦忧，而现实景况之严酷，却大出新官意料。

杭州治下，以数万户计，税赋额度庞大，而此地偏偏春雨易涝，夏秋多旱，并不能保证岁岁五谷丰登。

大唐天宝时，域内总计三百二十七州，如不达两万至四万户，则不算上州。那么，杭州既为上州，到了长庆二年（822）具体有多少户？一时找不到准确记载。笔者只知隋朝时杭州已达一万五千三百八十户，唐贞观记载三万零五百七十一户，开元盛世记载八万六千二百五十八户，与长庆最接近的元和年间骤减为五万一千二百七十八户。白刺史以后几十年，诗人杜牧渴望到杭州做官，存《上宰相求杭州启》。此信写于唐大中三年，即八四九年，信中云："杭州户十万，税钱五十万，刺史之重，可以杀生，而有厚禄。"杜牧所说十万户，或许有所渲染，乃取整数而言。

据此分析，白居易上任杭州为八二二年，比杜牧写信早二十七年，杭州总该有八万户左右，名副其实是个大州。

杜牧说杭州刺史官重厚禄，也是实话，因为中书舍人为正五品，月俸八万文，约合白银八十两。而《唐六典》定位上州刺史为从三品，俸禄当然比五品高。赖瑞和先生认为，不论官品怎样忽高忽低，刺史俸禄都"定得比京官高许多"。尤其是富庶大州刺史，还有额外地方合法收入。陈寅恪先生在《元白诗中俸料钱问题》一文中说，"唐代中晚以后，地方官吏除法定俸料之外，其他不载于法令而可以认为正当之收入者，为数远在中央官吏之上"。

此事容后详述，笔者在此做个说明：州府刺史"除法定俸料之外"，另有一个合法收入，来自税收总额的"州留"部分。换言之，这项收入与本州社会经济发展密切相关，本州户数多而税额大，留州税钱也就相对多，刺史俸禄自然多，反之则少。唐朝之所以这样对待刺史，目的在于激励地方官员，力促人户增长，进而劝课农桑，增加赋税，以期民富国强。

白居易赴杭州，求自由身，图俸禄厚，更要利州民，出政绩。不料，江淮大旱，杭州现实严峻，局势不容乐观。

白居易一上任，照例向穆宗皇帝递出谢表，陈述忠心图报之情。不几天，穆宗于闰十月发布诏书，忧"江淮诸州旱损颇多"。杭州正是江淮大旱中心地域。《新唐书》对长庆二年（822）江淮饥馑均有记载。尤其恐怖的是，灾荒引发民乱，淮南和州（今马鞍山）饥民弃锄举戈，抢夺官米，竟悍然将县令杀死。凶年邪火大有燎原之势。而不久前与白居易彻夜交流的水部员外郎张籍，恰恰就是淮南人氏，张必相告故里灾荒已达极限。进一步说，乡村呈现危机，城市动荡就会随之而来。这是因为杭州等消费城邦的粮食市场依赖性极强，赤地歉收，城中粮行势必高抬价格。人心离乱，盗贼蜂起，州民被迫流亡他乡，人户骤减势在必然。

白居易就是在这种局势下，临危受命而来。与此同时，穆宗派遣强臣李德裕，赶赴江淮担负浙西观察使，力克时艰。李德裕本是李党领袖，刺史白居易却非李党中人。但是身临凶险大局，二人重任在肩，此刻必须携手共渡难关。虽说刺史并非由观察、节度所任免，但兴修水利以官府为主体，凡动工治水，先要层层奏请朝廷，由尚书省工部审核，然后才可能诏许动工，其机制是“中央总举，地方自营”，没有上、中、下三级政要协调努力，州县水利工程则不能上马完成。

是年杭州旱情严重，所幸白居易到达时间已是十月，抗旱救灾高峰过去了。他当即展开实地勘察，设计各种治理方案，力图明年“犹须副忧寄，恤隐安疲民”，达到“期年庶报政，三年当退身”的预期目的。

白居易抓紧与周边政要建立联系。当时，杭州与苏州、湖州同属浙西，三足鼎立，刺史间多有政务相连。彼苏州太守李谅，湖州先后太守钱徽、崔玄亮，都是白居易故交，如今比邻执政，大家共商官民世态，一起为明年能否风调雨顺而担忧。

入冬，江淮阴冷，寒气袭人，水利工程不可施工。白居易登临西湖岸畔望海楼，相看“山冷微有雪，波平未生涛”（《初领郡政衙退登东楼作》），遥念前贤杜甫“安得广厦千万间，大庇天下寒士俱欢颜”，忆咏自己，也曾效法杜工部，写下“安得万里裘，盖裹周四垠。稳暖皆如我，天下无寒人”，感叹年过半百，壮志未酬，疲民贫寒依旧，情何以堪？

冬寒时节，有两位艺术家求见白刺史，一位萧悦，一位殷尧藩，后者与青年居易曾有交往。二人身为京城太常寺“协律郎”，负责指导提高官办音乐庆典事务。这种八品职官无权无势，俸寡位卑，生活上比较艰贫。两位艺术家来杭州时，还是夏秋，并未带来过冬衣物。白刺史接见他们并美酒相待，白居易何尝不是热爱书画音律的艺术家？宴请知音当在情理之中。忽然，乐天发现，寒冬飞雪里，协律尚衣单，吃不好穿不暖，这一天天的，又如何专注艺术？居易于心不忍，遂嘱命裁缝，尽快制作暖裘赠送。萧、殷二人心生感动，频频大杯相敬刺史。不一会儿，三人酒多话稠，大呼高山流水知音少。白居易急取笔墨，一首《醉后狂言酬赠萧殷二协律》倾刻而就：

余杭邑客多羁贫，其间甚者萧与殷。
天寒身上犹衣葛，日高甑中未拂尘。
江城山寺十一月，北风吹沙雪纷纷。
宾客不见绨袍惠，黎庶未沾襦袴恩。
此时太守自惭愧，重衣复衾有余温。
因命染人与针女，先制两裘赠二君。
吴绵细软桂布密，柔如狐腋白似云。
劳将诗书投赠我，如此小惠何足论……

诗到此处见性情。岂料白太守言犹未尽：仅仅咱们三人酒足饭饱身心暖和，可是远远不够啊。笔锋一转，泼墨龙蛇，诗人不忘初心，迅疾而书：

我有大裘君未见，宽广和暖如阳春。
此裘非缯亦非纩，裁以法度絮以仁。
刀尺钝拙制未毕，出亦不独裹一身。
若令在郡得五考，与君展覆杭州人。

若能容我五载任期，我就将一张讲法度施仁政的浩大暖裘，覆盖给所有杭州人民，而我“刀尺钝拙”，暂时还没有把这张宽广大裘赶制出来。今日趁着酒兴向二位艺术家表一表刺史决心，就算我“醉”后狂言吧。

笔者思量，为什么诗中出现了“裁以法度絮以仁”这样的句子？为什么福泽杭州需要“在郡得五考”的漫长时光？五考，即五个年头，那么，刺史应以几载为任期？

唐朝从开国到晚期，统治者始终把刺史任选当作大事对待。唐太宗把诸州刺史姓名写在屏风上，朝夕察看。还专门为五品以上官员建立了“具员簿”，好比今日高级干部档案，以备考核，治吏肃然。大国集权，要靠三百多位州郡刺史支撑运转。前期陈子昂，中期张九龄，都曾针对刺史问题上疏表达积极意见。武则天曾经一次派遣二十位京官前往各州执政。前述张九龄建议“不历州县，不拟台省”，唐玄宗予以肯定，“京官不曾任州县官者，不得拟为台省官”，开元时期又规定，“三省侍郎有缺，先求曾任刺史者”，逐步形成京官与刺史交流“迭用”制度。从而解决官员不愿到州府吃苦，只想在京都弄权等吏治弊端。

仍是前章谈过的老问题：全国各地开发程度不同，南北诸州差异甚大，长安首都、洛阳东都、太原北都，京畿要地，或紧望州府，地贵官重，多呆几年倒也无妨，其余中州下州，天荒地僻，谁想久留？唐后期，河北道二十余州，刺史平均任期长达六年以上者占了多数，十年以上者亦有，严重影响了晚唐安危。

白居易则认为地方官员任职少于三年，不会有所建树。所以，诗人诗中说“若令在郡得五考”，自己才能制作好温暖大裘，展盖全体杭州人民，而不是仅仅将冬衣赠送给两位艺术家。白刺史明白，如今大唐，早已不再蒸蒸日上，从中央到地方，腐朽乱象积重难返，官民关系紧张，胥吏阳奉阴违。

胥吏问题不小。唐初建国论功行赏，地方大员多由门阀或军武将领出任，百年后，科举文官逐步走上领导岗位，进士出身者成为各地刺史县令主体。然而此类文官饱读诗书，却往往轻视基层政务，经验不足。尤其不熟悉农桑律令、惩恶彰善等履职格式，不得不依赖当地胥吏衙役，维持日常秩序，甚或放任官衙老油条盲目执掌公务。致使他们特权在握，盘剥百姓。腐败渐趋常态，政策必然走偏。史载中唐以降，基层“公务员”行业成为“吏籍”热门，胥吏成帮结伙，对上欺瞒，对下苛酷，谋收渔利，凡临大事极尽敷衍，州县号令往往半途而废。朝廷新任命官，要想在短期内实现勤政善政，确非易事。

白居易诗中谈到“裁以法度絜以仁”，一针见血，既指全州施政需要依法，又是针对治理衙府胥吏而言，对百姓则要广施仁政。

那么，诗中“若令在郡得五考”，为什么虚说“若令”而不可确定呢？原因在于朝廷也无法做到按期正常任免。据郁贤皓《唐刺史考全编》计算，杭州刺史在安史之乱前三年半一换，此后到唐末一百五十余年，杭州刺史平均任期缩短至两年多一换。更短暂者如苏州，唐后期两年一换人。所以，白居易只好讲“若令在郡得五考”，希望任期延至五年。

总之，白居易离别长安到杭州，一心要为黎民百姓做实事，同时拿出政绩报效朝廷，却担忧任期不会长远，时光尤其紧迫。

三十三、一惩县令四番祭雨

转眼间，长庆三年（823）到来。杭州百姓挺过了去岁灾荒，企盼今年风调雨顺，万万不可重演上年饥馑。可喜整个春天时晴时雨，气候宜人，几无旱象，白居易十分欣慰：“酒兴还应在，诗情可便无。登山与临水，犹未要人扶。”（《醉题候仙亭》）步履明显轻松。

别过候仙亭，再上望海楼，“风涛生有信，天水合无痕。鹢带云帆动，鸥和雪浪翻”（《东楼南望八韵》）。

郡使好诗迭出，州民竞相吟唱，那首《钱塘湖春行》，最惹人喜爱：

孤山寺北贾亭西，水面初平云脚低。
几处早莺争暖树，谁家新燕啄春泥。
乱花渐欲迷人眼，浅草才能没马蹄。
最爱湖东行不足，绿杨阴里白沙堤。

春光伴细雨，且有萧、殷二位协律郎在侧，白居易心情大好，动员本州一批名伎，移植排练长安歌舞《霓裳羽衣舞》。美女们效法京都玲珑、陈宠、沈平等名家，不知疲倦，格外卖力。唐朝刺史职责之一，就是将中原优秀文化项目，传播到边远州郡，改造提升本土文化成色。当然，兴学重教更不可放松，刺史必须健全完善科举选拔制度，整肃中层和下层考场秩序，最大限度地培养选拔儒学科举人才。

白居易盛名早已传遍南北，《唐摭言》记载，众多江东举子，慕名奔赴杭州，纷纷求拜白刺史为师，请他点拨指教。白居易总是尽诚以待，传授不疲。同时代韩愈、柳宗元、刘禹锡等人，在刺史任内，无不如此。唐时规定，凡乡里必置官办学堂，“全国乡学里学不下十万所，学生当有数十万之众”（张卫东语），往上则有州县级在校学生六万多人。再往上，国家顶层设国子监，管理国子学、太学、四门学、律学、书学、算学六所高等学校，学生二千二百一十人，鼎盛时高达八万人。此外，东都洛阳同样设置六学。除了官方办学，全国私学兴教更胜于官。

刺史正是州级学校管理者。刺史每年密切关注州县考试，从中选拔具备实力的“贡举”之才，荐其赴京参加大考。学霸白居易亲历各级考试半辈子，中年以后多次担任国家科举总考官，对各级考试每个环节都非常熟悉，是名副其实的科举权威专家。此次到杭州为官，他会遇上怎样的事端？

杭州所属富阳县，恰在本年度发生了状告科考作弊案，且看白刺史如何处置。

这一天，白居易在钱塘任所坐衙理事。收到一份无头帖子，也就是匿名上访，状告富阳县令勾结考官，作弊录取愚顽，明显耽搁了先进。按常规，凡匿名书状，州官本可不问，然事关乡贡科举大事，白居易十分敏感，生怕发生偏差，给佼佼学子带来悲剧。于是，他立召富阳县令前来汇报，亲自审理此案。

王县令不敢怠慢，急匆匆来见白大人，同时编就一套说辞应对审查。白居易向他细究情由，王县令咬紧牙关，信誓旦旦：本县考试如有作假，情愿革职谢罪！

看来，正面咨询不会获得实情，白刺史便绕开县令，转而在学子当中展开调查。果然，凡向乐天求教学子，都知道富阳录取了两名乡举，一个赵秀，一个贾珍，根本不会写文章，而优秀人才沈林、钱明等，却榜上无名。

白居易紧急上调富阳县所有试卷，亲自过目审看，发现大家认为不会写文章的赵秀、贾珍，反而笔端飞扬成绩突出，一时难断真伪。疑惑之下，白居易做出罕见决定：本官即日前往富阳，现场坐镇当堂复试，以辨别真才假货。

白大人亲自主持县乡考试，衙吏督阵森严，造假县令顿时慌乱，伪劣考生笔端颤抖，优秀学子振奋答题。结果，赵秀、贾珍字迹散乱不堪入目，基本上交了白卷。更明显者，以此乱卷与前番答题相比，完全不是出自一人之手，分明是换卷或者代笔。

白居易怒火中烧，他决不允许此类造假现象发生在辖区之内。疑案终于水落石出：王县令接受贿赂，任容他人买通关节，由替身捉刀冒名赵秀、贾珍，顶替进入考场代答试卷，考毕，王县令又与考官合谋出榜，录取了愚顽考生。

白刺史当即履行职权，宣布取消赵、贾考生资格，永不允许参考，当即撤销王县令官职，降级审查。

富阳疑案澄清，学子争相传颂，全州考场为之一新。

《册府元龟》谓郡守云，“生民休戚之所属，王室安危之所渐”，道出了州府刺史上负国家安危、下系苍生幸福之据要。虽然，唐代政权经历了从州县两级制到藩镇（道）州县三级制的转变，但刺史在中央与地方之间发挥着关键纽带作用，这一点始终没有改变。他们比藩道节度使、观察使，更能发挥地方施政作用。藩镇十五道并不算作地方行政区，其范围也经常变动，唯三百多个州府和一千多个县，才是名副其实的行政区划。

长庆三年（823）春雪祥瑞，白刺史满心欢喜，“压瘴一州除疾苦，呈丰万井尽欢娱”（《雪中即事答微之》），继而细雨蒙蒙，乐天“凌晨亲政事，向晚恣游遨”，对杭州本年度前景已经放心一半。

稻禾正在生长，歌舞尤其动人。

不幸的是，当空一轮赤日，入夏酷旱来临。六月，烈炎烤干了春天雨露，旱象复现在江南大田，白居易心绪一天天焦躁起来。

而歌舞美女群娇，并不能体悟到春季希望正在破灭，更不懂得州土农夫开始恐慌，还要粉黛演练，再展歌喉。白居易急令美女们退下，传令胥吏属下，全体行动起来，准备各种器具，跟随自己迅即下乡抗旱，精诚求神祈雨。

黎民百姓靠天吃饭，每逢河决滞涝或酷旱无雨，只会求告诸神，禳灾祛祸，盖因生产力低下，听天由命，别无他法。农耕黎民针对自然神灵展开多种祭拜活动，毫无科学依据可言，却久延成俗，成为灾民特有的心理平衡架，反而在一定程度上可以消解社会动荡以及官民对立冲突。起初，先由乡绅出资组织祭拜，未雨，则县令上阵，官民挥汗共祭天公，以表烈日之下唇齿相依之情。但见父母官挺身而出，甘让万千灾民贯以绳索，站列队伍之首，卸帽赤臂，狗血喷淋，游行祭神，情景壮烈。远古大禹治水，汤王祈雨，都是官府行为，却永远受到百姓敬仰。必要时，祈雨求丰还要皇皇然举行国家祭祀大典，真龙天子与群臣百官共同祈愿普降甘霖，朝野安宁。

不过，史上拜神求雨，乡绅县令出面最多，州官太守都督刺史，解衣上阵者，却鲜有记载。这是因为刺史一级大员，轻易不可丧失中央威严，脱却官服意味着什么？

鉴于上年江淮赤旱悲苦，白居易难以忍受内心煎熬，他不愿意看到灾害业已形成之后，再去展开迟来的赈灾宣慰。遂决定亲率百官州吏下乡祭雨，时不我待，刻不容缓。

遥想元和四年（809）春，南北大旱，宪宗皇帝曾经布诏“德音”而求雨，主要是通过公布《罪已诏》，再办理几件善事，诏告天下，来感动上天。时白居易三十八岁，为翰林学士左拾遗。他看到宪宗求雨真诚，便积极上奏，请求在多件“德音”项目中再加几件，以增强祈雨效果。第一件，请减放江淮州县上年租税，所指正是他今日执政地域。第二件，请“拣放后宫宫女”，第三件请“降系囚”，第四件请“绝进奉”，第五件请“禁掠卖”。宪宗心忧，准奏一一诏办。巧的是，德音报世七天后，苍天果然动情，久旱逢甘雨，朝野齐振奋。乐天大喜，因作非虚构长诗《贺雨》，讲述事件始末，流畅生动：

皇帝嗣宝历，元和三年冬。自冬及春暮，不雨旱爞爞。
上心念下民，惧岁成灾凶。遂下罪己诏，殷勤告万邦。……
上思答天戒，下思致时邕。莫如率其身，慈和与俭恭。
乃命罢进献，乃命赈饥穷。宥死降五刑，责己宽三农。
宫女出宣徽，厩马减飞龙。……
奔腾道路人，伛偻田野翁。欢呼相告报，感泣涕沾胸。
顺人人心悦，先天天意从。诏下才七日，和气生冲融。
凝为油油云，散作习习风。昼夜三日雨，凄凄复蒙蒙。
万心春熙熙，百谷青芃芃。人变愁为喜，岁易俭为丰。
乃知王者心，忧乐与众同。皇天与后土，所感无不通。……
小臣诚愚陋，职忝金銮宫。稽首再三拜，一言献天聪。
君以明为圣，臣以直为忠。敢贺有其始，亦愿有其终。

白居易认为，将德政贯彻始终，上天就会体谅黎民，岁安年丰。诗末“君以明为圣，臣以直为忠”，也成为后世名言。

悲剧在于，即使帝王推行德政，却不易落实，前头说过，德音常常比现实迟到一步，以致灾祸深重而无力挽回，这就比天灾更令人哀叹。仍说《贺雨》写成之前，白居易上奏朝廷，请对上年遭灾地区实行免税。唐宪宗批准奏请，颁布免税诏令。随即派遣使臣前往灾区，阻止地方官吏为追求年度政绩，继续急征暴敛。而不知免税令紧急下达之日，竟是赋税征收完成之时。此刻墙头诏告，竟成一纸空文，百姓根本没有得到实际恩惠。白居易《新乐府·杜陵叟》正是哀叹此类事，诗云：“白麻纸上书德音，京畿尽放今年税。昨日里胥方到门，手持敕牒榜乡村。十家赋税九家毕，虚受吾君蠲免恩。”如此虚受恩典，还有什么意义？

那么，皇帝难道不明白此刻免税为时已晚吗？也许，那免税诏书只是为了安抚人心罢了。

元和四年（809）距长庆三年（823），不过十几载，往事历历，记忆犹新，如今，继上年之后，杭州又是一场大旱，白刺史岂敢怠慢。从六月开始，他率领州府官员，上阵祈求苍天降雨。

赤日炎炎之下，白太守一行首先抵达伍相庙，贡献牺牲，祈告神灵，口干舌燥，精疲力竭，天空中却不积半朵阴云，唯见骄阳愈炽。

白居易不做停歇，继而扑向城隍庙，祈雨动作更加生猛。苍天似乎有所感应，做出一点表示，稀稀拉拉降下浊雨少许。可惜“灵虽有应，雨未沾足”，大地生烟，无济于事。

连日来，白居易又抓紧跑了几趟道观，此刻留有《赠苏炼师》等诗。史家误认为此诗意在炼丹，笔者则认为乃商议祈雨。唐朝崇道，道家与社会生活联系十分紧密。每逢祈雨，道士常任祭典主角，道教《魂啸祈雨功》极为著名，居易焉能不知？诗人年轻时也曾迷丹，久已尽弃。眼下面对药炉思酷旱，自有一番话语，读者不妨细心品味：

> 两鬓苍然心浩然，松窗深处药炉前。
> 携将道士通宵语，忘却花时尽日眠。
> 明镜懒开长在匣，素琴欲弄半无弦。
> 犹嫌庄子多词句，只读逍遥六七篇。

此为炼丹乎？情绪低落，忧虑沉郁，心绪浩然，忘却花时，明镜懒开，爱琴不抚，有多少话语，值得与道士携手说个通宵？还是策划祈雨吧？

此处存疑，有待方家指教。

城隍庙祭后，虽落过几滴小雨，然未解农夫之困。白昼暑气炽热，入夜蚊蝇乱舞，白居易目睹大地龟裂，耳闻农夫哀哭，身为一州使君，欲救难民而奔走，老天爷就是不开眼，急火烧心，终于病倒。病榻上，白刺史吟道：“病瘦形如鹤，愁焦鬓似蓬。损心诗思里，伐性酒狂中。”（《新秋病起》）

蓬头垢面病中吟，便是“诗魔”形象另一个侧面。只要天不降雨，他就清朗不成。看来，前两次祭拜求告无果，伍相、城隍二神法力有限，那就需要再努一把力，进而祈求另一位神仙——皋亭大神。

七月十六日，病中刺史白居易，第三次出动，率众登临杭州东北部皋亭山，在神庙内外摆开阵势，再度精诚祈雨。

这位皋亭大神具有多重身份，是山神、土神、河神，亦是佛门护法神，又传说皋亭山中藏有龙泉，人称“水瓮”，众人当然不敢怠慢。为郑重起见，白刺史当场发挥文笔强项，认真写成一篇《祈皋亭神文》，要以赤心对苍天，催促皋亭大神天人感应，尽快降雨。

笔者查了一下，这篇《祈皋亭神文》史上并非罕见，同时期柳宗元有《雷塘祷雨文》，晚唐李商隐有《郑州祷雨文》，北宋苏东坡有《祈雨社稷文》《喜雨亭祭》，欧阳修有《百子坑赛龙》等，千年农耕史，同类诗文举不胜举，内容大同小异，本不足为奇。而白居易这篇祈雨文，却与众不同，他不再采用恳切求告用语，而是限令皋亭神“四封之间，五日之内，雨泽霈足，稼穑滋稔”，并且十分恼火地质问神灵：“长史虔诚而不答，下民颙望而不知，（你）坐观农田，使至枯悴，如此，则不独人之困，亦唯神之羞！”毫不客气。

我和百姓如此虔诚地祈求你，你却不闻不问坐视不管，难道你不害臊吗？你还算什么大神？

威胁无效，皋亭神无动于衷，苍天还是没有普降甘露。八月二日，白居易只好第四次出动，再去祭求北方黑龙。这一次，白刺史态度为之一变，他高声吟诵昔日旧作《黑龙饮渭赋》，振作精神将“四灵之长”大大激励了一番：“忽兮下降，贲然跃出，首蜿蜒以涌烟，鳞错落而点漆。……闻之者心骇而屏息，睹之者目眩而改观。一呼一吸而声起风雷，或跃或腾而势超云汉。……掩尾回翔，擘波腾骧。饮清澜之浩浩，动素浪之汤汤，顿颔而碎珠迸落，奋髯而细雨飞扬！”极尽文辞优美之能事。

水乃龙的自然源，龙是水的神话物。秦时，有龙自秦岭至渭河饮水，形成土山，至今留有龙首塬地名，此说亦为居易所熟知。此次祭雨，吟旧作誉黑龙，好话说尽，似嫌不足，次日，白刺史焦虑间补作精短《祭龙文》，继续疾呼降雨，忍不住又说了不少难听话："昨者，历祷四方，寂然无应，今故虔诚洁意，致命于黑龙。龙无水，欲何依？神无灵，将恐歇。泽能救物，我实有望于龙，物不自神，龙岂无求于我？"如果人间不尊你为神，你自己能成了神吗？接下来，话语更加严厉："若三日之内，一雨滂沱，是龙之灵，亦人之幸，礼无不报。神其听之，急急如律令！"

好话赖话一起上，威胁利诱盼甘霖，唯叹黑龙还是不曾跃出呼吸，苍天也没有"一呼一吸而声起风雷"。

水何在？雨何求？刺史率官民祭了伍相祭城隍，祭罢皋亭祭黑龙，诸神四番求遍，依旧烈日当空，现实生活真是无比严酷。长庆三年（823）秋，杭州四野凋敝，黎民无助外逃，白居易痛心疾首。

三十四、筑堤疏井留功德

白居易四番赤诚祭雨，诸神不应。黎民饥馑，郡守焦虑。看来，解决难题，只有依靠官民共同努力，组织起来，兴修水利，才能实现旱涝保收。长庆三年（823）秋冬，白居易处心积虑寻找治水途径，不得安枕。

按理说，杭州"咽喉吴越，势雄江海"，又有西湖滋润，举目可见碧水，正如白诗《余杭形胜》所吟："余杭形胜四方无，州傍青山县枕湖"，如此不缺水源好地方，还要连年遭受旱灾？问题究竟出在哪里？

经过周密调研，白居易综合分析百姓意见，终于总结出症结所在：第一，西湖虽好，但逢旱水浅，无法灌溉；逢雨则溢，不能蓄积，若要尽其所利，唯有在东北岸筑堤捍湖，雨来保住甘霖不得流失，旱时放出湖水滋灌农田，才能稳保丰收。这是指城外千顷稻田而言。第二，城中居民依井取用之水，同样与治理西湖密切相关，如果市民不能得到清甜西湖之源，就只能饮用本土浊苦之水。

也就是说，杭州水利，集中于整治西湖，只是第一项和第二项工程作用不同。多年来，抒写白居易杭州本事文章甚多，无不提及西湖兴水功德。但具体到治水工程自身，却往往笼统而言，读来难明事功肌理。近有余荩所著《白居易与西湖》一书，可以帮助读者了解工程端详。结合谢祥林等研究，笔者试对白居易两项兴水工程分别做一简述，看看白刺史究竟在杭州做了什么。

先说第一项，筑堤捍湖。

前述提到，唐代兴修水利，其管理机制为“中央总举，地方自营”。简单说，州郡刺史首先提出工程设想，拿出方案，继而取得顶头上司观察使或节度使支持，奏报朝廷审议，朝廷派遣使臣核检确认工程必要性以及资金力量，皇帝责成尚书省批复，州县始可筹征役夫开工。此乃官方程序，不可减免。那么，走一遍车轮程序，上中下快慢无定，耗时既久，还要看地方造化。而白居易于长庆三年（823）大旱之秋，上奏项目报批，幸运地通过了一道道关口，相当顺畅，当年入冬即告开工，中间几乎没有耽搁。据谢祥林研究，通关顺利，有以下几个原因：

首先，得到了浙西观察使李德裕的支持。李德裕与白居易，在牛李党争中虽非一派，二人却没有直接冲突，关系尚属融洽。浙西道辖领苏杭诸州，各州兴水救荒与观察使功德政绩相一致，因而奏报朝廷快捷无误。

文案抵达长安，当朝宰相除李逢吉之外，还有一位杜元颖，一位牛僧孺，而杜与白居易在贞元十六年（800）同榜进士及第；元和初年，牛僧孺荣登制策第三，得到过考官白居易恩典，僧孺算是白居易门生，杜、牛二相帮助白居易履职杭州，自当尽心竭力。

然后轮到具体承办部门，白居易好友张籍，就是不久前相遇的那位钦差水务大臣，正在工部做一名水部员外郎。当初，诏命张籍上任制书，还是白居易所撰。白居易奉上诗词祝贺，“今日闻君除水部，喜于身得省郎时”。工部内设营缮、虞衡、屯田、都水四司，“都水清吏司”也叫作水部，张籍就是一位担任水部副职的大忙人。他与韩愈、白居易关系都很好。韩愈名诗“天街小雨润如酥，草色遥看近却无”，就是写给张籍的。这一次，白居易拜托杭州要紧事，又是张籍本职工作，便不遗余力，“全程关注了西湖工程指导完工”（谢祥林语）。

白居易兴建杭州西湖工程，奏章急需上达天听，争取早日获得穆宗诏批，而宰相李逢吉联合大太监王守澄，培育安插了亲信党羽，充斥内廷各个要害岗位，早已将穆宗皇帝团团围住。史上把李逢吉这帮铁杆儿朋党，称为“八关十六子”。白居易治水奏章能否顺利上传下达，成为一个未知数。幸运的是，当年江州治水的刺史李渤，这年春上诏回京师，重用为一名谏议大夫，专门摘要上报各种事函，并向皇帝提出建议，人事机遇巧合，长庆三年（823）秋，谏议大夫李渤促使杭州治水报告得到穆宗诏批。于是经过节度使李德裕上报，宰相杜元颖、牛僧孺大力相助，再由水部张籍承接核准，谏官李渤进言，直到下达诏书，中间多少深衙关叠，幸能够环环相扣一路佳音，终归落实。

官牍程序顺利完成，实际困难尚需解决，白公筹划西湖筑堤，紧锣密鼓，却遭到了本土一些人的反对和抵制。反对者不是黎民百姓，而是一批豪绅权贵。当时，西湖实为一片半浅不深大湿地，富人们在湖域之内，或经营水产养殖，或种植茭白菱藕取利，各自还有上百亩滋润田地。他们当然不愿意失去这一切。因而放言说，西湖不可动，此乃鱼龙神祖居住之地，擅动工程必有大难云云。出面代表这群豪强说话的人，蛊惑动摇刺史决心的人，竟是本土钱塘县令。这位县令还说，西湖那么大，淤泥那么多，清湖蓄水深挖，大量淤泥往哪里搁？又说工程将会影响城里居民日常用水，且本县缺少资金，难以支付工程所需，劳役用工也远远不够。总之，风险太多，困难太大，筑堤捍湖工程最好放弃不干。

白居易当然不信这个邪。他批评纠正了种种说法，排除困难，力促开工。此后亲撰《钱塘湖石记》一文，再次批驳了以上说法。如今，这篇石记仍然镌刻在杭州少年宫附近，史家将这篇八百多字碑记，誉为中国古代水利史上罕见美文。

石记第一段便说：

> 俗云，决放湖水不利钱塘县官。县官多假他词以惑刺史。或云鱼龙所托，或云茭菱失其利。且鱼龙与生民之命孰急？茭菱与稻粱之利孰多？断可知矣！

鱼龙与百姓生命哪个紧急？茭白菱藕与粮食丰收哪个利重？难道还不好判断吗？说到底，豪绅县令反对西湖造堤，并非不懂此理，而是为了维护自家利益，不惜编造胡说罢了。他们不去关心农家犹在饥饿中淌泪，也看不到赤日炎炎之下稻田满目生烟。白刺史进而宣讲，三十里西湖蓄水灌溉与土地关系密切，数据强劲：

> 北有石函，南有笕，凡放水灌田，每减一寸，可溉十五余顷；每一复时，可溉五十余顷。

就是说，桥闸和涵洞可以用作引水灌溉的通道，溢洪堰可以排泄大雨涨高的湖水入河，从而让西湖均衡蓄水造福于民。唐时一顷土地，约为五十亩。这里所说“每一复时”，应该是指一天一夜吧？笔者不敢肯定，总之“每一复时”，可以浇溉五十余顷。若是三个复时呢？一周持续灌溉呢？相当于多少亩稻田？

为官一任造福一方，历史上好官深明此理，白刺史也是这样做的。

超量的淤泥怎么办？实际问题必须解决。白居易采取了一个好办法：原先，西湖上留有一道断断续续旧堤，叫白沙堤，既然水位要提升，正可以将挖掘出来的淤泥堆积到白沙堤上，进行修补加固。然后大量植树，使堤基稳固生根，一举两得，保水护堤。

劳役不足怎么办？白刺史下令，全体官吏必须参加筑堤劳动，凡无故不到者，一律罚俸停职，由是百姓跟进，无不奋勇。

资金不足，州县筹款征粮补齐。

三十里西湖岸畔，马嘶人喊，远看如万蚁攒动，浚深湖，补白沙，筑新堤，立闸口，施工不舍昼夜。这是长庆三年（823）秋冬最富生机的钱塘盛况。

长庆四年（824）春风里，西湖东北岸隆起了一道崭新大堤，人们亲切地称它白公堤。大堤不仅可以发挥水利功能，而且演变成一条交通要道。其位置大约从今日钱塘门外到武林门一带，对中唐杭州经济大有促进。

百姓欢腾，刺史欣慰，白居易率属官沿堤巡视，但见碧波荡漾之间，湖堤、桥闸、涵洞、溢洪堰等设施一应俱全，春聚雨水，夏施灌溉，良田千顷，旱涝保收，且与周边河道相互贯通，足以长期福泽州民。接下来的问题是，要保护、管理好这项工程，必须建立规矩，完善制度，使之更加合理有效地发挥利民作用。而且，即使老官离开杭州，新官上任，这套规矩也要延续实施，《钱塘湖石记》由此而来。白居易特地采用官民皆能读懂的语言行文，“欲读者易晓，故不文其言”，全篇近乎白话，但求深入人心，处处用心良苦：

> 大抵此州春多雨，夏秋多旱，若堤防如法，蓄泄及时，即濒湖千顷田无凶年矣。……又若霖雨三日已上，即往往堤决，须所由巡守预之为防。其笕之南旧有缺岸，若水暴涨，即于缺岸泄之，又不减，兼于石函南笕泄之，防堤溃也。大约水去石函口一尺为限，过此须泄之。

既要严防溃堤，还要保证湖中储水量。白居易提醒管理者，在不灌田的情况下应及时关闭闸门，调节各处出水口。指令专人巡视检查，责任到人。“湖之利害，尽究其由，恐来者要知，故书于石”，而管理者责任重大，要选派军警专职上岗，有计划地管水用水：

> 先须别选公勤军吏二人，一人立于田次，一人立于湖次，与本所由田户据顷亩、定日时、量尺寸，节限而放之。……又须先量河水深浅，待溉田毕，却还本水尺寸。

此处“公勤军吏”和“本所”，显然是指专门管理机构和人员配备，根据农户田亩，定时定量，依规则按计划供水蓄水。

制定新办法，确立新规矩，法则透明公示，大家照章执行，事情似乎不太难办，然而过去一些陈腐规章，弊端明显，百姓反映十分强烈，却是官办体制所造成。而今大堤竣工，用水在即，要不要府衙自身改革？其中，一个最突出的弊端，就是用水审批制度。

以往旧法规定，农户用水要报请官方批准。这一条本无大错，如果不经申报，各家擅自取水，你争我抢，岂不乱套？堤上军吏管闸放水，又靠什么凭据？问题不在于审批，而在于百姓报请之后，审核批准的通关过程复杂艰难。先自下而上，再自上而下，一道道程序就是一道道关口，“状入司，符下县，县帖乡，乡差所由”，公文旅行通关漫长，形成腐败温床。而农时节令决定全年收成，大田救苗如救火，符帖循环“动经旬日”，待到公文批复下来，乡差通知供水，军吏提闸，禾苗早已大片枯死。“赤日炎炎似火烧，野田稻禾半枯焦。农夫心内如汤煮，公子王孙把扇摇。”这“公子王孙”便是首先得水溉田的富豪。农夫心如汤煮，造成民间纠纷不断，盗水抢水季节性案件成为常态，官方便一味抓人捕人，导致大旱之年矛盾激化，官民对立，乱象横生。种种弊端呈现，责任究竟在于官衙，还是在于百姓？

旧法陈章，必须改革。白居易认为，官府须为民生服务，湖水要为旱秧救急，杭州百姓既与州府同心筑堤，唯愿西湖福利于民。如果依照旧章办事，百姓望水兴叹，岂不前功尽弃？所谓筑堤捍湖，也就成了一项面子工程。于是，白刺史断然决定，立即改掉旧章，确立新法：今后凡农户申请用水，再不要层层上报，一律免除中间环节，直接将水状报送刺史案头，刺史特事特办一支笔批复，下发“押帖”凭据，当日放水入田，不得延误。为将此法得以延续，白居易专门把这项改革写入《钱塘湖石记》：

> 若岁旱，百姓请水，须令经州陈状，刺史自便押帖，所由即日与水。若待状入司，符下县，县帖乡，乡差所由，动经旬

日，虽得水而旱田苗无所及也。

思量这件事，笔者理解了白居易将“裁以法度絜以仁”入诗，讲法制，施仁政，二者不可分割。

石记刻碑立于湖畔，千家万户笑逐颜开。

说罢第一项工程，再看第二项：浚治六井。

余荩书曰：“杭州濒临钱塘江，由于受钱塘江咸湖长期侵蚀，淤积成的陆地盐碱性很重，地下水咸苦不堪饮用，到西湖取水还有一段距离，到四周山中溪涧取水路途遥远。居民为解决日常饮水问题，往往不胜来往奔劳之苦。”

宋时苏东坡、明时田汝成，都曾记述说杭州本是江海故地，水泉苦咸不可饮。

宝地有水难饮用，真是一件大事情。

早在白居易来杭四十年前，唐德宗委派名臣李泌出任杭州刺史。那是建中二年（781）至兴元元年（784），李泌守杭三载，立志解决全城饮水这件大事。方法是引导湖水入城，筑建六井利民。这六口井，并非挖掘地下井泉，而是以西湖为源头，通过管涵引水，在城内分布石池以蓄甜水。所谓六井，实为六座蓄水巨池。其工程先在西湖东侧（今湖滨路附近）挖掘入水口，开凿石槽引水入城，分别注满石池蓄积，供给居民日用。只要西湖不干涸，则城中甜水不竭。入水闸口自南向北，依次排列于今日湖滨公园至六公园又至少年宫一线，最大一处，在今解放路井亭桥旁，称相国井；吴山路与邮电路交界附近，有化成井；吴山路与仁和路交界附近，有金牛池；平海路与延安路交界附近，有方井；龙翔桥西，有白亀池；钱塘门前即小车桥旁，有小方井。

可以说，没有李泌六座蓄水池的修造，就没有杭州福地的兴盛繁荣。

几十年世事乱纷纷，天涌风云，地滚红尘，西湖水位高低无定，李泌六井日渐残损。引水管道泥石淤塞，多处闸口破败失修，全城用水几近断流，经济生活受到严重影响。

白居易从整体上治理西湖，疏浚六井便是配套工程。他在《钱塘湖石记》中写道：“郭中六井，李泌相公典郡日所作，甚利于人。与湖相通，中有阴窦，往往堙塞，亦宜数察而通理之，则虽大旱，而井水常足。”

前贤开创工程“甚利于人”，岂能在我辈手中废灭？必须尽快修复六井。白居易为完成这一设想，排除种种干扰，号令西湖筑堤和复浚六井两项工程，同时开工兴建。

凡举义事，总会触及既得利益者，蛋糕一动，流言必至。修复六井同样如此。有人说，以湖水灌田抗旱，与城内蓄水相矛盾，这边灌溉，造成水源不足，那边则“六井无水”，流言蜚语，动摇民心。白居易据理驳斥，认为两者完全可以兼顾。他在《石记》中再次宣讲：

> 又云放湖即郭内六井无水，亦妄也。且湖底高，井管低，湖中又有泉数十眼，湖耗则泉涌，虽尽竭湖水，而泉用有余。况前后放湖，终不至竭。而云井无水，谬矣！

据此可知：六井枯涸，原因在于“中有阴窦，往往堙塞”，正确办法只能“宜数察而理通之，则虽大旱而井水常足”。白居易治湖兴水不动摇。

历经半年紧张劳作，疏浚六井与西湖筑堤同时完工，两项工程给杭州民众带来全新的生活境况，史书屡有赞颂，影响深远。《新唐书》说“始筑堤捍钱塘湖，钟泄其水，溉田千顷。复浚李泌六井，民赖其汲”。晚唐李商隐，为白居易作墓志铭，不吝笔墨，颂扬此举：“筑堤捍江，分杀水孔道，用肥见田。发故邺侯泌五井，渟储甘清，以变饮食。循钱塘上下，民迎祷祠神，伴侣歌舞。”北宋苏东坡，亦任杭州刺史，其《文集》第一卷，对白居易施仁政评价更高：“忠言嘉谋，效于当时，而文采表于后世；死生穷达，不易其操，而道德高于古人。”苏东坡在杭州任上，以白居易为榜样，将六座古井进行又一次疏浚，还把六井之水延引至今日鼓楼一带，给后来居民开辟了新井。唐以后，白居易疏井业绩，一直被后任者所重视，《钱塘湖石记》所刻各项规则，也不断得到了补充与完善。直到明初，西湖白公堤和城中六古井仍在维护利用。

那么，这座久负盛名的白公堤，如今究竟在哪里呢？据记载，从中唐到宋元，直至明朝，白公堤不断整修沿用。明末，秦淮名妓“八艳”，其中一艳马湘兰，对江南才子王稚登情有独钟，以身相许。正是这位王稚登，写过一篇《重修白公堤疏》，文辞优美，描绘了明末清初白公堤盛况，赞誉这条商贸大道：

> 若夫白公堤者，据彩云之名里，实吴会之通逵，山郭近而轮鞅喧，水村深而帆樯集。……买鱼沽酒，行旅如云，走马呼鹰，飞尘蔽日。……江州司马，筑此芳堤，……奈何既久，惜也善崩。

湖堤成大道，繁盛至此，而屈指算来，“江州司马，筑此芳堤”是八二三年，而马湘兰、王稚登相好于明末，或为一六二三年，若以整数计，白公堤至少经历了八百年风雨摧袭。沧海桑田，“奈何既久，惜也善崩”，芳堤境况可想而知矣。

王稚登之后，没有查到相关记载，说明白公堤原址，到明末清初以后也就不复存在了。

事有奇巧，西湖上原先那座老堤，也有一个白字，叫白堤或白沙堤。居易名句云“最爱湖东行不足，绿杨阴里白沙堤”，又有《夜归》云“万株松树青山上，十里沙堤月明中”，还有“柳堤行不厌，沙软絮霏霏”“立语花堤上，行吟水寺前”“北郭沙堤尾，西湖石岸头”等等，可见在白居易筑堤之前，就有了这道沙堤、柳堤、花堤、草堤，也正是白堤。笔者不久前到那里去，特地问了一下此堤长度，得知白堤从断桥起，到平湖秋月止，宽三十三米，全长近乎千米。白刺史“十里沙堤月明中”，乃取整数而吟。又云“谁开湖寺西南路，草绿裙腰一道斜？”说明乐天也不清楚此堤来历，好奇而自问也。直到今天，人们仍未查到修建这座老沙堤的可靠记载。有史家认为，白堤并非人工所筑，而是与西湖相伴自然形成。说明如今“白沙堤”不是乐天所筑“白公堤”。但是，白居易筑堤清湖时，挖掘出大量淤泥，确曾堆积修砌在白沙堤上，并号召民众爱护堤上老树，多多种植新树，故不能说此堤与白刺史无关。由于白沙堤来历不够确切，而百姓世世代代感怀白居易功德，当真正的白公堤消失之后，便把这份美好情感转移到、集中到白沙堤上，宁愿这样误会下去，把白沙堤与白公堤混为一谈，寄托世人对德政好官的持久期待。

三十五、酒鹤元白长庆集

长庆四年（824）春天，杭州城乡一片欢腾。正月里闹元宵，处处张灯结彩。白居易春风拂面，携一家老小与民同乐，观灯游湖，共祝天上人间，杭州喜事连连，白刺史即作《正月十五日夜月》:“岁熟人心乐，朝游复夜游。春风来海上，明月在江头。灯火家家市，笙歌处处楼。无妨思帝里，不合厌杭州。”

庆典一连多日，美酒不可或缺。此乃白居易郡守杭州第三个年头。平日里，比邻苏州刺史李谅常有“五酘酒”寄来。湖州钱徽、崔玄亮，时有佳酿“箬下酒”相赠，很合乐天口味。眼下载歌载舞，“朝游复夜游”，美酒供不应求，“两瓶箬下新开得，一曲霓裳初教成”（《湖上招客送春泛舟》)。两瓶定然不足：

一榼扶头酒，泓澄泻玉壶。
十分蘸甲酌，潋滟满银盂。
捧出光华动，尝看气味殊。
手中稀琥珀，舌上冷醍醐。
瓶中有时尽，江边无处沽。
不知崔太守，更有寄来无。

这首《早饮湖州酒，寄崔使君》，前四句极赞美酒，重点在后边“瓶中有时尽，江边无处沽。不知崔太守，更有寄来无”。刚刚开了两瓶，就惦记着附近买不到，不由得相问崔兄，你到底寄来没有啊？全诗近乎广告词。

写到这里笔者好奇，白居易如此喜欢箬下酒，究竟是什么佳酿？网上细查半夜，始知一二。箬，竹子阔叶，箬竹，与梅、兰、菊并誉。湖州长兴县有箬溪，南岸为上箬，北岸为下箬，其水酿酒醇香，故名箬下酒。刘禹锡、杜牧皆以诗称赞，白居易特用此酒款待京官。湖州旧称乌程，此酒也称乌程酒。历代赞美乌程酒之诗足可以编上一本书，又知今天此酒名为“箬下春”，有机会定将一醉。

那么，苏州刺史李谅送来“五酘酒”，又当何解？酘，念作“斗”，宋代诗人范成大说，要将酿酒之米，分五次投入酒瓮中，谓之五酘。其酒清洌。可能是一种米酒，好喝但度数不高。今查，居然找不到“五酘酒”这种品牌了。

中唐经济重心移向江南，苏杭附近多以能臣当政。前述李德裕任浙西观察使，崔玄亮继钱徽任湖州刺史，李谅为苏州刺史，刘禹锡则任和州（今安徽和县）刺史，而大名鼎鼎的才子元稹，也在长庆三年（823）从陕西同州转任浙东观察使，驻越州（今绍兴）兼为刺史。这些州官太守，多数为乐天好友，元稹到来，更给白刺史生活带来无限诗意。元白曾在杭州相聚，一连三天回顾往事，切磋诗道，倾诉国事家事。分手之后，各守其郡，联系仍然频繁。绍兴离杭州不过几十公里，只见元白二人诗酬不断，一时忙坏了邮差。唐时，邮吏来往传诗，使用一种加封竹筒雅称“诗筒”，也称“诗篙”。元白频繁酬唱，竞相夸赞双方自然风景，给余杭会稽留下许多华美诗章。又因二人皆为文体大家，诗章流传之际，一不留神推动了诗坛“依韵和诗”新风尚，并一直影响到后世，演成稳定的酬诗模式。宋人张表臣在《珊瑚钩诗话》里，认为依韵和诗为汉语诗歌增添了妙趣和表现力，功在元白：

前人作诗，未始和韵。自唐白乐天为杭州刺史，元微之为浙东观察，往来置邮筒，唱和始依韵，而多至千言，少或百数十言，篇章甚富。其自耀云：曹公谓刘玄德曰，天下英雄，惟使君与操耳！予于微之亦云。

白居易和元稹酬诗争胜，且自比曹操和刘备煮酒论英雄，足见唯真性情始能对文学艺术有所创建。到了明朝，元白诗筒佳话仍在文坛传颂不已，进士田汝成作《西湖游览志》，说中唐元白“比壤而居，诗筒往来，殆无虚日，嘲奖杂陈，亦一时盛事也”，佳话相传越朝代，犹在后人惊羡中。

是年，白居易五十三岁，元稹四十六岁。元稹作序，传世之作《白氏长庆集》得以编成。集中，白居易正式将成诗分成讽喻、闲适、感伤、杂律四类，计两千八百余首，加上其他论述和制诏，总计诗文三千八百余篇，分为七十五卷，宋时散佚四卷，今存七十一卷，蔚为大观，扬兼济之志，存独善之心，吟朝政大事，歌世俗风情。当时仅仅抄录出五部来，但传抄流传极广，遥及海外，惠及后人，成为中国传统文化之瑰宝。

这里顺便提一点，除《白氏长庆集》之外，元稹同时自编《元氏长庆集》诗文百卷，惜到宋代多有散缺。明代董氏重新整理出六十卷，今有中华书局《元稹集》存世。由于这位大才子《莺莺传》及其艳诗、悼亡诗太有名，世人也就忽略了他抨击时弊和推动新乐府运动等成就，也许，这不大公平。

长庆四年（824）三月，《钱塘湖石记》刻在石上，立于湖畔。乐天似乎预感到，调离杭州为期不远，因作《春题湖上》寄意遥深：

湖上春来似画图，乱峰围绕水平铺。
松排山面千重翠，月点波心一颗珠。
碧毯线头抽早稻，青罗裙带展新蒲。

未能抛得杭州去，一半勾留是此湖。

在这位州官眼里，山好水好风光好，农事欣欣向荣则更好。看那稻禾嫩苗，就像碧毯上面的绒绒毛线头，湖边菖蒲长出新叶，在微风中又像青罗裙上的飘带，诗情画意间，隐含着一颗体恤民情的仁爱之心：我还没有看到更大收获，怎能舍得抛离西湖而去？全诗将养眼美景与农耕企盼结合起来，感人至深。

古代诗人对自然美的感悟能力，远胜现代人，白居易美景入眼，提笔入诗，传著后世。杭州“西湖十景”，其中平湖秋月、苏堤春晓和三潭印月之名，多从这首《春题湖上》抽取而得，颇耐人品味。

诗人欣赏美景，爱惜自然，也体现在行动上。白居易虽然不具备所谓现代环保意识，却知道维护山水，阻止破坏，修补疮痍，打扮河山。看“绕郭荷花三十里，拂城松树一千株”（《余杭形胜》），谁若是擅动山水草木，白公决不允许。西湖治理刚刚完工，白刺史立即发布一系列维护林木条例，对违法者实施处罚，其办法还不是简单抓捕关押或者粗暴罚款，而是让处罚效果有利于修补环境，保持湖库的蓄水面积：凡普通百姓触犯条例者，罚其上堤多种树，这是为了巩固堤根，涵养水源；豪绅大户触犯条例者，罚其下湖挖淤泥，这是为了防止菰草蔓生形成“葑田”，逐年壅结逼迫湖泊缩小。施罚补过，促使“湖葑尽拓，树木成荫”，确保西湖环境绝美，灌溉持久利农。

白居易珍爱湖水，视同绿色油脂，“山名天竺堆青黛，湖号钱唐泻绿油”（《答客问杭州》），秋风拂来，“风翻白浪花千片，雁点青天字一行”（《江楼晚眺》），冬雪飘落，“银河沙涨三千里，梅岭花排一万株”（《雪中即事寄微之》），“冰铺湖水银为面，风卷汀沙玉作堆”（《花楼望雪》），足见白居易对这片宝地钟情至深，不论贫富，谁要是破坏山水，必依法惩处，要他投入建设以劳动补偿损失。

这段日子，白刺史精神振奋而身体付出太多。某日，正在府中歇息静养，忽有客人登门拜访。来者是一位杭州士绅，引领着一只白鹤，说要将此鹤献给使君府留养。白居易先是推辞，又要付钱，士绅说：此鹤为乡民近日捕获，却不谙此物吉祥有趣，只有献给贤达之府，才最合适。乐天上前察看，发现白鹤两翅带伤，羽翼有损，顿生怜爱，便同意收下，疗伤伺养。此鹤品种亦优，人称华亭鹤，颇通人性。白居易亲自调拌鸟食，精心养护，白鹤一天天好起来。祥鹤果然不凡，每见主人便振翅相迎。乐天十分欣慰，作《病中对病鹤》一首：

同病病夫怜病鹤，精神不损翅翎伤。
未堪再举摩霄汉，只合相随觅稻粱。
但作悲吟和嘹唳，难将俗貌对昂藏。
唯应一事宜为伴，我发君毛俱似霜。

面对瑞鸟，诗人感叹：我的头发和你的羽毛一样白啊……但不知为什么，《旧唐书》中记载这件事，把一只鹤说成了一对鹤，原因未明。笔者翻检资料，得知乐天喜爱白鹤由来已久，其咏鹤诗现存二十六首，在唐代诗人中写鹤最多。莫非士绅读过乐天爱鹤之诗，才送鹤前来吗？也说不定。早在元和年间，左拾遗白居易四十岁上下，曾作《感鹤》诗曰：“鹤有不群者，飞飞在野田。饥不啄腐鼠，渴不饮盗泉。贞姿自耿介，杂鸟何翩翾。”

乐天居杭州，得此宠鹤，两者缱绻缠绵，难以分离。不料，白鹤长好了翅伤，在它能飞之日，竟然兀自冲向蓝天，不辞而别，逐云而去。这对白居易打击不小，一连数日苦痛悲叹，萎靡不振。夫人安慰劝告，箬酒伺候，皆无济于事。又一个不料，白家几近绝望时，这只华亭鹤竟然翩翩飞回了府院中。心爱祥鹤失而复归，白居易喜悦之情可想而知，妙句由此而生：

失为庭前雪，飞因海上风。
九霄应得侣，三夜不归笼。
声断碧云外，影沉明月中。

郡斋从此后，谁伴白头翁。

（《失鹤》）

更没有料到，“失鹤复归”从此成为一个典故。乐天此诗之后，中晚唐李远、李群玉、韦庄、韩偓，宋代陈允平、郑亶、释智圆等诸多诗才，直至清代帝师翁同龢，俱以同样标题写了痛失家鹤之诗，有心人足可优选历朝爱鹤失鹤佳作，合起来出一本专题诗集。

白鹤复归，乐天越加喜爱，直到离任杭州，带鹤回到北方。

三十六、别杭州归洛阳安新居

长庆四年（824）五月，京师传来黄纸除书，诏命白居易离杭北上，卸任杭州刺史，另任新职。新职官名曰“太子右庶子”，乃正四品下，为太子东宫属官。白居易在《留题天竺灵隐两寺》中有句云：“在郡六百日，入山十二回。……黄纸除书到，青宫诏命催。僧徒多怅望，宾从亦裴回。”

本是返回京城升任新官，诗人却写“怅望”与“裴回”，人们又在迟疑什么？原来，宫廷最高层，再一次发生了重大变故。这年春天，唐穆宗李恒未能接受前朝教训，仍然在一帮宦官侍奉之下，盲目服食种种丹石药物，企求长命百岁。此类药物究竟隐含着哪些悲苦元素，神鬼不知。正月里穆宗一病不起，危急中诏命皇太子李湛监国。强撑到正月二十二，年仅三十岁的穆宗驾崩，时年十六岁的李湛柩前继位，是为敬宗。而白居易深知这位少年新帝，一向嬉戏无度，昏庸无才，谈不上治国理政。那么，朝内专权者，必是宰相李逢吉和大宦官王守澄之辈，他们都是裴度、元稹、李绅的老对头。杭州白居易曾经暗自庆幸自身躲过宫廷旋涡，能远在江南一避凶险，偏在这时，一道诏书要他卸任回朝，到太子青宫任职。未来究竟是凶是吉？朝廷为什么要做此安排？白居易一时猜测不透，颇多疑虑。再者，杭州诸事初见成效，尤为难舍。

迟疑中，白居易一边抓紧重游几处山寺，一边处置各项善后事宜，其中一事，值得记述：

据吴伟斌研究，白刺史离杭之际，把自己积攒下来的部分银两，“多余的留给杭州府衙，充作杭州公用的不足”，并对此赞誉道：“古往今来，在官场上，只有官吏将公家钱财偷偷占为己有，而将自己私物私钱充作公用的，实在罕见。”

这件事，过去不多听闻。一个州官离任，会把自家俸禄充给当地吗？此事放在今天，则更不可能。笔者查阅各种白传版本，大都无此载记。上网搜检，眼前一亮，发现吴伟斌所言亦有赵炎等人响应。其依据出于宋代王谠《唐语林》八卷。《四库全书总目》对《唐语林》评价：“是书虽仿《世说》，而所纪典章故实，嘉言懿行，多与正史相发明。”百度百科等对《唐语林》简介谓：“书中材料采录自唐人五十家笔记小说。资料集中，内容丰富，广泛记载唐代政经史实、宫廷琐事、士大夫言行、文学家轶事、风俗民情、名物制度和典故考辨等，对研究历史、政治和文学，均有参考价值。”

显然，《唐语林》以笔记手法言事，很像今日纪实文学，主要史实还是比较可靠的。其中《卷二·文学》，载记白刺史事迹原文，首先赞许筑堤浚井等事，接下来写道：

> 及罢，俸钱多留官库。继守者公用不足，则假而复填。如是者五十余年，及黄巢至郡，文籍多焚，其俸遂亡。

看来，白居易拿出俸钱投入官库，补充州郡公用不足，类似于带头建立了某项公益基金。笔者细品史料，认为此款用于维修西湖堤闸后续资金的可能性最大，而后任太守们遵照白居易开创之规，继有复填，一直维持了五十年。直到黄巢造反邪火焚杭，文档俱毁，唐末政权岌岌可危，这项以私钱填公库的举措才告终结。

到清朝，名臣帅承瀛（仙舟）任浙江巡抚，效法白居易，兴水利，修西湖，亦曾留下禄银入官库，是为继承。杭州民众建“帅公祠”于西湖锦带桥头，民国尚存。对此，清三代帝师祁雋藻赞曰：“冷吟闲醉忆杭州，谁识清风宦迹留？一样私钱付官库，白香山后帅仙舟。”（《书香山诗集后感帅中丞事》）足见此举传承有绪，清府一灯，拂世久远。

这里涉及一个问题，即白居易在杭州，其俸禄究竟多少钱？按唐律，外任刺史比同品京官月俸要高，如朝中三品御史大夫月六十贯。一贯钱足数为一千文，相当于一两白银。上州刺史例为从三品，待遇却高一些，月俸八十贯，即大致八十两银子，时合八两黄金。不过，长庆年间，外官俸禄每贯须抽取二百文即百分之二十，交给户部，充作朝廷军用经费，类乎今日个人所得税。即使这样，上州刺史俸禄仍然很高。因此，杜牧、薛放、韦辞等京官，多次“苦求外任”。所谓“重京官，轻外官”的说法，多指那些僻左小郡，也就是荒远下州。像杜牧曾在黄州（今湖北黄冈）等地任刺史七年，回京时自然高兴。再如白居易之忠州，柳宗元之永州、柳州，刘禹锡之朗州，韩愈之潮州，韦执谊和李德裕之崖州，州土穷僻，人户凋零，当然不如京都好。而杜牧刚刚回京做官一年，就请奏《上宰相求杭州启》，急于外任，曰“为京官，则一家骨肉，四处皆困”，结果如愿去了富庶湖州。

接下来又引出一个问题，即上州和下州同为刺史，官品差不太多，为什么俸禄差距很大呢？关键在于刺史俸钱并非中央财政依制发放，而是定出一个概数，各州凭财力自理，即州官俸禄不吃国家财政。而唐书多处记载上州刺史俸钱八十贯，陈寅恪先生深入研究，认为此乃“纸面记载”的“法定俸料”概数，其结论是：“唐代中晚以后，地方官吏除法定俸料之外，其他不载于法令而可以认为正当之收入者，为数远在中央官吏之上。”那么，刺史法定俸料加上其他“正当收入”，从何而来？赖瑞和等学者认为，来自两税中“留州”税额，兼有青苗钱以及盐利。这就造成了大州和小州刺史收入的悬殊差别。“厚薄不同等给无制”，在杜牧看来，杭州比大别山下之黄州，不知要强多少倍。同在杜牧笔下，黄州“孤城大泽畔，人疏烟火微”，“户不满二万，税钱三万贯”，再看“杭州户十万，税钱五十万，刺史之重，可以杀生，而有厚禄”。杜牧实任湖州，当与杭州差不多。待他从湖州返京后，果然在长安城南风景区盖了大房，以“吴兴俸钱，创治其墅”。上州户广税多，留州税钱亦多，刺史俸禄也就相应增多，下州则相反。

如此说来，白居易在杭州，月俸必然高于八十贯。尚书省户部有度支司，制定地方税额主要依据该州农户多寡。刺史和县令其实也是税官。税物不外乎粮食和织品等。征集完成之后，一分为三，一份上交朝廷指定地点，一份交藩道节度使供给军需，一份“留州”做州县官俸和行政开支。地方完税与州官利益密切相关，故官员最担心州民饥馑外流，必千方百计夺取丰收，施行善政，扩留人口。唐宣宗会昌六年（846）敕令：刺史“非因灾沴，大郡走失七百户以上，小郡走失五百户以上者，三年不得录用，兼不得更与治民官。增加一千户以上者，超资迁改。仍令观察使审勘，诣实奏闻。如涉虚妄，本判官重加贬责”。奖罚分明之下，唐代地方官员有的受奖提拔，有的受罚惩处，案例不胜枚举，干好干坏官员命运大不一样，不要光看到上州刺史俸禄高，还须知晓郡守职责何其大。

白居易本次留俸入库，具体钱数不得而知，想来数额不菲，也算取之于民，又还之于民。

白居易调离杭州，比邻越州元稹，闻讯急忙赶来，与兄把酒话别。元稹来时，一路听闻钱塘百姓齐声夸赞白居易，非常高兴。临别宴上，元稹提笔一首五言诗，以当地百姓口吻答谢白刺史，标题为《代杭民答乐天》，小结概括老友数年来甘棠业绩。中联二句索性纪实，“路溢新城市，农开旧废田”。意指修筑白公堤，成广阔大道，为杭州古城带来生机，荒田也因得水而再度开发。政绩煊赫，有目共睹，元稹以州民话语做纪实评说，添誉青史。

去年元稹上任时，路经杭州，曾与白居易同宿三天话旧，这一次分别，未知又住了几日。时朝中激变，敬宗登基，且给白居易安排了一个东宫闲职，二人不知前途凶吉，又能说些什么？

白居易作《除官赴阙留赠微之》，有句云“去年十月半，君来过浙东。今年五月尽，我发向关中”。

临别杭州，白居易恋恋不舍，惜任职未能达到五载之期：

征途行色惨风烟，祖帐离声咽管弦。
翠黛不须留五马，皇恩只许住三年。
绿藤阴下铺歌席，红藕花中泊妓船。
处处回头尽堪恋，就中难别是湖边。

（《西湖留别》）

总之，哪里都不如杭州好。从今以后，还能回到倾注心血的西湖吗？“处处回头尽堪恋”，应该带走哪些东西做纪念？白居易在府上连日收拾行囊物品，舍弃了很多东西，但两片灵隐、天竺石却不可丢。天竺石沉淀自然之美，文化元素丰厚，近乎于仕人寄托中隐理想之象征。如今，天竺石鉴赏已与杭州西湖文化遗产不可分离。当时，白居易抚石吟叹：

三年为刺史，饮冰复食檗。
唯向天竺山，取得两片石。
此抵有千金，无乃伤清白。

（《三年为刺史二首》其二）

他把两片山石看得珍贵，又担心带走此物伤害自己为官的清名。其自检自律之自觉，令人感佩，亦令贪官汗颜。

对了，还有那只华亭白鹤，久在府中朝夕为伴，这时更不舍分离，也只能小心翼翼用软席子包裹它，带往遥远北方洛阳。

为什么落脚洛阳而不是长安？主因是：诗人当年为躲避朝廷争斗而请求外任，如愿镇守杭州，难得外任自由，如今又要回京重陷纷争吗？而敬宗既授“太子右庶子”，能不能争取闲居东都洛阳呢？白居易经过反复思量，致信朝中宰相牛僧孺，诚挚表达此愿，请求给予帮助。牛僧孺理解这位昔日恩师，果然奏请皇帝，帮助白居易实现了愿望。吏部在“太子右庶子”职后，加上了“分司东都”四字，这就可以不去长安，落脚洛阳履职了。

白居易带上天竺石回返，正是为了寄托中隐无争理念。现在，更将白鹤带往洛阳定居，乐天心情大好，诗记此事，值得品味：

三年典郡归，所得非金帛。
天竺石两片，华亭鹤一只。
饮啄供稻粱，苞裹用茵席。
诚知是劳费，其奈心爱惜。
远从余杭郭，同到洛阳陌。
下担拂云根，开笼展霜翮。
贞姿不可杂，高性宜其适。
……
岂独为身谋，安吾鹤与石。

（《洛下卜居》）

就这样，白居易一家辞杭上路。两千多里水陆行程，他俸禄归公少金帛，却喜清风石两片、洁净鹤一只。

登临官船即将启程，百姓扶老携幼相送。难得一任好官，民众怎能不爱戴？送行人泣泪，白居易哽咽，一首《别州民》，忧思深长，字字千金：

耆老遮归路，壶浆满别筵。
甘棠无一树，那得泪潸然。
税重多贫户，农饥足旱田。
唯留一湖水，与汝救凶年。

他愧疚自己甘棠业绩不够，虽卸任刺史，还在惦记着重税之下，很多百姓尚未脱贫。农家饥寒，旱田赤地，所幸留此一湖碧水，尚能聊补凶年之灾吧。

乐天谦然自愧，读者无不感佩。清乾隆十五年（1750），钦定《御制唐宋诗醇》，皇家特选此诗鞭策百官，称:“后四句，经济政绩具见其中。慈惠之意蔼然言表。必如此留心民事，方许诗酒。彼‘长日惟一居棋’者，那得借口风流也！”这段话，是否为乾隆御批，这里不好确认，说短诗影响深远，《别州民》君臣共赏，则没有疑问。这部《御制唐宋诗醇》，唐代仅选四家，即李白、杜甫、白居易、韩愈，宋代仅选入苏轼、陆游两家，总共只有六家，概括唐宋，“板藏内府”，视为瑰宝。到光绪重新翻刻，得以流传。此著《总论》评价说“平易而最近乎情者，无过白居易”云云。

白家一路舟车劳顿，到达洛阳。途中曾在符离小住，旧地物是人非，湘灵早已不知去向，白居易怅叹之后，再也没有什么可以留恋的。

白公始终自认太原人，为何偏爱洛阳而不去选择北都太原？这里原因很多，笔者分析，一者祖上这一支离开太原甚早，诗人从未在并州（太原旧称）生活过，因而缺乏乡情映象。二者太原距离北部边关很近，烽烟不断，向为战区，安定不足。三者冬季气候寒冷，早在北魏定都大同时期，臣民就不断南迁，目标也是洛阳。整体上说，中唐帝都虽在长安，但经济文化重心已经移向江南，而东都洛阳位于长安与江南之间，温暖繁华，交通便利，官宦名流留居洛阳，明显多于北都并州。

洛阳繁华名不虚传。据称古国之“中”正是此地，城邦处在隋唐大运河枢纽位置，河南府治所也建在这里。尤为特殊者，武则天称帝后，为了躲开长安旧势力，武则天亲居洛阳，改洛阳为“武周神都”，前后长达四十年。洛阳一度成为大唐政治文化中心。对此，陈寅恪先生认为，帝王偏爱洛阳“除政治及娱乐等原因外即经济供给之原因也”。就是说，到唐中期，“天下之中”洛阳城，已是全国特别发达地区。直到武则天去世后，关中长安才重新恢复帝国首善地位。

且说白居易一家抵达洛阳，当务之急头件事，必先安宅落户。按说，这位荣享“上柱国”勋位之高官，刚从大州卸任，理当建造豪宅深院，方便迎来送往、享乐安居，哪知白居易大钱已经奉送杭州官库，囊中所余并不阔绰，建购豪宅居而不易。夫人杨氏是否有过怨言？不得而知。事实是，白居易匆匆购得一处二手、也可以说是三手宅院，院子位于古城东南履道里，原主人杨凭，曾是一位“散骑常侍”，原意为皇帝出行骑马奉陪，皇帝在宫不出行，常提醒皇帝减少失误。实为皇室内务高级侍从。说是官，却无权，“不典事”，但以三品四品任职，具有较高阶级，十分荣耀。边塞诗人高适晚年也做过此官。

有些著述认为，白居易离杭州除任太子庶子，其级别为正四品下。而《唐六典》明确记载：上州刺史以从三品任职，这一来不是降低了吗？唐朝却没有为官只升不降之规，而是可升可降、或升或降，唯以散阶为凭。赖瑞和著《唐代高层文官》谓：唐官“不是依照官品高低一步一步往上升，不是依七品升六品、六品升五品那样的秩序。如果涉及京官与外官刺史之间的迁转，就更为复杂”。为说明这一点，赖著列表杜牧中年官品迁转为，十多年间由六品、四品复六品，又由三品转中书舍人为五品，历经多次变化，有升有降，忽高忽低，“并无逻辑可言”，要看实际所任官职。白居易同样如此，从杭州到洛阳，官品未升反降。官服着袍等等待遇，仍以散阶标准对待。

白家为买这座二手宅院，资金不足还卖了两匹马。旧院子，需要装修见新才好搬入，手上再无余钱可用。老友王起时任河南尹，早年间二人同科进士及第，到中年，同朝担纲知制诰，进而同任中书舍人。白居易去杭州后，王起从兵部侍郎转河南尹。这时，王起欣然出资，捐助白家把院子整修了一番。

距白家百十步，是名相裴度之宅，另一位邻居好友，乃宣歙节度使崔群。履道里诸多优越格局，令人欣喜。不久前，诗人曾写过“禅僧教断酒，道士劝休官。渭曲庄犹在，钱唐俸尚残。如能便归去，亦不至饥寒”，尚有思归渭南之意，现在则写道：“东南得幽境，树老寒泉碧”，“老爱东都好寄身，足泉多竹少埃尘”。

唐代诗人大多豁达，可以及时行乐，物我两忘，亦能寄情山水，随遇而安，只要不缺诗酒就好。白居易同样容易满足。他寄诗致谢宰相牛僧孺，心态相当从容："忽忽心如梦，星星鬓似丝。纵贫长有酒，虽老未抛诗。俭薄身都惯，疏顽性颇宜。饭粗餐亦饱，被暖起常迟。万里归何得，三年伴是谁。华亭鹤不去，天竺石相随。王尹贳将马，田家卖与池。开门闲坐日，绕水独行时。懒慢交游许，衰羸相府知。官寮幸无事，可惜不分司。"（《求分司东都，寄牛相公十韵》）

白居易以庶子安居洛阳，运气极佳。这位牛党首领牛僧孺，刚刚帮助白居易分司东都，仅仅在宰相任上停留了一年，因朝中发生解禁佛寺、多入僧尼等事端，朝廷认为牛僧孺负有一定责任，就被敬宗外派武昌，转任节度使而去。如果乐天改官再晚一点，白家落脚何处，还是一个问题。这位牛宰相也是中唐一位性情"牛人"，不仅一生两度为相，而且在业余时间编集唐传奇创作之大成，著《玄怪录》传奇十卷，千年之后，鲁迅先生给予极高评价。牛僧孺还是一位奇石收藏大家，白居易写有美文，声援牛氏收藏太湖石，容当后叙。

至此，长庆四年（824）结束，唐敬宗改年号为宝历。乐天优哉游哉，终于在东都洛阳安居下来。

唐时，河南道和河南府同时存在，后人容易搞混，其实差别甚大，道，藩镇也。河南道治所开封，为唐玄宗十五道之一，辖地广阔，几乎包括了河南、山东两省全境，以及安徽、江苏相邻一部，辖二十九州，一百二十六县。而河南府则为河南道之下州郡一级，治所洛阳。天下三百六十州，除少数民族地区设立六个都护府（由此归顺不再称王）统领边州之外，其余内地诸州很少称府。中唐时内地称府者仅三处，一是长安雍州称京兆府，二是北都并州称太原府，三是东都洛阳称河南府。此三处称府在于强调其地位重要。不同之处在于，诸州分为"辅雄望紧上中下"七个等级，长官统称刺史，而三府长官却称为"尹"，如王起称河南尹。中唐以后，全国改州称府逐渐多了起来。

回到白家院落，这里本是皇室近臣散骑常侍之宅，居所非比寻常。

白居易惯用纪实手法，其《池上篇》序言描绘新居，很像一幅全景摄影作品：

> 都城风土水木之胜在东南隅，东南之胜在履道里，里之胜在西北隅。西闬北垣第一第，即白氏叟乐天退老之地。地方十七亩，屋室三之一，水五之一，竹九之一，而岛树桥道间之……

欣慰满足退老，溢于言表。此后，白府又经多次修葺补建，乐天每次都要欣然命笔，详加记述。文中所说“地方十七亩”，应为唐制，折合今日面积为十三点四亩，将近九千平方米。依据此诗序言和诗句，后人绘得各种白府图景层出不穷。到今天，洛阳安乐镇狮子桥村，也就是履道里白家宅院遗址和白氏后人居住的几处村舍，仍是旅人经常寻访之独特文化区，只是比较零乱，亟待进一步开发保护。

宝历元年（825）春天，白居易整日在新园里作诗饮酒，校阅《白氏长庆集》，时与杨归厚等老友研习医术和书法。白与杨有着许多共同亲友，杨和刘禹锡、柳宗元系属同门师兄弟。杨与刘同娶薛氏姐妹，后来又成为儿女亲家。杨归厚曾任左拾遗，并在巴峡等地做过刺史，与乐天经历相似，年龄相仿，共同语言多于他人。白居易刚到洛阳之初，就落脚在杨归厚家中。

这时，胞弟白行简除授新职，为礼部主客郎中，主管外事往来，官阶升至从五品上，月俸五万文。白居易高兴之际，又很惊异：行简老弟考取进士之后，升任官职几乎与自己一模一样，先是校书郎，继而左拾遗、部司郎官，居易五十岁朝散大夫着绯袍，行简同样五十岁朝散大夫着绯袍，可谓紧步居易后尘。这在京官群落中，兄弟俩前后官职如此相似，实属罕见。史家未议此事，说不清是偶然所致还是另有玄机。

白居易另一位小堂弟白敏中，系居易叔伯白季康之子，自幼跟随白居易学习生活，长庆初年进士及第，考官正是河南尹王起。这里有个小故事，说当年白敏中与好友贺拔惎携手应试，帝京考官王起，亲自告诉敏中，自己厌恶贺某，示意敏中疏而远之，敏中当时只好答应。当贺某来访时，仆从告曰敏中不在家，实则遵嘱躲避，贺某茫然而去。此刻，白敏中顿悟，立即追出门外疾呼：即使不中进士，也不能与朋友绝交！乃详告上述内情，二人悲怆大醉，即席而眠。王起得知此情，反而深受触动，遂将敏中与贺拔惎同时录取。白居易回到洛阳时，青年进士白敏中跟随义成军节度使李听，正在郑州、滑州一带任职锻炼。后来白敏中入朝，果有大成，曾任翰林学士、刑部尚书，节度使，直到官拜宰相，平定党项，力贬李德裕于崖州，结束了漫漫四十年“牛李党争”。

白居易、白行简、白敏中，此中唐三白崛起，令朝野震荡，后人可立项做专题研究了。

乐天在洛阳隐逸安适，重拾音乐之好。他在《云和》诗中写道：“非琴非瑟亦非筝，拨柱推弦调未成。欲散白头千万恨，只消红袖两三声。”一派仙风道骨气象。

洛阳春光好，新居竹叶青。

三十七、三任刺史到苏州

忽然间，白居易人生轨迹再度发生变化。他回归洛阳“退老”半年，定宅安居，喘息方定，一道圣旨骤降白府履道里，敬宗诏命太子右庶子白居易，接旨前往苏州，除任刺史。

这位唐敬宗李湛乃穆宗长子，时年十七岁，为唐朝第十三位皇帝。少年新帝玩心犹在，酷爱弄龙舟踢足球（蹴踘），常在半夜打狐狸享乐，鲜理朝政。国家大事皆由宦官王守澄、权臣李逢吉把持。李湛一登基，二十三岁的杜牧就写了一篇《阿房宫赋》，借秦讽唐，致朝野流传。李湛之尊倒是高兴了宫女嫔妃，可以日夜与这位天子小鲜肉开怀嬉乐。其中一款游戏，由李湛射箭，箭头改作纸团，浸蘸香料，薄纱嫔妃遥立一排做靶，李湛开弓而射，中箭者通体飘香，笑逐颜开，准与天子当夜拥香而眠。君王从此不早朝，偶作御批必匆匆。

正是这位少帝，刚刚改过宝历年号，就在三月四日下诏，派遣白居易刺任苏州。李湛为何做出这项决定？洛阳群官百思不解，白公同样倍感意外，是朝中丞相谏助吗？谁也说不准：李逢吉虽然阴谲多端，独断专行，偏偏将居易视为友朋同仁，牛僧孺此刻已从宰相位上外任武昌而去，还有李程、窦易直和裴度三位宰相在朝，具体哪一位发挥了作用？史家每议至此，往往一笔带过，未解详实缘由。须知人间天堂苏杭二州，乐天已占其一，再任其二，岂非梦中？

此事还请方家点拨。

诏书到达洛阳，白居易接旨，时已三月中旬。月底，白家离洛启程，登官船，先入黄河，后转运河，顺流扬帆东去苏州。

不论哪种缘由，一位唐官能够先任杭州继任苏州，实乃人生快事。乐天内心充满喜悦。官船中转咽喉汴州（今河南开封），白居易登临大河南岸，准备改船行汴河，沿千里漕运航线而抵苏州。正好可以在汴州拜会他和刘禹锡共同的老友令狐楚，刘白同龄，令狐楚则年长六岁，宪宗元和年间，白居易与令狐楚都做过翰林学士。白贬江州之后，令狐楚一度入朝拜相。令狐才思俊丽，诗文俱佳，与刘白多有酬唱，要说文坛声誉，刘白名望或许高于令狐，要说执政治乱，刘白却远不及令狐之功。在以往平乱中，令狐楚临危不惧，胆识过人，屡建功勋，以文武兼备而享誉朝野。白居易诗赞令狐楚“尽解呼为好才子，不知官是上将军。谢朓篇章韩信钺，一生双得不如君”。刘禹锡同赞“少有一身兼将相，更能四面占文章”，“庭前剑戟朝迎日，笔底文章夜应星”，评价极高。这位令狐楚，还是晚唐李商隐、温庭筠、贾岛、张祜等多位诗杰的伯乐引路人。

令狐楚在汴梁要地肩负重任，一身多职，既是汴州刺史、宣武军节度使，还兼汴京、宋、亳、颍诸州观察使。刘禹锡曾为令狐府衙撰写《汴州刺史厅壁记》，传为名篇。从中可知，长庆四年（824），令狐来汴之前，恰在东都担任河南府尹，而继任者正是前述王起，令狐楚宅院仍在洛阳。不久前，敬宗紧急派遣令狐楚离洛赴汴，盖因汴州两年战火频仍，韩愈曾叹汴州乱时，连城门都不敢开。前任韩充将军刚刚奋力平息汴军李绛动乱，竟突然病亡，治理乱后城邦，急需良臣。令狐楚接任，勤政抚民，解除酷法，改仇杀为理善，时仅半载，地方安定，人心思归，汴州恢复元气。诗豪刘禹锡远在和州（今安徽和县，另，河北南和县唐初亦称和州，三年废，隶邢州），闻讯而诗：“天下咽喉今大宁，军城喜气彻青冥。汴州忽复承平事，正月看灯户不扃。”扃，音交，指门栓门锁类。原先城门溅血，转眼夜不闭户，这变化委实可喜可贺。遂使令狐楚享誉史上。

不难想见，令狐楚喜迎白居易，盛情款待，谈经国大事，论天下诗文，两人该有多少话要说？而人与人之间脾性，想来也怪，这位文武双全令狐楚，最爱禹锡乐天，偏偏与刘白挚友裴度和元稹疏远，尤其与元稹合不来，少有亲近语言。一如居易与张籍亲善，却与张籍挚友韩愈交游甚少。而裴度和元稹之间，尤其对立。内中既有立场观点问题，也有脾气性格差异，兼有时势功利种种因素，最是一言难尽。

所有这些远近厚薄，利害关系，白居易和令狐楚心知肚明却无妨亲善。相逢时难，知音无多，美酒飘香，不提也罢，复杂人事简单化，乃佛家妙法。一连五天，白公令狐携游汴梁名胜，抚今追昔，流连忘返。笔者延伸去想，白居易与令狐楚，除了诗文情怀之外，还有不少共同特点，一是关于政治经济方面，两人深有研究之道；二是脾气性格同样谦虚宽和，交游重情义，处友极真诚，极少与人发生争端，能够容纳多种多样同僚并和睦相处。至少在表面上，与社会环境没有形成分裂，人群乐于接受他们，赞誉他们。简单说，他们以深厚儒学为基础，理事睿智，处人庸和，因而在严酷体制和官僚倾轧中，相对宽裕得自由。

白居易留汴五日，目睹令狐楚治郡有方，内心深受触动。改换航道东南行，船至常州，刺史贾竦迎宴，祝贺老友荣任苏州郡使。长庆初，白与贾在长安共同担任科举考官，选拔青年才俊，都做过中书舍人。此时，乐天面对贾刺史，谈及汴州新气象，感慨自己虽任三州刺史而德能不足，无力为大唐中兴有所建树。一首《赴苏州至常州，答贾舍人》，可见心境：

未酬恩宠年空去，欲立功名命不来。
一别承明三领郡，甘从人道是粗才。

承明，指未央宫局部，承接明堂之后左右路寝，代指天子深宫。三领郡，指忠州、杭州、苏州三郡刺史。未能建功报国，我甘愿承认自己就是一名粗才笨官。

船近苏州，白居易出发时那份欢喜逐渐消失，代之以沉重责任感，令狐楚强兵安民印象挥之不去，居易自愧弗如。同一时间自愧诗还有《去岁罢杭州，今春领吴郡，惭无善政，聊写鄙怀兼寄三相公》。三相公，指朝中李程、窦易直、裴度三位宰相。白居易朦胧认为本次改官，不外乎出自此三位意愿。陈友琴等学者认为，诗寄三相当中，有李逢吉而无李程。总之是说，宰相们也不想一想，我一个诗文老叟，能不能举起沉甸甸的使臣旌节呢？旌节乃皇权法力象征，为刺史以及州道官员所持，上州持节大员有权杀人判罚死刑。领郡苏州，我只怕担当不起。诗曰：

为问三丞相，如何秉国钧。
那将最剧郡，付与苦慵人。
岂有吟诗客，堪为持节臣。
不才空饱暖，无惠及饥贫。
昨卧南城月，今行北境春。
铅刀磨欲尽，银印换何频。
杭老遮车辙，吴童扫路尘。
虚迎复虚送，惭见两州民。

看见杭州老人、苏州儿童，为了送我迎我而清扫道路，我能够对得起他们吗？

宝历元年（825），白居易五十四岁。五月五日船抵苏州。这里是他少年时代躲避战乱的旅居之地，没想到，几十年后自己来此镇守为官。白居易感慨道：“前后相去三十七年，江山是而齿发非，又可嗟矣！”（《吴郡诗石记》）

少年往事，记忆犹新。贞元二年（786），白居易旅居苏州时尚且不足十六岁。在《吴郡诗石记》中，诗人回顾当年：“贞元初，韦应物为苏州牧，房孺复为杭州牧，皆豪人也。韦嗜诗，房嗜酒，每与宾友一醉一咏，其风流雅韵多播于吴中。时予始年十四五，旅二郡，以幼贱不得与游宴，尤觉其才调高而郡守尊。”直到十八岁，白居易才离开苏州转回符离家中。此间韦应物尚在任上，有清官之名，世称“韦苏州”。史家推论说，白居易以“离离原上草”进谒顾况，倘属真事，那么拜会地点只能是苏州而不是长安。应该是顾况来到好友韦应物这里，接见了晚生。白居易对名臣韦应物十分尊敬，曾在《与元九书》中说：“近岁韦苏州歌行才丽之外，颇近兴讽。”两心相近，更爱山水园林。韦诗“春潮带雨晚来急，野渡无人舟自横”，意境何其高远。再要细说起来，韦应物长乐天二十岁，其女婿家为“弘农杨氏”，乐天之妻也出自“弘农杨氏”。韦应物的亲家，就是乐天洛阳旧房主杨凭的胞弟杨凌，世界有时候果真很小。

苏州名城，果然雄奇，外城环绕四十七里，西南太湖广阔，襟连杭州、湖州、常州三郡之地，湖水注入城中纵横街巷，水陆并举。郡土物产丰盛，鱼米丰鲜，漕船扬帆直通运河。城西姑苏山，湖中洞庭山，湖光山色，名胜古迹遍布城乡。吴苏柑橘更是朝贡极品。

白居易深感责任重大，前代韦应物更是一个榜样。到任当天，提笔首篇文字，照例是《苏州刺史谢上表》：“当今国用多出江南。江南诸州，苏最为大，兵数不少，税额至多。土虽沃而尚劳，人徒庶而未富。……然既奉成命，敢不誓心？必拟夕惕夙兴，焦心苦节，唯诏条是守，唯人瘼是求。”

可叹古老中国一大传统，即不论皇帝孰明孰昏，正直官员总要精忠报国。纵使蒙冤受挫，也一味哀时运、恨奸佞、省自身，而不知抱怨皇帝。稍有喘息，仍要为江山社稷竭尽余力，矢志无悔。实是千年文化传统教育所决定。白居易同样如此，安史之乱后，盛唐走向衰落，中兴时艰，皇帝一代不如一代。自代宗、德宗、顺宗、宪宗、穆宗、敬宗，白居易已经阅历了六位帝王，朝野愈加险峻。此刻，当他孤守东南府衙，掌灯研墨之夜，少年皇帝正在宫阙中伙同太监捕捉狐狸。而诗人仍要谢皇恩，表忠诚，思良策。请看：

甲郡标天下，环封极海滨。
版图十万户，兵籍五千人。
自顾才能少，何堪宠命频。
冒荣惭印绶，虚奖负丝纶。
候病须通脉，防流要塞津。
救烦无若静，补拙莫如勤。
削使科条简，摊令赋役均。
以兹为报效，安敢不躬亲。
襦裤提于手，韦弦佩在绅。
敢辞称俗吏，且愿活疲民。
……
警寐钟传夜，催衙鼓报晨。
……
待还公事了，亦拟乐吾身。

此诗标题几近叙事:《自到郡斋，仅经旬日，方专公务，未及宴游。偷闲走笔，题二十四韵，兼寄常州贾舍人、湖州崔郎中，仍呈吴中诸客》，可知这位最爱酒宴郊游者，现在专心公务，未敢尽情举杯。

晨钟暮鼓，伏身衙案，白居易披阅公文，思考州情，“朝亦视簿书，暮亦视簿书”（《题西亭》），一连两个月不愿放松休息。把上面这首诗与奏表结合来看，“削使科条简，摊令赋役均”，他初步认为治理苏州需要简政均税，减轻州民负担，使疲惫的百姓休养生息。同时需要依水兴利，开路修堤，改善“土虽沃而尚劳，人徒庶而未富”之现状，解决“兵数不少，税额至多”之难题。郡使务须事必躬亲，勤勉尽责。

直到两月之后，眼中日见清净，案头积卷得以清理，又督促完成了一年一度拣运贡橘公差，白刺史终于松了一口气，开始在郡斋举行首次“旬宴”。唐时，按例官署衙务工作人员，规定十天一休沐，谓之“旬休”，即“九日驱驰一日闲”。在这个假日里，刺史主持设举酒菜款待宾客和属眷，谓之“旬宴”，以九天奔忙换一日之醉，或曰以一日之醉换九天奔忙。白刺史以此入诗，颇多意趣，下面这首诗开头言明“公门日两衙，公假月三旬”，是说一天两进衙府当班，一月三旬三个休沐，“公多及私少，劳逸常不均”，要是多一点专属个人的假日该多好。然而，“况为剧郡长，安得闲宴频。下车已二月，开筵始今晨”，苏州如此重要我哪得闲暇宴饮？来了两个月，这才头一回宴请。接下来点出不少吴地特色佳肴，更兼歌舞佳丽美好，转而嘱告“众宾勿遽起，群寮且逡巡”，来客们不要太激动，衙吏们还须尽职责。最后三联意味深长：

无轻一日醉，用犒九日勤。
微彼九日勤，何以治吾民。
微此一日醉，何以乐吾身。

（《郡斋旬假始命宴，呈座客，示郡寮》）

白太守正是一位劳逸结合之典范，尤其明白“九勤”与“一醉”之间，有着怎样一种辩证关系，公心与人性两者不可或缺。读者若有兴趣，不妨网搜全诗，从容品味。

一忠州，二杭州，三苏州，白居第三次肩负起刺史重任，镇守城邦。

三十八、山塘路与团结军

筑建苏州山塘堤，白公功德传天下。笔者或不语，国人已尽知。不过仍有几个要点，读者容易忽略，需要加以说明。

据可靠资料显示，苏州是中国最古老城市之一，公元前六世纪即为吴国政治中心，西汉进一步强化建设，司马迁《史记》称苏州为“江东一都会”，谅非虚语。

城市交通必修道路。唐时，苏州城内人口稠密，而城西阊门到虎丘（时称武丘）码头，两者之间沼泽泛滥，山塘水面遥隔数里，人货往来必须乘舟船或者绕行，十分不便。白居易决定治理苏州西北河道，首先想到修筑一条车马通行道路，防洪灌溉则在其次。不少史料将山塘堤路说成居易治水，未必准确。筑堤目的主要在于筑路。

另外，筑路利用了旧堤基础，挖掘山塘河泥作主要筑堤材料，继而种植桃李杨柳固本美化，逐年以石块砌牢堤岸，让山塘变成一条水陆并行的商贸街市，长达七里，助兴苏州，亦称“白公堤”。商街一侧山塘河道仍可行船，构成古街傍河、河堤固街独特景观，间有多座拱桥架于河道，与老市区连成一片。

笔者考察山塘河与山塘街，如今倍加繁荣。不少商户后门贴水道，前门临市街，水道篷船听评弹，街市游子品美食。或乘舟下河，或登岸上街，白日亦静亦动，夜晚灯火通明，人间鲜有此景，恍若天堂梦境。千年后，曹雪芹著《红楼梦》，第一回里赞此“最是红尘中一二等富贵风流之地”。而今君下山塘，只需问询“居易码头”即妥。

七里山塘堤路修成，白刺史喜爱这条春光水陆商道，作诗《武丘寺路》：

自开山寺路，水陆往来频。
银勒牵骄马，花船载丽人。

芰荷生欲遍，桃李种仍新。
好住湖堤上，长留一道春。

白刺史动员州民，在山塘堤路种植荷莲桃李数千棵，从此反复上路巡查，兼往虎丘山寺览胜。时而堤头纵马，时而下河乘船，一年当中，竟然往返十二次，乐此不疲。苏州水巷遍布，小桥涵洞不高，白刺史特地打造了一条低篷小官船，察疾苦，访底层，解民瘼，判疑案，极尽郡使之责。他屡登阊门城楼，不由得豪情四溢：

阊门四望郁苍苍，始觉州雄土俗强。
十万夫家供课税，五千子弟守封疆。
阖闾城碧铺秋草，乌鹊桥红带夕阳。
处处楼前飘管吹，家家门外泊舟航。
云埋虎寺山藏色，月耀娃宫水放光。
曾赏钱唐嫌茂苑，今来未敢苦夸张。

（《登阊门闲望》）

白居易年过半百，报国豪情犹存。只要条件允许，他就要调动自身和民众积极性，争取为百姓多做好事。然而史家却言，白居易年轻时直言极谏，讽喻诗章重千斤，是谓“达则兼济天下”。自贬江州之后，情怀转变，消极处世寻安享，是谓“穷则独善其身”，前后判若二人。这种观点传证既久，延为常论，人们也就接受下来，不做深究。

近年，笔者为写此著，再研唐史，对以上观点产生了不同想法：从表象看，白居易多重变化前后有别，如做具体分析，便知内心志向始终不渝，其变往往身不由己，时代与制度，才是解放或捆绑职官的根本原因。笔者曾在前头章节做过一些分析，此处不妨再做引申：

白诗前期光焰夺目，主要出于言官制度的允许和激励。专职谏官，其职能就是向皇帝提出纠偏建议，批评朝政可能出现的过失和遗漏，如果提不出新锐见解，反而视为不忠。左拾遗白居易要求自己“有阙必规，有违必谏，朝廷得失无不察，天下利病无不言”。大事庭争，小事封谏。累累奏言即为尽职谏议耳。白居易力倡“采诗”，也是要把民众心声反映上来。唐代强盛，与言官言路之通畅密不可分，如吏部铨试主项之一，就叫“极言直谏科”。朝廷言论自由宽松，官方主流舆论又深入影响民间话语，朝野互动，始有《秦中吟》和《新乐府》诞生，始有“汉皇重色思倾国”“从此君王不早朝”种种批评，始有“朱门酒肉臭，路有冻死骨”等等名句，助推李杜白中华高峰。所以说，制度安排才是第一要义。同理，一旦离开言官岗位，官员进谏上书则必须收束，各尽职守，责任分明，越权妄议同样为制度所难容。白居易贬江州，直接原因即东宫官越权言政事，这是不允许的。

就是说，制度激励言官直谏尽忠，言官职责允许青年奋勇，白诗前期自当耀眼夺目。中后期外任执政，为官一方，考量尽职别有一套标准，岂能光说不做？具体到白居易，则江山易改，秉性难移，前后并不存在本质变异，盖因制度差别凸显，行为方式随之不同。史家褒前期兼济天下，贬后期独善其身，以此概括乐天生平，恐失表象，还待商量。

唐朝言官制度，推动仕人拓展实践儒学报国思想，有助于文杰诗豪发挥才能，缔造了一个世界超级强国，实乃中华民族极其宝贵的文化经验，今人理当深思，岂可轻弃？

紧接以上话题，白居易历经多位帝王轮转，内心始终忧国思进，报忠安民之心从未泯灭。近有谢虹光著文，以三首“制裘诗”为贯穿线索，梳理乐天前后思想轨迹，笔者颇为认同。谢先生说，元和九年（814）冬，白居易丁忧中四十三岁，作《新制布裘》有句：

> 丈夫贵兼济，岂独善一身。
> 安得万里裘，盖裹周四垠。
> 稳暖皆如我，天下无寒人。

与杜甫“大庇天下寒士俱欢颜”异曲同工。这是题涉制裘第一首，第二首就到了长庆二年（822），白居易五十一岁，再写制裘诗句。前文有叙，此处重温：

我有大裘君未见，宽广和暖如阳春。
此裘非缯亦非纩，裁以法度絮以仁。
刀尺钝拙制未毕，出亦不独裹一身。
若令在郡得五考，与君展覆杭州人。

要以法制和仁爱制作温暖大裘，展覆到饥寒州民身上，仍是“兼济”思想的继续。过了十年，即大和五年（831），白居易已到花甲之年，任河南尹。（容当后叙）他又一次痛心地写道：

宴安往往欢侵夜，卧稳昏昏睡到明。
百姓多寒无可救，一身独暖亦何情。
心中为念农桑苦，耳里如闻饥冻声。
争得大裘长万丈，与君都盖洛阳城。

（《新制绫袄成感而有咏》）

此三首之外，还有《题新馆》，“重裘每念单衣士，兼味尝思旅食人”。白居易总说自己独暖不算暖，他人同暖才安心，一生没有改变“兼济”意愿，忠君济世之心从年轻到暮岁俱在胸中，怎能简单切分前后，从而断言先“兼济”而后“独善”呢？同理，白居易那些闲适诗作，重在反映诗人性情另一侧面，年轻时写了不少，中老年写得更多而已。第一部《白氏长庆集》已有“闲适”分列。再说，白居易对陶渊明毕生尊崇，仰佛门产生中隐思想，都是久已有之，同样不宜截分“独善”而论。笔者认为，人呈现多侧面而存在，白居易更多一些复杂和敏感。中唐时运、制度、职官等因素，形格势禁之间，都会对诗杰文豪产生客观影响，兼济天下与独善其身，两种情怀时隐时现交替沉浮，有时交织在矛盾中。唯其复杂与矛盾，才具备古代士大夫之典型意义，并无必要前后断论分期。张再林先生亦持相近观点。试想延及宋代，我们又该怎样给苏东坡分期呢？本来，在官勤勉尽职责，去官闲适且陶然，古代文官忠君抱死，或安贫乐道，向来如此。如果，官老犹不知足，终身都想执掌大权，一旦卸官就十分难受，反而怪异无羞令人哀叹。

笔者体味，多年流行白居易前后分期说，应是往昔斗争哲学发酵于古典文学研究的产物，意在突出杰出诗人与统治阶级的抗争对立。在一九四九年以后多种文本中，常有“阶级烙印”“以诗歌为武器”等词语映入眼帘，充分肯定前期创作具有“进步性”，而后期消极独善，诗人陷入了“局限性”。灯下，翻检陈寅恪先生《元白诗笺证稿》，未见此论，再读台湾版王云五主编的《白居易评传》（刘维崇著），亦无此说，日本学者丸山茂等“唐代文学研究十家”，凡言及白居易，均没有前后分期之意。可知今人评古人，思想方法大不相同。而将白居易平生做前后分期断论，实际上阻碍了这份遗产向深广研究发展。比如诗人与王朝官制，与中唐文体流变，与妇女老幼亲朋民众，与动物植物大自然，与歌伎舞蹈音乐，与税赋月俸粮油时价，包括儒释道三者关系，等等，各方面均可深入探索下去。日本史家研究白学，光说乐天与马的专题，一写就是半本书，如果研究白公与酒，还不知要写多厚……

提到白居易与中唐官制问题，交织面甚宽，本次刺任苏州，再次涉及这一点。其诏命全称为“使持节苏州诸军事守苏州刺史”，显与以往不同。官称增添“苏州诸军事”这一重任，应该如何解释？白诗数次写本州，“版图十万户，兵籍五千人”，“十万夫家供课税，五千子弟守封疆”，说明十万户州民，五千员将士，均在白刺史管理责任之内，与诏书官称相吻合。而过去言说白居易，从未提及他直接统领或指挥军队。再说，唐代文官清流，从科举到执印，与武将征战属于两码事，白刺史任苏州，怎么文武混搭起来了？

为古贤作传，必须密切结合当时历史，贤者不是孤立存在，史籍理不清晰，解说必然朦胧。白居易此番赴任，军民兼管，同样离不开时政历史。

唐代中期安史之乱，诸藩镇州郡抗击叛贼，“天下兵兴”，无形中坐大了军事，战后反成当朝忧患。部分藩镇（道）拥兵自重，统州辖县，与朝廷分庭抗礼。朝廷转而武力削藩，竭力阻止节度使、观察使立威扩张。德宗、宪宗为解决此患，力图将地方事权、军权收归中央，结果收效不大，遂将希望寄托在州郡刺史身上，加强刺史执政权力，提高刺史独立自主地位，限制藩镇对州郡的控制。

白居易元和初年身在长安，对全国局势洞若观火。特地针对州郡刺史职责，作《策林二·牧宰考课》一文。牧者，统州郡者也。白居易明确指出，牧宰面临困境，原因在于上一级“使司”即藩镇节度使、观察使，控制了州级刺史执政权：

> 当今牧宰之内，甚有良能，委之理人，亦足成效……今县宰之权，受制于州牧，州牧之政，取则于使司。迭相拘持，不敢专达，虽有政术，何由施行？县畏于州，州畏于使，虽有仁惠，何由抚绥？

白居易意见明确，与唐宪宗削藩方略是一致的。而加强刺史权力以削抵“使司”控制，一个重要方面，就是牧宰掌握军权，军政兼守一身，或由刺史直接担任本州兵马“团练守提使”，必要时一并兼任节度使。元和十四年（819），宪宗皇帝接受多方建议，正式下诏，确认刺史统辖驻州兵权，让州郡刺史抗衡藩镇，手中军事力量得以加强。

当然，中央政令并非畅行无阻，藩镇豪强必将或明或暗予以抵制。而州郡刺史概由皇帝任免，诸事直对朝廷包括三省六部负责，节度使虽为上司，却只能监察不能查办。今刺史统领州兵，实力添增。因此，刺史与节度使之间，关系往往不很融洽，尤其在军事指挥方面更不协调。

余杭、吴苏皆属浙西道辖管，白居易两守苏杭，节度使未变，李德裕仍是上司，二人兴水课税相互支持，时有诗词酬唱，关系正常。军事上各领各兵，也未曾冲突。

此处谓各领各兵，该如何理解？

唐代御敌，以防范北方游牧民族为要，海上入侵很少。宋代始设沿海制置司，统领水军，扎水寨，造战船，初建中国海防。那么，浙西道李德裕、苏州白居易，所辖军队应是步骑。

一般来说，藩道节度使统领之兵，乃国家常备部队，称作府军，每军兵员上万，将士多称“健儿”。健儿为兵制身份名词，后来演变为常用名词。府军健儿由节度使统领，首都禁军即神策军，由近臣宦官统领。全军常备，百万雄师。

白诗《新丰折臂翁》，言远赴云南，很可能就是强征府军健儿。那么，州郡刺史统领之军，并非府军健儿，又是什么性质？他们称为“团结兵”，不同于府军、神策军、边防军之健儿，实为地方武装。而诸州团结兵也要定编制，常训练，发军饷。召之即来，来之能战。可惜军饷不是钱币，而是“身粮酱菜”。《资治通鉴》卷二二五写道：

> 又定诸州兵，皆有常数，其召募给家粮、春冬衣者，谓之官健；差点土人，春夏归农，秋冬追集，给身粮酱菜者，谓之团结。

官健即正规府军健儿，给家粮，发军装；团结兵则没有家粮与军装，只补给身粮和酱菜，同时优惠规定“免其征赋”。所以各州团结兵定编多少人，也是朝廷兵部核准批复下来的，不能多也不能少。必要时，团结兵可以转役为健儿，加入正规军作战。白居易持使节统领苏州军，正是这种“一年两训”的地方武装，近乎后来的基干民兵预备役，亦兵亦农。就指挥系列而言，又接近于后来的地方军分区独立团。

杜甫诗言“暮投石壕村，有吏夜捉人”，应指政府强行征兵，补充府军健儿抓壮丁。不过，唐代崇文尚武，还有一种兵员，却是不征自来的志愿者。白居易诗中说，“十万夫家供课税，五千子弟守封疆”，这里的“子弟”，并非泛指或者形容词，而是兵员类型的又一个名词，具体指老辈军人后代。唐朝有神策子弟、城傍子弟、山河子弟等称谓，均指此类兵员。不少将士甚至官僚之子，主动要求随军作战，意在建立功勋而晋身。他们既非团结兵，又不属于府军健儿。敦煌出土军队花名中，对其标注“子弟”二字，他们自办衣装，“不入募人之营”，类同“义征”志愿者。唐会昌年间，兵部奏石雄所部，“军外子弟万人以上犹有少壮，堪从战卒五六千人，皆是父子兄弟，人心齐一，临时使用，绝胜诸军”。可知此类编外战卒来自军武世家，能征善战，子弟是为专称。千百年后，逐渐引申到广义的“军队是人民子弟兵”之誉。

于是笔者判断，白居易统领苏州地方军，包括了“团结兵”和军人子弟在内。当然白居易不是高适，让他带兵训练或指挥征讨，肯定不如后者。而千年后地方主官兼任军分区第一政委，倒是与之有些相像。这些州郡武装虽然不算唐军主力，却对节度使、观察使之骄横产生某种抑制。

团结军守卫一方，免征课税，练兵杀敌，耕战兼顾，而本州刺史则必须保障这些半职业军人落实待遇，供足军酬。即说“身粮酱菜”，年年供应几千壮汉，也绝非一个小数字。刘禹锡刺史和州，言“州师五百，环峙于东”，誉其团结武装为“州师”。而和州不大，按户籍比例抽丁，不过五百将士。史载楚州（今江苏淮安）“疆土绵远，带甲四千人”，同州（今陕西大荔）六千七百三十六人，京兆府团结军六千三百二十七人，华州（今陕西渭南）五千二百二十三人，蒲州（今山西永济）两千七百三十五人。白居易统领苏州团结军，包括子弟兵，诗中整数为五千，比刘禹锡之“州师五百”多出十倍吃粮人。还要配发酱菜，也不知白刺史如何组织加工生产？有趣的是，唐代军队，无论府兵健儿还是地方团结，军中补贴均为酱菜，为什么不选择别的品种？因为人体不可缺盐，老酱菜具有补盐之效，唐人真是有大智慧。于是白刺史腌咸菜，又与盐政脱离不开。

此类军需后勤供应，加上兵器箭镞战马甲胄，都要烦劳州郡刺史统筹督办，如果有人对白居易与军事的关系做些专题研究，想必蛮有意思，可惜目前尚未见到。

三十九、长假辞州官

喝一日酒，值九天班，管山塘河，统团结兵，白刺史还要忙里偷闲，四处登高览胜，身心日渐衰疲。尤其眼睛染疾业已深重，干涩昏花，几近失明："散乱空中千片雪，蒙笼物上一重纱。纵逢晴景如看雾，不是春天亦见花。"眼疾如此严重，应该怎么办呢？"医师尽劝先停酒，道侣多教早罢官"（《眼病二首》），停酒乎？辞官乎？对于白居易都不是小事情，而"朝亦视簿书，暮亦视簿书"又不可怠懈，镇守吴苏责权重大，黎民苦乐，身家利害，俱在肩头。《自咏五首》可见其焦虑之心：

朝亦随群动，暮亦随群动。
荣华瞬息间，求得将何用。
……
一家五十口，一郡十万户。
出为差科头，入为衣食主。
水旱合心忧，饥寒须手抚。
……
公私颇多事，衰惫殊少欢。
迎送宾客懒，鞭笞黎庶难。
……
老耳倦声乐，病口厌杯盘。
既无可恋者，何以不休官。

正在两难之际，一场事故发生，加剧了诗人辞官归去之心。宝历二年（826）早春，白居易看卷艰难，便去城外西南灵岩山游走。山中灵岩寺是个好去处，只是水路不便，乐天选择了骑马。未料，归返下山途中，坐骑闪失前蹄，冷不防将白居易掀于马下。随从惊呼之际，白刺史跌坐在石板路上，腰腿损伤不能动弹，脚也肿了，当下难以起身。

苏州衙署，案头文卷越堆越高，文武要事刻不容缓。白居易强忍伤痛处置不迭，“腰痛拜迎人客倦，眼昏勾押簿书难”（《酬别周从事二首》）。到晚间服了药，乐天久不成寐，老州官韦应物所作诗句挥之不去：

去年花里逢君别，今日花开又一年。
世事茫茫难自料，春愁黯黯独成眠。
身多疾病思田里，邑有流亡愧俸钱。
闻道欲来相问讯，西楼望月几回圆。

（《寄李儋元锡》）

这是韦应物写给友人之诗，此刻与白居易思念元稹之情丝丝入扣。更放不下这两句：“身多疾病思田里，邑有流亡愧俸钱”，叹无计振乾坤，无力拯黎民。难道还要拖着病体，继续领受高位之酬吗？相距三十七年之远，两位苏州刺史忧患愧疚之心高度相似。

韦应物这位关中望族后代，于贞元六年（790）苏州期满卸任，竟然身无川资，未能返回长安候选，吏部也没有重新分派另职，韦应物寄居城郊无定寺，租种土地，一贫如洗，不久客死苏州，年仅五十五岁。按今人想来，名门贵族之后，三品上州刺史，何至于贫寒至此？唐朝故事总教人震撼长思。

宝历二年（826）春季，白居易在腰痛、眼疾、肺伤之中煎熬一段时间，身心俱疲。坚持到五月，他毅然决然上奏朝廷，请告百日长假。须知唐官百日长假非同一般，不同于任职期满或丁忧之后，尚可由吏部复官复职或重新调用，更不同于官员年终“封印”度假，年后“开印”回府，还不同于因事正常请假，而后销假上班。唐官请告百日长假，几近于辞官卸任，告老还乡。白居易作《重咏》诗：“日觉双眸暗，年惊两鬓苍。病应无处避，老更不宜忙。徇俗心情少，休官道理长。今秋归去定，何必重思量。”白刺史决心已经下定，再不要因为我的病痛，耽误军政黎民大事。

《唐会要》卷八十二休假条下注云：“职事官假满百日，即合停解。”白居易久任朝署，凡唐代法令比别人更清楚许多，百日假满形同抛官弃印，他焉能不知？而庸官往往病痛却称健康，生怕丢失宝地权柄，请告长假休官那不是要他的命吗？白居易却一身轻松，因作《喜罢郡》，令人回味无穷：

> 五年两郡亦堪嗟，偷出游山走看花。
> 自此光阴为己有，从前日月属官家。
> 樽前免被催迎使，枕上休闻报坐衙。
> 睡到午时欢到夜，回看官职是泥沙。

九月，百日假满，向往自由之人终于得到解脱。区区官职，不过泥沙而已。“马辞辕下头高举，鹤出笼中翅大开”，《百日假满》这两句诗，真是痛快淋漓。

欲别吴苏去，恋恋不舍情。这一次，白居易又将两块太湖石搬入船舱。辞杭州两块天竺石，别苏州两块太湖石，都可以安放在洛阳履道里，永做纪念：

> 苍然两片石，厥状怪且丑。
> 俗用无所堪，时人嫌不取。
> ……
> 万古遗水滨，一朝入吾手。
> ……
> 忽疑天上落，不似人间有。
> 一可支吾琴，一可贮吾酒。
> ……

人皆有所好，物各求其偶。

……

回头问双石，能伴老夫否。

石虽不能言，许我为三友。

（《双石》）

乐天审美性情无处不在，别人眼里丑怪之石，他视若珍宝，赞叹“忽疑天上落，不似人间有”，不惜千里迢迢带回远方家园。正是这种无处不在的性情趣味，给诗人一生带来莫大欣慰。马鹤琴石，诗酒歌伶，景树山水，佛道书经，世间百物与自身融合一处，不可分割，让他在污浊泥沙的官衙黑暗中，获得安宁。

十月初，白居易登船离苏，启程北返。和离别杭州一样，官员百姓闻讯赶来，盛情含悲相送好官。山塘堤畔扶老携幼，姑苏河里舟楫随行，有的船一直送出十里之外。白居易与州民在丝竹鼓乐声里渐行渐远，两厢挥手落泪，感人至深。

不久，刘禹锡得知白居易主动弃官，离苏之际百姓竟有这般情义，特作诗以记：

闻有白太守，抛官归旧溪。

苏州十万户，尽作婴儿啼。

太守驻行舟，阊门草萋萋。

挥袂谢啼音，依然两眉低。

（《白太守行》）

“苏州十万户，尽作婴儿啼”，这是极高奖赏，要比朝廷奖赏更珍贵，尽管白居易在苏州任职时间不长，加起来不足一年半，州民却修堂设馆长期怀念，山高水长，青史垂名。

诗豪刘禹锡，此刻在何方？

四十、刘白北归深宫溅血

刚刚说到刘禹锡，顷刻间白居易就遇到了刘禹锡。

乐天离别苏州，航行运河之上，停泊第一站，是江南胜地扬州城。但见扬子津码头客商云集，樯桅如林。白居易在这里下船游览，刘禹锡也在这里下船游览，白居易长假卸任苏州刺史，刘禹锡期满卸任和州刺史。

两位诗人不期而遇，喜出望外。

如果说，微之乃乐天前半生至交，那么，梦得便是乐天后半生知己。前者称元白，后者称刘白。刘白二人同年诞生于唐代宗大历七年（772），家庭背景相似，父亲同为地方官。禹锡祖籍洛阳，其父刘绪为避安史战火，携家南迁，大历七年时任嘉兴盐铁转运副使，刘禹锡出生地便是江南嘉兴。

刘白进士及第也同样顺遂。白诗“慈恩塔下题名处，十七人中最少年”，颇多得意。进士难考，不少学人从青春年少一直考到白发苍苍。名流之孙韦庄，考中进士已经六十岁，名相李柬之，七十岁才得中进士。故白居易二十九岁金榜题名，在同科当中还是“最少年”。韩愈考了四次，李白索性没考，杜甫两考不中而放弃。江南才子刘禹锡则非同凡响，年仅二十二岁便一举考中进士，比同时代白居易、李绛、王叔文、令狐楚等骄子更加年轻耀眼，唯柳宗元二十岁中举，堪与之比肩。

青年刘禹锡、柳宗元等，于永贞元年（805）积极参加革新集团行动，遭到旧势力联合反扑。唐宪宗继位，驱贬“二王八司马”出京。那时，白居易只是一名校书郎，位卑人轻，心向革新而无力助援。不久后，白居易给刘禹锡寄诗百首表达深切敬意，心灵相通相近。

殊可叹，永贞革新失败后，刘禹锡远离长安，先贬连州（今广东清远）改朗州（今湖南常德），十年后奉诏返京，却因桃花诗案复贬播州（今贵州遵义），又改连州刺史，五年后除夔州（今重庆奉节），四年后转和州（今安徽马鞍山），直至宝历二年（826），刘禹锡五十五岁，始从和州任上北返。如果从永贞元年算起，禹锡三十四岁，年富力强，到宝历二年却已年过半百，竟然一晃二十多年。匡世之才刘禹锡，将人生最佳岁月，尽耗在贬放流离之中。而刘禹锡始终心性昂扬，不屈不挠，豪放不羁，其人生进取积极态度，超乎白居易等俊杰之上。可叹王叔文、王伾、韦执谊、柳宗元、陈谏、凌准、吕温等一干英才，都相继亡故于荒远贬所，还有杜佑、权德舆、李吉甫、韩愈等杰出人物，也先后告别人世，唯刘禹锡能够居陋室而不屈，历尽艰险得与乐天重逢。

重逢在何处？据程韬光先生考证：宝历二年金秋十月，刘白时抵扬州，同赴淮南节度使王播宴会，幸而得遇。但朱金城先生认为，王播当年八月任河南尹，不在扬州。王拾遗等著作则未提宴会主人。总之刘白相见于扬州举杯之间，宴会主人是谁并不重要。二人久别重逢，悲喜交加，执手相看，吟哦不绝。自柳宗元、韩愈辞世后，当世文豪诗杰，已无可与刘白争锋者。两位文坛星座同时莅临，如日月辉耀，宴会气氛高涨，刘白每呈佳句，振聋发聩。

此处摘录程韬光《刘禹锡传》妙文一段，笔者不必赘述：

> 白居易醉意已浓，哽咽道：“我悲上天为何如此不公？梦得当年少年得志，文章名声谁不称道？可是为何这一切都如此徒劳？命运的压迫真的就无力抵抗？白某在朝中时日较梦得稍多，长安满目繁华，贵人遍地，百官僚属不计其数，为何就容不下一个刘梦得？白某亦知，历代为才名所累者数不胜数，但梦得一折二十三年，岂非太过分？”
>
> 居易动情而吟：
>
> 为我引杯添酒饮，与君把箸击盘歌。
> 诗称国手徒为尔，命压人头不奈何。
> 举眼风光长寂寞，满朝官职独蹉跎。
> 亦知合被才名折，二十三年折太多。
>
> （《醉赠刘二十八使君》）

刘禹锡不觉湿润了眼窝。是啊，从永贞元年（805），刘禹锡蹉跎于巴山楚水之间，竟已二十三年时光。“诗称国手”的杰出英才，荒废了最年富力强的岁月，如此不可挽回的伤害谁来负责？刘禹锡心中怎么能没有激愤？但他早已不是一味冲动的“愤青”，而是一位不减雄豪气概的成熟哲人。刘禹锡将杯中残酒一饮而尽，当即唱和：

巴山楚水凄凉地，二十三年弃置身。
怀旧空吟闻笛赋，到乡翻似烂柯人。
沉舟侧畔千帆过，病树前头万木春。
今日听君歌一曲，暂凭杯酒长精神。

（《酬乐天扬州初逢席上见赠》）

众人闻诗，欢喜若狂，白居易癫痴高歌，“沉舟侧畔千帆过，病树前头万木春”……

以上刘白对诗片段，多种史籍情节基本一致。沉舟病树，哲思名句，从此流传千古。

这一来，刘白二人同返洛阳，有了绝佳旅友。他们遍览扬州名胜，继而双双来到楚州（今江苏淮安）。刺史郭行余执意挽留两位贵客，一连多日尽在醉游之中。无官一身轻，难得自由身，好一个“马辞辕下头高举，鹤出笼中翅大开”，果然畅快。两位五十五岁老者，欣欣然回到了年轻时代，攀爬高塔也不觉累。游扬州时，二人登上栖灵塔，白居易唱道：“半月悠悠在广陵，何楼何塔不同登。共怜筋力犹堪在，上到栖灵第九层。”刘禹锡爽朗回应：“步步相携不觉难，九层云外倚阑干。忽然语笑半天上，无限游人举眼看。”（《同乐天登栖灵寺塔》）愉悦豪情溢于言表。诗句流畅自然，脱口而出。

年头岁尾，刘白辞别楚州郭行余。下一站，抵达名城汴州，拜见他们共同仰慕的兄长令狐楚。去年，白居易赴苏州，曾在令狐府上停留五日，而刘禹锡和令狐楚，虽诗酬往来不断，却多年不见，未知此三位高人相聚汴州，该喝多少酒，该聊多少话，该吟多少诗？又将给后人留下多少评品之趣？而实际情况是，三方所留诗篇寥寥无几，涉及内容也乏善可陈，后世品评这次聚会，记述平平，一笔带过。笔者认为，这是一种意外，其中必有原因，一定是发生了什么事端。

梳理一下时间：刘白辞别楚州郭行余之日，是宝历二年（826）年底，刘禹锡有《岁杪将发楚州呈乐天》，也就是腊月最后几天，除夕夜登船，有白诗《除日答梦得同发楚州》为证。进入江淮运河，沿“通济渠”向西北航行，先到泗州（今安徽泗县），进而宿州（今安徽宿州），再过宋州（今河南商丘），始抵中原汴州。这段水路逆流而上，少说也有千里之遥。上年，白居易以同样航线顺水而下，航行时间近月，那么，此次逆水北返驶抵汴州，只能比来时缓慢，时间应在次年正月下旬。

问题就出在这里。刘白除夕登船时，二人及郭行余显然不能预料：京城朝中突发极端事件，大唐敬宗李湛，只知一味游乐淘气，腊月初八竟被宦官刘克明等人杀害。逆阉弑君，刘白行船未知消息，正月末尾来到汴州令狐楚府中，听闻这一重大变故，刘白瞠目大惊。三雄相逢本当醉宴歌诗，这一惊，兴致荡然不存。令狐任汴州，正是敬宗所派，刘白返长安，亦属敬宗调回，如此激变，不仅触动国运，三人切身前途更添新愁。况诸君都曾于宫廷历经磨砺，对朝中惊涛骇浪深有体会，身为一方大吏，同为天子使臣，焉能不思其中利害？如此说来，三友汴州相会，未见留下明丽佳篇，也就不奇怪了。

敬宗李湛之死，格外不幸。这位少年天子，倒也没有做过什么虐政之举，并且知晓裴度、李绛、韦处厚等一干老臣忠直可用，便信任有加，只是顽皮贪玩，头脑简单而已。敬宗酷爱运动，无形中对古国传统体育事业做出了突出贡献。临终前，帝都举办了一届京都竞技大会，敬宗亲自督战，重赏之下，蹴鞠、竞舟、搏击、马球、射箭、摔跤、杂戏，各项大赛精彩纷呈。八方献技，捉对厮杀，交流切磋，取长补短，有力地促进了朝野健身热潮。

龙颜大悦，意犹未尽。腊月初八晚膳后，敬宗照例指挥宦官刘克明、击球将军苏佐明等游乐班底，在宫殿内外捕猎夜狐。深夜收兵回到兴庆宫，仍旧亢奋难平。李湛不思早歇，却召集刘、苏等二十八人，深夜聚宴豪饮。少年天子浑然不知，这一派宦官已经策划了新一轮阴谋，随时准备灭敬宗而立绛王，绛王李悟乃敬宗之叔，一向高深莫测。众阉党今晚得了机会，待李湛酒酣身热，离席进入内室更衣之际，兴庆宫灯烛突然熄灭，苏佐明率众太监守住殿门，刘克明等三人迅疾冲入内室，不等十八岁皇帝做出反应，逆阉一把抓定李湛咽喉，众人蛮力捉牢手脚，只一会儿工夫，敬宗竟被活活掐死。一如其父穆宗，荒嬉过度，加速了本朝终结。

当夜，刘、苏奸贼急匆匆伪造诏书，拥立绛王李悟统领军国大事。而宦官集团帮派对立，宫中如此激变，哪里躲得过宦官首脑王守澄、梁守谦耳目？王守澄更是一名老贼，先帝宪宗、穆宗暴亡，均与他脱不开干系。此时，分明有人切了他的蛋糕，王守澄立即动用内枢密使大权，调集神策军将，联合丞相裴度，于两日之内将刘克明、苏佐明等百余奸贼全部诛杀，绛王李悟大事不成，也一并死于刀下，胜利者当即拥立穆宗次子李昂称帝，改元“大和”，是为文宗。

一场深宫弑君动乱，惊心动魄，幸以奸贼不逞、文宗继位而告终。令狐楚把这件大事告知白居易和刘禹锡，刘白内心之激荡可想而知。前述白居易历经德宗、顺宗、宪宗、穆宗、敬宗五朝折磨，已是身心俱疲，如今突然上来第六位文宗。而新帝李昂与其兄李湛同父异母，年岁相仿，也不过十八岁。遥想吾唐多灾多难，皇室宦官专权，朝廷牛李党争，地方藩镇跋扈，三大危机该当何解？盛唐不再，山河破碎，吾国该向何处去？白居易从青年仕进，立志报效国家，不幸一贬六载，回朝图治而不得，外任杭州复苏州，牧宰一方，叹鞠躬尽瘁而眼花腰残，心有不甘却人老政衰，国统几绝，朝纲崩坏，乐天对官场再也不抱希望。

北望长安，白居易心中只对一人一臣尚存慰藉，这便是出将入相的栋梁之臣裴度。不久前，裴度自山南西道节度使调回朝中，同中书门下平章事，支撑着当朝半边天。敬宗突遭残害，裴度携手禁军诛逆，在刀光剑影中迎立文宗登基，再次挽救危唐。事件平息后，文宗李昂对裴度功加集贤殿大学士，太清宫使，兼中书门下侍郎，荣与前贤魏征、郭子仪同辉。往日，朝中李德裕、李宗闵、韩愈、元稹、刘禹锡等一流名士，都得到过裴度助力。文学哲理方面，裴度主张“不诡其词而词自丽，不异其理而理自新”，反对虚空诡异浮夸，始终支持赞赏白居易。白居易同样钦慕裴度，认为裴度于当朝举足轻重，不因好友元稹与裴度冲突而改变尊裴之情，在一系列重大决策中，裴白始终一致，政治理想高度融合。当年，白居易被贬江州，也是为藩镇刺杀裴度疾呼所致。

有一种推测认为，白居易告请长假辞官苏州之际，裴度回朝拜相，理政已有半年时光，这时，裴度要请居易回京，在自己身边担任要职。瞿蜕园、朱金城两先生即持这一看法，虽然并无笔墨实据，但随后的事实说明如此推测并非离奇。

且说白居易和刘禹锡，辞别令狐楚之后，禹锡先行赶赴洛阳，不久除任主客郎中分司东都，白居易则趁此空闲迂道荥阳（今郑州属市），回新郑故居怀旧。

几十年光阴流逝，新郑老宅一片荒芜，族亲不知去向，邻里皆不认识，儿时玩伴尽无一人，唯童年幻影如梦：

生长在荥阳，少小辞乡曲。
迢迢四十载，复向荥阳宿。
去时十一二，今年五十六。
追思儿戏时，宛然犹在目。
旧居失处所，故里无宗族。
岂唯变市朝，兼亦迁陵谷。
独有溱洧水，无情依旧绿。

（《宿荥阳》）

乐天作诗记事，日久天长，已经形成了一种生活习惯。就像元稹《叙诗寄乐天书》所言："每公私感愤，道义激扬，朋友切磨，古今成败，日月迁逝，光景惨舒，山川胜势，风云景色，当花对酒，乐罢哀余，通滞屈伸，悲欢合散，至于疾恙穷身，悼怀惜逝：凡所对遇异于常者，则欲赋诗。"这位艳词高手，一口气列举十四种情景，只要与生活常态有所差异时，居易就会作诗。笔者惊叹，唐代文人对诗歌意象极具感悟能力，诗性情怀远超各个朝代，今人尤不可及。白居易更是李白、杜甫之后一位突出代表，他们诗学博综，吐纳万象，凡天地之大，虫鱼之微，尽在笔端，对种种幽明情状，古今嬗变，莫不率意陈辞，即事成篇。熟能生巧，业精于勤，唐人与今人，差别也在这里，唐人日积月累涵养诗性，佳作层出不穷尽在自然之中，而今人则苦思功利，欲以一诗一文名震主流却徒劳此生。唐人纵笔没有更多目的，今人创作总是急功近利，结果自有天地之差。

白居易回新郑，宿荥阳，随口轻吟诗章，感慨系之，哪写哪了。他所真正看重者，还是"根情、苗言、华声、实义"的"美刺兴比"之作，"补察时政，泄导人情"。白居易诗文之道，在《与元九书》中说得十分明白：

> 仆志在兼济，行在独善。……谓之讽喻诗，兼济之志也，谓之闲适诗，独善之义也。故览仆诗，知仆之道焉。其余杂律诗，或诱于一时一物，发于一笑一吟，率然成章，非平生所尚者，但以亲朋合散之际，取其释恨佐欢。今诠次之间未能删去。他时有为我编集斯文者，略之可也。

由此可知，一些闲章杂律，虽有善养其身、释恨佐欢之义，常不被乐天矜重，这类作品"非平生所尚"，今后编辑选集者，不妨去除，"略之可也"。白居易也有不少情欲艳词，同属人性舒张自然流露，有时随手抄给元稹吟戏，还不忘叮嘱一句：贤弟独赏即可，不必外传，皆因"非平生所尚"矣。

四十一、回朝两载避党争

大和元年（827）早春，白居易回到洛阳。

刚进履道里宅院，便见家人麻衣素服，跪告哀讯：同胞兄弟白行简，去冬病重逝去（一说逝于长安）。当时，白居易尚在北归途中，消息全无。

白行简比二哥居易小四岁，进士及第也晚了五年。行简文笔优美，才艺远高于常人，兄弟间切磋十分深入，著有文集二十卷，尤以《李娃传》《三梦记》等传奇作品盛誉文坛，与元稹《莺莺传》并举流传后世。大放异彩更在千年后，十九世纪末，白行简重磅奇文《天地阴阳交欢大乐赋》，由法国汉学家发现于敦煌石窟，带回巴黎。学界认为，中国古典文学正面颂扬男女房中性事，此乃唯一存世者，绝无仅有，淋漓尽致地反映出儒家正统观念中健康人性另一侧面，足证女人与性爱绝非万恶之源。奇文生动入微，大胆超前，具有多学科价值，网上便于赏阅，真迹藏在法国国立博物馆。

白行简文思独特，词赋精湛，为官清廉，处世谦恭，可惜五十而逝，人皆痛心。他的文学成就以及与兄长白居易的关系，很值得后人重视，只因白居易光芒耀眼，使得行简研究很难独立成章，至今未见完整成果。

白居易手牵龟儿，泪如雨下。小弟白幼美，昔九岁夭亡，仅存一弟行简，今又离去，回顾手足情深，从今往后更加孤单，因作《祭郎中弟文》，哀叹自身“孤苦伶仃，又加衰疾，殆无生意，岂有宦情”。连活下去都没啥心思了，还图什么官宦欲念，“仰天一号，心皆破碎”。白氏四兄弟，唯存居易一人矣。

热血曾经奔涌多年，而今正在冷却凝结。

笔者体会，白居易真正暗淡宦情，结点就在大和元年（827）这个春天。一是深宫动乱，内官家奴敢弑天子，老臣绝望。二是行简离世，甚感人生苦短孤单。白居易内心触动之巨大，前所未有。其名句“汉庭重少身宜退，洛下闲居迹可逃”（《初到洛下闲游》）正写于此时。

今春住洛阳，白公鲜有诗作。

三月十七日，朝廷诏书忽降洛阳，诏命白居易回京，官授秘书监，并赐紫金，秩从三品。

长假之后，苏州归洛阳，乐天本来无心宦途，偏偏又有高位加身，必是朝中裴度和韦处厚二宰相，对居易盛情相助，始得此任，裴白之交尽人皆知，而韦处厚与白居易友谊同样深广。处厚年轻时，和居易一样做过校书郎，同年吏部制举再考，元稹第一名，韦处厚第二名，白居易第四名，同科十八人同年授官，元稹留朝任左拾遗，白居易去往周至做县尉，韦处厚先修国史，后任咸阳县尉、右拾遗、左补阙、翰林侍讲学士。韦处厚忠直进谏，酷好藏书。后在开州（今重庆开州区）做过刺史。穆宗朝，韦白同为中书舍人，朝夕相处，共襄国是。私下里，二人同往普济寺学经受戒，有同门手足之谊。

敬宗李湛被害，文宗李昂登基前后，裴度和韦处厚均有重大贡献，深得信赖。新帝李昂有别于其兄李湛，不贪玩而思复兴，《资治通鉴》评价他“深知两朝之弊，及即位，励精图治，去奢从俭”，志在重整山河。这位文宗不仅遵从了两位宰相意愿，诏回白居易，而且还调命重臣崔群还朝，出任兵部尚书，另有好几位忠良先后回朝任职。

白居易盛情难却，无言推辞，只好打点行装，振作精神，暂时割舍履道里，携家人西向长安，重回新昌坊老院住下，入朝上任就职。这一年，他五十六岁。

秘书监十分尊贵，乃秘书省主官，“掌邦国经籍图书之事”，旧称兰台太史、麟台监，名相魏征也做过秘书监。属内一批才子，多为校书郎或正字。青年白居易入朝之始，便从这里步入漫漫政坛生涯。昔日校书郎，而今做到了本署大员，有白诗曰：“紫袍新秘监，白首旧书生。鬓雪人间寿，腰金世上荣。”（《初授秘监》）人生真是一场梦啊！

“金章紫绶堪如梦，皂盖朱轮别似空。”（《新昌闲居》）

“专掌图书无过地，遍寻山水自由身。”（《闲行》）

白居易理当喜欢这项职事，而历尽沧桑之臣，更不忘三品之尊与人生自由之间，后者更为珍贵。

此处屡见“腰金紫袍”“金章紫绶”等语，应不难理解：金鱼袋，就是把一寸多长的金质小鱼符，装载到小小锦囊袋子里，悬系于紫袍右侧腰际，必要时取出验看，证实身份，十分荣耀。笔者曾经触摸过小银鱼，却无缘见过金鱼。而元稹在四十六岁那年就破格得赐了这套章服，令人瞩目。还有更特殊例子，李党领袖李德裕，年仅三十四岁就宠得这套紫金，史上称奇。

秘书省虽然以“省”相称，却不执掌政权，唯中书省、门下省、尚书省掌领实权，真正组成中央政府。秘书省和殿中省、内侍省一样，是朝廷内设机构，直接为皇室服务：唐朝善于总结历史经验教训，上层阅读能力很强，天子也要“朝夕观书”，视图书典籍为秘宝，“秘书”二字，原意如此。秘书省和集贤殿书院，均有大量藏书。《唐会要》载，开成元年（836）七月，“秘书省四库”保存新旧书籍56476卷，集贤院存书还要多出数倍。两署主官由宿学巨儒出任，统领一批校书郎和正字等高才小官，大量抄修古籍善本，装订成册，秘藏存档。唐朝多次大规模抄修书籍，成就壮观。

年轻文官知识积累日益加深，大诗人陈子昂、柳宗元，乃从秘书省正字起家，张九龄、王昌龄、李德裕、韦处厚、白居易、刘禹锡、颜真卿、李商隐、柳公权、韩愈、顾况、李绛、元稹、杜牧、张说、韦庄等老少巨儒，尽是校书郎出身。张说有言，“时辈皆以校书、正字为荣”，杜佑亦言，校书郎“为文士起家之良选”，韩愈则把秘书省比作“御府”，他年轻时身在外幕府中，也要讨个“试用校书郎”名衔，以此为荣。

此处说明一点，秘书省大小官员，是吏部严格考核而选任，均为朝廷正式命官，这一点区别于殿中省和内侍省，此两省并不需要高学历。而秘书省除了有藏书库，还有著作局，长年与集贤院共同编纂国史档案，经费十分充足。由此可知，秘书省之秘书监，威望和地位该有多么高。

秘书监和集贤院知院，以及弘文馆大学士，便是唐朝顶层文化权威，就连最高学府国子监，也归属其领导，很像后来社科院、教育部和国家图书馆等机构的总和。不过，唐代几大机构加一块不达百人。白居易于大和之初回京任监，手下校、正官不过十六人，集贤院十八人。至于最高学府国子监，教授博士编员也不太多，而学员和外国留学生时达万人，教学成就还非常高，实在不可思议。而唐朝秘书省成员可在家中“弹性”工作，每三旬只有两次集中上班碰头，一把手白居易更加放手，不管闲事，时有《秘书后厅》一首曰：“槐花雨润新秋地，桐叶风翻欲夜天。尽日后厅无一事，白头老监枕书眠。”分明是一幅古人读书图，令人神往……

唐文宗诏回白居易，担纲秘书监，希望一代鸿儒，能在思想伦理和宗教哲学方面，发挥融合作用。过了夏暑，十月秋凉，文宗李昂十八岁诞辰，依例在麟德殿举行庆典。天子登基元年，庆典规模大于前朝，形成连日系列活动。其中一项重要内容，要请儒学、佛学、道家三方大师级人物，现场坐坛论道，公开对讲。白居易领衔儒臣“第一座”，对应佛教首席安国寺义休、道家首席太清宫杨弘元，天子文宗亲自坐镇听讲，名副其实的高峰论坛。此类对讲本是唐朝常例，这次活动却因白居易写下一篇《三教论衡》而史上留名。三大教门各持己见，对谈思辨允许冲突，只要圆融其说便是目的。因此，“初若矛戟森然相向，后类江河同归于海”，三教殊途同归，闻者喝彩，文宗大悦。白居易通佛明道，又维护正统儒学纲常，对应如流。按照陈寅恪先生说法，正是这种持续讨论，丰富和完善了古代中国思想体系：“自晋至今，言中国之思想，可以儒释道三教代表之。”读者们时常看到，白居易创作诗歌几千首，不同时期作品有着种种差异，既能够尊儒积极进取，又可以入佛消极逃遁，一会儿非常实际，一会儿醉蹈空虚，既艰苦奋斗又知足保和，乃至在同一年龄段也并存着矛盾与融合，盖因为儒、释、道三经同时附体，头脑中存在着因时因事而谁占上风之变化，所以，不同风貌诸作品，源自一人一支笔，就不难理解了。

文宗皇帝，一改敬宗荒嬉，理政甚勤，力图依托裴度、韦处厚等忠良诸臣，革除时弊，重振雄风，应与白居易追寻贞观之治的政治理想相一致。而愿望与现实之间相距甚远，不仅解除宦官专权办不到，朋党倾轧更无法中止，朝政纲纪依然紊乱。文宗年轻急躁，谋略不足，集中表现在人事调动频繁，朝令夕改，顾此失彼。

白居易做秘书监，三教论衡有声有色，文宗一高兴，便派乐天与几位老臣钦差出使，前往东都洛阳考察巡视。白居易也乐得顺便回家看鹤，与分司东都的刘禹锡喝了几场美酒。新年后，文宗忽然诏命白居易改任刑部侍郎，白居易只好匆匆赶回长安。可惜这位绝学大贤，身任秘书监不过一年时间，业绩平平。倒是抓住这段空闲，继《白氏长庆集》五十卷之后，又编成《后集》五卷，接着续编元白唱和《因继集》二卷。更要紧的是，给亡弟行简编成文集二十卷《白郎中集》，完结了一桩心愿。痛惜《白郎中集》尽已散佚，未能保存下来。著名传奇《李娃传》，则因民间流传广泛而存世。那篇举世罕见的《天地阴阳交欢大乐赋》，未知文集是否选用，难得敦煌石窟烟尘厚重，偶使奇文越千年而幸存。

长期以来，白居易总是这样，日日醉吟且应酬不断，却常将散乱诗章编纂成册，赠留友人，衍成平生一好。这一年，诗人编完自家《后集》，继编元稹唱和集，再编胞弟文集，紧接着，立即转入编辑与刘禹锡往来诗篇，至次年春，《刘白唱和集》二卷又成。一经问世，朝野竞相传诵。沉舟侧畔，病树前头，蹇驴一鸣，荒鸡三号，再发轰动效应，乐天此好，足证天才与勤奋相辅相成，切切不可偏废。白诗存量浩大即与此好相关。应该说，乐天对于诗文编创，已成生命依赖，不知不觉进入痴迷状态，一日休笔就会失魂落魄，若非爱诗浸骨入髓，常人又能勤奋多久？

白居易注解《刘白唱和集》，赞“彭城刘梦得，诗豪者也，其锋森然，少敢当者”。此后，刘禹锡以“诗豪”著名，称雄于世。

大和二年（828）二月十九日，白居易转授刑部侍郎，同时封晋阳县男。此乃唐代一个贵族爵位，要由皇帝册封，并授“永业田”世袭耕种，“男”爵之上，有子、伯、侯、公等，田亩面积逐级增长。居易“县男”爵级，授田五百亩，表示皇帝把他眷作宗室成员爱护。爵与勋，都是一种光荣尊号，并不与实际官职挂钩。前述白居易勋至顶级“上柱国”而爵位却不高，上柱国与晋阳县男差别较大，不知道应该做何解释？也许，勋位是依据功劳授予，爵位则关系到皇族宗亲，谨作荣誉象征，故有区别。

刑部侍郎乃六部大员，实职显要。朱金城《白居易年谱》引证居易此次迁官，赖裴度和韦处厚举荐，兼有即将助推白公升任宰相之意。

白居易可能做宰相吗？这件事研究界鲜有专题涉猎，仅见蹇长春《白居易评传》对此作过分析，认为白居易最有希望荣任宰相的时段，正在大和初年本次回朝之际。蹇先生说：以乐天资历与才能，不比同时期任何人逊色，完全具备擢居宰相条件。而且，新帝文宗区别于穆宗、敬宗之昏庸，颇有励精图治气象。此刻，裴度与韦处厚身居相位，扶帝有功，兼有崔群、钱徽等好友回京为侣，诸贤政见一致，皆为白居易知音，“把这些因素联合起来考虑，难道不正是白氏可能入居相位的大好时机吗？也许，白居易自己也意识到了这一点”。

蹇先生所析颇有道理，直到唐文宗后期，还与人重提居易入相一事。蹇著列举各方面现象推论，基本上厘清了白侍郎最终未能入相的主要原因，综合梳理一下：

其一，白居易自身缺乏主动性。陈寅恪先生认为：“乐天之思想，一言以蔽之曰知足，知足之旨，由老子知足不辱而来。”《新唐书》谓李宗闵等当红时，同路人白居易面对“权势震赫，终不附丽为进取计，完节自高”，称赞他能攀附而不攀附，“居易其贤哉”。白居易在悼弟文中明确表示，“孤苦伶仃，又加衰疾，殆无生意，岂有宦情”，如此说来，入相天时虽好，倘本人缺乏积极主动进取之意，成效也会大打折扣。蹇长春强调，白居易在前人大隐、小隐基础上，发明了“中隐”之说。

其二，宦官势力仍为巨大障碍。王守澄、梁守谦、杨承和等中官群体擅权内室，贤臣良将无法尽势而为。这一年，进士刘蕡参考直言极谏制举科目，策试中猛烈抨击阉竖祸国乱政，大声疾呼要“揭国柄以归于相，持兵柄以归于将”，公开直指时弊，震动京师，宦官切齿。主考大人悦其文而不敢取，朝臣宰相爱其直而不敢荐。可见阉党跋扈，气焰灼人，极难撼动。白居易入相之难，可想而知。

其三，人事激变出乎意料。白居易大和二年（828）任刑部侍郎，同年，名相韦处厚突然在上朝时发病，次日竟溘然亡故。紧接着御史大夫京兆尹孔戢、吏部尚书钱徽、户部尚书崔植，相继于半月之内接连逝去。四人皆为居易好友，崔植与居易同龄，穆宗朝也做过宰相，好友们在短时间内骤然离世，对朝政震荡极大，特别是重臣韦处厚之死，令白公痛不欲生，深受重击，从此老臣裴度独臂支撑倍加艰难。

韦处厚一死，牛党领袖李宗闵地位骤升，即将出任宰相，党争再掀波涛。同时发生一项人事变动，与白居易相关，引起了朱金城先生注意。朱著《白居易年谱》写道："大和三年正月，王涯自山南西道节度使入为太常卿，为大用张本。居易江州之贬涯有力焉。居易因不能与之同立于朝，故三年春辞刑部侍郎归洛阳。"意指元和十年（815），白居易四十四岁被贬江州刺史，正是这位翰林同事王涯，时在中枢，落井下石，上疏白居易不可治郡，由是宪宗追诏改江州刺史为司马。此刻，韦处厚去世一个月，王涯回京，对于白居易来说，"不能与之同立于朝"。朱先生这个发现比较具体，当可成立。不久，这位王涯果然做了宰相。

有了如上几个主要原因存在，白居易擢升宰相时机转瞬即逝。文宗李昂困在宦官包围之中，裴度势单力薄，眼看干不下去。大和朝政病入膏肓，白居易除了哀伤就是失望。牛李党争汹汹激化，哀伤和失望之外又添一份恐惧。居易担心：残酷斗争灾祸重演，无情打击殃及池鱼。

细读《戊申岁暮咏怀三首》，可以体味诗人此时此刻惊恐难释之心，其三诗曰：

七年囚闭作笼禽，但愿开笼便入林。
幸得展张今日翅，不能辜负昔时心。
人间祸福愚难料，世上风波老不禁。
万一差池似前事，又应追悔不抽簪。

首句"七年囚闭"，指从贬放江州移忠州至回朝，这一时段大约七个年头，好比笼中鸟禽备受囚闭之苦。此后由中书舍人外任杭州苏州到秘书监，回朝后搞一些三教论衡等悠闲之事，总算展张羽翅得享自由，但宦海风波永不停歇，人间祸福难料，稍不留神就会追悔莫及。

白居易所忧很快变成事实：大和三年（829），李党首领李德裕回朝，不出十日即被牛党李宗闵排挤出京。文宗皇帝哀叹："去河北贼易，去朝中朋党难。"而白居易姻亲杨汝士、杨虞卿等，尽属牛党重要成员，白、杨关系无人不晓。杨家老宅靖恭坊，向为牛党聚会场所，与白家新昌坊近邻，亲友过往十分频繁。一旦李党进一步清肃起来，居易实难脱开干系。

怎么办？

白居易《祭弟文》曾说："吾今头白眼暗，筋力日衰，黄壤之期，亦应不远。"

白居易郑重决定，放弃一切奢念：再次告请百日长假，宁可辞官，也不愿尸位素餐，徒担风险。待到三月假满时，无论吏部给一个什么闲职，白居易都将告别长安，携全家东返洛阳，去效法那位"守拙归田园"的陶渊明。当然，这种效法应是精神效法，陶渊明"贫居依稼穑"，是真隐山林而四季劳作，白居易则遵循自家所创"中隐"说，最好携一职回东都，持俸闲居，泛舟伺鹤，独善老身。

一个当朝高官，若非清醒理念支撑，绝不至于告假退职。朝官显贵，只要尚存一分进取希望，谁能轻言放弃？而白居易执意追求亦官亦隐、半官半隐之道，诚心急流勇退。并且，夫人杨氏也支持白大人回返洛阳家园，避开高危境地。

四十二、辞别帝都的最后时光

从大和元年（827）三月到大和三年（829）四月，白居易最后一次身居帝京参政，出过一次差，担任两种官，跨了三个年头，实际时间两年整。

回首这一时段，大唐不过表面繁荣，白居易身披紫金两年，唯独能让诗人快乐之事，就是挚友刘禹锡来到了身边。

大和二年（828）春，刘禹锡得到裴度和窦易直等人帮助，从洛阳回返长安，暂任主客郎中。此时白居易刚刚改任刑部侍郎，得知禹锡到来，精神为之一振，急忙召唤张籍等好友，把酒杏园，为梦得接风。

举杯遥想“永贞革新”失败，禹锡被贬十载，元和十年（815）曾经短暂回京，因桃花诗案再度被贬，历时十四载，前后相加将近二十四个春秋。白居易吞酒悲叹，“自别花来多少事，东风二十四回春”（《杏园花下赠刘郎中》）。刘禹锡大笑，他取积极角度看待人生，认为昔年自己虽写“玄都观里桃千树，尽是刘郎去后栽”让权贵厌恨，再贬偏远荒州，而今，他们早已不知去向，刘郎却能昂首回朝，这还不够幸运吗？请听：

百亩庭中半是苔，桃花净尽菜花开。
种桃道士归何处，前度刘郎今又来。

（《再游玄都观》）

刘禹锡脾性不改，一到长安又去玄都观，更添此诗。那些种桃道士看花人，一个个再也不见踪影，桃花也都没落成菜花了，而强者依然站立，我等何须悲伤？白公再听：

二十余年作逐臣，归来还见曲江春。
游人莫笑白头醉，老醉花间有几人。

（《杏园花下酬乐天见赠》）

刘禹锡不因流贬多年而气馁，歌诗依旧哲思奔放，非同凡响，恰与白公悲悯避让情怀构成精神互补。刘郎到京后，连日引发老友聚宴往还，同僚们以诗相慰，留下不少酬唱诗篇。这批官员多在文宗登基后回朝，以裴度为首，包括了韦处厚、窦易直、李宗闵、令狐楚、杨嗣复、杨汝士、白居易、刘禹锡、庾承宣、李绛、钱徽、崔群、崔植、冯宿、王起、张籍、孔戢等一批良臣。他们未必属归同党同派，彼此情谊亦远近厚薄之别，但在辅佐文宗恢复强权、治国安民等大节上，应是一致的。

唐朝帝国从高祖李渊始，太宗李世民成就贞观之治，威服四海，经安史之乱，到如今文宗李昂大和一朝，已越二百余载，藩镇割据，宦官专横，党争激烈，盛世景象实难重现。白居易深知老病沉疴无药可除，贤臣良将也无力挽回历史走向。随处可见迷官嗜权之辈，宁拜家奴阉党为主人。眼见得文宗焦虑，举步维艰，治国能臣无从施展，王朝倾覆倒计有时，还有什么值得留恋呢？

大和三年（829）三月末，白居易百日假满，有幸改授太子宾客分司东都。即别长安，裴度在永乐坊“兴化池亭”设宴，约来刘禹锡和张籍，为乐天饯行，白居易辞官得官，返乡“中隐”如愿以偿，连说生病有什么不好？不病焉可脱身？“从今且莫嫌身病，不病何由索得身”（《病免后喜除宾客》）。

太子宾客为东宫属官，常设四人，正三品，“资位闲重，其流不杂”，实为俸禄美职，衣食无忧。除了没有实权，其余样样都有，分司东都即可“中隐”于洛，乐天十分满意。

座中各位深知白居易辞官只因不得施展。饯行宴上，诸友诗酒联吟话别，张籍感情十分复杂：“虽有逍遥志，其如磊落才。会当重入用，此去肯悠哉。”（《宴兴化池亭》）

此时，张籍早已离开水部，从主客郎中转国子监为司业，官运平平，因而特别能够体味乐天东归苦衷。善意宽慰“会当重入用”，实则乐天对于重返朝政再也不抱期待。相看座中刘禹锡，不久前由主客郎中荣升集贤殿学士，又有裴度东风助力，存在较大进步希望。白居易殷切盼望唐文宗能够早日重用刘郎，于治国言，需要堂堂栋梁之材，于梦得言，需要补偿人生亏损。近期目标当拜中书舍人，从而执掌中枢权柄，治理朝纲。白公生怕禹锡像自己一样，失去大好时机。不久前，居易见禹锡风度翩翩下朝来，赶紧写了一首《和集贤刘学士早朝作》，善加鼓励：

吟君昨日早朝诗，金御炉前唤仗时。
烟吐白龙头宛转，扇开青雉尾参差。
暂留春殿多称屈，合入纶闱即可知。
从此摩霄去非晚，鬓间未有一茎丝。

重点在第三联。春殿，集贤殿。刘君暂时在那里做个学士，大材小用，多少人为你感到委屈，应该到朝政中心去执掌纶诰。趁着头发未白，事不宜迟。白居易一厢情愿地判断，很快就会得到好消息啦。

直到进入秋天，“即可知”的好消息迟迟不见出台。白居易着急，又写一首《闻新蝉赠刘二十八》，提醒刘禹锡积极主动一些：“蝉发一声时，槐花带两枝。只应催我老，兼遣报君知。白发生头速，青云入手迟。无过一杯酒，相劝数开眉。”笔者方才说进入秋天，可能读者多有不解，诗谓蝉鸣发声，槐花落地，难道不是初夏景象吗？怎么会是秋天？盖因古今不同槐，古槐非今槐。今日洋槐多刺，春花似雪，清代晚期始从域外引进。古槐为国槐，唐时繁盛于长安，其花近秋方落。前述乐天《秘省后厅》诗“槐花雨润新秋地”便是一例。唐宋多以槐花喻秋色，诗句累累。王维“秋槐落叶空宫里”，皮日休“蝉噪秋枝槐叶黄”，窦巩“蝉噪槐花已四秋”，杨凝“秋雨槐花子午关”，东坡“高槐虽经秋，晚蝉犹抱叶”，都是秋天景色。

乐天此诗“蝉发一声时，槐花带两枝。……白发头生速，青云入手迟”，青云，喻仕途佳境。禹锡贤弟，又一个秋天来了，你可不能像我这样，皓首白发而终失良机，徒叹无缘青云。

刘白深情令人感动。

总体上看，唐代士人群体，彼此友爱，重情重义，嫉贤妒能现象并不突出，虽有党争派系之别，私情间却鲜见争强斗狠之举。白居易就是一个关爱友朋、求同存异的典型代表，平生少仇恨，举目无敌人，山河处处有亲朋。笔者注意到，不唯乐天如此，唐代士人群落交游相处，大都宽容和谐，友情至上。李白与杜甫，韩愈与孟郊，梦得与子厚，元稹与乐天，彼此间情深义厚故事种种，深为后世所羡。随手翻检唐人“送别”诗章，数量惊人，真挚入骨，足令后代读书人惭愧。

这是一个“唐代士人现象”，明显有别于后朝。笔者浅陋，无力对此做出系统分析，本书渐入乐天晚年，自公生活节奏大为减缓，由是不妨信笔谈几条杂感，期待读者延伸补充。

古代士人以儒、释、道学说为思想资源，农耕文明道德体系深植骨髓，社会地位超高于工商，重义轻利构成群体文化背景，“和”传统之深厚自不待言。然而，一到唐朝，繁华城市崛起，商品经济突进，社会成分和人际关系发生急剧变化。谢遂联认为，城市商业对传统士人山水田园之精神家园产生了无情冲击。来自乡土的诗人阶层，生命中呈现出紧张状态。他们离别土地，奋身科举，置身繁华都市，精神上却变不成具有独立意识的都市人。士人群体的人生价值主要体现在自身与皇权的政治性方面，其余均关系不大。也可以说，唐代士人阶层以及诗人群体，现实中恋都，精神上恋土。

杜甫、白居易代表着大多数诗人情怀，爱惜寒士，钟情农夫，轻贱商人，常常把商贾活动与士人与农夫对立起来，好像士人天然就是农夫利益代言人，大量唐诗弥散着重农抑商倾向。刘禹锡《贾客词》直言，“五方之贾，以财相雄，贾雄则农伤”；张籍《贾客乐》则悲叹农夫税重，生不如商，商人把欢乐建立在农夫苦痛之上；乐天《卖炭翁》所怜也是一位山中炭农。有趣的是，士人和商人同为智力劳动者，却是两种价值取向，士人重义轻利，坚守国家以农为本的信条，真诚倾情于从事体力劳动的农夫，一生拒绝与商贾合作，从心理上把自己看作一个独立而又高尚的群体。

唐初，太宗李世民一方面重视各项“通财”政策，推动都市商品经济得到迅速发展，另一方面，却在政治上限制商贾“杂流”权益，不许其参加科举为官，李白之父经商，他便不能参考进士，深受其害。甚至不许商贾像官员那样在街市乘马，乃至眼下文宗朝，李昂得臣奏报，反映富商违反“前代所禁”，恣意乘骑好马，招摇过市，“雕鞍银镫，装饰焕烂，从以童骑，骋以康庄”，这还了得？文宗当即御批“切令禁断”。说明朝臣士人总是看不惯商贾灿烂，不允许商贾坐大，不允许东方古国朝着商品经济倾斜、拐弯。而商人群体无法进入上层社会，也就放弃了对于国家前程的殷切关怀。陈子昂讥讽商人智慧只是一种“巧智”，“倾夺相夸侈，不知身所终”，即商人有钱财却没有精神目标。众诗人异口同声以“巧智”一词贬商弃市。相形之下，对立之间，士人阶层远离土地，面对社会价值观突变，也就更加携手友善起来，形成文豪诗杰聚首互荣局面。长期性的繁荣地域有三处：一处长安，一处洛阳，一处江南。

《唐会要》第八十六卷，明确规定五品以上高官“不得入市”。意指朝廷大员要保持尊严，切勿染指繁杂经贸集市，以证明官衔具有上层统治地位。可悲历代富商，创造城市繁华，却身份地位低下，永远做不成城市主人。古代中国千年保守陈规不变，为后来国家发展建立了重重壁垒。

照这个思路分析下来，唐朝入仕为官者，在价值取向上有一致性，自己却阻塞了更多出路，不可工亦不堪商，更不愿回到“锄禾日当午，汗滴禾下土”的前辈境地，生怕脱离清贵阶层而不得活。于是，群体间互敬互爱，产生依赖情感，喜好扎堆取暖，留下种种感人故事也就不奇怪了。王维“劝君更进一杯酒，西出阳关无故人”，留下无穷意味……

笔者胡思乱想，进而想到，白居易“中隐”思想，也是由上述背景引申出来的。诗人难以得势进取，又不愿回归渭南躬耕务农，便趋利避害退求其次：保取清贵地位，留得官阶名声，维持相应俸禄，知足保和养生，妄进者身败名裂，退守者家族平安。白氏“中隐”思想切实可行，被后来仕途不畅者广为效法，影响深远。从某种意义上说，乐天“中隐”说，为中国官场留下了一笔“非物质文化遗产”，消极应用至今。

乐天辞官离京，裴度、禹锡、张籍设宴饯别，引出如上一段闲话。

几天后，白居易与众人分手，欣然写出《长乐亭留别》，分赠诸友。此诗饱浸伤感又充满庆幸，意味深长：

灞浐风烟函谷路，曾经几度别长安。
昔时蹙促为迁客，今日从容自去官。
优诏幸分四皓秩，祖筵惭继二疏欢。

尘缨世网重重缚，回顾方知出得难。

刘禹锡咏念末联，羡慕乐天得解脱，当即表态“洛阳旧有衡茅在，亦拟抽身伴地仙”，我也打算脱身前去陪伴你啊；张籍真心响应“老人也拟休官去，便是君家池上人”。看来，白居易“中隐”行动非常实惠，活生生发挥现实影响，立竿见影。

长乐亭在长乐坡，此名堪配乐天。隋文帝曾在此处建宫并亲自命名，地点在古城东郊浐河岸畔（今西安灞桥区），白诗故云“灞浐风烟”。如今留下了大片湿地，看千年鸿雁栖息过往，“避箭高鸿尽翅飞”，舒心养眼。

这一天，浐水河畔长乐坡前，白居易向帝都凝重告别。可以说，长乐坡是个分水岭，白居易从此开启了漫漫晚年生涯，此后余生十七载，诗人再也没有回过长安。

下卷

四十三、履道里家事

大和三年（829）四月末，白居易以太子宾客回归洛阳，这一年，诗人五十八岁。口咏《归履道宅》，合家欢乐：

驿吏引藤舆，家童开竹扉。
往时多暂住，今日是长归。
眼下有衣食，耳边无是非。
不论贫与富，饮水亦应肥。

心情舒展，如释重负，日趋佛老，效法渊明。末一句，乐天平生曾经两次应用，多年前写给兄弟行简，告诉他不要叹息乡国遥远，不要嫌弃俸禄微薄，“人生苟有累，食肉常如饥。我心既无苦，饮水亦可肥”（《对酒示行简》），今则重复“不论贫与富，饮水亦可肥”。白公淡定，一以贯之。有些诗句写过了，可能淡忘，但意象仍然留在脑海，还会重现笔端。如前番写过“相争两蜗角，所得一牛毛”，过后复有“蜗牛角上争何事，石火光中寄此身”。

东都洛阳真是“中隐”妙选，远离朝中是非，退避明枪暗箭，最不缺高朋满座、竹酒琴诗。白居易诗文巨人声名久隆，来访者接踵而来，几无凡夫。辞官老友崔玄亮、东都留守令狐楚、河南尹冯宿均系旧交。更有一位萧庶子，名萧籍，倒是从来没把自个当外人，拜访白公一坐就是大半天。乐天含笑赠诗，“半日停车马，何人在白家。殷勤萧庶子，爱酒不嫌茶”（《萧庶子相过》），分明一位高级酒腻子。这一类访客，以熟读白诗为荣，人数众多，若喜得一首白公赠诗，必四方显摆而畅饮，一年半载消停不下来。

白居易身心愉悦，生活热闹，精神自由。当然，若想清净也不成问题，去龙门览胜，入寺院参禅，给远方寄诗，坐池边抚琴，皆可静心养生。唯一惆怅者，是裴度执意索要那只洁美仙鹤，乐天尊崇裴公，只好割舍相赠，暂时还补不上这个缺憾。

履道里，荷池边，白居易看一阵太湖石，又轻抚天竺石，终于完成了一首名诗《中隐》。他是认真的，后代研究者也认真：

大隐住朝市，小隐入丘樊。
丘樊太冷落，朝市太嚣喧。
不如作中隐，隐在留司官。
似出复似处，非忙亦非闲。
不劳心与力，又免饥与寒。
终岁无公事，随月有俸钱。
君若好登临，城南有秋山。
君若爱游荡，城东有春园。
君若欲一醉，时出赴宾筵。
洛中多君子，可以恣欢言。
君若欲高卧，但自深掩关。
亦无车马客，造次到门前。
人生处一世，其道难两全。

贱即苦冻馁，贵则多忧患。
唯此中隐士，致身吉且安。
穷通与丰约，正在四者间。

人说《中隐》是一首大诗，在于这首诗探索了士人面对官场重压和集权困境的突围之路。学界普遍认为，白居易整合并提出中隐思想，代表着当时士大夫阶层面临严酷现实的无奈选择，对后世持续产生消极避世影响。近年来，新锐学者不再因袭以往“阶级”“斗争”理念，而以现代人本主义立场，着眼于平衡处置现实与理想之间的矛盾冲突，强调个体生命意识高于一切，研发出许多新角度、新见解，对深化白居易晚年研究又有补益。

笔者无心重复种种新老观点，只能说乐天隐逸洛阳之后，其处世哲学和生活、创作，原先被学界轻描淡写，而今重新受到了重视，认为前期经世致用、批判现实的光辉诗篇与后期热爱生活的高雅创作各有千秋，都很重要，绝非互相矛盾。白居易退身洛阳十七年，创作诗歌一千余首，近乎平生诗作三分之一，除去一批往还酬唱之作，还写了大量钟情自然天地、关注生命自由的精彩作品，精神境界淡泊高远。应该说，白居易前后期创作的融合并流，共同造就了这位伟大诗人而不可分割。陈燕甚至说，在儒家学说占据统领地位的专制集权社会里，乐天后期思想颇具超前性，因而深重地影响了宋朝苏东坡、欧阳修直至明代三袁等后来者的人生与创作，非同小可。

一本传记，不必扯向太远，回到洛阳来，白居易从五十八岁到七十五岁去世，没有离开这里。蹇长春将乐天晚年岁月分为三个阶段：从大和三年（829）归来到九年（835）秋天，其中做过两年多的河南尹，即五十八岁到六十四岁，为第一阶段；从大和九年冬到会昌元年（841）做了七年少傅分司，即六十四岁到七十岁，为第二阶段；从会昌元年到六年（846）由刑部尚书致仕到辞世，即七十岁到七十五岁，为第三阶段，总计十七年。

如此漫长岁月，年复一年、日复一日，洛阳城外惊心动魄大事不断，白居易却远离纷争，生活平静，没有经历跌宕变故。然而在波澜不惊的日子里，仍然有些事情值得记叙。笔者按照时间顺序，做出一番梳理，看一看晚年白居易走过了怎样的心路历程。

先说一件家事。白居易大和三年（829）返洛时，夫人杨氏已怀身孕。回归履道里，过了夏天又及秋天，到年底，如期生下一个男婴。老来得子，老蚌生珠，乐天大喜，为儿取名阿崔，全家人喜气洋洋。到大宴宾客时，樊素和小蛮，两位家伎精心组织表演歌舞。

唐朝音乐舞蹈取得历史性突破。唐玄宗就是一位音乐家，并亲自谱写舞乐，严加训练。皇家乐团秩序井然，依据艺人演奏歌舞业务能力，分为坐部伎和立部伎，坐部贵为尖子，堂上表演，立部百多人，堂下配合。樊素和小蛮都是坐部人才，身怀绝技，光彩照人。白居易也是音乐能手，犹善古琴、琵琶，曾写下《坐部伎》系列诗作，叙说官方燕乐详情，为古国音乐史研究留下珍宝。

樊素和小蛮久在白府，近乎于亲眷，深得白老爷宠爱，平日常常献技展姿，百般艳态。今逢崔儿降生庆典，高朋满座，能不大显身手？女儿阿罗年近十三，深受父亲教益，琴艺日臻成熟。阿罗七岁那年，居易作《吾雏》诗，怜惜不已，“吾雏字阿罗，阿罗才七龄。嗟吾不才子，怜汝无弟兄”。这回有弟兄了，阿罗登台表演，为小弟弟诞生尽情演奏。长兄白幼文的次子景受，兄弟白行简之子阿龟，都已经十六七岁，英俊少年，活蹦乱跳，一会儿去看看襁褓中的小阿崔，一会儿跑到阿罗跟前听弹琴，白府一片欢声笑语。（旧说将景受与阿龟视同一人，有误，现据新史料分开）

这些年，乐天常叹子嗣稀少，虽然深爱女儿阿罗，但毕竟没有亲男，总是一件心头事。元稹同样无男，也曾着急感叹。不久前，元稹先期得子，取名道护，这一来白居易尤感孤单。刘禹锡这人很有意思，作诗安慰白公，“雪里高山头白早，海中仙果子生迟”，并且预言“于公必有高门庆”，十分乐观。刘禹锡说这话早在五年之前，诗题《苏州白舍人寄新诗，有叹早白无儿之句，因以赠之》，这两句妙诗，曾让乐天好一阵快乐，而今预言成真，白居易急忙向远方好友报喜，详写崔儿种种稚嫩可爱情状，再谢禹锡佳句，酒量骤增。

可叹不幸之重锤，又一次击中白居易。大和五年（831）夏秋，崔儿突然发病不治，夭折于履道里。悲痛令白居易难以自持，老年得子，复老年丧子，泪水哭干也不能挽回崔儿：

掌珠一颗儿三岁，鬓雪千茎父六旬。
岂料汝先为异物，常忧吾不见成人。
悲肠自断非因剑，啼眼加昏不是尘。
怀抱又空天默默，依前重作邓攸身。

（《哭崔儿》）

末句邓攸，一位古代义士，在难中保侄儿而舍亲子，传为佳话，“邓攸无儿”遂成典故。悲苦之中，居易自比邓攸，哀叹“世间此恨偏敦我，天下何人不哭儿。……文章十帙官三品，身后传谁庇荫谁。”（《初丧崔儿报微之晦叔》），晦叔为好友崔玄亮，唐代名士，还是乐天学琴老师。元稹和崔玄亮得知消息，替居易大放悲声。独有刘禹锡，总是在不幸中看到希望，他同情理解老友悲痛，但仍然鼓励说：“从此期君比琼树，一枝吹折一枝生。”琼树乃仙树，折可复生。可惜，刘禹锡这次安慰居易，分明很难奏效，杨氏从此再没有生育。白家前后四女一男，唯独活下了阿罗一个女儿。依唐时礼法，朝廷高官须有子嗣继承家业，阿罗后来虽为白家生下外孙女引珠和外孙玉童，却只有天伦之乐而不能顶替子嗣。最后，白居易后嗣人，确定为胞兄白幼文次子白景受。这也是学界研考多年的近期结论。蹇长春先生对此倍加肯定。那么，白居易一手带大的侄儿阿龟，应该是白行简的后嗣人了。

从年轻时热恋湘灵，到老年间得子复失，白居易经历了许多情感挫折，诗人内心世界呈现多层面复杂性，从而也体现在诸多诗作之中。

四十四、白公哭元稹

再看友情交往。这方面在白居易看来至关重要，尤其牵挂那位元稹兄弟，总让人放心不下。情况复杂，一言难尽，容笔者择要一述：

大和三年（829）九月，元稹自浙东观察使任上回京，除任尚书左丞，为尚书省副职，正四品上，前辈诗人王维曾任尚书右丞，比左丞低半格，为正四品下，稍有差别。左丞辅助尚书令，主管纲纪督察。不出白公所料，朝中党争再度紧张，李党领袖李德裕与牛党领袖李宗闵，势同水火。为了加强实力，李党拉元稹等人回京，牛党则拉党魁牛僧孺回京，先委以高官，还要进一步争夺相位。老臣裴度自持公心，却很难摆平两厢矛盾，大事小事左右为难。裴度推举李德裕为相，又尽释前嫌同意元稹回京，惹得牛党诸臣十分气恼，反为元稹埋下了祸根。试想，两党首脑同朝为相，针尖麦芒，斗争该有多么尖锐。

元稹在这种背景下离职越州，九月下旬接到诏书。匆匆与继任新官陆亘做了交接，满怀希望奔赴长安。月余途经洛阳，和白居易重逢于履道里。这时，距元白杭州相会，已隔七年之久。二人满腹话语，白昼频频举杯，晚间联床夜话。

历经多年风雨，元白之间尽管情义犹在，处世态度却与年轻时代大有差异，看待生活和官宦之道角度不同，所持钱财理念也不相同。白居易为老友备好了美酒，诗曰："世间好物黄醅酒，天下闲人白侍郎。……醉来枕麴贫如富，身后堆金有若无。"（《尝黄醅新酎忆微之》）乐天豁达看待钱财，视贫若富，视金若无，这是元稹不及之处。史家认为，元稹于浙东任上"渎货太盛"，八年在任"素无俭德，以渎货闻于时，这次归来可谓腰缠万贯"。（王拾遗语）"渎货"就是贪财，"以渎货闻于时"，句出《旧唐书·元稹传》。尹占华同样认为，"从浙东回来元稹已不愁钱，买宅建宅自然不在话下"，系指元稹此次途经洛阳，几天时间便购买了前岳父韦夏卿大宅院。而白居易则认为最了解元稹，知道元稹仍然怀有为国为民积极用世志向，乐天总是看重朋友优点：如元稹曾任同州牧，奏报均田状，主张“贫富强弱，一切均平”，制止富豪逃避赋税，减轻贫苦百姓负担；转浙东刺越州后，斗胆向皇帝提出罢免海味贡事，认为因完成海鲜进贡而“每年常役九万余人”，实属劳民伤财，穆宗据奏批复停止海鲜进贡。元稹冒着风险，让天子省了这口海鲜，使沿海百姓得到了益处。

围绕这位大才子，闲言碎语不断，朝野颇多争议。前章说过，唐代任官有期，一般以三年四年为久任。而元稹在浙东观察使兼越州刺史任上待了将近八年，不得升迁，一动不动，本身就很不正常。冷静思之，元稹才高遭嫉，性情外向，换来不少政敌。白居易同情理解老友，更为元稹此次返京担忧，朝中凶险日甚一日，为何不能急流勇退？于是婉言相劝，希望元稹多思慎行，“且喜筋骸俱健在，勿嫌须鬓各皤然。君归北阙朝天帝，我往东京作地仙”（《酬别微之》）。元稹虽知前程莫测，却不会做出隐退之举。人各有志，乐天也不好在久别重逢之际再做多言。

临行，元稹作《过东都别乐天二首》，两诗结语很不吉利：

君应怪我留连久，我欲与君辞别难。
白头徒侣渐稀少，明日恐君无此欢。

自识君来三度别，这回白尽老髭须。
恋君不去君须会，知得后回相见无。

重闻京都晨钟暮鼓，本应额手相庆，何故涕零悲歌？两诗末句“明日恐君无此欢”“知得后回相见无”，难道从此一去，竟成永诀？元稹究竟预感到了什么，不得而知。

唯独值得庆幸者，元白两家于此时先后生了儿子，互动诗章，同喜同贺，冲散了许多愁云。

回顾二十多年前，元和元年（806）秋，青年元稹由左拾遗出贬河南尉，二十八岁首次离别长安；贬途中，掉头急返长安奔母丧，滞留古城为母丁忧。三年后任监察御史，出使洛阳，乃第二次离别长安；因惩办贪官生出麻烦，三十二岁被召回京，途中旅驿遭受宦官欺凌辱鞭，返京不久出贬江陵，为士曹参军，乃第三次离别长安；元和九年（814）冬，元稹三十七岁，奉调回京候旨，停留三月转任通州司马，乃第四次离别长安；元和十四年（819）冬，元稹四十二岁，从虢州长史任上逢宪宗大赦返京，穆宗朝一度风光，短暂拜相。长庆二年（822）夏出贬同州刺史，乃第五次离别长安，由同州赴越州。此次回京任尚书左丞，元稹已经五十一岁。这位朝野极其著名的良臣诗杰，真可谓大起大落历尽波折，除了后八年在越州之外，大多数时光消耗于荒州远郡，身在朝阙之时屈指可数。这一回，他能否安居皇都官运亨通呢？会不会第六次离别长安呢？

元稹到京，是大和三年（829）岁尾。所任尚书左丞，督察“纠正”吏部、户部、礼部十二司，余三部十二司归右丞监管，工作性质相近于后来的纪检和监察。这时刘禹锡尚在朝中，任礼部郎中、集贤学士，当然热烈欢迎元稹归来。而吴伟斌研究指出，元稹一上任，“并没有也不想吸取以前为君为国为民尽忠尽责而屡遭贬斥的沉痛教训，立即履行自己的职责，马上与那班违法乱纪的朝臣交锋对阵，招致他们的怨恨与仇视”。查《新唐书·元稹传》云：

> 大和三年召为尚书左丞，务振纲纪，出郎官尤无状者七人。然稹素无检，望轻，不为公议所右。

就是说，左丞所监十二司，短时间内中竟有七名郎官倒在元稹手上，反腐力度可谓凌厉：元稹于大和四年（830）年初上任，不出本月，即正月二十六日，惩办七位郎官就在一月之间。朝野震动，白居易所忧祸端即将发生。情势急剧变化，出乎所有人意料。

当时，李党领袖李德裕先元稹数月，从浙西观察使任上还朝，经裴度公正授力，先任兵部侍郎，准备拜相。牛党领袖宰相李宗闵等人，立即联手宦官，对李德裕展开围剿。元稹尚在返京途中，同盟李德裕已被排挤出京，先任义成节度使，再改成都尹、剑南西川节度使、西山八国云南招抚使，总之都比浙西荒僻许多，无尽悲情难以复诉。赶走了李德裕，李宗闵急调同党牛僧孺入朝，由武昌军节度使重任为兵部尚书，同时拜相，共排李党，手段强硬。牛僧孺于大和四年（830）正月到任。偏偏元稹也是正月到任尚书左丞。牛李两宰相，一向视元稹为李德裕同党，必为排摈重点对象，因此借助群臣非议七郎官被惩之势，二话不说，直接罢除元稹，去接替牛僧孺此前离任的武昌空缺，限期出京。这一决定，把刚刚宴请过元稹的刘禹锡，惊得目瞪口呆。

转眼之间，元稹回京壮志未酬，却将第六次告别长安，转赴遥远武昌，命运一如乐天所忧。党争绞杀真是残酷无情。而李宗闵、牛僧孺联手逐出元稹，奏词又是“素无检操，人情不厌服”（《旧唐书·元稹传》），排挤你，还要从人格上给你抹黑。

早春冰雪，寒风呼啸。正月二十六日，诏书一下，元稹靖安坊老宅传出了阵阵哭声，可怜元稹席未暇暖，时不逾月，就必须离别长安，赴任武昌军节度使。第二任夫人裴淑（字柔之），刚刚生育一子，眼见得丈夫离京十载方归，竟不出本月，又将远去，不禁悲从中来，哀怨而泣。裴氏懂诗，元稹便强忍痛苦，以《赠柔之》一诗安慰夫人：

穷冬到乡国，正岁别京华。
自恨风尘眼，常看远地花。
碧幢还照耀，红粉莫咨嗟。
嫁得浮云婿，相随即是家。

而这位“浮云婿”以诗慰妻，已经不是第一次了。八年前元稹自同州转越州，裴氏不愿意离开北方，元稹作《初除浙东，妻有阻色，因以四韵晓之》，而今悲切哀苦，复又一轮。

元稹六别长安，朝中唯有刘禹锡不惧朋党之嫌，不避耳目，坦然前往浐水送君。这位诗豪还是那般乐观，酬诗云：

今日油幢引，他年黄纸追。
同为三楚客，独有九霄期。
宿草恨长在，伤禽飞尚迟。
武昌应已到，新柳映红旗。

（《微之镇武昌……》）

今日油幢引，指油布帐幕节度使官船。黄纸为诏书专用纸，常喻升迁诏命，真情寄托希望。禹锡之豪迈，一直是白居易和元稹精神上的参照系。

元稹船行运河东去，白居易身在洛阳，二人不得相见。而消息像风一样迅捷，白府人很快就知道了这一切，乐天并不感到吃惊，情知元稹在京很难顺遂，只是没有料到变局如此急促。前些天为元稹准备的那坛好酒，尚未喝完，君竟远去。严酷事实再次证明，白居易选择“中隐”退居园林，获取自由而避祸息辱，实为明智之举，微之此去，唯余叹息。

这年早春，白居易遍访佛寺，屡游龙门，灰暗心绪渐渐平复。忽然间，二月里又报坏消息，知音老友李绛，在山南西道（治所在今汉中）节度使任所，惨遭兵变被杀，年六十七岁。消息近似韦处厚暴卒，令白公极为悲恸。宪宗朝，李绛与居易同擢翰林长达四年，后期李绛贵为翰林承旨，乃六学士领班。李绛对乐天倍加爱护，那一次，白居易为战事极言直谏，与宪宗当朝争议，胆敢直言“陛下错了”，惹得天子不悦，向李绛抱怨居易放肆，李绛奏曰：陛下能够纳容善言，定下了好规矩，臣子才敢放胆极论，也就证明了居易忠诚。天子闻奏释然，白学士转危为安。李绛不仅保护了一批正直言官，自身同样谏诤至诚，遇到宦官横行，李绛公开反对，置宪宗“厉声呵责”而不顾，直到说服皇帝收回成命。

李绛忠直刚正，为友情深意笃，如此珍稀老臣，却惨死在腐朽混乱之朝，朋辈怎不痛心疾首？白居易挥泪祭文哀悼：“眷遇既深于常等，痛愤实倍于众情。永诀奈何，长恸而已。”此后，怀有共同理想的同僚挚友越来越少。次年，老友皇甫湜、张籍、崔群先后撒手人寰，接连逝去，白翁倍感心灵孤单。

话分两头。元稹于大和四年（830）春季到达武昌，上任节度使兼鄂州刺史。年过半百，返京复出，才子心情很不舒展，遂请调浙东同僚窦巩来武昌做副使，操持政务，自己则着手营造新宅大院，为将来老退做准备，其“规模相当宏丽”（尹占华语），蹇长春也认为元稹在武昌“选地择基，构堂架屋，营建别业，应该不是虚构的事实”。

不过，元稹在修建私宅之际，尚未忘记鄂州百姓所居房屋十分简陋，竹竿为架，重茅为顶，黄泥为壁，街区逼仄，火灾隐患即时可发。元稹试图协助百姓，能在农闲时节，尽快改变这一现状，试以青砖黑瓦代替茅舍竹墙。

改造棚户区，涉及千家万户，落实起来必耗时日。元稹武昌政绩史上记载不详，但其《茅舍》一诗，可见爱民心迹，读者不妨查赏。

次年七月，鄂州域内洪水滔天，古城炎热如火如荼，元稹突然病倒，急速昏迷，把窦巩、张复两位副使惊得手足无措，夫人裴淑悲呼夫君不醒。仅一天工夫，这位举世闻名的相臣才子暴亡于任所，年仅五十三岁，镇守武昌仅仅一年多。

元稹因哪种疾病致死？说法不一。主要观点认为，元稹迷于烧石炼丹，日服丹药中毒而亡。白居易《思旧》诗接受了这一说法，“微之炼秋石，未老身溘然”。当年白司马贬谪江州，心情忧郁间也曾炼丹，却没有陷入太深。白诗《对镜偶吟赠张道士抱元》，谓“丹砂一粒不曾尝”，实为万幸。而白居易对此类唐风道事很清楚，知元稹又莫过于乐天，由是这种说法流信后世；今吴伟斌等先生提示，大和五年（831）七月，武昌洪水肆虐，气候酷热，二十二日这天，元稹因“中暑而亡的可能性极大”，惜直接证据不足。而吴著剖析元稹身亡还有深层原因：

元稹少历贫贱的童年，过着半饥半饱的生活；青少年时期苦攻诗文，耗费了太多精力；既登宦途又五受诬陷、五遭贬斥，精神上受到了过多的创伤；长期生活在瘴病流行的贬谪地区，备受折磨几经大病，又从生理上严重地摧残了元稹的健康；元稹幼年丧父，原配妻子韦丛与小妾安仙嫔，先后病故，而诗人先后有七个子女夭折，一次又一次残酷地击打着诗人的身心，衰弱不堪的身体、忧郁相续的思虑、长期贬谪的生活，是元稹英年暴亡的间接原因。

笔者感悟到，元稹一生是个悲剧。传统文化中有着灭绝英才的黑暗一面，卓越者便是平庸者的敌人，才华出众必遭摧残，有杰出表现者，先要经受“道德”舆论攻击。然后处处抵挡明枪暗箭，时时面对阴谋诡计，全身而立者百不剩一。后世对元稹毁誉参半，争议不休，或说他生活淫艳，或说他政治投机，传奇《莺莺传》竟说成不良学子始乱终弃之纪实，宦官追捧元诗则说成元必变节，一朝擢升宰相，顿时群起围攻。平生积累闲言碎语，以书面史籍流传后世，一直影响到鲁迅、陈寅恪取为判断依据。其实，元稹《莺莺传》、行简《李娃传》等中唐传奇的诞生，源自古代城市文明崛起，而唐代爱情诗歌，包括行简《天地阴阳交欢大乐赋》，又是人性人欲向畸形天理展开了勇敢挑战，元稹本是大唐觉醒男儿突出代表之一。殊可叹，赤心英才不可活，总被雨打风吹去。

而白居易中隐退居，正是严酷现实所逼迫，退隐亦是求生图存的无奈选择……

元稹与世长辞，白公悲恸欲绝。

元稹灵柩停经洛阳暂厝，准备次年运往咸阳奉贤乡葬于祖茔。白居易写了多种诗章，哀叹“公虽不归，我应继往，安有形去而影在，皮亡而毛存者乎”。《祭微之文》高度评价亡友，“生为国桢，出为人瑞，行业志略，政术文华，四科全才，一时独步”，“死生契阔者三十载，歌诗唱和者九百章，……爵禄患难之际，寤寐忧思之间，誓心同归，交感非一”。恍惚间，诗人想起前年洛阳话别，元稹留诗令人不安：“白头徒侣渐稀少，明日恐君无此欢”“恋君不去君须会，知得后回相见无”。当时以为言重，而今“覆视前篇，词意若此，得非魂兆先知之乎”。这真是“始以诗交，终以诗诀”，“六十衰翁灰心血泪，引酒再奠抚棺一呼”。元稹之死，给晚年白居易带来持久哀伤，难以平复。

在安葬元稹之前，元稹后人及遗孀裴淑，切切要求白居易能为元稹撰写墓志铭。家人最清楚元白友情，亦知早在元和十一年（816）前后，元稹病危于通州，曾托付家童向白居易交代后事。因此裴淑等人向白居易提出这项要求，合乎情理。白居易当然不会推辞。

依唐时惯例，亡者家人要向撰写墓志者馈谢酬金。而元家酬谢白公这笔钱财，数额特别巨大，远超常例，这是老友所不能接受的。请听《哭微之》：“八月凉风吹白幕，寝门廊下哭微之。妻孥朋友来相吊，唯道皇天无所知。”哭怨苍天不公，痛犹不及，洒泪撰写墓志，怎能收取遗孀钱财？史载元家酬谢高达六七十万钱，白公坚辞不受。裴淑再三送来，推辞不掉，白公转念捐赠给佛门香山寺，悉做修缮寺庙之用。

事后，白居易作《修香山寺记》，如实记载此举，“予早与故元相国微之定交于生死之间，冥心于因果之际……以墓志文见托。既而元氏之老，状其臧获、舆马、绫帛、洎银鞍、玉带之物，价当六七十万，为谢文之贽，来致于予。予念平生分，文不当辞，贽不当纳，自秦抵洛，往返再三，讫不得已，回施兹寺”。香山寺由此焕然一新。白文特别说明：凡做此类公益事，都叫做功德，而这项功德，应该归于元稹。

“文不当辞，贽不当纳”，丰厚酬金就这样得以完善处置。这篇《元稹墓志》实事求是，被后人誉为公正知己之文，如说元稹：

> 谪瘴乡凡十年，发斑白而归来，次以权道济世，变而通之，又龃龉而不安。居相位仅三月，席不暖而罢去，通介进退，卒不获心。

此说十分客观。白居易并不回避世间舆情，体谅元稹为“以权道济世，变而通之”，承认老友纵横宦情，内心矛盾不安。

多年间元稹树敌不少，如裴度、令狐楚、李逢吉、牛僧孺、李宗闵等等。而白居易面对元稹政敌和对头，从不避谈自己与元稹有着深情厚谊，从不顾虑因元稹之谊而得罪重臣群友，写下无数诗章，反复歌吟元白情同手足。不仅写出来，而且主动给人看，非常坦荡。乐天这一点最是可贵。

令人深思的是，这批重臣与元稹是非不断，打击排摈微之毫不留情，反过来却对白居易充满温情，政治上并不将元白当作同党株连。比如东都留守令狐楚，与元稹素有积怨，但一听说白居易回了洛阳，马上登门拜访，把酒言欢。裴度更是如此。这样的例子很多。乐天晚年《与刘禹锡书》，明言“平生相识虽多，深者盖寡，就中与梦得同厚者，深、敦、微而已”。深指李绛字深之，敦指崔群字敦诗，微指元稹字微之。有人曾疑，白居易是不是一个两面落好的骑墙派？事实上，每遇波折，白居易总是毫不犹豫地站在元稹一边，为友辩护，从未骑墙动摇，对待刘禹锡等人同样如此。而在残酷党争之下，仅仅凭借两面讨好骑墙之法，是远远不能立足的。白居易深重情义，纠葛自解，广结善友，鲜有敌人，这种现象很值得研究。应该说，一个伟大诗人，除了杰出作品流芳千古之外，其生活处世和结友交游，必有超乎寻常之赤诚。如果失去正直和赤诚基础，真善美作品也很难产生。

四十五、河南府尹祭晦叔

前面陈述一段白居易家事，老来得子又丧子，令人伤感，终身遗憾。又说了一番白居易友情事，李建、李绛、元稹、崔群等老朋友先后辞世，给诗人带来持久哀痛，退隐生活难以平静。

接下来，看一看白居易晚期官宦之事。

“倚疮老马收蹄立，避箭高鸿尽翅飞”，乐天退隐辞官，携全家安居履道里，对宦海沉浮早已淡泊无求。“净淘红粒罯香饭，薄切紫鳞烹水葵。雨滴蓬声青雀舫，浪摇花影白莲池。”（《池上小宴》）“身闲当贵真天爵，官散无忧即地仙”（《池上即事》），洛阳生出活道仙，超然物外白乐天。

诗人回顾往事，庆幸今朝：

忆除司马向江州，及此凡经十五秋。
虽在簪裾从俗累，半寻山水是闲游。
谪居终带乡关思，领郡犹分邦国忧。
争似如今作宾客，都无一念到心头。

（《思往喜今》）

历经艰难岁月，换得福禄今天，大俗大雅白乐天，闲适诗酒琴，再无他求。这段时光里，白居易吟写闲适诗、悼念亡友伤感诗，数量明显增多。据文艳蓉研究，白公深受陶渊明、韦应物影响，追求“清幽虚静”境界，闲适诗中大量运用清风、清和、清凉等词句，统计出居易在三百一十七首闲适诗中，“清”字竟然出现了一百零九次。清与静相辅相成，构建了乐天精神家园；其伤感之诗，也极其自然地表达了白居易所独有的情感体验。

在这里，笔者特地强调和重复一下：过去人们看重白居易早期为民众为道义大声疾呼的愤世之作，忽略他闲适、伤感类作品，因此对其后半生创作有所轻慢，对乐天闲适伤感方面的诗作不予重视，忘记了此类热爱自然、尊崇生命之诗，也是更纯净的文学，意义非凡。而过分强调文学服务于现实政治，势必束缚艺术创造和作品风格多样化。乐天闲适、伤感类作品，可能更接近文学艺术的本质，体现着艺术家人生状况的更高境界。白居易诗歌创作是一个完整体系，不能人为地分裂开来，重视一半，偏废另一半。笔者寄希望于新一代白诗研究群落，辟出新天地……

偏偏在此幽静清虚时刻，突然间，大和四年（830）十二月二十八日，黄纸诏书降临履道里，诏命白居易接替韦弘景河南尹一职，即日上任。从牡丹盛开，到冬雪飞扬，白居易宾客洛阳，尚且不足两年。

首都京兆府、东都河南府、北都太原府三个直属地，非比寻常，辖地不隶道不称州，长官不称刺史称府尹。同为三品大员，府尹尤显权贵，多少京官外官，仰望而不可即。

河南尹坐衙河南府，下辖二十六个县，府衙设在洛阳城中，白居易就地得此府尹重任，连家都不用搬迁，俸禄又厚一层。如此尊职好事，落在一位无心争官之闲佬身上，白居易自己也深感意外。很可能，是朝中牛僧孺、李宗闵两宰相给予了特殊推举。这一年多，两位同党宰相挟朋党之威，接连将李德裕、元稹等人逐出京都，甚至嫌老臣裴度碍手碍脚，遂将裴度罢相出朝，发往山南东道做节度使。如今，文宗李昂被牛党和宦官所左右，唯有叹息而深感无奈。正在这时，东都有缺，牛、李二相尊崇白居易而不信他人，便稍作腾挪，将河南府重印交给了乐天。

天降如此好事，白居易并未欢呼雀跃，而是心存疑虑。二十八日那天早晨，乐天照例在家中小饮就餐，朝廷两位中官忽至。俨然颁诏，居易接旨。谢陛下降恩，又谢过公公辛劳，转身独坐，骤然清醒。心绪不宁，吟《早饮醉中除河南尹敕到》，诗云：

雪拥衡门水满池，温炉卯后暖寒时。
绿醅新酎尝初醉，黄纸除书到不知。
厚俸自来诚忝滥，老身欲起尚迟疑。
应须了却丘中计，女嫁男婚三径资。

酒到微醺时候，怎知诏书忽临？“老身欲起尚迟疑”，犹存卷入党争倾轧之虑。承接皇帝诏命，不敢贸然欣喜，有人质疑白公，好事临头，求之不得，理应非常高兴，此诗却说“尚迟疑”，恐怕不是真心话。如此揣度乐天，尤不知其心胸，回顾两度长假辞官即见真心。同期作《六十拜河南尹》，可以再次佐证其超然：

六十河南尹，前途足可知。

老应无处避，病不与人期。
幸遇芳菲日，犹当强健时。
万金何假借，一盏莫推辞。
流水光阴急，浮云富贵迟。
人间若无酒，尽合鬓成丝。

还有："喜逢二室游仙子，厌作三川守土臣。……他日终为独往客，今朝未是自由身。"（《与诸道者同游二室至九龙潭作》）

富贵皆属浮云，身心向往自由，接诏书时刻"尚迟疑"，实为一种自然举动，乐天何必装假。

白居易深感不安者，是以优厚俸禄得到了丘中、三径之资，却不能解救中原农夫疾苦，"莫作农夫去，君应见自愁。迎春犁瘦地，趁晚喂羸牛。数被官加税，稀逢岁有秋"（《不如来饮酒七首》）。

河南尹白居易初心犹在，坐拥衙署饱暖中，常忧风雪苦寒人。且叹且饮，同期作《岁暮》诗云："霜风裂人面，冰雪摧车轮。而我当是时，独不知苦辛。晨炊廪有米，夕爨厨有薪。夹帽长覆耳，重裘宽裹身。加之一杯酒，煦妪如阳春。洛城士与庶，比屋多饥贫。何处炉有火，谁家甑无尘。如我饱暖者，百人无一人。安得不惭愧，放歌聊自陈。"

笔者累读《岁暮》，深深感动。身荣富贵吟诗，能以米、薪、夹帽、重裘等饱暖物质，对比霜风裂面、冰雪摧车，更联想到饥贫之家炉中无火、灶具蒙尘，因贫家生计而愧疚，闲适之际存伤感，与白诗早期情怀一脉相承。

前头曾经写过，白居易常以"裘"衣入诗，将此物作为一种意象多次运用。《岁暮》诗中，又见"重裘宽裹身"之句。同在大和五年（831）深冬，白居易于河南府任上作《新制绫袄成感而有咏》，进一步扩展"大裘"寓意，是为名篇：

水波文袄造新成，绫软绵匀温复轻。
晨兴好拥向阳坐，晚出宜披踏雪行。

鹤氅毳疏无实事，木棉花冷得虚名。
宴安往往欢侵夜，卧稳昏昏睡到明。
百姓多寒无可救，一身独暖亦何情。
心中为念农桑苦，耳中如闻饥冻声。
争得大裘长万丈，与君都盖洛阳城。

前四联细述绫袄高档舒适，与后面三联形成强烈反差。咏念之中，读者真切感受到了农桑苦寒。白大人心中不好受，时隔千载笔者竟生同感。此前，《新制布裘》，叹“稳暖皆如我，天下无寒人”，这一首愈加形象具体，直抵人心。全诗笔法高超细腻自不待言，更重要者，人们分明看到了一位好官、一位大诗人那颗博爱之心的律动，心中为念农桑苦，耳中如闻饥冻声。

关于这首诗，历代评议不断。论者常拿杜甫《茅屋为秋风所破歌》与之一起品味，发现杜甫因“饥寒而悯人饥寒”，乐天则“饱暖而悯人饥寒”，有同有异。王拾遗评曰：“一个人能在自己饱暖时候，念念不忘穷苦百姓，作为古代官吏，尤为可贵。”清代沈德潜在《唐诗别裁集》中说：“(乐天)遇事托讽，与少陵相同。”杜、白实为一脉相承，杜甫与乐天，直到年老力衰，报国爱民之心始终未泯，这是传统文化当中闪耀着人道主义光辉的重要侧面，是传统文化中最优秀的一部分。世世代代做官，应将此诗铭记。

白居易就任河南尹，元稹于同年七月辞世，其他好友仍在宦海中挣扎。

崔玄亮，字晦叔，比白居易年长四岁，出身博陵（今河北安平）望族。贞元十九年（803）与乐天同期参加吏部考试，携手及第，为“皆奉荣养”八人之一，同以校书郎入朝。崔玄亮先后出任密、歙、湖、虢四州刺史，以整顿茶法、兴修水利著称。他不惧阉竖，不群朋党，风流儒雅，琴棋俱佳，曾指教白居易学琴。乐天珍爱一把“红石琴”，正是当年湖州崔刺史所赠。崔、白志同道合，比之元稹、禹锡更多出一份宗教和音乐情怀。面对吏政腐败，崔玄亮公开提议，年迈老官理应及早退休，“名不可多取，退不必待年”，为崔氏名言，得到白居易等人响应。崔公自己也是这样做的。大和三年（829）春居易返洛，玄亮谢病不拜曹州刺史（今山东菏泽），愿以秘书少监分司东都，前来与白居易为伴。白诗“君乞曹州刺史替，我抛刑部侍郎归。倚疮老马收蹄立，避箭高鸿尽翅飞。岂料洛阳风月夜，古人垂老得相依”（《答崔十八见寄》）就是写给这位崔玄亮的。二人同游龙门，不亦乐乎。乐天诗称玄亮为“琴樽伴”，意即抚琴、举杯最佳伙伴。谈得拢，玩得来。白诗《醉后重赠晦叔》云：“老伴知君少，欢情向我偏。……各以诗成癖，俱因酒得仙。笑看青眼语，醉并白头眠。……人间更何事，携手送衰年。”可见崔、白相伴，有多么合拍惬意。

岂料好景不长，文宗执意调崔玄亮回京，官拜太常少卿，又迁谏议大夫，崔、白只好分手。居易抱病出城相送，诗曰：“莫道长安一步地，马头西去几时回。与君后会知何处，为我今朝尽一杯。”（《临都驿送崔十八》）不禁老泪纵横。

白居易深为崔玄亮回朝担忧。果不其然，崔公在京很快遇上一桩大案：阉党阴谋陷害宰相宋申锡，诬告宋申锡谋反。文宗信以为真，宋即将被害。朝官皆知奇冤，却不敢发声。这时，崔玄亮挺身而出，率领谏官十四人，冒死当廷进谏，替宋申冤。帝怒，玄亮辞理恳切，援引古今，与文宗往返百言，泣而不退，直至文宗感悟，保住了宋申锡性命。崔玄亮就是这样一位不顾生死的直臣。

消息传到洛阳，居易惊愕，惦念老友旦夕祸福，忍不住独自前往玄亮洛阳庄园，探望空宅，叹息“主人忆尔尔知否，抛却青云归白云”（《题崔常侍济上别墅》）。不久后，玄亮出京，外任虢州刺史（今河南灵宝市），乐天暂且放下心来。

大和七年（833）春，白居易再次做出决定：长告五旬病假，辞官河南尹。

此为何故？前述大和四年（830）十二月，白居易任河南尹，接旨时“老身欲起尚迟疑”，总是忧虑党争反复，殃及老身。时隔两载，果然有变，大和六年（832）十二月，李党首领李德裕自西川节度使再度回朝入相，局势行将翻盘。东都府地剧要，守尹凶多吉少，与其被人驱赶，不如主动辞官。白居易即在次年春天以头风病告假五旬，第三次长假辞官。果然，及至四月二十五日，新宰相李德裕派遣严休复前来洛阳，接受河南府尹之印。乐天如愿全身而退，复授太子宾客，分司东都。李德裕给了白居易面子，很可能缘于白公主动退让。再看朝中牛党诸臣，纷纷在斗争中败北离京：牛僧孺出为淮南节度使，李宗闵出为山南西道节度使，杨嗣复出为剑南东川节度使，杨虞卿出为常州刺史。稍后，杨汝士出为同州刺史，中书舍人张元夫出为汝州刺史，张仲方罢散骑常侍，以太子宾客分司东都……这真是你方唱罢我登场，长安处处尽深渊。

以上诸公，皆为白居易挚友亲朋，试想一经卷入党争序列，覆巢之下岂有完卵？人治集权格局下，官僚运迁首先凭借人身依附，而后带来个人悲喜剧，实为常态。高层人事祸变，属官在劫难逃。白公奉行“中隐”而退居事外，且主动以假辞官，总算得到安保。表面看，洛阳一片祥和风光，杯中美酒四季飘香，履道里主人，却在日夜抵御着惊涛骇浪，深为朋辈沉沦而哀伤。岁月难静好，犹在梦中寻。

长安局势动荡，白公心绪黯然，偏在这时，噩耗传来，大和七年（833）七月二十一日，老友崔玄亮病故于虢州任上。白居易前年经历了元稹暴卒情感折磨，今年又遭一击，甚至更为沉重。只因玄亮早与乐天约定，要淡漠宦情回返洛阳，二人同铸晚年静好。就是说，元稹造馆于武昌，元白间并无同洛养老之约，而晦叔之生死，则与乐天生活休戚相关。如今晦叔他乡而逝，只留下临终嘱托：把自己最心爱的“玉磬琴”转赠给乐天，请他为我写墓志铭吧。白居易闻讯痛哭，作《哭崔常侍晦叔》，先说二人“中诚一以合，外物不能侵。逶迤二十年，与世同浮沉。晚有退闲约，白首归云林。垂老忽相失，悲哉口语心”，接下来，连续采用六个“共”字和“谁”字入诗表述痛苦，极为罕见：

丘园共谁卜，山水共谁寻。

风月共谁赏，诗篇共谁吟。
花开共谁看，酒熟共谁斟。

以一连串“共谁”哀怨“吾道自此孤，我心安可任”，令读者怵目惊心。居易面对一把红石琴，一把玉磬琴，都是老友“琴樽伴”所赠，琴与人沉默着，泪眼相看秋风。

人们不可轻视白居易闲适诗、伤感诗，只因生命意义高于一切。

四十六、刘白进退总关情

说罢元稹崔玄亮，再看刘禹锡。

刘禹锡在哲学、文学、佛学几方面都是大家，而古时候不管什么家，都需要科举晋官从政。即说“中隐”之道，也建立在身得官爵基础上，古时没有职业作家这一从业行道。刘禹锡二十岁出江南，经洛阳拜过祖茔，贞元七年（791）奔长安，两年后连登进士、博学鸿词两科，偕柳宗元齐头并进。继于贞元十一年（795）再战吏部拔萃科考，以太子校书入仕，与王叔文同为东宫属官。为父丁忧三载后，入淮南节度使幕府，随杜佑积累军政经验。贞元十八年（802）初，禹锡除任京兆府渭南县主簿，重与蓝田县尉柳宗元聚首。据程韬光著述，校书郎白乐天和元微之，结交梦得于渭南。两年后，德宗调刘禹锡、柳宗元入朝，同任监察御史，与韩愈共事御史台，意气风发。贞元二十一年（805）德宗驾崩，太子李诵继位为顺宗。永贞革新，风云骤起，刘禹锡、柳宗元积极加盟新政集团，推动变革。刘以屯田员外郎兼管盐铁赋税诏令文案，为王叔文协理财政，柳宗元主管朝内外大事。顺宗重病岌岌可危，改革陷入困境，阉党刀剑寒光闪烁，官僚习重人顽，藩镇蓄势进发。新政又生内讧，“二王刘柳”孤立无援。很快，顺宗禅位，太子李纯称帝，是为宪宗。永贞革新维持一百四十六天而惨败。王叔文、王伾、刘禹锡、柳宗元等俱贬荒州野郡，“二王八司马”无一幸免。

刘禹锡三十五岁先西南朗州，继岭南连州，再江峡夔州，又淮南和州，文宗朝回京，重逢白居易，刘禹锡竟成五十六岁一老翁。

前番白居易告退长安，分司洛阳，时在大和三年（829）春末。浐水河畔，长乐坡前，刘禹锡深情相送。承诺“洛阳旧有衡茅在，亦拟抽身伴地仙”，话虽这样说，禹锡岂是退却之人？乐天走后，刘禹锡仍在礼部郎中兼集贤殿学士任上，坚守两年，待机进取知制诰乃至中书舍人，可惜朝政纷乱，庇护大人裴度身不由己，刘不遂愿。此次裴度离京后，刘禹锡幸得外任苏州刺史，以无祸无灾退出京城倾轧之地。

大和五年（831）冬，刘禹锡赴任苏州，途经洛阳，与河南府尹白居易举杯重逢。六十皓首，一位超然物外佛门求静，一位宏愿未竟仍在奔波。两位大师性格差别明显，行为方式各异，却能成为一对绝好朋友。求同存异、互相欣赏，白不劝刘退却，刘不劝白进取，各行其道而珠联璧合，刘白现象千古称奇。这一次，禹锡所任之郡，正是白公曾任之苏州，乐天便将治郡体会详尽告刘，酒中喝出了别一种天地。欢欣之际，乐天《送刘郎中赴任苏州》诗云：“仁风膏雨去随轮，胜境欢游到逐身。……何似姑苏诗太守，吟诗相继有三人。”联想前贤韦应物，诗坛三杰刺苏州，会不会生出新典故？白居易感应能力超强，谁能想到这么远呢？二人大喜。时逢冰雪封路，刘白筵酒多日不散。其后，白府尹《与刘苏州书》，记载了这次重逢：

> 去年冬，梦得迁苏州刺史，冰雪塞路，自秦徂吴。仆方守三川，得为东道主。阁下为仆税驾十五日，朝觞夕咏，颇极平生之欢。

梦得临行，乐天赠诗惜别“送君何处展离筵，大梵王宫大雪天”。禹锡回酬，豪气昂然：“龙门宾客会龙宫，东去旌旗驻上东。二八笙歌云幕下，三千世界雪花中。……才子从今一分散，便将诗咏向吴侬。”（二诗同题《福先寺雪中》）

河南尹送别刘苏州，直到四年后，二人才又重逢于洛。

刘禹锡苏州任上，抗灾恤民，免赋减役，重教兴学，克己奉公，倡导“功利存乎人民”，不负众望。百姓像拥戴韦应物、白居易一样，热爱刘禹锡，时浙西观察使王璠，考课刺史，报奏政绩，刘禹锡得到极为罕见的“政最”之评。文宗得报大喜，特令嘉奖刘禹锡，赐紫袍、佩金鱼袋，达到州郡官员极致之荣。

朝廷行将没落，全靠一批忠臣赤子，忍辱负重，在地方上支撑。大唐还能支撑多久？如果没有这批贤良忠臣，腐朽势力一溃千里，更不可收拾。刘禹锡在苏州，忧虑之间也表达了强烈不满。当时，浙东观察使李绅人生畸变。本来年轻时主张诗文讽喻美刺，直面现实，写下“谁知盘中餐，粒粒皆辛苦”“四海无闲田，农夫犹饿死”等悯农好诗。然而官场腐败世风日下，浸淫之中，官僚不知不觉发生质变。几十年过去，李绅贵为藩镇大员，途经苏州，花天酒地，使众妓尽情歌舞，早不记得盘中苦味，奢靡标准直比宫廷。刘禹锡因作《赠李司空妓》表达对时政的失望。司空，始为汉朝显贵，后来御史大夫曾叫大司空，此处泛指高官：

高髻云鬟宫样妆，春风一曲杜韦娘。
司空见惯浑闲事，断尽苏州刺史肠。

刘禹锡借夸奖李绅身边艺伎，言心中愤懑。成语“司空见惯”由此而来。

大和八年（834）七月，刘禹锡改任汝州（今河南汝州）刺史，苏州百姓哭送。乐天当初诗生感应，说苏州“吟诗相继有三人”，如今果然证以实效。姑苏城下，民众合力建起一座“三贤堂”，燃千年香火，供奉韦应物、白居易、刘禹锡三位贤官诗杰。今有堂联移用朱熹句：日月两轮天地眼，诗书万卷圣贤心。

离开苏州之前，禹锡知乐天最爱白鹤，便四处寻得一只，转赠乐天补缺。何谓补缺？只因几年前，裴度凭借厚谊，将履道里白府仙鹤要走，以致白府无鹤，刘禹锡深情补上了这一缺憾。当这只丹顶华亭鹤运到洛阳时，乐天愉悦之情可想而知，急忙写诗答谢：

老鹤风姿异，衰翁诗思深。
素毛如我鬓，丹顶似君心。
松际雪相映，鸡群尘不侵。
殷勤远来意，一只重千金。

（《刘苏州以华亭一鹤远寄，以诗谢之》）

素毛如我鬓，丹顶似君心，轻松妙比。乐天对此鹤观察细腻，诗中常得佳句，如“低头乍恐丹砂落，晒翅常疑白雪消”（《池鹤》）令人叫绝。

刘禹锡转任汝州一年后，洛阳闲翁白居易这边，竟然又有诏书忽降，再次打破诗人静好岁月，迫使中隐之人必须做出抉择。笔者稍做回顾：

从大和七年（833）四月，白居易卸任河南尹，悠闲之间流逝两年时光。其间，把刘禹锡与自己往来新诗篇，集中起来，编成一册《刘白吴洛寄和卷》，附于《刘白唱和集》之后，两卷本变成了三卷本，白公很是得意。

大和八年（834）三月里，白居易回了一趟下邽，前往渭村故里，参加叔父白季康和婶母薛氏、敬氏合葬之礼。此为白氏族中大典，居易为白季康撰写墓志铭，了却一桩心头事，返归洛阳，继续编纂诗集。回顾居洛五年间，成诗四百三十二首。为诗集作序时诗人发现，其中竟有几十首，都是哭送友朋离世之作。屈指一数，同辈良友已经亡故了那么多人，白公晚年生活，日渐孤单。

好在这时，恩公裴度改任东都留守抵达洛阳，给乐天带来莫大快慰。继而刘禹锡转任汝州，亦与洛阳拉近了距离。大和八年（834）十月，朝中政局再度发生变化，李宗闵由山南西道节度使回朝拜平章事，代替李德裕宰相位置，朝廷反将李德裕调换到山南西道节度使而去。说不清这位文宗究竟要做什么。李德裕还没有回过神儿来，转而命其赴任镇海军节度使、浙江西道观察使，总之要他远离长安权力中心。没过多久，又将李德裕贬在袁州（今江西宜春）。党争几近你死我活。不过，短期之内，白居易等人在洛阳，倒是宽松了许多。

正是在这种情况下，大和九年（835）九月，太子宾客白乐天忽然又来官运。九日这天，洛阳白府像往常一样，沉湎于佛事之中，并不知长安那边已经拟定诏书，除命白居易前往同州重地，接任杨汝士为刺史。下旬，朝使公公来到洛阳宣读诏书，白居易跪地听旨。宣旨完毕，受命者本应大谢皇恩，接旨遵行，却见白居易久跪不起，一边谢恩，一边称病，连连推辞此任。两公公从未见过这种不愿做官之臣，齐呼怪异：

同州（今渭南大荔）辅长安，首都屏障，为京畿东部要冲，物资重镇，向有重兵驻防。元稹曾于卸任宰相、转任江南之间，在同州为政两年。此乃各路大员可望而不可即之宝地，俸禄尤其丰厚。乐天为何不愿前往？

白公东都五载，累见匆匆过客往返，升贬官员如过江之鲫，叹息之间，病辞河南尹，中隐意念更加坚定，看待宦情早已淡泊无波。这时，白居易跪不接旨，向使者陈述理由，谓因病不任，叩谢皇恩，然后写成一诗，拜托使者回京复命。此诗题为《诏授同州刺史，病不赴任，因咏所怀》，心愿尽在诗中：

同州慵不去，此意复谁知。
诚爱俸钱厚，其如身力衰。
可怜病判案，何以醉吟诗。
劳逸悬相远，行藏决不疑。
徒烦人劝谏，只合自寻思。
白发来无限，青山去有期。
野心唯怕闹，家口莫愁饥。
卖却新昌宅，聊充送老资。

因衰病不任同州，陈述理由正当，无可厚非。实质原因，还在于白公担忧朝中动荡，但求清静。除上面这首诗外，同期还有好几首诗，表达了同样意愿。《咏怀》诗曰：“随缘逐处便安闲，不入朝廷不住山。心似虚舟浮水上，身同宿鸟寄林间。”

同州那边，杨汝士即将卸职刺史调转户部，却迟迟不见新官接任。白公以诗信告杨，自己肯定不去了，君勿等我。那么随后而来接任刺史者，又将是谁？

不是别人，正是大名鼎鼎的刘禹锡。命运总是将刘、白连在一起。眼下，白不赴同州，刘又来补缺。刘白故事连成篇，幕后推手却无形，只能说是一种奇缘吧。

白居易一味退守逃避，辞却同州，不履君命，友朋深恐天子不悦，家人也难以理解，间有怨言。乐天不争官权，更不谋钱，还打算卖掉长安城里新昌宅，“聊充养老资”，如此淡泊之举，与朝中争焰形成鲜明对比，反而得到君臣赞评。唐文宗竟在决定刘禹锡同州补缺之后，又于十月二十三日，诏命白居易升迁太子少傅，进封“冯翊县开国侯”。加官晋爵，完全出人意料。

太子宾客，升格为太子少傅，官秩俸禄均有增长。而太子少傅一职，与少师、少保并称“太子三少”，共管皇太子德才教喻，官秩正二品，堪与勋位“上柱国”相呼应；进封“冯翊县开国侯”，即爵位达到了“开国县公”，也是功勋大员才能匹配。县，本指天子王畿所治之地，赤县神州是也，此乃唐代仕人绝难企及之荣贵。这一年，白居易六十四岁。

面对优厚境遇，诗人十分自省，《自宾客迁太子少傅分司》一诗，可见心迹：

头上渐无发，耳间新有毫。
形容逐日老，官秩随年高。
……

勿谓身未贵，金章照紫袍。
诚合知止足，岂宜更贪饕。
默默心自问，于国有何劳。

白居易认为自己对国家没有多大贡献，却得到“金章照紫袍”之富贵，应该知足切不可贪求。另一首《从同州刺史改授太子少傅分司》，进而感叹曰：“留侯爵秩诚虚贵，疏受生涯未苦贫。月俸百千官二品，朝廷雇我作闲人。”

月俸百千，也就是十万开元铜钱，折合白银一百两。遥想入仕之初，诗人以九品校书郎取俸，说“俸钱万六千，月给亦有余”，至八品左拾遗月俸三万多，户曹参军四万多，江州司马六七万，苏杭刺史更高，今二品太子少傅，月俸升至十万，休说一般唐官无法相比，即使宰相重臣，也往往达不到如此高薪。古人为诗常谈及俸禄收入，白居易尤有此好，官俸收入一向公开，为后人研究唐政留得实据。

十一月上旬，刘禹锡果然从汝州赴同州。途经洛阳，刘白相聚于喜悦中。时裴度绿野堂刚刚建成，裴公设宴盛情款待刘白。前面那位“大司空”李绅，卸任浙东观察使，以太子宾客分司东都，也从江南来到洛阳。这样裴、刘、白、李同醉一堂，欢欣联句吟诗，数日方散。白居易以《喜见刘同州梦得》打趣相问：“紫绶白髭须，同年二老夫。……酒好携来否，诗多记得无。”刘禹锡笑答：“行年同甲子，筋力羡丁夫。别后诗成帙，携来酒满壶。”（《酬喜相遇同州与乐天替代》）

几位老友像少年人扎堆那样，见天在一起，大家一再挽留禹锡多玩几日再走，诸人在洛阳畅饮将近月余。万万没有料到，长安又出了大事情。

四十七、甘露血与儒释道

帝都出大事了。幸亏刘禹锡缓行，未曾身置长安，躲过了一场惨烈血案，屠杀恰恰发生在同月下旬。

这场灾难验证了白居易几年来所有的焦虑和预感，宫廷倾轧，血腥喷涌，近千名大小朝官被宦官杀害，事件异常，史称“甘露之变”。

事件发生前，唐文宗李昂力图改写几朝先帝受害于内宫之悲剧，志在铲除宦官势力。《旧唐书》记文宗事，说“累世变起禁闱，尤侧目于中官，欲尽除之”。文宗由此重用了野心勃勃的新臣李训和郑注。李训升为宰相，郑注为工部尚书，二人同任翰林学士，日夜密谋于深宫，深得文宗信任。李、郑也确实成功地灭掉了大宦官韦元素、王守澄与陈宏庆等，并联手施计，先利用牛党驱逐李党首领李德裕出朝，掉头又将牛党李宗闵、杨虞卿等人贬出。一连赶走了路隋、李德裕、李宗闵三位宰相，李训、郑注终于坐大。白居易《诏下》一诗，冷嘲这段时局，有句云：

> 昨日诏下去罪人，今日诏下得贤臣。
> 进退者谁非我事，世间宠辱常纷纷。
> 我心与世两相忘，时事虽闻如不闻。

李训为增强自身实力，遂将重臣舒元舆、王涯、贾悚拉入阵营，四人同朝为相，并遣郑注掌凤翔节度使之权，密谋带兵策应，以期内外联动，一举剪灭仇士良宦官集团。

而李训与郑注，不过机辩纵横而已，初以讲学、医术得宠，胸中并无治国韬略，掌权后功利心重而多变。原本谋算为王守澄祭墓之时，聚歼宦官于墓地，李训却怕郑注居功至高，就私下变更作战方案，改为宫廷中观赏甘露花开，趁宦官不备而诛杀之。远远低估了宦官们长年枕戈待旦的杀伐能力。

大和九年（835）十一月二十一日早朝，李训等上奏诈言，报金吾仗舍院内，石榴树上，喜降甘露，请文宗观赏。文宗李昂佯作疑虑，即派大宦官仇士良、鱼志弘等前往验看。仇等来到金吾仗院内，发现受命将军韩约神色异常，汗流满面，顿起疑心，隆冬时节，何来甘露？又见院中帷幕后面，藏有带甲伏兵，刀剑作响，寒光闪烁。仇士良警惕性极高，此刻情知中计，突然疾呼众宦官，掉头回跑，奔入含元大殿，急速扶起皇帝软舆，挟拥天子直奔内宫，为抄近道还撞开了后殿丝网。这时李训卫兵追来，砍杀宦官数十人。事已败露，李训紧紧抓住帝辇不放，疾呼“陛下不可入宫”。宦官当下打翻李训，不顾一切抬帝辇入殿，轰然关闭内宫宣政门，控制了天子。宦官当即指挥神策军反杀出来，你死我活，见人就砍，大明宫内外鲜血喷涌，百官逃散之间，人头纷纷落地。李训急匆匆换上随从绿衫，单骑奔逃周至，被擒斩首。郑注按约从凤翔带兵前来策应，行至扶风才知道京城事败，遂回师凤翔，亦被斩首。

当时，尚有三位宰相正在中书省议论事态异常，内中只有舒元舆参与预谋，其余王涯、贾𫗧并不知内情，突然间，宦官带领神策军挥刀杀入，定要斩尽杀绝，一时有两省官员及金吾吏从六百多人，毙命于血泊之中。舒元舆、郭行余、王涯、贾𫗧、王璠、韩约等大员，分别逃入古都街巷宅第，情节不尽，多数遇难。十多户重臣家族被诛。城头首级高悬，宫内尸横遍地，长安家家闭户，朝中班秩失形，大小官员千余人，尽成刀下之鬼。

文宗李昂操之过急，李、郑有野心而无谋略，抄斩阉党未成，反而身首异处。宦官趁势掠杀刚正，帝都血流成河，史称甘露之变。

四宰相同时被杀，惨案震惊天下。消息疾速传到洛阳，闻者魂飞魄散。白居易深知朝中灾祸难免，但他不敢料想事变如此血腥惨烈，竟比当年王叔文“永贞革新”之败恐怖千百倍。

昔年宫廷友朋，诗书翰墨馨香流转，朗朗笑声犹在耳畔，今日竟成刀头冤鬼，情何以堪？哭何以诉？

事变那天，白居易独在香山寺游览。惊悉事变，初始悲哭沉痛，待到平静下来，唯叹自身隐退之幸，遂以《九年十一月二十一日感事而作》，记录了历史这一天：

祸福茫茫不可期，大都早退似先知。

当君白首同归日，是我青山独往时。
顾索素琴应不暇，忆牵黄犬定难追。
麒麟作脯龙为醢，何似泥中曳尾龟。

叹息间又作《咏史》，回顾历史悲剧总是重演：

秦磨利刀斩李斯，齐烧沸鼎烹郦其。
可怜黄绮入商洛，闲卧白云歌紫芝。
彼为菹醢机上尽，此作鸾凰天外飞。
去者逍遥来者死，乃知祸福非天为。

还有《即事重题》诗曰："重裘暖帽宽毡履，小阁低窗深地炉。身稳心安眠未起，西京朝士得知无。"对于以上三首诗，后人理解曾有歧义。本来，甘露之变死难者众多，重臣贾悚、舒元舆、郭行余等，都与白公交谊深厚，诗人表达自身有早退之幸，并不难理解，但是，喋血死难者中间，还有一位宰相王涯。当年白居易遭贬江州为刺史，王涯上疏追贬刺史为司马。此后白与王每多回避。于是有评者据此议论，说白居易感喟甘露之变，"当君白首同归日，是我青山独往时"诗句，是不是含有幸灾乐祸之意呢？

时隔多年，宋代苏轼在《东坡志林》中发表心得，再度提及这桩文案。苏东坡认为：这几句诗，"不知者以为乐天幸之，乐天岂幸人之祸者哉？盖悲之也"！东坡依据乐天一贯人品，做出悲悯判断，认为白公并非幸灾乐祸。

此后，多人尊依东坡意见，表示"幸祸之说盖出于章子厚，谚所谓以小人心度君子腹耳"（汪立名语）。

今有蹇长春著《白居易评传》，进一步举证认为，白居易在阉党肆虐的残暴年代，自编诗文选集，公开收入与事变死难者唱酬诗作而决不避讳，其中贾悚六首、舒元舆八首、郭行余二首尽在集中，"这表现了白居易不屈服于宦官势力的大无畏精神。从而也表明，他对甘露之祸的死难者，是持以同情和伤悼态度的”。

好事者捕风捉影，猜测疑说，不能成立。

甘露之变导致中晚唐政治生态急剧恶化。宦官阉党更加凶顽，为所欲为专横跋扈，文宗李昂几乎处在囚禁之中。《资治通鉴·唐纪》讲述甘露之变后，“天下事皆决于北司，宰相行文书而已。宦官气益盛，胁迫天子，下视宰相，陵暴朝士如草芥。每延英议事，士良等动辄引训、注折宰相”，吓唬群臣。李训、郑注下场可悲，皇室群臣人人自危。

大和九年（835）在尸山血海中结束。次年正月，唐文宗采用改年号之法辞旧迎新，将大和改为开成。于是，惨淡的开成元年（836）与雪花一起飘落人间，这一年，文宗李昂二十六岁，白居易六十五岁。

唐文宗改年号大赦天下，免除京兆府一年赋税，停止了四时八节所有进奉，意在驱除朝野惊恐阴沉晦气。而年号改一改，国运将如何？不过是自我安慰而已。开成元年以后，白居易对朝政衰荣更加绝望。凡人事更迭宫廷轮转，索性与我免谈。此时有《赠谈客》一诗，对来宾直言：

请君休说长安事，膝上风清琴正调。

诸位宾朋，不必向我谈议长安那些乱局乱事了，我再也不愿意听闻朝中争斗，没看见我正在调试琴音吗？

开成元年春夏，白居易埋头编辑诗文总集。回顾几十年心路历程，有喜有悲，甘苦自知。乐天总共编成《白氏文集》六十五卷。汇集旧诗文三千二百五十五种。洋洋大观，令人惊叹。白居易喜好编纂诗文书卷，在古代诗人中堪列榜首。这一现象与他一开始就从事校书郎工作有关，又与曾任翰林学士、知制诰、中书舍人、秘书监有关，以至天天动笔成为职业习惯。白公集卷编书，且善于妥善保存之。唐时印刷、存档十分艰难，工作条件不佳，保存书卷尤为重要，为善存这批诗册，白公想了很多办法。这一次，诗人将《白氏文集》六十五卷托付给洛阳圣善寺，藏在寺院深处“律疏库”楼内，要求文集不得借与官客，不得带出寺院大门，只许阅览者在寺楼内品读传抄。佛寺住持久与乐天友善，特将此事写成一篇《圣善寺白氏文集记》，刻至石碑上，立于寺庙中。新任河南尹李绅，特来寺中题诗捧场：“部列雕金榜，题存刻石铭。”

李绅在河南尹任上时间很短，不过两三个月就去了汴州，由李珏接任其职。李珏曾是一位直言敢谏左拾遗、翰林学士，还做过三年宰相，特别敬重辖区名流裴度和乐天。这时，刘禹锡在同州已经一年，因甘露之变，终于对朝政丧失信心，遂告足疾而辞官，迁太子宾客分司东都。如此一来，裴、白、刘洛阳重聚首，李珏也格外高兴。次年三月三日，李珏主持“修禊”，即官民沿袭风俗，到洛水之滨临水洗濯，祭祀祓除不祥晦气。李珏与东都留守裴度，特邀太子少傅白居易、太子宾客刘禹锡，前中书舍人郑居中等十五位名流，欢宴吟诗于洛河大船之上。城乡百姓闻讯，蜂拥河畔观瞻，官民同乐，盛况空前。白居易精神为之一振，以《三月三日祓禊洛滨并序》为题赞此盛会云：“自晨及暮，簪组交映，歌笑间发，前水嬉而后妓乐，左笔砚而右壶觞，望之若仙，观众如堵，尽风光之赏，极游泛之娱，美景良辰，赏心乐事，尽得于今日矣。”

裴度首赋诗章，刘白唱和，诸公一色紫袍，纷纷倾酒挥毫。驱逐往年晦血，由衷企盼吉祥。虽有乱世粉饰太平之嫌，参与者却也获得一份内心抚慰。

前述儒、释、道三教合流，成为唐代思想史上一个重要现象。

白居易晚年，与佛门道教往来愈加频繁，渐入无忧境界。尊依佛戒，按律持斋，定时停食酒肉，有时参观道家炉前炼丹，满足好奇之心。关于道家和乐天，是一个绕不过去的话题，这里不妨再说两句。乐天炼丹，与众不同。别人为求长生多有服用，事与愿违，反而丢了性命。白居易只炼丹药，却不服用，炼不成也无关紧要，成败由天。开成二年（837）作《烧药不成命酒独醉》诗，单看诗题即知其意，白公对美酒有依赖性，对丹药则不认真：“赖有杯中绿，能为面上红。少年心

不远，只在半酣中。”明确表示：“白发万茎何所怪，丹砂一粒不曾尝。”（《对镜偶吟》）

究竟是什么原因，导致他虽然参炼丹药而不服食？笔者分析有内外两个原因，内因是白居易对道教半信半疑，甚至时有质疑批判；外因是教训太多，好友元稹、崔玄亮皆因服丹而亡。就在开成二年（837），老友郑居中，三月里还与乐天唱和于洛滨聚会，不出五月，这位前中书舍人却因服食丹药突然逝去，悲剧就在眼前。事实多次证明，仙丹不能带来人生幸福，更不能使人长生不老。

白居易当然无从解释这些怪异现象。道家方术自魏晋衍生，鼎盛于唐朝，帝王将相痴迷此道，仕人无不热衷试验，白居易同样不能例外。但是，几十年间，白诗凡涉铅汞炼丹友朋服药等事，总是节制而又迟疑，市俗民间这个大大的俗字，一次次催生了白公的怀疑和警醒，反而令诗人滋生了不想超凡成仙之理性。人说乐天思想复杂，其实他更多地选择了简单。及至晚年退隐洛阳，作《思旧》一诗，对服丹危害做出检讨与反思，那么多交游老友，先后因服丹药而死，一一数来，令人心悸：

闲日一思旧，旧游如目前。
再思今何在，零落归下泉。
退之服硫黄，一病讫不痊。
微之炼秋石，未老身溘然。
杜子得丹诀，终日断腥膻。
崔君夸药力，经冬不衣绵。
或疾或暴夭，悉不过中年。
唯余不服食，老命反迟延。
况在少壮时，亦为嗜欲牵。
但耽荤与血，不识汞与铅。
饥来吞热物，渴来饮寒泉。
诗役五藏神，酒汩三丹田。

随日合破坏，至今粗完全。
齿牙未缺落，肢体尚轻便。
已开第七秩，饱食仍安眠。
且进杯中物，其余皆付天。

诗中“退之服硫黄”句，一说指韩愈，一说指卫中立，二人同字退之，均服丹药。陈寅恪分析为韩愈，认为卫中立为一般幕僚，与后面几位“第一流人物”不足匹配。朱金城则有不同意见。此题不多议了。以下“微之”指元稹，“杜子”指杜元颖，“崔君”指崔玄亮，没有分歧。教训近在咫尺，该有多么沉痛。如此求生，几同速死，热餐冷泉杯中酒，老命淡泊反迟延。乐天养生保全之法，如此简单。

到了开成四年（839），白居易以《戒药》一诗，正式宣布退出此道，说“朝吞太阳精，夕吸秋石髓”，拥抱大自然，就是人间最好的灵丹妙药。

白居易认识炼丹趋于理性，进而对道教质疑，都是基于事实残酷无情，他最终认为迷道成仙是不可能的，“中天或有长生药，下界应无不死人”（《曲江醉后赠诸亲故》）。中晚唐以后，官民对道教迷恋渐成颓势，白居易便是较早觉悟之人。对此，谢思炜先生做出一段小结，论述中肯，认为白居易对道教持批判态度，出于他对人生有着基本认识：

乐天的人生信念，基本上是排斥神圣、超人之类概念的，他认为自己的生活，以及从母亲那里继承的多愁善感，培养了这种信念。从政挫折和烧炼失败，更加强了这种信念。不但道教的神仙思想，就是《庄子》里的至人、神人观念也与白居易的个性格格不入。他对死亡的认识，也与道教思想背道而驰。他是一个从里到外极“俗”的俗人，他诗文的“俗”也由此派生而来。

白居易因此成为一个明白人，最适合他的不是道教，而是佛教和禅宗。

乐天笃信佛门净土，努力打通文学和佛教之间的心灵通道，将佛教思想与自我人生协调起来，修心坐禅，在家出家，持斋研经，乃至支持老伴杨氏，精心刺绣阿弥陀佛绣像，花三万俸钱请工匠创作巨画，舍巨资重修龙门香山寺，并将心血《文集》藏于寺院。其佛教思想和佛门生活方式，向为学界研究重点，胡适著《白居易时代的禅宗世系》，陈寅恪有《白乐天之思想行为与佛道关系》，谢思炜著书辟《白居易的佛教信仰》专章，不一而足。

前章谈及，白居易年轻时和韩愈、裴垍、柳宗元、刘禹锡、李德裕等诸公一样，也主张在国家政治生活中排佛抑佛。《策林》第六十七篇《议释教》，顾虑僧侣佛寺日隆，必将劳民耗财，伤生害农，《新乐府》中《两朱阁》序云“刺佛寺浸多也”，倾向分明。

但是，白居易并不怀疑佛教所具有的至善思想，自身很愿意接受佛门教义。出于政治设计利弊考量，主张抑佛，出于修身养性精神需要，自身信佛。就是说，佛学非常好，却不能与儒家王道致用于民的精髓相冲突。

贬谪江州以后，白居易精神世界经受了较大磨难。这时节，白司马盘桓庐山寻求慰藉，东林寺、西林寺等佛门重地成了他常进常出之地，结识了众多高僧大师，研读到一批珍藏经卷，佛学修养日益加深，有《临水坐》诗云：

昔为东掖垣中客，今为西方社内人。
手把杨枝临水坐，闲思往事似前身。

此后多年，白居易与庐山东林寺以及长安、苏杭、洛阳名寺名刹，保持联系，心得体会入诗颇多，有一首《花非花》，字极少，意颇深，历代猜议不断，乐天到底在说什么？有人判为情诗，至今没有定论。笔者琢磨，是不是一首禅宗感悟之作呢？

花非花，雾非雾。
夜半来，天明去。
来如春梦几多时，
去似朝云无觅处。

要说朦胧诗，此作足够云山雾罩。词牌《花非花》由此而来。

白居易佛禅诗文很多，各个时期都有，可以编出专集，供人赏析。

总之，白居易不信道教信佛教，以通俗易行的往生净土为宗旨，从理论兴趣转向人生问题，将佛教意趣融入市俗生活。谢思炜先生认为，白居易信仰佛教具有调和性和实践性，“既是现实的逋逃所，也是人生的新境界；既是自我屏翳的迷雾，也是自我认识的金篦”，白居易挖掘出了佛教思想的某些内在价值，在中唐以后崇佛士人当中，成为一个代表。

四十八、病吟复醉吟

开成二年（837）春，白居易与裴度、李珏、刘禹锡等老友，共襄修禊盛会。不料，余兴未消之际，五月初，朝廷又一次大调动，将东都留守裴度调任北都留守、太原尹、河东节度使。白居易和刘禹锡不舍裴公离去，乐天作长诗四百言，赞誉这位功勋卓著栋梁臣，表达离别深情。刘白欲与裴公偕老于洛下，美好愿望至此落空。裴公年长刘、白七岁，而今已过古稀之年，北国兵戈，风霜雨雪，老臣此去，还能回来吗？

白居易将长诗《寄献北都留守裴令公》寄往太原，裴度吟诗荡气回肠，遂精选一匹红鬃骏马，赠送洛阳白乐天。为证明自己身虽老而志未衰，裴度同时送来赠马诗一首，表达对白府美伎犹存羡慕之情：“君若有心求逸足，我还留意在名姝。”逸足，良骏也。裴公戏言：我舍得送给你好马，你舍得送我家中名伎吗？白家艺伎樊素、小蛮、桃叶等，个个容貌才情俱佳，裴度借此张扬豪气不服老。

白居易抚良马回诗《酬裴令公赠马相戏》：“安石风流无奈何，欲将赤骥换青娥。不辞便送东山去，临老何人与唱歌。”

刘禹锡同样以诗相戏，“若把翠娥酬绿耳，始知天下有奇才”。三人老来酬唱，自得其乐。裴公以骏马求名姝，老夫风流逸事，在洛阳传为佳话。

次年冬，裴度病卧北都，文宗闻讯召裴回京，派御医治疗，亲自作诗安慰。开成四年（839）三月，一代功臣逝于长安。刘、白前年别裴公于洛阳，再也没有机会重逢……

这几年，白居易生活中，也有几件欣喜事：

一是白家男儿阿龟成婚，迎娶皇甫曙之女。胞弟行简之子，由兄长养育多年，视同己出，现在终于完成了婚姻大事。白居易对亲家皇甫曙深有好感，对这桩婚事相当满意。皇甫曙字朗之，曾任泽州刺史、绛州刺史、河南少尹，善酒能诗。

二是女儿阿罗嫁给了青年才俊谈弘谟，白居易亦很满意。到开成二年（837）冬天，阿罗生下一女，给乐天晚年带来莫大快慰，取名“引珠”，更添期待。果然，到开成五年（840），阿罗再生一男，取名玉童，履道里一片欢腾，白公欢喜之情可想而知。

三是裴度北调后，由牛僧孺接替东都留守一职。这位填补乐天心灵空白之人，同样极具分量，刘、白急忙备酒，热烈欢迎牛僧孺。白诗《同梦得酬牛相公初到洛中小饮见赠》，题下自注，“时牛相公辞罢扬州节度，就拜东都留守”，全诗一气呵成：

淮南挥手抛红旆，洛下回头向白云。
政事堂中老丞相，制科场里旧将军。
宫城烟月饶全占，关塞风光请半分。
诗酒放狂犹得在，莫欺白叟与刘君。

早在三十年前，牛僧孺与李宗闵参加制科大考，得中高第。白居易时任制策考官，两位牛党领袖要算乐天门生。由于牛、李应试“贤良方正直言极谏科”，抨击了宰相李吉甫，致其子李德裕结怨，衍生党争祸根。白居易当时上疏进谏，为牛僧孺、李宗闵鸣不平。彼此情谊年长日久，竟至晚年。牛僧孺比白居易、刘禹锡年轻七岁，又做过两朝宰相，所以乐天末联戏呼“莫欺白叟与刘君”，三人举杯大笑。这位牛僧孺，与李党经年争锋，却不忘静心案前，完成文学巨著《玄怪录》传奇十卷，更精于奇石鉴赏，爱石成癖，藏品屡让刘、白惊叹。这位大人物很有情趣。

综合各方面史料，可知白居易晚岁“中隐”洛阳十多年间，主要接触两类人群，一是上流社会士人，包括高级官僚和多年旧友，文化水准处于高端层面，座上贵客常满，杯中美酒不空。虽然时有送悼亡故之悲，但总体生活欢欣安稳。二是接触佛门高僧，切磋交流经学，遍游山寺，修身养生，超然世俗之外。两类人群衣食不忧，无涉耕种农事，南北藩镇袭扰却未及洛下，朝野矛盾横生而无碍尊身，远离了艰辛社会底层。反映到白居易诗歌中，也就看不见灾荒贫饥人，听不到激荡鼙鼓声，笔砚之间充满了个体生命的轻松醉意，处处流溢着生活静好。也许，往昔峥嵘岁月里，明枪暗箭必须防备，身负重任呕心沥血，乐天难以品味人与自然更生动更细腻的具体映象，时至今日，便增添了更丰富更敏锐的灵感悸动。

白居易闲行池畔，水面荷花盛开，忽见幼稚儿童做了馋嘴偷莲小贼，诗人饱经沧桑，顿生慈爱：

小娃撑小艇，偷采白莲回。
不解藏踪迹，浮萍一道开。

（《池上二绝》其二）

小诗妙不可言，今人犹能会心微笑。再看怀旧小词：

江南好，风景旧曾谙。
日出江花红胜火，春来江水绿如蓝。
能不忆江南？

江南忆，最忆是杭州。
山月寺中寻桂子，郡亭枕上看潮头。
何日更重游？

江南忆，其次是吴宫。
吴酒一杯春竹叶，吴娃双舞醉芙蓉。
早晚复相逢。

王拾遗评曰："居易善于抓住独特景物来抒发自己的感情，特别善于把握自己与独特景物的联系，显示出内心的感受，所以能够引起人们的思想共鸣。"鉴赏者深以为然。而这般美妙诗词，在诗人安度晚年时节，随时可见。

即使是生病期间，白居易依然保持了达观心态，能够从容面对病魔。开成四年（839）秋冬，诗人六十八岁，得风痹之疾，血脉凝滞，左足行走不便。乐天不急不躁，认为"身作医王心是药"，身虽病而诗兴发，连作《病中诗十五首》，自我理疗，佳句迭出：

风疾侵凌临老头，血凝筋滞不调柔。
甘从此后支离卧，赖是从前烂漫游。
……
浩气自能充静室，惊飙何必荡虚舟。
腹空先进松花酒，膝冷重装桂布裘。
若问乐天忧病否，乐天知命了无忧。

又：

目昏思寝即安眠，足软妨行便坐禅。
身作医王心是药，不劳和扁到门前。
……
但有心情何用脚，陆乘肩舆水乘船。

又：

世间生老病相随，此事心中久自知。
今日行年将七十，犹须惭愧病来迟。
……
家无忧累身无事，正是安闲好病时。

又：

一床方丈向阳开，劳动文殊问疾来。
欲界凡夫何足道，四禅天始免风灾。

又：

低屏软褥卧藤床，舁向前轩就日阳。
一足任他为外物，三杯自要沃中肠。
头风若见诗应愈，齿折仍夸笑不妨。
细酌徐吟犹得在，旧游未必便相忘。

凡俗诗语超越凡俗常态。白公还在诗中说：好朋友李建，比我小八岁，去世已经九年，好兄弟元稹，去世已经八年，而我今天才开始生病，已经很幸运了，难道还要苦苦医治吗？

乐天病中诗，情怀境界奇高，犹似灵丹妙药，一个多月就基本上治愈了风疾。今日病弱诸君，不妨吟咏白公《病中诗十五首》，相信也会大有疗效。“身作医王心是药，不劳和扁到门前”，“头风若见诗应愈，齿折仍夸笑不妨”，有了这般豁达心态，还需要医生吗？和扁，秦和与扁鹊，古代良医之合称。

近读池万兴、刘怀荣《唐代文人心态史》，笔者思路又开一层。其中分析中晚唐社会衰落，尤其在“甘露之变”喋血之后，士大夫身处政治黑暗和仕途险恶中，“丧失了盛唐文人建功立业的雄心，更多地表现出一种悲凉感伤的心态特征，他们一方面转向山林隐逸情趣，一方面趋向心灵世界的开拓。晚唐诗人再也无法写出高适、岑参、杜甫、储光羲等人那种壮阔的境界和浑厚的气魄”。作者认为，大唐社会那种豪放刚健、慷慨激昂、浪漫热诚的鼎盛之音一去不返。士大夫终日沉浸在高雅生活玩味之中，这“既是晚唐一代知识分子对污浊社会现实的一种消极反抗形式，也是衰落末世寻找心灵慰藉、消除忧患压力的解脱方式”。

白居易晚年居洛阳，明哲保身、逃避现实，是他面对满目疮痍、遍地狼烟的中晚唐社会之明智选择。他与同代人的区别也在这里，他自觉主动退隐，多数人则是不甘心，进取失败而被迫放弃功利，万不得已才回归田园。

从某种意义上说，白居易高官隐归之道，成为同时代仕人榜样，乃至影响到宋朝文人的选择取向。直到千百年后，每逢专制乱政，大部分知识分子便以消极安乐代替反抗，乐天中隐，影响弥深。

白居易在开成三年（838）推出一篇《醉吟先生传》，广泛传诵，再度引发热议。诗人时年六十七岁，如果，我们将此醉吟篇，与早年《长恨歌》《秦中吟》《新乐府》《琵琶行》联系到一起品味，基本上可以贯通和概括白居易一生。此为筋骨，其余千百首诗篇乃是血肉。乐天殊爱陶渊明，《醉吟先生传》或是《五柳先生传》之翻版，文通白话畅晓好读，意味深长，时人神往：

醉吟先生者，忘其姓字、乡里、官爵，忽忽不知吾为谁也。宦游三十载，将老，退居洛下。所居有池五六亩，竹数千竿，乔木数十株，台榭舟桥，具体而微，先生安焉。家虽贫，不致寒馁。年虽老，未及耄。性嗜酒、耽琴、淫诗，凡酒徒、琴侣、诗客多与之游。游之外，栖心释氏，通学小中大乘法，与嵩山僧如满为空门友，平泉客韦楚为山水友，彭城刘梦得为诗友，安定皇甫朗之为酒友。每一相见，欣然忘归。

洛城内外六七十里间，凡观寺、丘墅有泉石花竹者，靡不游，人家有美酒鸣琴者，靡不过，有图书歌舞者，靡不观。自居守洛川洎布衣家，以宴游召者，亦时时往。每良辰美景，或雪朝月夕，好事者相过，必为之先拂酒罍，次开箧诗。酒既酣，乃自援琴，操宫声，弄《秋思》一遍。若兴发，命家僮调法部丝竹，合奏《霓裳羽衣》一曲。若欢甚，又命小妓歌《杨柳枝》新词十数章。放杯自娱，酩酊而后已。往往乘兴，履及邻，杖于乡，骑游都邑，肩舁适野。舁中置一琴一枕，陶、谢诗数卷，舁竿左右悬双酒壶，寻山望水，率情便去，抱琴引酌，兴尽而返。如此者凡十年，其间日赋诗约千余首，岁酿酒约数百斛，而十年前后赋酿者不与焉。

妻孥弟侄虑其过也，或讥之，不应，至于再三，乃曰：凡人之性，鲜得中，必有所偏好，吾非中者也，设不幸吾好利而货殖焉，以至于多藏润屋，贾祸危身，奈吾何？设不幸吾好博弈，一掷数万，倾财破产，以至于妻子冻馁，奈吾何？设不幸吾好药，损衣削食，炼铅烧汞，以至于无所成、有所误，奈吾何？今吾幸不好彼而自适于杯觞讽咏之间，放则放矣，庸何伤乎？不犹愈于好彼三者乎？此刘伯伦所以闻妇言而不听，王无功所以游醉乡而不还也。

遂率子弟入酒房，环酿瓮，箕距仰面，长吁太息曰：吾生天地间，才与行不逮于古人远矣。而富于黔娄，寿于颜回，饱于伯夷，乐于荣启期，健于卫叔宝，幸甚！幸甚！

余何求哉？若舍吾所好，何以送老？因自吟咏怀诗云：“抱琴荣启乐，纵酒刘伶达。放眼看青山，任头生白发。不知天地内，更得几年活？从此到终身，尽为闲日月。”吟罢自哂，揭瓮拔醅，又饮数杯，兀然而醉。既而醉复醒，醒而吟，吟复醉，醉吟相仍，若循环然。

由是得以梦身世，云富贵，幕席天地，瞬息百年。陶陶然，昏昏然，不知老之将至。古所谓得全于酒者，故自号为醉吟先生。于时开成三年，先生之齿六十有七。须尽白，发半秃，齿双缺，而觞咏之兴犹未衰。顾谓妻子云：今之前，吾适矣，今之后，吾不自知其兴何如？

中晚唐时政衰乱，有志者进取不成，转而节节隐退。白居易德高望重诗名远扬，却也“醉吟相仍，若循环然”，貌似轻松诙谐，实则绝望悲凉。开篇即云“忘其姓字、乡里、官爵，忽忽不知吾为谁也”，此言可做多种解释，白公也许想说：过去那位经世报国、谠言直谏的忠臣乐天，早已不见，今日之我，还是我吗？

这里需要说明一点，白居易作《醉吟先生传》，时年六十七岁。到了七十多岁以后，又自撰一篇《醉吟先生墓志铭》，两者容易弄混，实则不是一回事。前一篇属于文学意味很强的性情篇章，后一篇属于平生要点纪实，如说自己：“始自校书郎，终以少傅致仕，前后历官二十任，食禄四十年。”落笔处处非虚构，不做渲染抒情。

既然写到此处，笔者当可将白公“历官二十任”之履历整理出来，给读者一个比较条理的印记：

1. 二十九岁（800）考取进士，三十二岁（803）考授秘书省校书郎。

2. 三十五岁（806）再考，授周至县尉。

3. 三十六岁（807）回京，任集贤院校理，翰林学士。

4. 三十七岁（808）除任左拾遗。

5. 三十九岁（810）改任京兆府户曹参军。

6. 四十三岁（814）结束丁忧，授太子左赞善大夫。

7. 四十四岁（815）贬任江州司马。

8. 四十七岁（818）量移忠州刺史。

9. 四十九岁（820）回京，诏除尚书省司门员外郎。

10. 五十岁（821）转任主客郎中、知制诰，加朝散大夫。

11. 五十岁（821）升任中书省中书舍人。

12. 五十一岁（822）外任杭州刺史。

13. 五十三岁（824）回洛阳，任太子右庶子分司东都。

14. 五十四岁（825）诏除苏州刺史。

15. 五十六岁（827）授秘书省秘书监。

16. 五十七岁（828）改任刑部侍郎。

17. 五十八岁（829）离京回洛，任太子宾客分司东都。

18. 五十九岁（830）诏除河南尹。

19. 六十二岁（833）再授太子宾客分司东都。

20. 六十四岁（835）诏除同州刺史，托病未任。

21. 六十四岁（835）改授太子少傅分司东都。

22. 七十二岁（843）诏以刑部尚书致仕（退休）。

乐天自撰墓志铭到此为止。所谓“前后历官二十任，食禄四十年”，均取整数而言，细算起来尚有差异。另外，在白公病逝之际，帝赠“尚书右仆射”荣誉官衔，乐天作该文时不知此赠，自然写不进去，后人说起居易官职，皆以太子少傅或者尚书致仕为准。还有勋号、爵位等等，都不算职事官称，也就很少提及了。

四十九、旧友渐稀白公致仕

《醉吟先生传》作于开成三年（838），时隔一年多，到开成五年（840），唐文宗李昂终于在一大堆凶恶宦官的围困中，含恨而死，年仅三十二岁。阉党仇士良、鱼弘志合谋废掉太子，推拥文宗之弟李炎，册承皇位，是为武宗，次年改国号为会昌。这是白居易七旬人生所迎来的第八位皇帝。武宗登基，时年二十七岁，为唐朝第十六位皇帝。

武宗李炎不同于文宗李昂，向有主见，尤其在用人方面比较坚定。文宗朝十三年，高层大员更换过度频繁，促使牛李党争持续升温，非但未能限制宦官横行，反被宦官利用矛盾，左右时局，以致朝官蒙难于甘露之变，李昂也将自身陷入困境，抑郁而终。新帝武宗同样憎恨宦官，当即力排众议，召淮南节度使李德裕回朝，拜同中书门下平章事，强势对抗北司仇士良集团，志在挽救危局，中兴大唐。史上评价唐武宗，普遍给予肯定，认为武宗朝在大唐崩溃之前，呈现出最后一道回光返照。

李党首领李德裕回朝主政，取代宰相杨嗣复、李珏等，牛党严重受挫。白居易妻兄杨汝士，很快失去剑南东川节度使之实权，与杨嗣复一并回到吏部，二杨一正一副，有名无实。

白居易以太子少傅辅佐太子陈王，太子却未就王者之位，竟被赐死遇害。眼见得时局激变，杨嗣复罢相为尚书，杨汝士失地为侍郎，乐天也只好站在安闲避祸立场，呈诗慰勉二杨，以尽宗人之谊，希望亲友不要看重权力得失，好自珍重："交情郑重金相似，诗韵清锵玉不如。醉傅狂言人尽笑，独知我者是尚书。"（《继之尚书……》）杨尚书既然欣赏《醉吟先生传》，你就应该像我一样看得开才好。

到如今，白居易晚年伴侣越来越少。令狐楚开成二年（837）逝于山南西道节度使任上，裴度开成四年（839）逝于长安，牛僧孺于同年九月离洛回朝，得就左仆射高官实惠，而李绅则与同党李德裕并肩为相。至此，白居易洛阳精神伙伴，只剩下一个刘禹锡。

刘禹锡自甘露之变后，称告足疾辞去同州刺史，以太子宾客分司东都，开成四年（839）加尚书衔，开成五年（840）改秘书监，仍分司东都，与白居易不同的是，刘禹锡明知以一己之力无法挽救时局，却依然遥想老骥伏枥，志在千里，不愿轻言失败。李德裕还朝，这位新宰相将自己咏怀壮志的《秋声赋》，寄给洛阳刘禹锡欣赏。禹锡立即振作精神，回应李德裕，对武宗新政充满了希望。

白居易欣赏永不言败的刘禹锡，却不乐意梦得古稀之年再涉朝政沉浮，遂以《咏老赠梦得》一诗，提醒这位同龄挚友，要承认人生现实，安享晚年：

与君俱老也，自问老何如。
眼涩夜先卧，头慵朝未梳。
有时扶杖出，尽日闭门居。
懒照新磨镜，休看小字书。
情于故人重，迹同少年疏。
唯是闲谈兴，相逢尚有余。

此诗写老年生活状态，悲观而消极。刘禹锡万劫余生，同样患有眼疾、足病，看待老年的态度却明显乐观积极。梦得立即回赠名诗《酬乐天咏老见示》激励白公：

人谁不顾老，老去有谁怜。
身瘦带频减，发稀冠自偏。
废书缘惜眼，多炙为随年。
经事还谙事，阅人如阅川。
细思皆幸矣，下此便翛然。
莫道桑榆晚，为霞尚满天。

刘白两诗合璧而赏，令人感慨万千。读者们仿佛听到看到，刘禹锡和白居易逗着玩：你这位多愁善感老朋友，干吗还叫白乐天呢？古稀之老，有何惧哉？

“莫道桑榆晚，为霞尚满天”，千古名句传诵不衰，唐诗佳作往往与同道相互激励而生，前番“沉舟侧畔千帆过，病树前头万木春”，也是刘白碰撞出来的。

刘梦得，真诗豪也，刘白同居洛阳城，对白居易晚年生活意义重大。哀莫大于心死，老朋友偏要你乐观旷达起来，满怀希望活下去。梳理一下，白居易辞京归洛十多年，先后与诸多人物交游往还，他们大多拥有官品、勋位、爵号，诗文俱佳，生者虽有，死者更多。回看一个个堂堂大名，几如梦幻一般：

元稹、裴度、刘禹锡、李德裕、牛僧孺、李宗闵、韩愈、李建、张籍、李绛、李逢吉、令狐楚、崔玄亮、杨汝士、杨嗣复、崔群、李绅、严休复、王鉴、郑俞、李珏、皇甫湜、皇甫镛、皇甫曙、李道枢、韦弘景、张仲方、舒元舆、李景俭、李仍叔、郑居中、王起、李程、南卓、裴潾、苏弘、高瑀、郑澣、王质夫、韦长、韦缜、卢贞、崔瑄、高锴等等，还有一位迟到的李商隐。

交往或长或短，或深或浅，俱是中唐第一流人物。其中不少人做过仆射、宰相，中间状态做过道府节度、观察、东都留守、河南尹，一大半文豪诗杰。但是，谁都没有像刘禹锡那样，成为白居易晚年真正伴侣。笔者注意到，长期以来，元白合作受到学界重视，相关文本层层叠叠，却罕有刘白研究的专题著述，这不能不说是一个遗憾。

读白居易《偶吟自慰兼呈梦得》，可知心灵相通之友，唯梦得而已：

且喜同年满七旬，莫嫌衰病莫嫌贫。
已为海内有名客，又占世间长命人。
耳里声闻新将相，眼前失尽故交亲。
尊荣富寿难兼得，闲坐思量最要身。

据说此乃刘白之间最后一首诗，这一点还须认真查考。“耳里声闻新将相，眼前失尽故交亲”一联，倍感沧桑。

唯叹会昌二年（842）七月，诗豪刘禹锡溘然长逝于洛阳，享年七十一岁。官终太子宾客、检校礼部尚书，追赠兵部尚书。禹锡辞世，唇亡齿寒，给同龄人带来深刻哀伤。白居易晚年最沉痛的一次情感折磨，莫过于刘禹锡之死。白翁手捧禹锡临终遗文《子刘子自传》，老泪纵横。《哭刘尚书梦得二首》，有无限悲凉：

四海齐名白与刘，百年交分两绸缪。
同贫同病退闲日，一死一生临老头。

杯酒英雄君与操，文章微婉我知丘。
贤豪虽殁精灵在，应共微之地下游。

今日哭君吾道孤，寝门泪满白髭须。
不知箭折弓何用，兼恐唇亡齿亦枯。
窅窅穷泉埋宝玉，骎骎落景挂桑榆。
夜台暮齿期非远，但问前头相见无。

诗人在“杯酒英雄君与操”句下自注：“曹公曰，天下英雄唯使君与操耳。”使君，刘备之谓。诗借刘备与曹操典故，将刘禹锡以英雄相推崇。继言“文章微婉我知丘”，自注：“《春秋》之旨微而婉也。”

孔丘曰，“知我者其惟《春秋》乎”，后将“知丘”喻指知人知己。诗人以两则深远典故追思亡友，足见刘禹锡在白居易心中地位之重。如今，志同道合的大贤豪，先我一步与元稹相会而去，还有崔玄亮（字晦叔）和李建（字杓直），这四位老朋友，齐到阴间地下聚首，剩下我居易一人在世，该是何等孤独：

晦叔坟荒草已陈，梦得墓湿土犹新。
微之捐馆将一纪，杓直归丘二十春。
城中虽有故第宅，庭芜园废生荆榛。
箧中亦有旧书札，纸穿字蠹成灰尘。
平生定交取人窄，屈指相知唯五人。
四人先去我在后，一枝蒲柳衰残身。
岂无晚岁新相识，相识面亲心不亲。
人生莫羡苦长命，命长感旧多悲辛。

（《感旧》）

捐馆，常用于官员死亡，亦作“捐舍”。“微之捐馆将一纪”，谓元稹去世已近十二年。

此处插述一段闲话。“平生定交取人窄，屈指相知唯五人”，这五人当中，崔玄亮为磁州昭义人，李建为荆州石首人。而白居易、元稹、刘禹锡三位，学界确认三人皆属北方少数民族，白居易为龟兹后裔，元稹乃鲜卑后裔，刘禹锡则是匈奴后裔。尤以白居易考据较为充分，陈寅恪、姚薇元、顾学颉、魏长洪等人互为补充，持相同观点。元稹和禹锡之族属，也没有更多异议。唐朝内外政策包容开明，任用文臣武将不受民族出身限制，唐代皇室本身具有北方马背民族血统，唐太宗说：“自古皆贵中华，贱夷狄，朕独爱之如一，故其种落皆依朕为父母。”各民族求同存异，一视同仁。

看来，白居易平生交游广泛，而亲密无间的好兄弟却不多，“屈指相知唯五人”。前头列举一批才俊，还达不到让白公挥泪悲恸的程度。这就引出一个话题：白居易与中唐大家韩愈，双星辉映，同朝为官，这两人为何没能结为好兄弟？韩白关系究竟如何？

安史之乱后，韩愈生于大历三年（768），乐天生于大历七年（772），二人仅四岁之差。他们皆出于官宦之家，为同一阶层。韩愈进士及第比乐天早六年，两人竟然都是宣州贡生。不过，韩愈考进士三次落榜，吏部铨试亦三考不中，经人推荐入朝后，校书郎前头还加了“试用”二字，以后才由“试官”再考为正。八年晋身不顺遂，始有《马说》思伯乐。白居易则每考必中，一路顺遂，心态上少受许多委屈。然韩愈经过真金火炼，大才终将展现，他携手柳宗元反对陈腐淫靡骈文，高扬古文运动旗帜，力倡文体文风革命，与随即而至的乐天新乐府运动，双雄高蹈，诗文并进，共同完成了中唐文坛的创新流变。就关注现实的文学理想和变革社会的政治倾向而言，韩白一致，两人之间从未发生矛盾与过节。韩重文而白重诗，各有侧重，时或交叠，本应趣味横生，相互倚重相互吸引，但是，两巨头始终不能强强联合，更没有成为患难兄弟。

对此，学界长期探讨热议，笔者也获有几点心得：

第一点，志同道合者未必性情投缘。韩愈比较刚，乐天比较柔，韩愈为人道统，乐天自然率真，韩愈坎坷不平而鸣，乐天凡事知足而乐，韩愈有感于天降大任，乐天此时以中人自许，韩愈坚决斥佛抑佛，乐天半生容佛礼佛，韩愈诗文尽显奇崛，乐天走笔力求通俗，二人共同之处虽有，不同差异亦多，真人天性自不同，更不必扎堆倚重。以上从务虚方面着眼，评议二人并不投缘。

第二点做些实际分析：韩白虽然同朝为官，而身居长安却时间错峰，具体事务打交道很少。白居易在秘书省做校书郎时，韩愈刚从国子监教学岗位转为监察御史，即因上疏《论天旱人饥状》，速贬广东阳山，再移江陵，待到韩愈返回长安国子监，白居易恰恰去周至做了县尉。次年乐天调回长安做翰林学士并成亲，韩愈却施教东都在洛阳，后曾短暂回京为都官员外郎，又很快转任河南令而去。正是这几年，白学士兼左拾遗以《秦中吟》《新乐府》《长恨歌》而声名大振，韩愈身在外埠却未能就近呼应。待到元和六年（811）秋季，韩愈回京为职方员外郎，居易早于夏季为母丁忧回乡，直到元和九年（814）冬天才得以回京，时仅半年贬放江州移忠州，一去六载。韩愈此间在朝为知制诰及中书舍人，后因一篇《论佛骨表》，远放潮州而袁州，二人还是天各一方。直到元和十五年（820）夏秋，韩白终于同期还朝。共扶穆宗不过两年，白居易于长庆二年（822）夏天外任杭州离京，韩白短暂交往集中在八二〇至八二二这两年中，此后再也没有见过面，韩愈竟于长庆四年（824）溘逝长安。

第三点，人际关系多阻隔。韩愈早年赏识者不多，靠宰相裴度提携而擢升，偏偏大才子元稹与裴度剑拔弩张，水火不容，裴度多次上书弹劾元稹，而白居易结交元稹如兄弟从不隐讳，元白之谊尽人皆知，韩愈自然站位裴度一方。元稹还有一位密友李绅，更是韩愈老对头，李绅同样与乐天交好，韩愈当然不喜欢这个圈子。可以说，在韩白两座山峰之间，有着一条条沟壑阻隔。

元稹、李绅离朝，紧张情势渐缓。直到最后两年，韩愈认识到白居易确非帮派之人，这才开始交往。韩白之间幸有一位共同好友，就是书中多次提到的水部员外郎张籍，韩愈名诗“天街小雨润如酥，草色遥看近却无”，就是写给他的。张籍热心两厢融和韩白，韩白张曾在郑家池小饮。又一次，韩愈经张籍邀约白居易同游曲江，乐天却没有如约前往。

后人分析乐天爽约，说法均不具体，只是种种推测：此前，韩愈作诗《调张籍》，讥讽某些诗人对前辈李白、杜甫不够尊崇，似与元稹等人相关，诗中有句云："李杜文章在，光焰万丈长。不知群儿愚，那用故谤伤。蚍蜉撼大树，可笑不自量……"正面理解韩愈之言，意在高峰不可逾越，愿将主要精力放在散文创作方面，从而轻看元和诗体。乐天本是终生推崇李杜者，该诗虽然未指乐天，却与元白脱不开干系，于是白居易戏作《久不见韩侍郎……》回应：

近来韩阁老，疏我我心知。
户大嫌甜酒，才高笑小诗。
静吟乖月夜，闲醉旷花时。
还有愁同处，春风满鬓丝。

甜酒，农家自酿土酒。末联，意指年事渐高，对于那些纷争往事不妨看开，可见韩白还是难以自如交往。

这次邀游曲江，乐天未能前来，韩愈不免有些扫兴，便以诗相问乐天：

漠漠轻阴晚自开，青天白日映楼台。
曲江水满花千树，有底忙时不肯来。

诗题为《同水部张员外籍曲江春游寄白二十二舍人》，说明此事发生在长庆元年（821）十一月居易授任中书舍人之后的次年春天，再晚些乐天就到杭州了。

乐天见韩诗，轻松回复《酬韩侍郎、张博士雨后游曲江见寄》，表达不去春游自有原因，非常直率：

小园新种红樱树，闲绕花行便当游。

何必更随鞍马队，冲泥蹋雨曲江头。

小诗透着自在性情，不见一丝官场客套，也没有顾及韩愈心绪。此后不久，白居易赴杭州而去，韩白交往落幕终结。

韩白双峰未能强强联合，似乎是个遗憾，而卓越俊杰者，人格应是独立的，总不能都变成亲兄弟。

一段韩白交游事，却止不住写了这么多。还要顺便说一下，上面韩诗题目中，有“白二十二”之称，这是因为唐宋士人常以家族兄弟排行代名，包含了叔伯堂兄弟在内一并排列。乐天在白氏家族兄弟中排行二十二，故有此称。类似者甚多：李白叫李十二，杜甫叫杜二，王维叫王十三，柳宗元叫柳八，韩愈叫韩十八，元稹叫元九，李绅叫李二十，刘禹锡叫刘二十八，李商隐叫李十六，等等。沿至宋代仍有此风，如秦观称秦七，欧阳修称欧九，黄庭坚称黄九，不一而足。乐天名诗《问刘十九》亦由此来。有时可以连带官职一起称呼，故有“白二十二舍人”“刘二十八使君”之谓。

白居易诗哭梦得，内有“同贫同病退闲日，一死一生临老头”等句。说一死一生，好理解，说同病也好理解，要说同贫，则令人思量。大和七年（833）四月，乐天卸任河南尹，再授太子宾客分司，不可言贫。大和九年（835）十月以太子少傅分司洛下，高官厚禄而云“月俸百千官二品，朝廷雇我作闲人”，会昌二年（842）禹锡辞世，时隔七年，何以言贫？

诗中言贫，应有虚实两重意味。虚者，喻刘白平生从不贪恋钱财，为官多年志不在利。实者，是指会昌元年（841）春初，白居易跨入七十之寿，再一次长告百日病假，到期太子少傅自行退官。依唐律，不在官职者没有月俸，只有待朝廷正式批准致仕（即退休）之后，五品以上官员才可以享受半俸。乐天年初告请长假，刚到四月，循例停罢太子少傅之官，也就停止了银俸进项，一如平民。画师应邀给他画像，称其“白衣居士”。在履道里白家人来说，没有收入，当然是件大事。刘禹锡会昌二年七月辞世，乐天已经一年多无俸禄可领，至于何时得到致仕半俸，尚未可知，故云“同贫同病退闲日”。

回顾白居易宦途生涯，他先后共有五次以病长告辞官，史上罕见。第一次是宝历二年（826）五十五岁，告辞苏州刺史。第二次是大和三年（829）五十八岁，告辞刑部侍郎。第三次是大和七年（833）六十二岁，告辞河南尹。继而病辞同州刺史，计四次辞官。第五次，就是眼下。会昌元年（841），乐天七十岁，告辞太子少傅于洛阳。往昔屡辞，反对者不多，家人故友任由白公自主，未见非议。而这一次，人老了，不会再有复出为官机会，亲朋故友大都不赞成他主动病辞其官，表示很不理解这种做法。白居易不予理会，仍要执意辞官：“自得所宜还独乐，各行其志莫相咍。禽鱼出得池笼后，纵有人呼可更回。”诗题《……酬寄朝中亲故见赠》，便是对劝告者的回答。到四月果然停官停俸，家人面色含忧，白公却很高兴，作《百日假满，少傅官停，自喜言怀》，诗曰：

长告今朝满十旬，从兹潇洒便终身。
老嫌手重抛牙笏，病喜头轻换角巾。
疏傅不朝悬组绶，尚平无累毕婚姻。
人言世事何时了，我是人间事了人。

乐天此次告病退官，完全出于真心。以往退辞，多有一些策略考虑，这回则是彻底告别官场，准备着致仕退休。致仕一词，乃相对入仕、出仕而言，致仕，就是把官职退还给皇权。礼法常以七十岁为年龄标准。笔者联想到，诗人年轻时作《秦中吟》，内有一首《不致仕》，专门讽刺安史之乱以后，致仕礼法遭到破坏，老龄高官贪图荣贵、不愿退休等现象：“七十而致仕，礼法有明文。何乃贪荣者，斯言如不闻？可怜八九十，齿堕双眸昏。朝露贪名利，夕阳忧子孙。……”《秦中吟》序言云：“贞元、元和之际，予在长安，闻见之间，有足悲者。因直歌其事，命为《秦中吟》。”当时，白居易年近四十岁。

诗人看到，朝中垂垂老官，已经不能为国家为百姓做事，然而“有足悲者”，视礼法规矩于不顾，仍想荣贵终身，不愿退出历史舞台。便“直歌其事”，刺尸位素餐之人。《不致仕》等十组组诗，在长安不胫而走，深为先进仕人所赞叹，又为腐朽贵族所切齿。

说一个小故事：大书法家柳公权，身为二品太子少保，八十岁不愿致仕退休，上朝时已经走不动路，头脑昏昏，竟然把宣宗皇帝的尊号给念错了，因此被御史弹劾，罚去一季俸禄，又坚持了两年，柳才退官，备受朝野讥笑。柳公权与白居易为同代高官，只比乐天小五六岁。

一转眼，光阴荏苒，当初创作发表《不致仕》的白居易，也到了古稀之年，高官厚禄之身，他会汲汲于富贵吗？他将履行诺言，百日长告而退官，不顾亲友劝阻，十分坚定。白公是否想到了当年这首旧作？笔者不得而知。只知他做此选择，与年轻时代前后一致，知行合一，立场没有变异。须知退官之后，要顺利批准致仕，才能得到半俸，但相关批复尚无任何消息，上下行文，却需要漫长过程。

退官无俸，而家中柴米油盐酱醋茶，还有酒，一样也少不得，坐吃山空，又该如何？偏在此时，女婿谈弘谟病故于太原，女儿阿罗只好携儿带女，从太原回到洛阳白府。这就加重了白家经济负担。乐天则认为阿罗母子归来，驱散了晚年寂寞，给履道里增添天伦之乐，并不以为忧，连续写出《谈氏小外孙玉童》《官俸初罢亲故见忧，以诗谕之》《醉中得上都亲友书，以予停俸多时忧问贫乏，偶乘酒兴咏而报之》等诗，表示我活得很高兴，众人不必担忧，以此回应亲友。又以《赠妻弘农郡君》，安慰妻子杨氏“家贫共糟糠”。而白公尽日吟诗耽酒，家中人总要吃穿花用，实际困难又如何解决呢？白居易回应得倒很痛快：可以变卖家产嘛：

达哉达哉白乐天，分司东都十三年。

……

二年忘却问家事，门庭多草厨少烟。

庖童朝告盐米尽，侍婢暮诉衣裳穿。

妻孥不悦甥侄闷，而我醉卧方陶然。

起来与尔画生计，薄产处置有后先。

先卖南坊十亩园，次卖东都五顷田。
然后兼卖所居宅，仿佛获缗二三千。
半与尔充衣食费，半与吾供酒肉钱。
……
死生无可无不可，达哉达哉白乐天。

（《达哉乐天行》）

此诗俗到极致，生动具体现实。千年之后，许多为官者贪得无厌，真应该静夜详读此诗，反省对照，想一想自身品德境界，可曾接近古人？大唐二品高官，如何看待钱财，又如何看待生死？这般通俗晓畅之诗，今日诸官是否还能读懂？

诗中可见，白居易两年多只顾逍遥纵酒，忘了关心家事，直到家人朝朝暮暮一再陈述困难，他才从醉卧中起身，以变卖地产房园之法来安排生计。还要叮嘱，卖得钱来，尔等花费一半，另一半供我买酒，此乃典型的诗人经营方式，满脑子浪漫主张，足令家人瞠目结舌。笔者怀疑，乐天晚年，是不是有些酒精中毒了？

直到会昌三年（843）春，白居易才正式得到退休诏令，以刑部尚书致仕，开始领取半俸。从会昌元年（841）春夏算起，白公停俸长达两年之久。田地房宅是否卖掉，未见记载。但从乐天诗中，得知白家生活一度确实困难，“囷中残旧谷，可备岁饥恶。园中多新蔬，未至食藜藿”，诗题为《官俸初罢，亲故见忧，以诗谕之》。

白居易得以批复致仕，也有偶然因素。当时，牛僧孺受李德裕排挤回到洛阳，接替李程为东都留守。是牛僧孺抓紧奏报武宗皇帝，请为乐天办理致仕。这时，恰巧李绅老友由淮南节度使回京，与李德裕同朝为相，李绅再助力，李德裕未加阻拦，帝准，致仕半俸才最终实现。而前任东都留守李程，老来与白居易情况相同，却因种种原因，长期未能办妥致仕一事。白公刑部尚书为正三品，以此官致仕，意味着白家可以领取三品俸禄一半之数。具体是多少，白居易这回没有说清，只在《刑部尚书致仕》一诗中愉快地表示：“全家遁世曾无闷，半俸资身亦有余。”

读者如有兴趣，不妨一探究竟，其计算方法包含多项指标。一般来说，三品唐官月俸减去一半，收入接近于五品官水平。此外，白居易勋至顶级上柱国，爵位是晋阳县开国男，按例均有补贴，又不知如何计算为确。

五十、渔翁和宰相之间

上面提及李程，这里趣说一段。李程比白居易年长几岁，出身李唐皇族。德宗朝进士第一，元和年间与乐天同为翰林学士。冬天里，太阳照射到厅署阶前砖道第五块砖时，白居易等人入署工作，而李程疏懒，总是迟到，日影照过了第八块砖他才来，故有“八砖学士”之称。其实，就生活习性而言，白居易同样是一位慵懒之人，二人不乏共同语言。在这段时间里，院中还有李绛、崔群和王涯三学士，领班承旨是裴垍，六位才俊同期为翰林学士，并肩为宪宗朝“元和中兴”效力。李程与白居易等合作写出了《君臣成败》五十章。论经世致用之才，六人各具所长，论文学才情，白居易更胜一筹。六人都有过坎坷经历，也都做过显赫高官。唯一不同的是，其中五人先后做过宰相，而白居易始终没有入相之缘。

早年间，青年李程迎娶了韦夏卿二女儿，元稹迎娶了韦府另一个女儿，李程与元稹还是连襟。

就在白居易百日告假，太子少傅停官之际，也就是会昌元年（841）四月前后，李程来到洛阳，接替王起继任东都留守。这位八砖学士此时已经七十五岁，两位几十年老同事，把盏重逢。也许，高才俊杰，有些缺点常常被人原谅，李程性情慵懒，反被朝廷上下视为不急不躁、从容不迫。李程官运很好，翰林学士之后，敬宗朝荣任同中书门下平章事，拜相晋爵。后来还做过北都留守、太原尹、河东节度使、山南东道节度使。此来洛阳任东都留守，为八砖学士晚年最后之官。

翰林老同事重逢于洛下，李程、乐天都很高兴。两个七旬老朝官，生性慵懒，多日不洗头不洗脸，谁也不用笑话谁。酒杯一举，沧桑话语诉说不尽。九月里，李程再次来到白家做客，二人将酒壶提到池塘船上。白居易照例以无官之身作诗助兴，诗题照例纪实，谓《李留守相公见过，池上泛舟，举酒话及翰林旧事，因成四韵以献之》：

引棹寻池岸，移樽就菊丛。
何言济川后，相访钓船中。
白首故情在，青云往事空。
同时六学士，五相一渔翁。

青云，喻官场宦途。重点在末句，“同时六学士，五相一渔翁”。白居易感叹命运拨弄，回顾李程、李绛、裴垍、崔群、王涯五人，都有过宰相之荣贵，而自己不过是一介平民渔翁而已。白首故情，青云事空，语含悲凉，几多失意。

此时，白居易致仕一事尚无着落，正谋划着卖房卖地，节省仓中旧谷度日，且以“五相一渔翁”自嘲，兴致无法高涨起来。

不久，李程逝世于东都任所。牛僧孺前来接任李程其职，抓紧将白居易致仕之事落在了实处。笔者遐想，此事拖延两载，白公不得半俸，与八砖学士不急不躁失职迟缓有没有关系呢？老同事已经自喻渔翁了，还催不动一份奏章吗？

八砖学士这一雅号，一直为历代学子称道，有不少人还要效法李程先生呢……

历史果真有趣。当乐天吟念“同时六学士，五相一渔翁”之际，人们一点也不知道，当朝武宗新皇帝，差一点让白翁做了宰相。

唐武宗皇帝当时二十七岁，与前朝敬宗、文宗乃三兄弟，都是穆宗之子。父子四人做了四朝天子，在唐代史上绝无仅有。如果加上穆宗之父宪宗，则爷孙三代主政中唐五朝，前后达四十余年。武宗治国很像祖父宪宗，雄谋勇断有主张。为严整吏治，一次裁撤冗浮官员两千人。三次大赦，都特别诏令贪官不许赦。武宗亦好游猎，有谏议大夫冒死直谏，言武宗频繁出猎，早出晚归，恐荒废朝政。武宗一怔，当即承认错失，并向宰相们表态，要鼓励谏官开放言路，直陈朝政得失，以利国家。没几天，此直谏二人居然得到武宗擢拔。从会昌元年（841）始，李德裕助政，宦官权势受挫，朝中推行多项改革，抗外治内，平定泽潞动乱，夺取了对回纥军作战的胜利。除道教外，武宗大规模限抑佛寺，废除其他异教，增加政府财政，强化中央集权。“甘露之变”弥留朝野晦气，为之一扫。

武宗思贤若渴，时常翻检前朝诏书。老臣白居易重新纳入天子视野。《长恨歌》警策犹在耳畔，精湛诏书近在眼前，如此相才乃当世之宝。昔日大唐名相，年逾古稀者不胜枚举，前有房玄龄，后有老裴度，晚岁辅政厥功至伟，武宗遂决计调白居易回京，与李德裕左右联袂，共扶新政，重整纲纪。不料，当武宗帝垂询李德裕时，李却以白居易身体多病为由，横加阻拦。而李德裕又不愿担当嫉贤妒能之名，便举荐乐天从弟白敏中，说户部员外郎白敏中，此人身体强健，文章才艺超群，与其堂兄白居易不相上下，理当重用。武宗闻言，认为也有道理，便将白敏中召为翰林学士，为武宗随身就近服务，不久白敏中任知制诰，又迁中书舍人。想一想，李党首脑李德裕，阻拦白居易回朝拜相，原因并不复杂：白公姻亲杨氏家族，如杨嗣复、杨虞卿、杨汝士等人，实力强劲，俱为牛党骨干，白居易虽以不党著称，但长期以来与牛僧孺、李宗闵等牛党领袖交往深厚。李德裕宁愿拉李绅入朝做搭档，也不愿让牛党亲朋白居易来身边合作。尽管李与白并无任何过节。

就这样，白居易失去了最后一次拜相机会，李绅由此回朝入相。《旧唐书·本传》记载此事云：

> 武宗皇帝素闻居易之名，及即位，又征用之。宰相李德裕言居易衰病不任朝谒。因言从弟敏中辞艺类居易，即日知制诰，诏入翰林充学士，迁中书舍人……

《通鉴》亦记会昌二年（842）九月事，叙述略同。笔者不禁联想，白居易迟迟未能获准致仕，是否与此事有关呢？

拜相未成，未必遗憾。白居易以“渔翁”之身，换得白氏家族耀眼荣光：几年后，宣宗朝，白敏中不负众望，昂然肩起了宰相重任。此时，李德裕失势外放，直至逝于崖州。惨烈变局，又以白敏中为主导，这是李德裕当初无法预料到的。牛李党争，长达四十年纠纷不断，到白敏中服务宣宗时代终于偃旗息鼓，而晚唐颓势再也不可逆转了。

应该说，白居易晚年致仕后，仍怀精诚治国之胆。他时刻关注着当朝大事，真诚希望李德裕、李绅等，辅佐武宗重振国威。会昌三年（843）至五年（845），李德裕力主六镇兵马会师太原，放手任用猛将石雄，大破侵扰边关的回纥军，迎得太和公主回朝，举国欢庆。石雄回师太行，征讨泽潞昭义军割据动乱，唐军大胜于上党。李德裕外攘回纥，内平泽潞，连年征战，捷报频传，坚用石雄，功在会昌。白居易为之振奋，作诗大赞石雄勇猛，祝愿大唐迎来新希望。全诗充满豪情：

塞北虏郊随手破，山东贼垒掉鞭收。
乌孙公主归秦地，白马将军入潞州。
剑拔青鳞蛇尾活，弦抨赤羽火星流。
须知鸟目犹难漏，纵有天狼岂足忧。
画角三声刁斗晓，清商一部管弦秋。
他时麟阁图勋业，更合何人居上头。

（《河阳石尚书破回鹘，迎贵主，过上党，射鹭鸶……》）

白居易以诗贺战，可证晚年初心犹在，绝非只顾山水美酒而忘却富国强兵。

可叹党争犹烈，李德裕一方面辅佐武宗建功立业，一方面不忘打击牛党政敌。他硬说牛僧孺、李宗闵与泽潞叛贼有勾结，激怒武宗，即贬东都留守牛僧孺先为循州（今广东惠阳）长史，又将李宗闵长流封州

（今广东新会），悲凉中，白居易送走了牛僧孺，吁叹斗争惨烈，朝官命运旦夕不保，庆幸自己远离人祸，得以全身。《感所见》一诗，充满哲理：

巧者焦劳智者愁，愚翁何喜复何忧。
莫嫌山木无人用，大胜笼禽不自由。
网外老鸡因断尾，盘中鲜鲙为吞钩。
谁人会我心中事，冷笑时时一掉头。

白居易明哲保身、安贫乐道思想，受老庄影响很深，追寻清静无为，仰慕法乎自然，不要机巧要纯真。与孔孟济世忧民信念共存一身，并行不悖。后半生尤重修身。比如“乐天”这一称谓，前半生几乎不见使用，四十五岁之前写出一批“为君为臣为民为物为事而作”的杰出诗文，传世于不朽，而立字“乐天”，似在贬谪江州之时。据台湾学者刘维崇先生考，白居易四十四岁作《自诲》一诗，始以乐天自谓，“乐天乐天，来与汝言”云云。白居易以前字什么？史籍没有说明，刘维崇《白居易评传》认为，《自诲》诗“可能就是他取名乐天的原因和目的，白居易取名乐天，大概也是这一时期”。此前，查众多亲朋好友诗章往来，的确不见以乐天相称。元稹在元和十年（815）之前，称居易为“白二十二”或“白学士”，元和后，“乐天”之名得以传播天下。晚年“中隐”洛阳，逍遥间取号“香山居士”“醉吟先生”“白衣居士”等，闲散名称依年秩而增加。

五十一、晚岁开凿八节滩

各种思想脉流，在白居易一生中妥协徘徊，此起彼伏，总是熔于一炉，很难截然分开。前头说武宗帝在会昌三年（843）御敌平乱捷报频传，白公顿时精神振奋，挥笔祝贺，经世治国之心仍然鲜活，到了会昌四年（844），老翁白居易七十三岁，重发少壮狂情，要为洛阳百姓排忧解难，再出一把力气，再做大事好事。

洛阳乃唐代重要水利中枢。龙门山下伊河滚滚，舟楫扬帆昼夜往来。岸上香山寺佛音绕梁，经乐天以元稹墓志之酬修缮，全寺金光璀璨。白居易常在寺中谈经留宿，远远望见伊河航道险峻，船夫艰难，总是日夜揪心。可叹今日白翁无官老病，比不得苏杭刺史之威，拍案治水，自主举事，人财物皆可号令筹办。但见伊河航道某段，人称八节滩，有九峭巨石立于滩中，险情十里，舟船每过激流，艄公无不胆寒，船破人亡事故累有发生。白居易一生关切兴水治水，面对八节滩、九峭石，他夜不能寐，决计筹资开凿航道，利船利民，虽老迈病衰，仍壮心不已。白诗一篇《序言》，纪实其事，声情并茂，让后人知悉了详细情况。白居易写道：

> 东都龙门潭之南，有八节滩、九峭石。船筏过此，例反破伤。舟人楫师推挽束缚，大寒之月，裸跣水中，饥冻有声，闻于终夜。予尝有愿，力及则救之。

此段讲工程必要性，说明乐天久有此愿，早就想着“力及则救之”。惜无官无权无力，如何实现愿望？《序言》接下来写道：

> 会昌四年，有悲智僧道遇，适同发心，经营开凿：贫者出力，仁者施财。于戏！从古有碍之险，未来无穷之苦，忽乎一旦尽除之，兹吾所用适愿快心，拔苦施乐者耳，岂独以功德福报为意哉？因作二诗，刻题石上，以其地属寺，事因僧，故多引僧言见志。

这段话，说清了白公与僧人联袂开工方案以及资金来源。“贫者出力，仁者施财”，少不得乐天也要取些家财，助力工程。策划、主办、赞助、务工，《序言》语句不多，条理分明，叙事全面。凡古代纪事，要点突出，语必精练，不容一句虚语，今人竟无此功力。这篇《序言》为《开龙门八节石滩诗二首》而写，纪实言毕，始入艺术华篇：

其一

铁凿金锤殷若雷，八滩九石剑棱摧。
竹篙桂楫飞如箭，百筏千艘鱼贯来。
振锡导师凭众力，挥金退傅施家财。
他时相逐西方去，莫虑尘沙路不开。

其二

七十三翁旦暮身，誓开险路作通津。
夜舟过此无倾覆，朝胫从今无苦辛。
十里叱滩变河汉，八寒阴狱化阳春。
我身虽殁心长在，暗施慈悲与后人。

一序言，两律诗，感召后人千百年。白居易七十三岁兴水治河，以无官之身“挥金退傅施家财”，集资率众开拓航道，“铁凿金锤殷若雷，八滩九石剑棱摧”，让“十里叱滩变河汉，八寒阴狱化阳春”，但见“竹篙桂楫飞如箭，百筏千艘鱼贯来”“夜舟过此无倾覆，朝胫从今无苦辛”，百姓受益，乐天功德。这桩善事在《新唐书·唐才子传》中，又在宋人陶谷文章中，乃至于朝鲜古人高敬命笔下，均有记载。今有白高来、白振修《白居易与洛阳》一书，添充细节：

白居易和大家决定，利用冬季伊河水量较小时，凿石挖河——伊河流域的船工们，龙门一带的百姓和石工，听说白大人有此壮举，纷纷自带工具前来，在八节滩红红火火干了起来，白居易三天两头亲自到八节滩察看。

竣工后，诗人喜作《狂吟七言十四韵》，全诗于凡俗中见高蹈，颇多满足与自豪：

亦知世是休明世，自想身非富贵身。
但恐人间为长物，不如林下作遗民。
游依二室成三友，住进双林当四邻。
性海澄渟平少浪，心田洒扫净无尘。
香山闲宿一千夜，梓泽连游十六春。
是客相逢皆故旧，无僧每见不殷勤。
药停有喜闲销疾，金尽无忧醉忘贫。
补绽衣裳愧妻女，支持酒肉赖交亲。
俸随日计钱盈贯，禄逐年支粟满囷。
洛堰鱼鲜供取足，游村果熟馈争新。
诗章人与传千首，寿命天教过七旬。
点检一生侥幸事，东都除我更无人。

第三联“二室”指少室山和太室山。“双林”指娑罗双树，佛涅槃处，应指东林寺和西林寺。

谢祥林作《论白居易与水利建设》一文，对白翁一生所完成的杭州西湖、苏州山塘、洛阳龙门三大水利工程，做出考察总结，评议后者：此工程“官府主体没有了，白居易的行为纯粹类于今日常见的志愿者行动，是大善举、大慈悲，是真正的大爱行为……他的诗名大于政声，以致后人忽略了他所参与和指挥完成的水利工程，忽略了他‘唯人瘼是求’的可贵的内心世界与抱负”。

是啊，白居易有许多名作千秋传诵，人们很容易因诗篇光耀而忽略他身为高官的一面、忧国理政的一面、凡夫平民的一面、佛门弟子的一面和诤友义士的一面。而千秋佳作与高尚人格相辅相成，好诗必由好人作，完美统一，是不可分割的。

五十二、艳诗与艺伎

行文至此，白居易人生故事已经基本讲清，诗人几十年间所经历的主要事件，笔者浅有解析。不过，还有一项内容理应关注，即乐天与艺伎长期交往，构成生活中重要组成部分，尚未专辟章节叙述。而白居易晚年劝告樊素、小蛮离别白府而去，此类艳事广为人知，看来还需要书写一节白公“艳章”。

唐代倡伎，亦称俳、优、伶等，本意指表演歌舞和吟唱诗词歌赋的女艺人，不同于因肉欲而提供服务的青楼商女、风尘娼妓。唐高宗创建官办左右两教坊，从业者成千上万，长期训练演出，类同于国家文艺团体，引进西域歌舞，提升中华艺术，一派文化开放雄风。官员知识结构因完善科举而提高，满朝文武皆能诗，而诗篇主要通过演唱表达传播。士大夫成诗，艺伎女演唱，促进交流，共享繁荣。文人与歌伎互有依赖，文人以歌诗扬名，艺伎赖唱诗提价，有学者认为，“倡伎在古代文化发展中做出了不可磨灭的贡献”，此言并不为过。唐代一流艺伎也是艺术家，经选拔进入官方编制，由国家财政供养，能歌善舞亦能诗，到唐玄宗达到高潮。太乐署官养艺伎一万一千五百八十四人，宫伎四万人，诗人王维还做过音乐官员太乐丞。宴舞唱诗形成风气，官员家府便开始选伎养用，于是在官伎、市伎之外，又有了家伎。家伎入府生活，既不同于妻，也不同于妾，但近乎家庭成员，成为诗人伴侣与知音。裴度在绿野堂举办诗宴，自家艺伎可以演出一堂歌舞。唐代律法遵从一夫一妻制度，妾、婢、伎虽入家府共同生活，却不能拜堂成婚。诗人与家伎长年相处，日久生情，有风流浪漫，也有悲凉凄苦。人们常说的樊素、小蛮等，便是白居易府中家伎，连一本正经的韩愈府中也同样如此。

唐代都市生活丰富发达，士人与艺伎皆有七情六欲，灯红酒绿平康里，交流切磋恍惚间，不知不觉之中，灵与肉捆绑起来，情与色互动起来，雅与俗搅拌起来，一句话，伎与妓混同起来，逐渐难以分辨。商业性的青楼市妓同时繁盛日隆，她们同样歌诗善饮，一往情深，无形中与仕人文豪共同创造了大唐都市文化。她们在唐代并不被叫作倡伎，而是称为“妓”或“妓人”。

《全唐诗》收录了二十一位妓人佳作，多达一百三十六首。据谢遂联统计，内含名妓薛涛、关盼盼、鱼玄机、李治、刘采香、常浩、王福娘、杨菜儿、王苏苏、张窈窕、颜令宾，更有失却本名者，如武昌妓、襄阳妓、莲花妓、舞柘枝女……大诗人元稹、白居易、刘禹锡、张籍、杜牧、王建等，与她们累有唱和，结为红颜知己。

狎妓冶游成了士人阶层普遍行为，既不违背一夫一妻律法，又顺乎人性。动情之下，诸多女性故事写入了传奇词赋，白行简《李娃传》和《天地阴阳交欢大乐赋》，李绅名篇《悲喜才》，刘禹锡《泰娘歌》，元稹《莺莺传》，等等，皆从此中得来。

唐《集异记》记载一则故事：

开元年间（713—741），王昌龄、高适、王之涣三诗友，天寒微雪，旗亭小饮。忽闻笑声莺啭，来了一拨“妙伎”，登楼会宴，自饮自唱。三诗人烤火旁观，顿时精神，当即举杯约定：咱三人诗名难分高低，今日且看她们唱诗，唱出谁的诗多，谁就优胜。而诸伎不识三杰，遂有一伶唱道，“洛阳亲友如相问，一片冰心在玉壶”，王昌龄欢饮一杯，美滋滋在墙上画了记号。接下来一伶唱道，“夜台何寂寞，犹是子云居”，高适同样美滋滋在墙上也画了记号。第三位接着唱，“玉颜不及寒鸦色，犹带昭阳日影来”，王昌龄再一次在墙上画了记号，表示自己这里唱得两首啦。王之涣在一旁便有些急，说这几位算不上阳春白雪，他指着“诸伎之中最佳者”说：如果这位首席佳丽没唱我的诗，我一辈子不与二位争高低，如果唱了我的诗，两位老兄必须拜我为师。昌龄、高适表示完全同意。不一会儿，首席佳丽开唱：“黄河远上白云间，一片孤城万仞山。羌笛何须怨杨柳，春风不度玉门关。”王之涣果然言中，举杯嘲笑两位老兄太土气，三人大笑不止。妙伎闻声颇感怪异，便来相问三位郎君，因何这般高兴？有何指教？王昌龄起身告以实情，众伎惊呼：俗眼不识神仙在此！急忙邀请三位官人入席，推杯换盏，欢醉竟日。

此事合乎唐风，说明士人与伎人之间毫无心理障碍，彼此相通相慕，交往非同一般。李白《白纻辞三首》，其二曰：

月寒江清夜沉沉，美人一笑千黄金。
……
子夜吴歌动君心。动君心，冀君赏。
愿作天池双鸳鸯，一朝飞去青云上。

足够浪漫。

唐代名诗人，就是大明星。白居易携伎交游，当然不能例外。他与艺伎、市伎、家伎皆有来往。不难设想，诗人与美伎一经相识，非怜即爱十分自然。元稹贬蜀之时，与薛涛一碰即生电火，如胶似漆久不能散，人所共知。

谢遂联有言，“白居易是唐代诗人中与妓女关系最为密切的文人之一。在他成名之后，妓女几乎陪伴了整个人生历程，作品中涉妓诗颇多，各个时期均有”。谢先生举出陈鸿《长恨歌传序》云：“乐天深于诗，多于情者也。”特地说明乐天并非有意猎艳渔色，乃性情、时代、环境合力使然。意见中肯。

《琵琶行》深深叹息，“同是天涯沦落人，相逢何必曾相识”，正是士人与伎人之间互怜互悯互赏的心理共鸣，实为人人心中所有，人人语中所无。前朝名妓苏小小、真娘，依然活跃在唐人笔端，白居易、刘禹锡、李商隐、沈亚之、温庭筠、李绅、罗隐、李贺、张祜等等，皆有凭吊吟咏之作。绝代红颜成为纯情美丽象征，安享景仰。

东晋名相谢安风流，携东山妓，抒山水情，忧家国事，成济世功，尤令李白、乐天等唐代诗人所倾慕，而谢安东山妓，相传就是家伎。乐天诗中，多次据此重复用典致敬，心向往之。

写到这里，笔者想起谢思炜先生一个观点：白居易诗作涉情叙事，将皇帝、贵妃、琵琶女等等，都按照他所理解的人情人性来塑造，君主和普通人一样重情重色，杨贵妃不应肩负祸国之责，琵琶女同样具有高雅风貌，笔下不曾高低定性，绝无贵人贱人之分，对贵妃、宫女、歌伎、寡妇一视同仁，唯有怜惜同情，从不道德谴责，更不见宋元以后善恶冲突的戏剧化情节。白居易以博爱与善良，“开掘了由道德主题向感情主题过渡这一重要形式……只有新的叙事形式和生活故事，才有表现更丰富的人类感情的可能”，最终赢得极其广泛的读者与观众。

乐天平生交游歌舞伎人，时有诗作，诸友皆行此好，元稹尤以艳诗著称，构成他们精神世界之重要组成部分。情感生活束缚较少，文化生活丰富多姿，将士人悲喜与市俗忧乐合成一体。从唐代看，并不相关所谓道德评判。唐人对女性美色歌赞不休，鲜有封建伦理禁忌，正是张扬人性的时代写照。后人对此质疑困惑，当属专制观念形成定势使然，诸多质疑乃至指责，或许生发于伪道德伪君子之心，很难说出自健康心态。

明了如上时代背景十分必要，否则不易理解乐天婚姻之外的风流幽情。

白居易青少年与湘灵热恋，二十八岁应试长安，三十八岁与杨汝士之妹成婚，四十岁为母丁忧，前后历时十二年之久。中间曾任周至县尉，在那里写了《观刈麦》和《长恨歌》，之后回朝任翰林学士，活跃在长安朝野，置身风流倜傥群体之中。诗宴频繁，春风得意而携伎畅饮，纵横京都上流社会。白诗《代书诗一百韵寄微之》曰：“征伶皆绝艺，选伎悉名姬。粉黛凝春态，金钿耀水嬉……”可知往来皆是“绝艺名姬”，一般伎人还看不上眼。

士人群体时时唱酬艳诗，还要与诸伎烛影切磋，不避市井传言。贞元十六年（800）春，白居易二十九岁进士登第，欢喜酒酣，即往平康里选伎纵情，诗赠美女阿软云“绿水红莲一朵开，千花百草无颜色”，不意诗传青楼之外。待到十五年后，即元和十年（815）夏，乐天贬谪江州，元稹亦贬巴蜀通州，当年欢娱情景随之淡去。落魄中，元稹行走于虎啸猿啼之地，孤独栖身驿馆。但见梁头蛛网，壁柱尘封，隐约间似有诗词题于房柱上。元稹举灯拂尘细看，竟是乐天兄昔年赠给阿软的那首“渌水红莲一朵开”，元稹顿时感叹万千，脱口悲吟《见乐天诗》一首：“通州到日日平西，江馆无人虎印泥。忽向破檐残漏处，见君诗在柱心题。”吟罢抄录原诗和此诗，一并寄往江州。

白司马收到元稹书，细读原诗，想起当年阿软，叹今非昔比，恍若梦中。因作《微之到通州……》诗云：“十五年前似梦游，曾将诗句结风流。偶助笙歌嘲阿软，可知传诵到通州。昔教红袖佳人唱，今遣青衫司马愁。惆怅又闻题处所，雨淋江馆破墙头。”

阿软因此诗而留名。与阿软同期，还有一位俏皮秋娘。乐天守杭州时，见到老友萧九，共话长安旧事，作《江南喜逢萧九……》云“多情推阿软，巧语许秋娘”，可知这位秋娘善于说话撩人。（也有人认为，秋娘或是歌伎女伶通称，并非实指）乐天一生描写了许多伎人，多数没有留下芳名。请看这些带了“妓”字的诗题：《醉后题李马二妓》《卢侍御小妓乞诗，座上留赠》《清明日观妓舞听客诗》《湖上醉中，代诸妓寄严郎中》《醉戏诸妓》《闻歌伎唱严郎中诗，因以绝句寄之》《代诸妓赠送周判官》《武丘寺路宴留别诸妓》《山游示小妓》《池上送考功崔郎中兼别房窦二妓》《同诸客嘲雪中马上妓》等等，广为流传。更有一些诗内容涉妓，只是题目未用妓字，如《西湖留别》《对酒吟》《尝酒听歌招客》《杨柳枝二十韵》《重答刘和州》《题灵岩寺》《松江亭携乐观渔宴宿》《马坠强出赠同座》……真是数不胜数，令人眼花缭乱。读者若有兴趣不妨据题查阅欣赏。诗中故事颇多，足可成书，可惜尚未看到专题论述乐天与女性交往的著作。

白居易深情而善良，在他心中，看待妻子或者湘灵，贵妃或者宫女，私奔少女或者琵琶妇人，青楼蛾眉或者府中家伎，都一样宽容认同尊重，不惜笔墨赞誉女性美好纯情，即使说“嘲阿软”“嘲雪中马上妓”，也没有讥讽轻薄话语，而是赏品欢娱之意。如《同诸客嘲雪中马上妓》，“腰为逆风成弱柳，面因冲冷作凝酥”，“雪里君看何所似，王昭君妹写真图”，美不胜收。蹇长春先生认为：在我国古代诗人中，把妇女问题作为一个社会问题加以关注，并对她们的命运倾注了深切同情的，白居易是颇为突出的一位。元和四年（809），为幽闭怨旷的宫女呈奏《请拣放内宫内人状》，获得宪宗听纳。白诗《上阳白发人》《长恨歌》《琵琶行》《陵园妾》《观刈麦》《母别子》《妇人苦》《续古诗十首》《井底引银瓶》，一篇篇泣泪杰作，对社会阶层悬殊的女性人物以平等身份倾注感情，将风尘女流与朝官自身置于平起平坐地位，使女性以正面形象和弱势群体呈现于世，始终抱以仁爱之心。谢思炜先生评曰：

> 可以毫不夸张地说，《长恨歌》塑造的贵妃形象，足以与荷马史诗中的海伦相媲美，征城略地、政治兴亡与这种女性美的力量相比，甚至都有些黯然失色……白居易对待集种种观念于一身的女性人物，在伦理观念所许可的范围内，使女性美获得了最完美的表现。他的笔力达到了古典诗歌语言可能达到的极致。

回到白府，尽人皆知“樱桃樊素口，杨柳小蛮腰”。府中除此二伎外，先后还有菱角、谷儿、红绡、紫绡诸伎，吹拉弹唱，合成一个小型精优歌舞班子。樊素能歌，小蛮善舞，配角们各具优长，白诗《小庭亦有月》点了四位佳丽芳名：“菱角执笙簧，谷儿抹琵琶，红绡信手舞，紫绡随意歌”。加上樊素和小蛮，至少六名妙伎在府。

又见宋版《中吴纪闻》载：“乐天为郡时，常携容满、张志等十妓，夜游西湖虎丘寺，常赋纪游诗。”谓乐天刺杭州亦有多伎相伴。及至苏州，白诗《霓裳羽衣歌》有句云：“玲珑箜篌谢好筝，陈宠觱栗沈平笙”，所提到玲珑、谢好、陈宠、沈平四位音乐能手，她们可能属州郡官伎，州官任满调离，不可带走，应为短期相处。

此外，白诗有《结之》一首云：“欢爱今何在，悲啼亦是空。同为一夜梦，共过十年中。”这位结之姓陈，又名桃叶，与乐天交往于江南，白诗中多次提到她。笔者想到白居易苏杭解职北返时，曾有一妓同船相送至中途分手，应该就是这位陈结之了，樊素与小蛮似为陈结之以后入府。唐制官员蓄伎府中，还有级别限制，五品官之下不可蓄伎，四品官允许三伎在府。白居易近七十岁时，作《对酒有怀寄李十九郎中》有句云“往年江边抛桃叶，去岁楼中别柳枝”，上句自注“结之也”，下句自注“樊蛮也”，即证时间先后。

这里引出一个问题：陈结之只是一名小伎吗？乐天会不会将其纳为内妾了？履道里白府池塘之畔，竖立着从杭州带回来的太湖石，竟有“陈结之”三字公然刻在石上。白诗《感旧石上字》，一往情深，记述明确：

闲拨船行寻旧池，幽情往事复谁知。
太湖石上镌三字，十五年前陈结之。

朱金城先生考证此诗作于开成四年（839），白居易时六十八岁，十五年前应为五十三岁，正是杭州刺史最后一年。那么，女流陈结之芳名因何刻于白府太湖石上？须知家伎艺伶在官府中仍属侍者，地位不过仅高于婢女而已，而陈结之姓名刻于爱石之上，多年来赫然立于自家池塘之畔，一般身份岂能得此礼遇？联系上面那首“结之”诗，情深意切之至，又作何解？因而南宋《浩然雅斋谈》，质疑桃叶（陈结之）显系乐天之妾，说“自昔未有以家伎字镌石者”。该书作者周密，雅词词派领袖，史学笔记著作颇多，藏书四万二千余卷，学界评价周密为大家。但各种古今著述，始终没有言及乐天纳妾一事，乐天也没有留下纳桃叶为妾的只言片语，友朋诗中亦均未见此说，笔者谨对此事提出小议，不敢确定，此处存疑，留待方家研判。

至此梳理一下，白居易平生交往伎人颇多，以文字留名者有：阿软、秋娘、容满、张志、陈结之、商玲珑、谢好、陈宠、沈平、菱角、谷儿、红绡、紫绡、樊素、小蛮等近二十位。琵琶女相逢短暂，与琵琶女身世相似者，还有一位裴兴奴，可另当别论。

近年时见议论，谓白居易作诗涉及名伎关盼盼之死，大意说关盼盼作《燕子楼三首》，乐天和诗三首，关盼盼读诗绝食而亡。读者不解详情，容易产生误读，笔者不妨对此做些浅析。

贞元十九年（803）冬，校书郎白居易三十二岁。空闲时日，自长安回符离探家。就是这一次，驻徐州的武宁军节度使张愔，盛情宴请白居易。张愔时为检校工部尚书，亦称张尚书。检校，乃未经正式拜授之官，不具实职。节度使，是朝廷派往藩镇之使臣。有的节度使由父子传承，皇室授以检校朝官名义，镇守一方。张愔就是这样一位地方大员，兼任徐州刺史。白居易应邀欢宴，张尚书唤出家伎关盼盼等佳丽，陪酒助兴。乐天为之诗赞“醉娇胜不得，风袅牡丹花”。张尚书宠爱盼盼，很可能纳其为妾了。两年后，张愔正式除任工部尚书，入朝履职，不幸病故于赴任途中。可怜张府诸伎纷纷散去，唯余一位关盼盼，孤守徐州城郊燕子楼中，独自怀念老尚书，泪送春夏秋冬。

十多年后，也就是元和十年（815）春，白居易结束丁忧返回长安，诏授左赞善大夫。有诗人张仲素前来拜访。张仲素字缋之，曾在徐州武宁军幕府任职多年，对张尚书与关盼盼情事十分了解，现调回朝中任司勋员外郎。他以盼盼独居未嫁为题，模拟盼盼口吻，作《燕子楼新咏》诗三首，详写关盼盼凄清悲苦境况。白居易读张诗，大为激赏，忆及当年徐州张府歌舞欢宴，对比盼盼衰颜守节，关爱女性，感慨万千。遂依张仲素诗原韵，和诗三首，深表同情：

张诗其一：

楼上残灯伴晓霜，独眠人起合欢床。
相思一夜情多少，地角天涯不是长。

白诗和曰：

满窗明月满帘霜，被冷灯残拂卧床。
燕子楼中霜月夜，秋来只为一人长。

张诗其二：

北邙松柏锁愁烟，燕子楼人思悄然。
自埋剑履歌尘散，红袖香消已十年。

白诗和曰：

钿带罗衫色似烟，几回欲起即潸然。
自从不舞霓裳曲，叠在空箱十一年。

张诗其三：

适看鸿雁岳阳回，又睹玄禽逼社来。
瑶琴玉箫无意绪，任从蛛网任从灰。

白诗和曰：

今春有客洛阳回，曾到尚书墓上来。
见说白杨堪作柱，争教红粉不成灰。

张诗委婉动人，白诗对韵严谨，主题内容彼此呼应，艺术技巧精湛娴熟。一组唱和佳作，对关盼盼充满赏识和赞美、同情与爱怜，不仅当时流传广泛，还引发后世文人赏玩不已，文天祥为此写了诗，苏东坡亲自夜宿燕子楼，体味梦中盼盼情景，留下了《永遇乐·彭城夜宿燕子楼，梦盼盼，因作此词》，是为名作。

此诗此事，亦不断演变了味道，逐渐变成了乐天作诗逼迫盼盼殉情而死，张仲素所咏诗三首，也变为关盼盼自诉作品。万幸白居易时给《燕子楼三首》写有一篇序言，夯实了事情真相。后人未必看到这篇序言，便以讹传讹，冤枉了乐天一片好心。序言不过二百字，原文如下：

徐州故张尚书，有爱伎曰盼盼，善歌舞，雅多风态。予为校书郎时，游徐泗间，张尚书宴予，酒酣出盼盼以佐欢，欢甚。予以赠诗云：醉娇胜不得，风袅牡丹花。尽欢而去，迩后绝不相闻，迨兹仅一纪矣。昨日，司勋员外郎张仲素缋之访予，因吟新诗，有《燕子楼》三首，词甚婉丽。诘其由，为盼盼作也。缋之从事武宁军累年，颇知盼盼始末，云：尚书既殁，归葬东洛，而彭城有张氏旧第，第中有小楼名燕子，盼盼念旧爱而不嫁，居是楼十余年，幽独块然，于今尚在。予爱缋之新咏，感彭城旧游，因同其题，作三绝句。

白诗序言说得很清楚，前面忆昔年徐州交往，中间有知情友人张仲素携诗来访，仲素“从事武宁军累年，颇知盼盼始末”，《燕子楼》三首“为盼盼作也”。乐天“爱缋之新咏，感彭城旧游”，因此唱和《燕子楼新咏》三首，中晚唐诗集和《全唐诗》均署名张仲素前诗及白居易酬和，并无乱象。后世竟误传关盼盼作诗呈给白居易，得到回诗极其悲痛，遂绝食而亡。弄丢了原作张仲素，演绎了“凶手”白乐天。

后世误传此事，也有一个过程，故事演变曾有细微之处：

首先，唐五代一本《才调集》，收入张仲素《燕子楼》其中一诗，误署名为关盼盼，这是一个开端。

到了北宋，张君房写《丽情集》，虚拟关盼盼有《燕子楼集》诗三百首，且将张仲素三首，也充作关盼盼入集，进而乐天和诗三首。写到此事时，轻率增添一个情节：白诗《感故张仆射诸妓》相赠盼盼“黄金不惜买蛾眉，拣得如花四五枝。歌舞教成心力尽，一朝身去不相随。”由是盼盼据此“泣曰：妾非不能死，恐百载之后，人以我公重色。乃和白诗云：自守空楼敛恨眉，形同春后牡丹枝。舍人不会人深意，讶道泉台不去随”。而《丽情集》尚未出现赴死情节。

及至南宋《唐诗纪事》，始将关盼盼结局续编扩写：白居易相赠关盼盼《感故张仆射诸妓》一诗，盼盼受到刺激，“旬日不食而卒”。原作者张仲素演变为长安与徐州之间的传诗人，称盼盼死时，吟诗曰“儿童不知冲天物，漫把青泥污雪毫”，至此，盼盼本是尚书张愔的爱伎，也变作其父张建封小妾。白居易那首诗成了诗杀才女的凶器。更糟糕者，这本《唐诗纪事》作者计有功，为自圆其说，竟将上述乐天序言中“诘其由，为盼盼作也”，改成了“诘其由，乃盼盼作也”。一字之差，《燕子楼》作者易主。全然不顾“缋之新吟”等句。以致谬种流传。

南宋编故事演变到元明，贞洁烈女地位骤升，关盼盼为夫守节形象成形，杂剧《关盼盼春风燕子楼》出台，冯梦龙小说《钱舍人题诗燕子楼》问世，一时戏说成真。明代《尧山堂外纪》继续误导后人，到了清代《御制全唐诗》，张仲素《燕子楼》三首，彻底归于关盼盼名下。总之，凄美爱情故事发展成惨烈传说，并且找到了责任人。

细心读者不难发现，故事演变到北宋以后，随着原诗作者发生变更，出现了两个关键点，一是张、白唱和《燕子楼》退隐不见，反被白诗《感故张仆射诸妓》取代；二是关盼盼不再是张尚书爱伎，居然演变成其父张仆射小妾。如清《御制全唐诗》注作者小传原文：

> 关盼盼，徐州妓也，张建封纳之。张殁，独居彭城故燕子楼，历十余年，白居易赠诗讽其死。盼盼得诗泣曰：妾非不能死，恐我公有从死之妾，玷清范耳。乃和白诗，旬日不食而卒，存《燕子楼三首》。

处处沿误，以致如此，皆因烈女贞节礼教深重使然。

误传白居易《感故张仆射诸妓》诗杀关盼盼，其实经不起推敲：其一，张仆射为张愔之父张建封。白诗如感张建封之死，诗作时间则大为提前。其二，张建封官府蓄伎多人，题目明确感叹“诸妓”，而非独叹一妓命运。“黄金不惜买蛾眉，拣得如花四五枝。歌舞教成心力尽，一朝身去不相随。”是说主人仆射劳费财力苦心，将诸妓教成角色，如今一朝逝去，她们也就散失他乡了。其三，传盼盼据此诗作答，“舍人不会人深意，讶道泉台不去随”，这位“舍人”是谁？既然乐天酬唱赠诗，盼盼闻诗殉情为元和十年（815），那么，此时白居易上半年为赞善大夫，下半年贬为江州司马，待到官至中书舍人，已是长庆元年（821）十月，七载光阴流去，关盼盼焉能料到白公后有中书舍人之称？诗中人物对不上号。

说到此处，谅已澄清历史真相，殊可悲，时至今日，此诗仍然镌刻于徐州云龙公园燕子楼旁，石碑上有意删去《感故张仆射诸妓》标题，妄自落款“白居易赠关盼盼”七字，十分胆大，实不应该。如要刻诗此地，张白酬唱《燕子楼》三首最佳，文天祥诗亦好，苏东坡《永遇乐》更美。当然，如果将楼主张家父子两位中唐徐州高官介绍在此，也非常好：张建封是一位极富文采的中唐重臣，一位卓越的马球运动健将，中国体育史载其马球长诗。治州治军治乱威震徐泗，德宗赐御诗赐马鞭表彰，韩愈甘做其幕僚，更有趣者，张仆射赴京，也遇到一位卖炭翁雪中受欺，遂上奏德宗，痛斥宫市制度不合情理，与白居易有异曲同工之妙。张仆射比白居易年长三十多岁，白父季庚曾任彭城县令又任徐州别驾，应为张仆射属官，白居易也曾在符离苦读，张于贞元十六年（800）病逝，那时白居易二十九岁，刚刚进士及第，对徐州张仆射张尚书父子还是了解的。

总之，关盼盼之死与乐天并没有什么关系，此事不过骚人大话演绎而已。笔者却不得不花费如上笔墨，做此说明。

五十三、放伎卖马敬老妻

现在，要说到樊素和小蛮了。这两位白家伎人曾在《旧唐书》中留名。而“樱桃樊素口，杨柳小蛮腰”两句诗，盛传于当下，却未见于乐天自编诗集，出处在唐《本事诗》中转述，并不见全诗。相传二伎为乐天从苏州带回。依此算来，大和元年（827）乐天自苏州回到洛阳，到开成五年（840）樊素离开白府，竟有十几年光阴。开成三年（838）白公在《醉吟先生传》中写道：“若欢甚，又命小妓歌《杨柳枝》新词十数章，放杯自娱。酩酊而后已。”小妓歌新词，当指樊素等，说明二伎此前一直活跃在白居易府中。而陈结之早已在十年前离去。

据王拾遗先生考证，白公那篇《不能忘情吟》，作于开成四年（839），诗文中明确写到了卖骆马，放伎归。背景是风痹之疾初愈，准备辞官，如果未能批复致仕，将没有俸禄。同年还写了《卖骆马》《别柳枝》两首诗。

先看《不能忘情吟》序言，这是故事源头：

> 乐天既老，又病风，乃录家事，会经费，去长物。妓有樊素者，年二十余，绰绰有歌舞态，善唱杨枝，人多以曲名名之，由是名闻洛下，籍在经费中，将放之。马有骆者，驵壮骏稳，乘之亦有年，籍在长物中，将鬻之。圉人牵马出门，马骧首反顾一鸣，声音间似知去而旋恋者。素闻马嘶，惨然立且拜，婉娈有词，辞毕涕下。予闻素言，亦悯默不能对，且命回勒反袂。饮素酒，自饮一杯，快吟数十声，声成文，文无空句，句随吟之短长也，凡二百三十四言……

此为序言。接下来诗中说“马不能言兮长鸣而却顾，杨柳枝（樊素艺名）再拜，长跪而致辞”，以下“辞曰”，则是樊素动情话语：

> 主乘此骆五年，凡千有八百日，衔橛之下，不惊不逸。素事主十年，凡三千有六百日，巾栉之间，无违无失。今素貌虽陋，未至衰摧。骆力犹壮，又无虺隤，即骆之力，尚可以代主一步，素之歌，亦可以送主一杯。一旦双去，有去无回，故素将去，其辞也苦，骆将去，其鸣也哀。此人之情也，马之情也，岂主君独无情哉？

白居易闻言感动，感叹间收回成命：

> 予俯而叹，仰而咍，且曰：骆，骆，尔勿嘶，素，素，尔勿啼，骆返厩，素返闺。吾疾虽作，年虽颓，幸未及项籍之将

死，亦何必一日之内，弃骓兮而别虞兮？乃目素兮素兮，为我歌杨柳枝……

白翁与家伎恋恋不舍，再作《别柳枝》诗云：

两枝杨柳小楼中，袅袅多年伴醉翁。
明日放归归去后，世间应不要春风。

诗人老来为放归家伎一事矛盾纠结，又到池畔去看了刻有“陈结之”三字的太湖石，那时刘禹锡尚未去世，白翁便将《别柳枝》一诗呈梦得，想听听老朋友的意见。刘禹锡明确支持乐天放伎，回诗有句：“春尽絮飞留不得，随风好去落谁家。”乐天也就不再犹豫，再致刘诗《前有别杨柳枝，梦得继和云……又复戏答》，诗曰：“柳老春深日又斜，任他飞向别人家。谁能更学孩童戏，寻逐春风捉柳花。”

樊素暂时留下，复在白府住到次年春天，即开成五年（840）春末，终于凄然离去。白翁作《春尽日宴罢，感事独吟》，诗云：“五年三月今朝尽，客散筵空独掩扉。病共乐天相伴住，春随樊子一时归。……”诗人像叹息春光流逝一样，惋惜家伎的离去。直到很久后还时常怀念：“觞咏罢来宾阁闭，笙歌散后妓房空。”（《老病幽独，偶吟所怀》）

这便是白居易与伎人们的故事了，既多欢娱，又生伤感。自樊素和小蛮去后不久，白公停官停俸，到会昌三年（843）春，乐天诏批致仕复得半俸。这时，樊素和小蛮可能有了好的归宿，并在以严谨精练著称的《旧唐书》里留下载了芳名。二伎具体落脚何处？嫁给了怎样人家？未见记载，像少女湘灵一样，古代女儿们无法把握自身命运，其结局总是令人牵挂……

这就引出了另一个话题：白居易此生携伎而行，家中养着多情艺伎，情感生活丰富多姿，那么，白公与原配夫人杨氏相处如何？家庭内部是否和谐？

这类问题，多为千年之后当代人所设问。而唐代婚姻世界里，尤其在官宦及富商阶层中，原配夫人与妾室婢女，常常同居一府共同生活，合组大家庭，生育最重要，情感居其次。唐贞观元年（627）诏示：男二十岁，女十五岁，应当成婚，州县官府要为他们创造条件，支持他们成家育子。男夫女妻如有亡故，待丧期满后，可以再婚。同时存在着严重问题：男女婚配必须遵从父母之命、媒妁之言。《唐律疏议》卷十三规定，“为婚之法，必有行媒”，不能自由恋爱成婚。白居易和湘灵，就是受害者。唐法规定了一夫一妻制度，却不限制纳妾和养婢，只是不得与妾、婢成婚做妻。《唐律疏议》卷十三明文规定：有妻而再娶妻者判处一年徒刑，以妾及客女为妻者，判处一年半徒刑，以婢为妻者或将妻子当妾对待者，判处两年徒刑。就是说一夫一妻不能乱了名分，妻、妾、婢之间不能混淆。既明确保护原配妻子合法权益，又允许官人纳妾养婢兼有所爱。至于家中蓄养艺伎，或将旧爱“陈结之”刻石怀念，当没有什么问题。府中艺伎实同于“姬”，地位又高于婢女。

总的来说，家庭中原配妻子的权益和地位受到了法律保护，而妾、姬、婢三者不受法律保护，地位低下，一旦失去男主宠爱，则命运悲凉不测所终。白居易能够尊重结之，放归樊蛮，从古代社会看，已是仁爱之心，善翁之举矣。

具体说原配夫人杨氏，情况并不复杂，杨家本是京城望族，官宦世家。杨氏胞兄杨汝士、宗兄杨虞卿均为乐天故交，手足情义深厚。可惜杨氏没有读过书，不能吟诗作画。好在白公吟诗力求通俗易懂，夫妻之间尚不难沟通。据王拾遗先生考证，白居易成婚在元和三年（808）夏天，这时已经三十七岁，无论古今均属大龄晚婚。白诗《赠内》，对杨氏以安贫相勉，估计是吟念给夫人听的。杨氏婚后十分贤惠，劳其一生跟随白公南北奔波，同甘共苦而无怨。元稹曾经寄给白家绿丝布和白轻褣（后者为无花薄纱），杨氏便在病中为丈夫缝制成衣，“贫友远劳君寄附，病妻亲为我裁缝”（《元九以绿丝布白轻褣见寄，制成衣服，以诗报知》）。又一个秋夜，杨氏仍在缝补寒衣，乐天作《赠内子》句云：“白发长兴叹，青娥亦伴愁。寒衣补灯下，小女戏床头。”于清贫中见和谐。

丁忧渭南，夫妻携手共度时艰，白诗《春眠》曰，“起来妻子笑，生计春茫然”，可知杨氏面对贫穷，仍可豁达应对。

贬官江州穷司马，杨氏依旧伴逐臣，减轻了白居易许多烦恼。及至量移忠州，峡江激流滚滚，夫妻同舟共济，未曾半步分离。几十年来，无论驻扎人地两生任所，还是回返帝都，辗转杭州苏州，几度洛阳中转，官场境遇时好时坏，生活标准有高有低，杨氏始终是居易忠实伴侣，夫妻感情甚笃。在白诗中屡见抒发。

当然，杨氏除去辛苦，亦获荣耀。长庆元年（821）夏秋，白居易年五十，以主客郎中知制诰迁中书舍人，加朝散大夫又转上柱国，夫人杨氏也被朝廷封授为弘农县君，这是一种尊贵身份和命妇爵号，即官方承认的五品官员正室，平民百姓则与此无缘。

白居易对夫人一向尊重爱护，自始至终没有改变。即使晚年夭折了三岁爱子，诗人也不曾抱怨杨氏一句，而是相互安慰，同销悲愁。吴伟斌先生著《白居易全传》，行文多处以夫妻交流对话推进故事，展示事件，虽然难免虚构，读来竟十分流畅，衬托了杨氏在白居易生活中不可分割之重要性。今有张浩逊长期研究唐诗和白居易婚姻生活，发表了诸多专题文章，对白公夫妇平生互敬互爱给予高度评价。但是很遗憾，无论白居易还是古今研究者，都未见讲述杨氏与府中其他女性是如何相处的，当然也没有发现白府女性之间有什么龃龉不快事端发生。笔者只能推断，白府家中女性生活，总体上尊卑有秩，各司其职，是清风化雨，和谐而又愉悦的。陈结之的芳名也可以刻于石上，坦然置放府园池畔。而白居易一方面对府中女性同情、爱怜、欣赏，一方面没有将她们与原配夫人混同身份。诸多女性一起在履道里生活十多年，共事主公而和谐不乱，让同时期友人包括裴度在内，非常羡慕。

五十四、文集成七老会

到了会昌四年（844），白居易已是七十三岁老翁。前头说，这年夏天白公集资率众开凿八节滩，为百姓完成了最后一件好事。

乐天平生，效力国家百姓，诗写讽喻闲适，待友重情厚义，律己知足保和，终于善始善终结局大好。他执着勤奋，日夜笔耕，换来巨大成果。及至七十四岁，最终整理汇编毕生文集完毕，因作《白氏文集后记》云：

> 白氏前著长庆集五十卷，元微之为序。后集二十卷，自为序。今又续后集五卷，自为记。前后七十五卷，诗笔大小凡三千八百四十首。集有五本：一本在庐山东林寺经藏院，一本在苏州南禅寺经藏内，一本在东都圣善寺钵塔院律库楼，一本付侄龟郎，一本付外孙谈阁童。各藏于家、传于后。其日本、新罗诸国及两京人家传写者，不在此记。又有元白唱和因继集十七卷，刘白唱和集五卷，洛下游赏宴集十卷，其文尽在大集内录出，别行于时。若集内无而假名流传者，皆谬为耳。会昌五年夏五月一日乐天重记。

林林总总，蔚为大观，令古今读书人折服。

白居易注重编辑保存历年作品，为此花费了极大心血。抄录文集五部，先后在庐山东林寺、苏州南禅寺、洛阳圣善寺分藏三部，侄儿龟郎和外孙谈阁童各藏一部。在古代种种条件限制下，能够这样做已经很不容易。殊可叹，由于战火连绵，世事多变，上述五部文集都没能完整保存下来，寺藏家传无一幸免，俱遭散落。后世流传多种版本，十分庞杂纷乱，全赖社会追捧和文士钟爱以及海外存留，皆为他人补抄转写，均非白公亲编完整原本。老版乐天诗文，国内有五代本、北宋本、绍兴本、敦煌本、庐山本等多种，海外有金泽本、神田本、那波本、朝鲜本，多达三十余种，以日本古钞卷为佳。总之，甄别考辨白氏文集古版本成为一项课题。懂晓日文的谢思炜先生治学白居易研究，其博士论文之《上编》，下大功夫宏论白集版本专题，竟达几十万字，一者足证白诗震古烁今流传之广，二者追溯后世版本，源出白公始编，乐天往日结集初衷，也没有白费苦心。目前，谢先生完成《白居易诗集校注》全六册，遍搜国内外各版本，得白诗二千八百余首，并做全面校注。中华书局于二〇〇六年推出第一版，到二〇一九年连续增印六次。应当说，这是迄今为止最完善的集大成之权威版本了。除去文章，净存诗歌二千八百余首，居唐代诗人之冠。

会昌五年（845）暮春，白居易组织了一场奇特酒局，在履道里府中大宴宾朋。主因可能是庆贺凿通八节滩，正式通航，亦可能庆贺文集编就，享乐晚年时光。这一顿家宴轰动洛阳，其最大特色，是主宾聚宴者年寿奇高，七十四岁白乐天，在七位宾朋中竟是小字辈，七位耄老开怀畅饮，令常人望尘莫及。宴者身份贵，名望重，年寿高，使得现任河南尹卢贞和秘书监狄兼谟两位朝臣，甘心临席服务，亲自主持宴会全流程，如此规格，在洛阳要算最高了。酒宴七老，依岁排名：

刑部尚书致仕白居易，年七十四岁；
前永州刺史张浑，年七十七岁；
前侍御史内供奉卢真，年八十二岁；
前慈州刺史刘真，年八十二岁；
前右龙武军长史郑据，年八十四岁；
卫御卿致仕吉皎，年八十六岁；
前怀州司马胡杲，年八十九岁；

请注意，七老中八十二岁卢真，与“年未七十”的河南尹卢贞，姓名相似，并不是同一个人，今有朱金城、金景芝、王玲玲等对此善加考辨。有趣的是，二卢同出范阳望族，卢真字子蒙，《全唐诗》存诗一首，卢贞字贞白，《全唐诗》亦存诗一首，二卢又基本上同期为官，所以后世极易混同为一人。

七老饱经风霜，仍能举杯豪饮，即席赋诗而歌。鹤发童颜，人皆称异，此宴当即在两京传为佳话，连同七首老者之诗，争相抄录传诵。更有倾慕者一并添加洛中遗老李元爽与归洛老僧如满，绘成《九老图》传世。到宋代，“七老会”“尚齿之会”，延为官府民间一种崇老模式固定下来，每逢佳节时有举办，“七老会”“九老会”也成为孝敬老人的诗意象征，流传至今。

七位老人在履道里欢娱一天，乐天把自己当作年轻人喝了不少酒。所留七首诗，亦数白诗最为豪迈。诗题较长，还是纪实风:《胡、吉、郑、刘、卢、张等六贤，皆多年寿，予亦次焉。偶于弊居合成尚齿之会，七老相顾，既醉甚欢。静而思之，此会稀有，因成七言六韵以纪之，传好事者》，诗云:

七人五百七十岁，拖紫纡朱垂白须。
手里无金莫嗟叹，尊中有酒且欢娱。
诗吟两句神还王，酒饮三杯气尚粗。
嵬峨狂歌教婢拍，婆娑醉舞遣孙扶。
天年高过二疏傅，人数多于四皓图。
除却三山五天竺，人间此会更应无。

诗下注:“……会昌五年三月二十一日于白家履道里同宴，宴罢赋诗。时秘书监狄兼谟、河南尹卢贞，以年未七十，虽与会而不及列。”这条自注可证二卢之别，明白无误。

文集大成，七老盛会，会昌五年（845）春夏就这样过去。到了秋天，貌似平静的武宗王朝又掀波涛:天下佛门僧尼遭到一次前所未有的打击，史称“会昌灭佛运动”。

佛教自东汉传入中国，虽然经历几度磨难，到唐朝蔚为大观。而佛教在国家政治、经济、军事、文化生活中，很难起到现实推动作用，更与儒学经世致用的“理道”相抵牾。白居易年轻时，主张限制佛教，不可许之大行。

但是，从个人身心修养角度看，乐天接受和濡染佛门思想，及至晚年，佛寺交流已是乐天生活不可缺少的组成部分。

会昌灭佛运动，据《资治通鉴》卷二四八《唐记》载，唐武宗诏陈佛教弊端并“宣告中外”，对佛寺生存作出严格限制：“天下节度、观察使治所及同、华、商、汝州各留一寺，分为三等：上等留僧二十人，中等留十人，下等五人……寺非应留者，立期令所在毁撤……财货田产并没官，寺材以葺公廨驿舍，铜像钟磬以铸钱……凡天下所毁寺四千六百余区，归俗僧尼二十六万五百人……毁招提、兰若四万余区，收良田数千万顷，奴婢十五万人……”不久又诏令，一等佛寺原编制二十人，减为十人，中等十人减为五人，下等五人干脆取消。

全国浩大行动，灭佛结局惨烈。同时，唐武宗继续尊崇李耳道教一门，乌角道士欢欣鼓舞，百官亲临道场隆重祭拜，抑佛崇道在会昌年间达到高潮。

那么，晚年乐天信佛弥笃，践行佛理衍为生活方式，面对汹涌灭佛大势，诗人又将如何应对？惜现存白诗中，只一首《读道德经》与此相关。而乐天逢事必诗，灭佛烈火扑门却不见诗作流传，似不合常理。究其原因：一者，白居易编就《白氏文集》七十五卷本，时间为会昌五年（845）暮春，而会昌灭佛发生在同年秋，就是说，文集成于前而事件在后，白公即使对灭佛发表过意见，也未及收入文集中。再者，白公已是七十四岁高龄，历尽沧桑，红尘看破，当不会对朝廷大事贸然提出不同政见。此时，至亲堂弟白敏中正在朝中担当重任，被白公看作家族希望所在，前程无量，自然不会为之添乱。次年五月，白敏中果然不负众望，以兵部侍郎同中书门下平章事，荣为宰相。

所存一首《读道德经》，写于这一时期，曲折地反映了历次抑佛毁佛，都与道教得势排佛相关。

玄元皇帝著遗文，乌角先生仰后尘。
金玉满堂非己物，子孙委蜕是他人。
世间尽不关吾事，天下无亲于我身。
只有一身宜爱护，少教冰炭逼心神。

玄元皇帝，老子。颔联指《道德经》九章云“金玉满堂，莫之能守”。《庄子·知北游》认为吾身、吾有、吾子孙，都是天地所委，不属于自己，爱护身心，更不必冰火纠结。《诸法集要经》卷十：“离爱除烦恼，无冰炭交心。”寓讽诸位乌角巾道士，这一切不过空欢喜罢了，汝辈得势又如何？还在想着成仙吗？

这首诗，对道教给予讽喻批判，折射出白公对灭佛运动多有不满。

显而易见，佛教禅宗已被乐天深度接受，而唐代主流追捧崇道成仙思潮，却与白公性情格格不入，更不想成为道教法术牺牲品，与其迷恋成仙出世，不如安身世俗做人。后世或说白居易诗文大俗，兼因针对他不慕道家神人观念而言，诗文之“俗”由诗人自视平凡而派生……

五十五、广大教化九朝诗仙

白居易到了生命最后两年，平实沉静地处置自身大俗生活，能够从容不迫地面对死亡。只是“七老会”那般生活盛事越来越少。高峰过后转冷寂，毕竟年岁不饶人。七老聚会之后，白公陷入病衰虚弱之期，因作《闲居》《咏身》各一首，吟来倍觉凄凉。先品第一首《闲居》：

风雨萧条秋少客，门庭冷静昼多关。
金羁骆马近卖却，罗袖柳枝寻放还。
书卷略寻聊取暖，酒杯浅把粗开颜。
眼昏入夜休看月，脚重经春不上山。
心静无妨喧处寂，机忘兼觉梦中闲。
是非爱恶销停尽，唯寄空身在世间。

白居易先后写过好几首同题《闲居》，创作于人生不同时期，这是最后一首。读者如有兴趣，不妨拈来几首《闲居》做一比较，从中品味诗人不同年龄前后演变的内心世界。

再品第二首《咏身》，过了年关，就是会昌六年（846），白居易七十五岁，诗云：

自中风来三历闰，从悬车后几逢春。
周南留滞称遗老，汉上羸残号半人。
薄有文章传子弟，断无书札答交亲。
余年自问将何用，恐是人间剩长身。

首句下注："风疾八年，凡三闰矣。"悬车，卸职退居之谓。次联分别用《太史公传》和《习凿齿传》典故，借司马迁与习凿齿晚年结局，叹喻自身最后关头之哀伤，寓意深远。两首诗合在一起品味，尽是风烛残年，生命叹息。

会昌六年（846）三月，全国灭佛运动不足一年，河北三镇尚未开始灭佛动作，发动者唐武宗李炎，因食丹药死去，年仅三十三岁。武宗在位六年多，怀革新之志，重用宰相李德裕，也颇多政绩，中兴之风来势强劲。即论灭佛运动，也扩大了国家税收和兵员，回收了大量寺众土地，加强了中央集权，收效显著。

武宗李炎速死，又与道术成仙思想直接相关。道士赵归真等八十一人，鼎炉炼丹于宫中观台，产品专供武宗服用。正是这些仙丹妙药，摄去了又一位大唐皇帝的魂灵。三月二十三日武宗驾崩，诸子尚幼，当日新帝李忱即位，是为宣宗。这位宣宗已经三十七岁，还是一位皇太叔。

唐宣宗登基，年号大中，即对前朝政事改弦更张，尤对会昌重臣李德裕憎恶不满。迅即诏贬李德裕为江陵尹、荆南节度使，任用白居易堂弟白敏中为相，朝野再生动荡。这位宣宗皇帝年轻时常住寺院，亲近佛门，灭佛运动随之偃旗息鼓，李德裕麾下李党成员纷纷落马斥逐。曾被武宗放逐的牛党政要循州牛僧孺、封州李宗闵、潮州杨嗣复、恩州崔珙、昭州李珏等，很快得到翻身，五人同日自岭南回朝北迁。常言道一朝天子一朝臣，再度应验无误。对立派李德裕则一贬再贬，未出三年，一代名臣死于遥远崖州。

至此，白居易自代宗李豫大历七年（772）诞生，历经德宗李适、顺宗李诵、宪宗李纯、穆宗李恒、敬宗李湛、文宗李昂、武宗李炎，直到宣宗李忱。大唐二十多位皇帝，白翁伴随了九朝，近乎一半。

宣宗登基，中止灭佛，敏中入相，李党遭贬，五臣北归，牛党翻身。一系列事件均与乐天自身有着密切关联，白翁理应高高兴兴，然却无力吟咏发声，风痹疾患让诗人丧失了语言能力，书写亦不可能。会昌六年（846）春后，居易再无诗作，即将走向人生尽头。

历代评家认为，即使乐天健康如常，也不会对如上变故发出过激言论。这决定于诗人宠辱不惊、知足保和的主导思想。南宋学人晁公武，读书万卷，著《郡斋读书志》评价白翁云：

> 予按乐天尝与刘禹锡游，人谓之刘白，而不陷司马党中。及与元稹游，人谓之元白，而不陷北司党中。又与杨虞卿为姻家，而不陷牛李党中。其风流高尚，进退以义，可想见矣。

是啊，白居易安贫乐道，独立自主，“风流高尚，进退以义”，拒绝趋炎附势，不为名利争锋。他厌恶机巧，清静自由，纯朴至善，法乎自然，为官勤，处友诚，伺白鹤，藏奇石，伴琴眠，嗜酒生，以诗文名扬天下，以长寿获得善终。

会昌六年（846）八月，白居易在洛阳履道里平静逝世，享年七十五岁。唐宣宗闻讯，赐尚书右仆射，亲以诗吊之。《旧唐书·白居易传》载，白翁辞世前，“遗命不归下邽，可葬于香山如满师塔之侧，家人从命而葬焉”。

在这里，顺便对“赐尚书右仆射”做一解释。射，读作叶。唐因隋旧，尚书省设左右仆射各一人，主管六部。因尚书令极少有人担任，故左右仆射实为尚书省首长，官同丞相，武则天改左右仆射为文昌左右相，官居二品。后来宰相有了专用名词“同中书门下平章事”，左右仆射成为一种虚设，但仍是荣誉象征，地位至高。

再看唐宣宗作《吊白居易》“以诗吊之”。诗载《唐摭言》卷十五，后编入《全唐诗》卷四，真实可信。白诗民间化、人性化，天子也受到了巨大影响，诗云：

> 缀玉联珠六十年，谁教冥路作诗仙。
> 浮云不系名居易，造化无为字乐天。
> 童子解吟长恨曲，胡儿能唱琵琶篇。
> 文章已满行人耳，一度思卿一怆然。

皇帝亲赋诗篇悼唁诗人，唐代仅此一例。就古代中国而言，更是一种至高殊荣。而且，这首诗写得很诚恳，尊称亡者为诗仙，却没有人仙隔膜之感。算一下年龄，宣宗李忱诞生于元和五年（810），如果说十岁能诵诗文，则时在元和十五年（820），这时，《长恨歌》《秦中吟》《新乐府》官民争相传誉，早已震荡朝野。中年白居易雄踞诗坛，继盛唐诗歌之后辟出一片新天地。少年李忱耳濡目染，自当深有心得。不久《琵琶行》问世，再度好评如潮，家喻户晓，白诗“已满行人耳”，李忱写出了亲身体会，并非虚夸溢美之词。偏偏这位名诗人、大忠臣，溘然长逝于新朝求贤若渴之际，宣宗怎不思卿怆然？因此，宣宗恩准白敏中上疏之请，为白居易赐谥号“文”。

众所周知，白居易《墓志铭》由李商隐完成。而李比白小四十多岁，当时地位也不高，墓志文章何以由李商隐扛鼎？史家分析可能出于白翁本意，亦可能由宰相白敏中以及嗣子白景受请托。总之，李商隐仅给恩公令狐楚作过墓志，此为白翁撰碑，“可谓以不朽之笔传不朽之人”（蹇长春语），相得益彰。

白居易逝世三周年，即大中三年（849）秋，有两座石碑在白翁墓前竖立起来，一座是李商隐所撰墓志铭碑，另一座是主持“七老会”那位河南尹卢贞所立，碑上精刻《醉吟先生传》全文，供人赏读，别具一格。唐代官员确有文化眼光，知晓白诗深受万民喜爱，又尊重了白公自传初衷。果然，前来悼念的各界人士川流不息，朝野盛传白公爱佛，已被佛天接纳成仙。据《唐语林》载："洛阳士人及四方游人过瞩墓者，必奠以卮酒，故冢前方丈之土常成渥。"官民祭奠诗人，墓地洒酒成泥，此情此景与本传开头所叙是呼应的。

白居易以民为本的政治理想，丰富精优的诗文创作，知足乐天的精神理念，凡俗入世的人生态度，法从自然的生活方式，忠厚善良的人品性情，千百年来让向往自由的正直士人奉为典范，更为平民大众所衷心热爱。他的人生践行和辉煌成就，给中华民族传统文化宝库增添了珍贵遗产，最终超越时代和国域，享誉世界。

白居易辞世后，民间纸张日渐普及，助推白诗自晚唐五代到北宋，作品流传更加广泛，形成近二百年间显著文学现象。宋初，陶谷学士在朝为臣，作《龙门重修白乐天影堂记》，文中说："世称白傅文行，比造化之功，盖后之学者若群鸟之宗凤凰，百川之朝沧海也。秉笔之士，由斯道而取位卿相者十七八焉。"评价至高。此前，有晚唐张为别出心裁，撰写《诗人主客图》一部，将中晚唐诗人列分为六大派，各派设主，如同今日"学科带头人"，首要一派，奉白居易为"广大教化主"，下列登堂入室诗杰十八位，构成"广大教化派"骨干阵容，元稹在列。刘禹锡则在另一派之中。张为此著流传甚广，后人认为举派虽然不甚准确，但开辟了中国诗歌赏分流派之先河。白居易"广大教化主"之名也就流传下来。谢思炜先生论证：晚唐五代出现了大批追崇白居易的诗人诗作，其覆盖面之广阔，影响之持久，远胜于唐朝其他诗坛领袖，乃至形成宋初"白体"诗风。白体又称香山体、乐天体，成为"延续时间最久，具有主导性的一种诗体……白居易对两宋及至后代诗人的影响无所不在，在唐代诗人中仅次于杜甫"。北宋三位诗杰文豪，自取名号皆源于白居易：欧阳修号醉翁，司马光号迂叟，苏轼号东坡，乐天精神潜移默化，由此可见一斑。白居易闲适诗风地位提升，成为苏轼、陆游等众多诗人的创作取向。尽管同时期也出现了对白诗批评指责的声音，而白居易为官为人为文，发挥了广大教化的历史作用，则毋庸置疑。白公遗产，永留青史。

附录一 白居易年表

唐代宗大历七年壬子（772） 一岁

正月二十日，白居易出生于河南新郑县东郭宅。父白季庚四十四岁，母白陈氏十八岁。

是年刘禹锡生，崔群生，李绅生，韩愈五岁，令狐楚五岁，张籍七岁，裴度八岁，李绛九岁。

杜甫前二年卒，年五十九岁。

李白前十年卒，年六十二岁。

大历八年癸丑（773） 二岁

五月，祖父白锽（巩县令）殁于长安，年六十八岁。

是年，柳宗元生。

大历十一年丙辰（776） 五岁

据《与元九书》云："及五六岁便学为诗。"

是年，弟行简生。

大历十二年丁巳（777） 六岁

是年，祖母薛氏殁于新郑，年七十岁。

据《白氏长庆集序》云:“读书勤敏，与他儿异，五六岁识声韵。”

大历十四年己未（779） 八岁

五月，唐代宗李豫卒，年五十三岁，太子李适即位，是为德宗。

是年，元稹生。

唐德宗建中元年庚申（780） 九岁

正月改元。废“均田制”改“租庸调”赋税，行“以亩定税，敛以夏秋”之“两税法”。

是年，贾岛生，牛僧孺生。

父季庚授彭城令。

据《与元九书》云:“九岁谙识声韵。”

建中二年辛酉（781） 十岁

正月，唐发兵讨成德节度使李惟岳、魏博节度使田悦。六月，讨襄阳节度使梁崇义。

九月，讨李纳，父季庚与徐州刺史李洧坚守徐州，拒李纳以功，授季庚徐州别驾，赐绯鱼袋，充徐泗观察判官。

建中三年壬戌（782） 十一岁

是年，两河用兵，藩镇混战。朱滔、田悦、王武俊、李纳皆称王。李希烈自称天下都元帅。家园新郑饱受战乱威胁。

建中四年癸亥（783） 十二岁

是年，新郑战祸，长安兵变，德宗逃奉天（今陕西乾县）。

白诗《宿荥阳》云“去时十一二”，当指是年，全家东迁，避难越中（今浙江一带）。

杨嗣复生。

唐德宗兴元元年甲子（784） 十三岁

正月，改元。

七月，德宗还长安。

四弟白幼美，小字金刚奴，生于是年。

唐德宗贞元元年乙丑（785） 十四岁

正月，改元。

白居易旅居苏、杭。时韦应物任苏州刺史，房孺复为杭州刺史。

父季庚加检校大理少卿，依前徐州别驾、当道团练判官。

贞元二年丙寅（786） 十五岁

四月，李希烈叛军败，李死。各地战乱渐平。

是年，居易仍在越中避难。《江南送北客，因凭寄徐州兄弟书》，为今存白氏最早诗作。

贞元三年丁卯（787） 十六岁

春，避难越中，作《赋得古原草送别》。

自云“十五六，始知有进士，苦节读书”。

是年，李德裕生。

贞元四年戊辰（788） 十七岁

仍寄居越中。

有《王昭君》二首，自注“时年十七”。

贞元五年己巳（789） 十八岁

仍寄居越中。

有《病中作》一诗，自注“时年十八”。因知白居易年少体弱多病。

贞元六年庚午（790） 十九岁

父季庚迁官大理少卿兼衢州别驾。

是年，居易返回徐州符离（今属江苏宿州）家中。与邻女湘灵相恋，似应始于此时。

李贺生。

贞元七年辛未（791） 二十岁

符离苦读。携白行简与刘五、二张、二贾等青年伙伴交往游宴。

贞元八年壬申（792） 二十一岁

仍在符离攻读。

九月，四弟幼美九岁夭亡。

是年，韩愈、李绛、崔群、王涯、冯宿等进士及第。

父季庚除襄州别驾。

贞元九年癸酉（793） 二十二岁

伴送母亲陈氏自符离到襄阳白季庚任所。

游鹿门，访孟浩然故里。

冬，返回符离。

是年，刘禹锡二十二岁、柳宗元二十一岁，进士及第，元稹十五岁，明经及第。

贞元十年甲戌（794） 二十三岁

复去襄阳探望病父。

五月，父季庚卒于襄州别驾任所，年六十六岁。权窆于襄阳县东津乡南原。

开始为父丁忧，按律应至贞元十二年六月方可除服。

是年，李逢吉、王播等进士及第。

贞元十一年乙亥（795） 二十四岁

返回符离，家居丁忧。

贞元十二年丙子（796） 二十五岁

在符离家居丁忧。

七月，丁忧期满，服除。

贞元十三年丁丑（797） 二十六岁

在符离家居，攻读不辍。《与元九书》云："二十已来，昼课赋、夜课书，间又课诗，不遑寝息矣。以至于口舌成疮，手肘成胝。"

是年，元稹寓居长安，刘禹锡为太子校书。

长兄幼文或在是年出任饶州浮梁县主簿。

贞元十四年戊寅（798） 二十七岁

夏，自符离赴浮梁。家移洛阳。

是年，王起进士及第。

贞元十五年己卯（799） 二十八岁

春，自浮梁背米北归洛阳探母。母陈氏寄居白氏族人家中。《伤远行赋》云："贞元十五年春，吾兄吏于浮梁，分微禄以归养，命予负米而还乡。出郊野兮愁予，夫何道路之茫茫。茫茫兮二千五百里，自鄱阳而归洛阳。"

夏，在洛阳，作《自河南经乱，关内阻饥……》

秋，在宣城（今安徽宣城市宣州区）参加乡试，为宣歙观察使崔衍贡举进士。叔父白季康，曾任宣州溧水令，此次乡试中选，与白季康举荐相关。

在宣城结识杨虞卿。

冬，自宣城赴长安赶考。

是年，张籍、李景俭进士及第。

贞元十六年庚辰（800） 二十九岁

正月，在长安准备应试进士，心绪不安。

献诗文与陈给事，请其品评。

二月十四日，中书侍郎高郢主考，试《性习相近远赋》《玉水记方流》、策五道。白居易以第四名登第。诗曰："慈恩塔下题名处，十七人中最少年。"

同年考中进士者，有崔玄亮等十七人。

及第后，东归洛阳省亲。

暮春，复至宣州拜谢崔衍。曾往当涂凭吊李白墓。

九月至符离，游流沟山。

是年，外祖母陈氏卒。

贞元十七年辛巳（801） 三十岁

春，在符离家居，准备吏部考选，与邻女湘灵热恋中。

七月，在宣州。

秋，归洛阳。

贞元十八年壬午（802） 三十一岁

秋，离符离，作《生离别》送湘灵。往长安，应吏部拔选。

绕道游访黄河北岸，曾到冀县、滑县。

冬，在长安，由吏部侍郎郑珣瑜主持，先试"书判拔萃科"，作《百道判》，拔选考试将在次年三月结束。

与元稹订交，始于此时。

贞元十九年癸未（803） 三十二岁

春，在长安，以"书判拔萃科"及第，同时登第者有元稹、崔玄亮、王起等八人。

元白同日授校书郎，九品上。

刘禹锡先任京兆府渭南县主簿，继为监察御史。

韩愈贬连州阳山（今广东阳山县）令。

居易租住长安常乐里。

冬，返符离徙家。经许昌，见三叔白季轸。

此次徙家自符离往陕西渭上，辞别湘灵，作《潜别离》《冬至夜怀湘灵》等。

是年，杜牧生。

贞元二十年甲申（804） 三十三岁

二月，移家西上途中，经洛阳小住。

暮春，安家秦中下邽县义津乡紫兰村，距长安百里。官闲，往来于下邽与长安之间。

九月，偕元宗简同游曲江。曾赴徐州节度使张愔宴会，有赠关盼盼诗。

是年，识李绅、李建。

唐德宗贞元二十一年乙酉（805 一月至七月） 三十四岁

在长安，仍为校书郎。

正月，德宗卒，顺宗李诵即位，疾不能言。

二月十九日，上书宰相韦执谊，响应永贞革新，作《感时》诗。

四月，与诸校书郎同游开元观。

唐顺宗永贞元年乙酉（805 八月至十二月） 三十四岁

八月，顺宗传位于太子李纯，是为宪宗，改元。

初冬，永贞革新失败，“二王八司马”俱贬。作《寄隐者》诗。

是年，牛僧孺、李宗闵、杨嗣复、陈鸿等进士及第。

唐宪宗元和元年丙戌（806） 三十五岁

正月，改元。

二月，罢校书郎。备考制举，与元稹退居永崇坊华阳观，闭门累月，揣摩时事，成《策林》七十五篇。

四月，应策试制举“才识兼茂明于体用科”，与元稹等十八人登第，元稹获第一名。

同月二十八日，授京兆府周至县尉，周至距长安一百三十里。

夏，识陈鸿、王质夫，同游秋山，考察骆口军运。

九月，元稹任左拾遗八十三天后，贬授河南尉，母逝，元稹丁忧于长安。

十二月，与陈鸿、王质夫携游仙游寺，因作《长恨歌》。

是年，吐突承璀为神策军中尉。李绅、韦处厚、皇甫湜、张复等进士及第。

陈鸿作《长恨歌传》。

韩愈为国子博士。

元和二年丁亥（807） 三十六岁

春，与杨汝士等屡会于杨家靖恭坊宅，结识杨妹。

秋，自周至县尉调充京兆府考官。试毕，为集贤院校理。

十一月五日，授翰林学士。

是年，作《进士策问五道》《观刈麦》《感故张仆射诸妓》等诗文。

弟行简进士及第。

武元衡、李吉甫同平章事。

元和三年戊子（808） 三十七岁

春，寄诗百篇予刘禹锡。

四月二十八日，除左拾遗，依前充翰林学士。

五月，吏部策试“贤良方正能直言极谏科”，牛僧孺、皇甫湜、李宗闵等及第，因指陈时政激切，被宰相李吉甫出为关外幕职，并贬考官。白居易上《论制科人状》极言不当贬黜，此后李吉甫之子李德裕与牛僧孺、李宗闵等倾轧党争四十年。

夏，与杨汝士之妹、杨虞卿从妹成婚。

九月，淮南节度使王锷多进奉，贿宦官谋求宰相，白居易力谏不可。

是年，居新昌坊。识张籍，张与韩愈、孟郊友善。

元稹丁母忧，居易资助之。

元和四年己丑（809） 三十八岁

仍任左拾遗，翰林学士。屡陈时政，请降系囚，免租税，放宫人，绝进奉，禁掠卖良人等，上皆从之。

自春始，响应李绅、元稹，作《新乐府》五十首。

二月，元稹除监察御史，三月使蜀，使还分司东都，七月，元稹妻韦丛卒，韩愈撰墓志铭。

十月，进讨王承宗，白居易等奏谏，力言不应以宦官吐突承璀为统帅，遂改为宣慰使。

是年，女金銮子生。

杨汝士、张彻进士及第。

居易不赞成急于征讨王承宗，认为条件尚不成熟，恐引发河北藩镇连锁反应。

元和五年庚寅（810） 三十九岁

二月，元稹经华阴驿，与宦官争厅受辱，理未得申，贬江陵，居易三状论救，宪宗不听。

春，三次上疏请罢讨王承宗，无效。后战事果然师久无功。

五月，改京兆府户曹参军，仍充翰林学士。

九月，寄元稹长诗千字律。

是年，完成《秦中吟》组诗。

杨虞卿进士及第。

元和六年辛卯（811） 四十岁

四月三日，母陈氏逝于长安，享年五十七岁。居易、行简遵礼丁忧，退居下邽义津乡紫兰村。长兄幼文病居符离，未能奔丧。

七月，元稹遣侄男至下邽祭白母。

十月，迁葬祖父锽、父季庚于下邽。

冬，长女金銮子病夭。

居易因慈母病逝、爱女夭折，悲痛成疾。

是年，元稹纳妾安氏。裴垍卒。

李吉甫、李绛同中书门下平章事。

元和七年壬辰（812） 四十一岁

丁忧下邽紫兰村，营务农耕。春民饥，居易忧，作《采地黄者》等诗数十首。

是年，元稹自编诗集二十卷成。

李珏等进士及第。李商隐生。

元和八年癸巳（813） 四十二岁

五月，丁忧期满，服除。家中生计窘困，补官暂无讯息，决计务农为生。作《归田三首》。

是年，白行简之子龟儿生。

元和九年甲午（814） 四十三岁

春，眼病，务农。

五月，白行简应剑南节度使卢坦之聘，赴梓州为幕僚。

六月，作《效陶潜体诗十六首》。

八月，孟郊卒，年六十四岁。

秋，李顾言来访，游蓝田悟真寺。退还李建赠马。

初冬，上奉王税，作《纳粟》诗。

村居数年，作《夏旱》《秋游原上》《观稼》等诗。

冬，补官还朝。诏授左赞善大夫，为东宫属官。

是年，李绅为国子助教。杨汝士为万年县尉。元稹自江陵徙唐州从事，妾安氏卒于江陵。李吉甫卒。李绛罢相为礼部尚书。

元和十年乙未（815） 四十四岁

居长安昭国里。

正月，元稹自唐州诏还长安，与居易、李绅等游城南，复出为通州司马。

春，刘禹锡、柳宗元诏还长安，旋出为连州、柳州刺史。

六月，李师道遣盗刺杀宰相武元衡，裴度伤首。白居易上疏请急捕刺贼，宰相张弘靖、韦贯之恶居易以东宫官不应先谏官言事，权贵宦官诬言白母看花坠井而死，居易却作赏花、新井诗，甚伤名教。实《新井》等篇，乃周至所作，并不同时。上先贬居易为江州刺史，诏出，中书舍人王涯上疏，言居易不宜治郡，追诏贬为江州司马。

居易离京，仅李建一人送行。杨虞卿追至浐水相送。至襄阳，改水路，沿汉江东下。经郑州，登白雪楼。经鄂州，八月达江州，作《放言五首》。

是年，裴度负伤后，授中书门下平章事。

在江州安家，编诗集十五卷，为首次结集。

岁暮，作《与元九书》《初到江州……》等。

元和十一年丙申（816） 四十五岁

在江州司马任，庭中移植山樱桃，湓水泛舟。

春，游东林、西林寺，访陶潜旧宅。

五月，长兄幼文自符离来江州。

秋，游庐山，动意修筑草堂。

晚秋，送客湓浦口，遇长安伎，成《琵琶行》。

是年，李贺卒。年二十七岁。

元稹患疟疾于通州，往兴元医治。

李逢吉、王涯先后同中书门下平章事。

元和十二年丁酉（817） 四十六岁

春，营置庐山草堂。

四月，与元集虚等游东西二林寺。

同月，元集虚等二十二人贺草堂落成。

闰五月，兄幼文病逝于下邽故里。

七月，裴度率军讨淮西，韩愈为行军司马。

十月，李愬夜袭蔡州，擒吴元济，淮西乱平。

十二月，作长诗《东南行一百韵》，寄赠八友。

是年，元稹在通州司马任，作《连昌宫词》。

刘禹锡在连州刺史任。

元和十三年戊戌（818） 四十七岁

春，弟行简自东川来江州。

贬谪江州第四年，作《江州司马厅记》。江州数载，研读前人诗文甚专，写作甚勤，作《琵琶行》《李白墓》《问刘十九》《山中独吟》《与元九书》《东南行一百韵》《草堂记》《上香炉峰》等名作百余篇。

十二月二十日，量移忠州刺史，代李景俭。作诗谢宰相崔群。

元和十四年己亥（819） 四十八岁

正月，去钟陵向江西观察使裴堪辞行，裴赠居易绯袍鱼袋。

入庐山惜别草堂。

二月中旬，船发湓口，携家人与白行简同赴忠州。

经夏口，李程刺史款待。

经岳阳，登岳阳楼。

三月上旬，元稹自通州司马迁虢州长史，沿长江而下。十日，元白意外相遇于夷陵黄牛峡。白氏兄弟与元稹欢聚，同游江岸三游洞，置酒赋诗三日始别。

同月二十八日抵忠州，前任刺史李景俭迎接。

夏，倡导本州植树，并亲自栽种。有《种桃杏》云："忠州且作三年计，种杏栽桃拟待花。"

七月，宪宗大赦天下。

入冬，夜闻百姓竹枝歌声，多苦怨，内心不安而诗。

是年，刑部侍郎韩愈对迎佛骨上表反对，贬为潮州刺史，旋移袁州。

刘禹锡母逝，返洛阳丁忧。

令狐楚同中书门下平章事。

柳宗元卒于柳州任所，年四十七岁。

元和十五年庚子（820） 四十九岁

正月，宪宗服丹暴卒。宦官梁守谦杀吐突承璀，立太子李恒为穆宗。

春，率众种花栽柳，倾心培育，作《东坡种花》等诗。

邀请州民于府衙集会，官民同乐贺新春。

六月，奉诏还长安，除尚书司门员外郎，启程前后，对山城留恋不舍。在忠州计一年零三个月，成诗多首。

夏末秋初，携家眷经三峡，由商山路返京。离长安六年始归。不久，由司门员外郎除为主客郎中、知制诰。

是年，元稹自虢州长史回京。张籍迁秘书郎。李德裕、李绅为翰林学士。元宗简为郎官。韩愈自袁州还京为国子监祭酒。李绛为御史大夫。令狐楚罢相为观察使，旋贬衡州刺史。崔植同中书门下平章事。裴度镇太原，加拜平章事。

王质夫病逝。

唐穆宗长庆元年辛丑（821） 五十岁

正月，改元。

春，入住新昌坊。购新居修缮。

三月，奉诏以主客郎中、知制诰充任进士重试考官，解决科举纠纷。试后，与王起共同具名，奏《论重试进士事宜状》，主持公道。牛李党争升级。

六月，与元宗简同日加朝散大夫，始着绯，转上柱国，妻杨氏授弘农县君。

八月，往田布府中宣谕，谢绝田布酬绢五百匹。

秋初，弟行简授左拾遗。

十月十九日，转中书舍人。

十一月，充制策考官。

十二月，李景俭醉骂宰相，同饮者俱贬。居易奏论救之，穆宗不听。居易目睹朝中纷争日盛，党争无情，渐生退意。

是年，元稹充翰林学士，拜中书舍人。刘禹锡除夔州刺史。韩愈授兵部侍郎。张籍为国子博士。

李建卒。

裴度来朝诉其职难，与元稹矛盾公开化。

长庆二年壬寅（822） 五十一岁

正月，官军讨伐王廷凑无功，财政日困，贼势犹盛，居易进状论兵。上不听。

二月，与韩愈、张籍诗戏赠答。

三月，从弟白敏中进士及第，入河东节度使李听幕。

同月，元宗简病逝，居易哀之。

春，元稹以工部侍郎同中书门下平章事。

六月，李逢吉利用裴度与元稹矛盾，遣人诬告元稹派刺客杀裴，元、裴同时罢相。裴以仆射留朝，元稹出为同州刺史，李逢吉代之为相。元稹到同州后，致信居易鸣冤。

元、裴事发逢吉得计，居易目睹朝中凶险，国是日荒，朋党倾轧，两河再乱，民生益困，乃求离京外任。

七月，罢中书舍人，除杭州刺史。居易欣然赴任。走蓝田、过商山，路遇水部员外郎张籍。

八月，至襄阳登舟，沿汉江入长江。郢州小住，刺史王镃款待。经洞庭湖口，思效大禹治水。过江州，重访庐山草堂，与李渤相晤。

十月一日，到任杭州。登望海楼。寄诗湖州钱徽、苏州李谅二位相邻刺史。

是年，魏博军乱，节度使田布自杀。

李德裕、李绅同为翰林学士、中书舍人。秋，李德裕继为浙西观察使。

本年诗作甚多。

长庆三年癸卯（823） 五十二岁

在杭州刺史任，春游灵隐寺、孤山寺。

清明，观赏伎舞。

夏，与殷尧藩交游。

八月，元稹自同州刺史迁浙东观察使、越州刺史，赴任经杭州，与居易相会数日而别。

冬，赠绨袍给友人，有诗言：“我有大裘君未见，宽广和暖如阳春。……若令在郡得五考，与君展覆杭州人。”

是年，杭州苦旱，居易先后祭皋亭神、祷仇王神祈雨，屡作祭文。

李逢吉为相，牛僧孺三月间同中书门下平章事。

李训进士及第。

长庆四年甲辰（824） 五十三岁

元宵观灯，同月，穆宗服丹药卒，太子李湛即位，为敬宗。

三月，西湖泛舟，演奏《霓裳羽衣曲》。

春末，修筑钱塘湖堤，蓄水可灌田千顷。复浚六井，民赖其汲。

作《钱塘湖石记》刻石留于后任刺史。

四月，卧病多日。

五月，刺史秩满，诏除太子右庶子，分司东都。临行之前，钱塘水势暴涨，居易祭江祷平安。

百姓壶浆相送，白诗《别州民》云："……税重多贫户，农饥足旱田。唯留一湖水，与汝救凶年。"

秋初，回到洛阳，买履道里旧宅安居。

冬，编成《白氏长庆集》五十卷，元稹作序。

寄诗牛僧孺，求分司东都，如愿。

是年，弟行简为司门员外郎。王起接令狐楚为河南尹。李绅自户部侍郎贬端州司马。刘禹锡自夔州刺史转和州刺史。李逢吉弄权，任用亲信"八关十六子"。

韩愈逝于十二月二日，年五十七岁。

唐敬宗宝历元年乙巳（825） 五十四岁

正月，改元。

春，修葺履道里新居，王起资助。

三月四日，除苏州刺史，二十九日发东都。过汴州，与宣武军节度使令狐楚相会，停留五日。

五月五日，到苏州任。时李德裕任浙西观察使，为居易上司。

元稹仍为浙东观察使。

夏秋，公务繁忙。《秋寄微之十二韵》有句云："清旦方堆案，黄昏始退公。可怜朝暮景，销在两衙中。"

是年，弟行简加朝散大夫，着绯，年五十岁，与居易加朝散大夫时同龄，官同为司门员外郎、主客郎中，实为巧合。

牛僧孺罢相转武昌军节度使。李绛为左仆射，李听为义成军节度使，从弟敏中随李听为幕僚。

宝历二年丙午（826） 五十五岁

在苏州刺史任。

二月，坠马负伤，卧床三旬。

三月，游灵岩山馆娃宫。于洞庭口得双石。诗答刘禹锡、张籍、元稹。

五月，眼疾日重。

六月，告百日长假。

九月，三个月假满，按制罢官卸任。有《别苏州》等诗，送行者甚众。

十月，携家北返。刘禹锡免和州刺史，亦返洛阳，刘白相逢于扬州，畅游欢饮。得禹锡名句："沉舟侧畔千帆过，病树前头万木春。"

十二月，刘白经楚州，刺史郭行余坚留。

同月，长安宦官刘克明等，弑敬宗。江王李昂即位，为文宗。

是年，裴度年初为相，年尾助天子立，功加门下侍郎，集贤殿大学士，太清宫使，仍同中书门下平章事。

李逢吉罢相，韦处厚为相。王播为河南尹。

弟行简逝于长安，年五十一岁。

唐文宗大和元年丁未（827） 五十六岁

正月，改元。

春，归洛阳途中经汴州，与令狐楚相会。而后绕道新郑，往旧地省视。

二月，回到洛阳。

三月，裴度、韦处厚为相，除授居易为秘书监，赐金紫。居易因赴长安。

夏，寓居长安新昌坊。在秘书监任，掌皇家图书。

六月，刘禹锡为主客郎中，分司东都。

十月十日，文宗诞日，诏居易与高僧、道士对儒、释、道三教论衡。

冬，奉使东都，回到洛阳。

大和二年戊申（828） 五十七岁

二月，由秘书监转刑部侍郎，封晋阳县男。

三月末，出使洛阳返回长安，编书。

继元稹所编《白氏长庆集》，续编《后集》五卷，新编元白唱和《因继集》二卷。

秋，裴度求鹤，居易爱而不舍赠裴。

年末，宦情消沉，决意隐退，乞百日病假。

是年，令狐楚自汴州回长安，除户部尚书。王建出为陕州司马。冯宿往洛阳任河南尹。刘禹锡在主客郎中任。韦处厚暴卒。

杜牧等三十二人贤良方正科及第。

大和三年己酉（829） 五十八岁

正月，病假中，好友京兆尹孔戣卒，吏部尚书钱徽卒，华州刺史崔植卒。

春节前后，酬元稹来诗二十三首。

三月，送令狐楚出任东都留守。

同月，编定《刘白唱和集》上下卷。

三月末，除太子宾客分司东都。作《中隐》诗。

四月初，启程去洛阳，与裴度、张籍、刘禹锡辞别于兴化池亭。离开是非之地，居易感慨记之。

同月，过陕州，与王起、王建相会。月末回到洛阳，与崔玄亮相会，宿龙门，游平泉。

九月，元稹自浙东转尚书左丞，经洛阳回京，与居易最后一次会晤。

冬，生子阿崔。女儿阿罗十三岁，会弹琴。

是年，李商隐年十七，从令狐楚幕，与居易识。李宗闵同中书门下平章事。李德裕为义成军节度使。从弟白敏中随李听移邠州。

大和四年庚戌（830） 五十九岁

在洛阳，太子宾客分司东都。

正月，元稹除武昌军节度使，接替牛僧孺。牛入朝，李宗闵为兵部尚书、同平章事，牛、李共排李德裕党。

二月，兴元军乱，节度使李绛被杀，年六十七岁。

十二月二十八日，诏命白居易任河南尹。

大和五年辛亥（831） 六十岁

春，河南尹任上。

夏末，子阿崔三岁夭折。

白敏中出为邠宁节度副使，居易惜别。

七月二十二日，元稹病逝于武昌任所。

八月，元稹灵柩归洛，居易前往元宅吊唁。

九月，寻访崔玄亮别墅。

十月，刘禹锡迁苏州刺史，经洛阳，留十五日，与居易朝饮夕咏。

岁末，思一年政绩难安。作《新制绫袄成感而有咏》句云："百姓多寒无可救，一身独暖亦何情。心中为念农桑苦，耳里如闻饥冻声。争得大裘长万丈，与君都盖洛阳城。"

是年，李逢吉为东都留守，杨虞卿为弘文馆学士。

大和六年壬子（832） 六十一岁

二月，令狐楚自天平节度使改河东节度使兼北都留守、太原尹，居易以诗送之。

春大雪，夏奇热，河南尹任上，有诗。

七月，元稹归葬咸阳，居易撰墓志铭。元家酬金十万钱，居易悉数布施修缮香山寺。

八月，崔群卒于长安，年六十一岁，居易哀之。

十月，游王屋山多日返洛。

十一月，与崔玄亮诗往酬唱。

十二月，编成《刘白吴洛寄和卷》，附于《刘白唱和集》之后。

同月，牛僧孺罢为淮南节度使，李德裕自西川节度使回朝为兵部尚书，即将为相，李宗闵与杨虞卿阻挠。

是年，杨归厚卒，杜元颖卒。

大和七年癸丑（833） 六十二岁

二月，以河南尹请告五旬病假。

四月，免河南尹，再授太子宾客分司东都。

七月，崔玄亮卒于虢州刺史任所，年六十六岁。居易作哭诗，撰墓志铭。

闰七月，送太子宾客李绅赴任浙东观察使、越州刺史。

是年，李德裕排斥牛党，杨虞卿出为常州刺史，张仲方为太子宾客分司，张元夫自中书舍人出为汝州刺史。

刘禹锡在苏州刺史任，得赐紫金鱼袋，居易赞之。

严休复除河南尹。

大和八年甲寅（834） 六十三岁

春，居履道里，太子宾客分司。

三月，裴度以东都留守至洛阳，修葺集贤里，与居易往来频繁。

同月，参加叔父白季康与婶母合葬之礼，有下邽故里之行。月末返回洛阳。

夏，与夫人杨氏参加“受十戒、修十善”等佛事活动。

七月，编成洛阳所作诗集，合四百三十二首，作序言。

是年，李宗闵自山南西道节度使回朝，同平章事，罢李德裕为山南西道节度使，改兵部尚书，又改镇海军节度使。

刘禹锡自苏州改任汝州刺史。杨汝士为同州刺史。杨虞卿自常州刺史迁工部侍郎。

大和九年乙卯（835） 六十四岁

春，居洛阳。梦刘禹锡，成诗。

六月，送文集藏于庐山东林寺，合诗文二千九百六十四首，并作记。

九月，诏授同州刺史，代杨汝士，居易托病不任。

十月，改授太子少傅分司东都，进封冯翊县男开国侯。

十一月，刘禹锡自汝州改同州刺史，代居易。经洛阳小住，与居易、裴度、李绅欢聚于绿野堂。

同月二十一日，发生甘露之变，宦官仇士良诛杀四宰相及诸官吏，尸血涂城，京师大骇。当日，白居易在洛阳独游香山寺。

十二月，政局动荡。居易超然朋党之外，深感自幸。

是年，李德裕先为太子宾客分司东都，继贬袁州长史。杨虞卿为京兆尹，继贬虔州司马。李绅为太子宾客分司东都，李宗闵贬为明州刺史。

女儿阿罗与谈弘谟成婚。

岁暮，杨虞卿卒于虔州。

唐文宗开成元年丙辰（836） 六十五岁

正月，改元。任太子少傅分司东都。

春，游少室山。

晚春，杨汝士为葬杨虞卿至洛阳。

四月，李绅除河南尹，居易赠诗。

五月，编成《白氏文集》六十五卷，合诗文三千二百五十五篇，藏于洛阳圣善寺，记文刻石。其后编成《刘白唱和集》第四卷《汝洛集》。

六月，往香山避暑。

七月，皇甫镛病故，年七十七岁。居易撰墓志铭。

八月，刘禹锡因足疾自同州归洛阳，以太子宾客分司东都。

九月，牛僧孺赠居易绫绢百匹，秦筝一只。

是年，李绅自河南尹除宣武军节度使。李珏继为河南尹。李德裕自滁州刺史为太子宾客分司东都，继出为浙西观察使。杨汝士自兵部侍郎迁检校礼部尚书，充剑南东川节度使。

开成二年丁巳（837） 六十六岁

正月，在洛阳，以太子少傅分司东都。

春，与刘禹锡访崔群故居。贺杨汝士任剑南东川节度使。

三月三日，携东都留守裴度，河南尹李珏，太子宾客萧籍、刘禹锡、李仍叔，前中书舍人郑居中，国子司业裴恽，河南少尹李道枢，仓部郎中崔晋，司封员外郎张可续，驾部员外郎卢言，虞部员外郎苗愔，和州刺史裴俦，淄州刺史裴洽，检校礼部员外郎杨鲁士，四门博士谈弘谟等十五人，修禊于洛水之滨，合宴舟中，唱诗伎乐，诸友各赋十二韵。

四月，张仲方病逝长安，年七十二岁，居易作墓志铭。

五月，裴度移镇太原，居易相送赠诗。牛僧孺接东都留守。

秋，炼丹不成，作罢。

十一月，令狐楚病卒，年七十二岁。居易哀之。

十二月二十四日，为外孙女引珠做满月。

同月，阿龟与皇甫曙之女结亲。

是年，皇甫曙罢泽州刺史归洛阳。裴潾继李珏除河南尹。李商隐进士及第。

开成三年戊午（838） 六十七岁

正月元日访刘禹锡。

早春，持斋。

二月，为苏州南禅院撰文《转轮经藏石记》。

春，裴度赠马，意在换取舞伎，居易婉谢酬诗。

游龙门香山寺。

八月，与牛僧孺欢宴。

九月，因杨嗣复、李珏年初入相，居易寄诗再贺。

冬，往河南尹韦长府中，欢宴留宿。

是年，作名篇《醉吟先生传》《忆江南三首》等。韦长为河南尹，崔琯为东都留守。李宗闵为杭州刺史。裴度乞归。牛僧孺拜右仆射。

开成四年己未（839） 六十八岁

正月，以太子少傅分司东都，深居简出。

同月，诗谢李绅赠马。

二月，编成《白氏文集》六十七卷，凡诗文三千八百八十七篇，送藏苏州南禅院。

三月，裴度自太原返长安，病逝，年七十五岁。

八月，牛僧孺改山南东道节度使，兼襄州刺史。

九月，杨汝士自剑南东川回长安，为吏部侍郎。

十月，得风痹之疾。又因家计困难，乃放伎卖马。作《病中诗十五首》。

是年，刘禹锡加尚书衔，以秘书监分司东都。从弟白敏中出为邠宁节度副使，高锴为河南尹。李宗闵改太子宾客分司东都。李道枢卒。

开成五年庚申（840） 六十九岁

正月，唐文宗驾崩。宦官仇士良、鱼弘志等杀太子成美，迎立文宗弟李炎为武宗。

二月，风痹稍退，病势渐轻。

三月，亲家皇甫曙为绛州刺史，居易扶病相送。

同月，凄然送走家伎樊素。

四月，女儿阿罗生子，居易甚喜。

五月，杨嗣复罢相为吏部尚书、湖南观察使，居易以诗慰藉。

八月，李珏罢相为太常卿、桂管观察使，李德裕同平章事。

秋，王起抵洛为东都留守，居易、禹锡多次访宴。

十一月，藏《白氏洛中集》于香山寺，合为十卷，诗文八百首，作记。

是年，杨嗣复再贬潮州（今广东潮州）刺史，李珏再贬昭州（今广西平乐）刺史。

唐武宗会昌元年辛酉（841） 七十岁

正月，改元。

寒食日，与王起、禹锡连宴。

夏，百日假满，罢少傅官，停俸。亲友见忧，居易以白衣居士作诗谕之。

三伏天，从弟白敏中自邠州除户部员外郎过洛阳赴长安，居易送别赠诗。

是年，王起离任还朝，李程接任东都留守，刘禹锡加检校礼部尚书，兼太子宾客分司。

会昌二年壬戌（842） 七十一岁

二月，香山寺和尚陆氏，为居易写真，诗记。

三月，牛僧孺除东都留守至洛。

七月，刘禹锡病逝，年七十一岁。居易极为悲伤，哭诗。

九月，李程来访履道里，池上泛舟，话翰林旧事。

秋，编成《后集》二十卷，送庐山东林寺收藏。

是年，居易尚未致仕，生活艰困，打算变卖田宅。女阿罗夫逝，自太原归洛阳。武宗准备起用居易还朝为相，李德裕以居易病阻，遂加白敏中知制诰，召为翰林学士。因增补《后集》而总成《白氏文集》七十卷。

会昌三年癸亥（843） 七十二岁

春，游城东赵村，赏杏花。

春末，诏以刑部尚书致仕，始有半俸。

五月，为牛僧孺作《太湖石记》。

夏，诗赞石雄大破回鹘，迎太和公主归。

是年，从弟白敏中加翰林学士承旨。贾岛卒，年六十四岁。仇士良卒。李宗闵移湖州刺史。

会昌四年甲子（844） 七十三岁

春，屡出游。

夏，施家财并集资，开凿龙门八节石滩，疏通航道，以利舟楫，广受赞誉。

秋，与牛僧孺共宿话旧。作《狂吟》诗以铭志。

是年，王起以同平章事充淮南节度使。卢贞为河南尹。牛僧孺贬为循州（今广东惠州）长史。李宗闵长流封州（今广东新会），李绅守仆射同平章事。

会昌五年乙丑（845） 七十四岁

春，斋戒三旬。

三月，在履道里举办“七老会”。夏，又合僧如满、李元爽绘成《九老图》。

五月，为《白氏文集》续编五卷，总计七十五卷，合大小诗笔三千八百四十首。作《后记》，抄五本，一本藏庐山东林寺，一本藏苏州南禅寺，一本藏洛阳圣善寺，一本付侄儿龟郎，一本付外孙谈阁童。并有《元白唱和因继集》十七卷，《刘白唱和集》五卷，《洛下游赏宴集》十卷，其中诗文尽合于大集。

是年，武宗灭佛，毁天下佛寺四万余所，僧尼二十六万人还俗。

会昌六年丙寅（846） 七十五岁

正月，武宗驾崩，宦官立皇太叔李忱为宣宗。

春，诗忆牛僧孺。叹同辈友人唯李绅、王起尚存，居易深感寂寞。

七月李绅卒于淮南节度使任所。

八月，白居易病逝于洛阳履道里宅第。宣宗以诗哀悼，赠尚书右仆射，谥曰“文”。

十一月，安葬于洛阳龙门，墓在香山东北。李商隐撰墓志铭。卢贞刻碑《醉吟先生传》，立于墓侧。四方祭奠者必献酒，墓前常成泥渥。

是年，白敏中以兵部侍郎拜相。宣宗恶李德裕，罢相，先贬荆南节度使，继贬潮州司马，再贬崖州司户，大中三年逝于任所。李德裕所贬五相牛僧孺、李宗闵、崔珙、李珏、杨嗣复同日还朝北迁。

附录二

主要参考文献

1.《唐代的历史与社会》朱雷编　武汉大学出版社
2.《唐代重大历史事件与文学研究》胡可先著　浙江大学出版社
3.《唐代文学史》聂石樵著　中华书局
4.《唐诗与政治》孙琴安著　上海人民出版社
5.《唐代的文学精神》谢思炜著　河北教育出版社
6.《唐代诗人丛考》傅璇琮著　中华书局
7.《唐代科举与文学》傅璇琮著　陕西人民出版社
8.《唐代基层文官》赖瑞和著　中华书局
9.《唐代中层文官》赖瑞和著　中华书局
10.《唐代高层文官》赖瑞和著　中华书局
11.《唐代翰林学士》毛蕾著　社会科学文献出版社
12.《唐代刺史若干问题论稿》张卫东著　大象出版社
13.《唐代文化》(中)李斌城著　中国社会科学出版社
14.《唐代文人心态史》池万兴　刘怀荣著　长春出版社
15.《隋唐生活掠影》毕宝魁著　知识产权出版社
16.《唐代的节日与风俗》张宏梅著　山西人民出版社

17.《唐研究论文选集》〔日〕池田温著　中国社会科学出版社
18.《唐代文化与诗人之心》〔日〕丸山茂著　中华书局
19.《中唐文学研究论集》〔日〕下定雅弘著　中华书局
20.《中国娼妓史》王书奴著　中国文史出版社
21.《中国乐妓秘史》修君　鉴今著　中国文联出版社
22.《元白诗笺证稿》陈寅恪著　古典文学出版社
23.《白居易资料汇编》陈友琴编　中华书局
24.《白居易》陈友琴著　中华书局
25.《白居易集综论》谢思炜著　中国社会科学出版社
26.《白居易诗集校注》谢思炜著　中华书局
27.《白居易评传》刘维崇著　台湾商务印书馆
28.《白居易评传》郭虚中著　正中书局
29.《白居易研究》王拾遗著　上海文艺联合出版社
30.《白居易生活系年》王拾遗著　宁夏人民出版社
31.《白居易传》王拾遗著　陕西人民出版社
32.《白居易集》顾学颉校点　中华书局
33.《白居易传论》苏仲翔著　古典文学出版社
34.《白居易集笺校》朱金城笺校　上海古籍出版社
35.《白居易年谱》朱金城著　上海古籍出版社
36.《白居易评传》蹇长春著　南京大学出版社
37.《白居易传》万曼著　湖北人民出版社
38.《白居易生平与创作实证研究》文艳蓉著　上海古籍出版社
39.《白居易全传》吴伟斌著　长春出版社
40.《白居易传》刘维治　焦淑清著　辽海出版社
41.《白居易传》潘泰泉著　北岳文艺出版社
42.《白居易生平与创作》陈丽丽著　中州古籍出版社
43.《白居易评传》褚斌杰著　人民文学出版社
44.《白居易散文研究》付兴林著　中国社会科学出版社
45.《白居易诗传》薇薇著　时事出版社

46.《白居易研究》王相民著　渭南师范学院印
47.《白居易与洛阳》白高来　白振修著　银河出版社
48.《白居易与忠州》忠县政协编
49.《白居易与音乐》刘兰著　上海文艺出版社
50.《白居易诗传》殷靖著　现代出版社
51.《白居易》童一秋编著　吉林文史出版社
52.《碧霄一鹤——刘禹锡传》程韬光著　作家出版社
53.《元稹白居易诗选译》吴大逵　马秀娟译注　凤凰出版社
54.《元稹评传》吴伟斌著　河南人民出版社
55.《品中国文人》刘小川著　上海文艺出版社
56.《白居易诗选》顾肇仓　周汝昌选著　作家出版社
57.《白居易研究的反思与批判》肖伟韬著　甘肃人民美术出版社
58.《纲鉴易知录》清・吴乘权编撰（张宏儒主编）团结出版社
59.《白居易与西湖》余荩著　杭州出版社

代后记 文章已满行人耳

记者：赵老师，先说一下大家最关心的问题吧，白居易到底是不是山西人？

赵瑜：这个问题有意思。白居易在自己的简介里常说自己是太原人，实际上，事情相当遥远。他的祖先要追溯到秦国功臣白起，就是长平之战坑杀赵卒的白起。对于这场战争，山西人并不陌生，长平之战秦赵争夺上党，战争就发生在长治高平交界处。秦统一全国后，白起儿子白仲的封地确实是太原，但传到他们这一支，已经过去了好几百年，这一支族人到过许多地方，比如河南、陕北。白居易他们家是文官家庭，敦儒书香之家。在曾祖父之前就从太原离开了，几代人都在山西以外做官，没有上过五品，父亲官阶最高做到了襄州别驾。白居易出生于河南新郑，在徐州符离长大。他们家还在陕西渭南买过地，白居易为母丁忧就在那里。所以，现在渭南人说他是渭南人。他又出生于新郑，新郑人说他是新郑人，也不是没有道理。

白居易一生从没有来过太原。为什么他说自己是太原人呢？一来祖上源出白起、白仲，二来他在唐朝为官，而太原是李唐王朝龙兴之地，唐朝把太原定为北都，唐人重视北方渊源，以此籍贯自称，有与当朝皇帝成为老乡的荣耀。相同的事例很多，还有刘禹锡、李商隐等人，也将自己祖上与皇族攀附，可又查无实据。身为唐臣，总有些可以理解的想法吧。

还有一个有趣的例子，就是柳宗元。史书列为河东郡望，山西人。但祖上早已族迁吴越。韩愈写柳墓志铭，也说明柳父仍在江南做官。他积极参加的永贞革新集团，正是南人集团。革新失败，宪宗力贬八司马，柳宗元一生没有回朝，他毕生坚不认错，为表心迹，晚年在作品中干脆自认吴人。直到清代文章，还把他列为吴人。柳宗元祖上实为西周柳下惠，河东三大姓氏之一。但他生于西安，长在江南，始终没有来过山西。他不把李皇认老乡，是晋人却不会错。

学界对白居易的故乡还有说法，认为他属于胡人一族，白姓就是由龟兹胡人所改。陈寅恪先生持这个看法，同样查无实据。

记者：您为什么愿意接受撰写《白居易传》这项工作？毕竟您更喜欢或者愿意自己去发现纪实题材，比如《寻找巴金的黛莉》《马家军调查》。

赵瑜：我们这一代作家，熟知革命文艺，乃至苏俄文学，却没有系统地学习中国古典文化，这是“文革”造成的。写作这么久，完全靠自己东拉西扯地学习，生吞活剥，对古典文化的了解浮皮潦草，缺失了古典文化的训练和修养，几近无根之木。与三十年代学贯中西的作家相比，更是汗颜。因而看待现实问题也会缺少历史眼光。写到一定程度，很需要补课，特别是唐宋时期，中国文化达到了高峰，通过这种方式系统地学下来，必有收获。看待“五四”以来对传统文化的批判，也不能简单盲目，不分青红皂白，一概否定或肯定。写作白居易的过程，更感到如此，就算给自己充电。对历史，对传统文化，对古典文学有了一定深度的认识，才能更好地指引写作，是大有益处的。

记者：通过对白居易的挖掘，您最大的感受是什么？

赵瑜：过去，对文豪诗杰的评价往往比较简单，注意力集中于创作者的个性特征。就说白居易吧，总是说他的现实主义斗争性和人民性，唐宪宗元和年间，他和韩愈、柳宗元、李绅、元稹一起倡导新乐府运动，即“诗到元和体变新”，开宗立派，好像都是个人、个性原因形成的。广为流传的《秦中吟》《新乐府》《长恨歌》针砭时弊，敢说“汉皇重色思倾国”，批评“君王从此不早朝”，一系列的讽谕诗篇，造成了白诗在中国文学当中的独特地位，也是中国文学史的重要篇章。至今我们都能感觉到他的才华和胆略，其个性色彩异常鲜明。但我在对他一生事迹的梳理中发现，造成这种文化现象，个人因素是有的，更主要的原因，是有了唐代的文化和政治制度，才可能造就一大批这样的作品和诗人，才有杜甫“朱门酒肉臭，路有冻死骨”的名篇，杜甫又深重地影响了白居易。白居易又影响了晚唐的皮日休乃至宋代的苏东坡。唐代思想文化的自信与开放，允许他们发挥，文字狱最少。唐朝整个知识群体乃至全社会都有发言权，大人物和小百姓，都敢于以诗言志讲真话，好作品层出不穷，诗歌成就至今无法超越，对于外来文化也能接受，并融为己有，是真正的海纳百川。

记者：到底是什么样的制度造成这样的现象？

赵瑜：是啊，到底是什么制度，让他们，让李白、杜甫以及白居易们能够没有顾忌地创作发言？是顶层设计中的言官制度，也叫谏官制度、词官制度。唐朝将近三百年，极少增加官位，从学习隋朝的三省六部制开始，涉吏官阶和部门，只增加了两个官位，这两个官位叫什么呢？后来，有个词叫“拾遗补阙”，这并不是现在咱们讲的文史补漏工作，而是两种官名，拾遗有左拾遗右拾遗，补阙有左补阙右补阙，隶属于中书省或门下省，此官唐初即有安排，到武则天正式成型。皇家赋予他们职责，就是要对朝纲提意见，只有做到这样了，才认为你是忠诚于国家。拾遗、补阙的官阶并不高，只是七品八品，就怕你官阶一高，舍不得讲真话。八品官，却在朝中列为近臣，直接参加早朝，上街遇到御史，不须回避。唐帝国有陈子昂、王维、杜甫、元稹、白居易、杜牧、岑参、韦庄、柳公权、张九龄等近百位文豪，做过这两种官。杜甫毕生以做过左拾遗为巨大光荣，也是他人生最欢乐的一段时光。正是这个制度才是诞生讽谕诗歌及言论自由的保障，要振兴大唐就得重视言官，同时明确规定，宰相的旧属和儿子，不得担任这两种官，就怕你护短说假话。白居易写出的那么多诗歌，新乐府、歌行体、讽喻诗，从理论上强调“美刺比兴”即美善刺恶，强调“言者无罪，闻者足戒”，经常对朝廷发表批评言论，都与言官制度密切相关。高层言官“美刺现事”的风尚，又很好地影响了文坛和全社会。

在唐朝，并非进士及第就可以做官，这只能证明你是学霸，还要经过吏部的铨试，考试合格才可以得到官职，其中一门考项叫作“直言极谏科”，是常设科考重头戏。你听听这名称，直言极谏，毫无保留啊。白居易应吏部之试，撰《策林》75 篇，规劝君王“以天下心为心，以百姓欲为欲”，要皇王“以理自修，以法自理”，甚至在第 21 篇中，敢于说出“人之困穷由君之奢欲”这样的狠话，都是公开的。宪宗认为考得很好，批准为第四名。如果没有制度保障，谁也不敢呀。这是他的治世思想，也就是政治主张，我们经常注重他的诗，而忽略了他的政治思想。他早就提出了采诗政策，并建议专门设置采诗官，也就是取得朝野精华来变革朝政。他在《与元九书》中提出“文章合为时而著，歌诗合为事而作”，这是为官使命，是说文学更应该关注现实，并要向君王谏言。唐朝许多成功诗杰，都是政治家和文学家双重身份，不论是政治主张还是文学主张，在白居易身上是统一的，举例说《卖炭翁》，皇宫里的采办制度有问题，“翩翩两骑来是谁？黄衣使者白衫儿。手把文书口称敕，回车叱牛牵向北。一车炭，千余斤，宫使驱将惜不得。半匹红绡一丈绫，系向牛头充炭直。”大家理解似乎是诗人叹惜现实的无情，实际上，白居易批的是“宫市”制度，他指出皇家绝对权力，导致“我的是我的，你的也是我的”。这“宫市”制度对百姓不公平，是恶政。这不是诗人发出的什么异常声音，而是在呼吁要将之纳入国家治理和改革。

白居易名句“心中为念农桑苦，耳里如闻饥冻声”，在唐朝社会里，这正是主旋律，是主流声音，不是异响。

记者：曾经看过一篇文章《神人白居易：我只用一半功力，就把日本折服了》，写到白居易用一支笔，就征服了整个日本，在日本，他简直就是诗神，日本作家没有不读白居易的，这是真的吗？

赵瑜：是真的。日本推崇白居易，他的许多诗篇在日本家喻户晓，诗好当然是一个原因，但更有一个客观原因大家可能不会注意到。白居易一生创作不断，他是一个活着时就广有大名的诗人，白诗流传下来很多，一是民间大有市场，士人拿白居易新诗可以当钱用，妓女争价，说我会唱《长恨歌》，理应高酬。驿站亭台到处刻有白诗，一个粉丝记性不好，满身刺青刻白诗，光着膀子炫耀。二者跟他特别注重编集子有关，几十年间，他前后主持编成五部诗集，存之庙宇，三千多首，唐代第一。他去世时是公元 846 年，75 岁。在此之前，也是日本派出遣唐使来朝的最后时光，日本派来的第十二批、第十三批遣唐使，还有好几批留学生，把白居易的很多集子带回了日本，有的集子，包括他的书法，我们国家已经没有了，但在日本、韩国还有收藏。到白居易去世之后，晚唐社会动乱以及日本内部财政吃紧，没有再派遣唐使来中国了，而李白、杜甫的诗集很晚才结集于市。从这个意义上讲，白居易生逢其时，李白、杜甫的创作高峰期正是安史之乱，他们颠沛流离，无法安宁，诗歌失散甚多，也没有机会编集子。白居易处于战后，相对稳定，到处流传他的作品，又有集子，正好遣唐使来朝，这几个原因造成了白居易用一支笔征服日本的现象。在亚洲周边国家和地区也是这样。韩国有人以重金买到白诗，带回去献给皇帝，谋取了高官，以白诗投其所好，近乎贿赂。大唐堪称中华民族最骄傲的时期，日本平安时代，有一本著名诗选，叫《千载佳句》，收录中日诗人佳诗 1100 首，白居易一人独占 535 首，令人惊叹。白居易研究在日本早已进入专业化。可惜，文化输出完毕，几百年之后，日本经过革新强盛起来，我们衰败了。

此外，有英国亚瑟·韦利等汉学家，早在民国年间就大量翻译白诗，并写出专著《白居易的生活与时代》，在英国和美国同时出版，西方国家介绍中国诗人的第一部传记，就是白居易。目前，以英语为主翻译白居易作品的译本，多达 189 种，各国图书馆都有白诗，可达 1800 多家。真正显示了中华诗歌超越时空的力量。

记者：白居易一生中有红颜知己吗？

赵瑜：当然有。他那首著名的“樱桃樊素口，杨柳小蛮腰”，相信大家都知道，这是他养的两个家伎，其实曾有更多，还对她们宠爱有加。这就要说到唐朝的婚姻制度，大唐的制度很合理，一夫一妻制，但是，大家都可以纳妾蓄伎。柳宗元正妻去世后，有好几位女性陪他生活多年，且生儿育女，这不是毛病。唐时，歌伎院是官办的，很开放，有西域新潮音乐，众多歌伎翩翩起舞，在大唐，歌舞娱伎不是缺点，不是生活作风问题，歌伎也不是今天的妓女，光知道卖肉。白居易一辈子婚娶杨氏而始终，而樊素和小蛮则是人性的补充。要说他的最爱，要数他年少生活在符离时的一个美丽村姑，名叫湘灵，他们恋爱 8 年，白居易一生写了几十首诗给她，有《寄湘灵》等等，可惜门不当户不对，他们不可能成眷属，这让白居易怀念了一辈子。湘灵送他一双绣花鞋，他始终带在身边，贬官江州还带着。白居易一生重情，重友情，重爱情，写了大量的同情女性的诗。如《上阳白发人》，他同情宫女，倡导人性，希望改善内宫政策，分批释放宫女，曾有一批释放了 900 多，将近 1000 人。

记者：白居易一生有什么有趣的事吗？或者诗歌的诞生与他的人生有什么样的关系？

赵瑜：白居易打小学习条件不好，考取进士之前，父亲去世，俸禄终结，家庭负担很重，加上战乱，流离了很多地方，他曾经背着长兄交给他的一袋粮食，步行千里，从浮梁背到北方，交给母亲。使他充分地体察了中下层社会的苦难。后来在符离有一段安稳日子，刻苦学习。但他参加基层考试还要跑到宣州，他有个长兄在浮梁任县簿，叔叔在宣州做官，他是以宣州“学籍”的贡生，被举荐参加长安考试的。这又要说到唐朝广招才学的制度，一个州郡，你举荐的学子总是考不上，比如三年荒疏，朝廷这就会怀疑你的公正性，科考舞弊，罪名极重。所以推荐时一定挑最好的，才能确保考得上。从而维系人才辈出的局面。像“文革”中，十年封闭高考，或以白卷为荣，可谓史无前例的荒唐。

白居易到长安，大家都传“长安米贵，居大不易”的掌故，这话确实是前辈顾况所说，但说这话时，白居易才十几岁，并没有去过长安，实是顾况被贬南方，见到白居易的“野火烧不尽，春风吹又生”，转而赞叹“得道个语，居亦易矣”。夸他有这样的诗才，到长安就不用发愁生存了，而不是后来传的，少年白居易在长安拜见顾况所发生。白居易在宣州，发现李白墓冢就在当涂，他找到了，感叹已经凋零，就写下了“可怜荒垄穷泉骨，曾有惊天动地文”。只因李白去世十年，杜甫去世两年后，白居易才出生的，也就是 772 年。

唐朝的时候做官不搞终身制，任期 3 年，还得再考，或等待重新安排。就是前面提到的，白居易先考中进士，再考上校书郎，三年期满，参加吏部考试，在考试准备中,《策林》等治国篇章诞生了，这一次考上，才能到陕西周至县做个县尉，是个副职。大县一正两副，小县一正一副，不像我们现在设有几大班子，副县一度多达近十位。白居易做县尉时，看到政策和民众并不和谐，写下了著名的《观刈麦》，还有《宿紫阁山北村》，他看到神策军，也就是皇家警卫，采伐建筑材料蛮横地砍了老百姓的树，这些树，老百姓养了三十年，是留做大用的，却被宦官统领的“采造家”无偿砍伐，“暴卒”横行乡里，百姓避祸无言，都是政策有误。他在反思自上而下的关系，写出他看到的事情。这时有两个周至县的钢丝朋友，是进士而无官，一个叫王质夫，一个叫陈鸿，这两人撺掇他写出了伟大的《长恨歌》。安史之乱能怨女人吗？他们同情杨玉环，他们说，只有你老白能写好，别人不行，白居易禁不住忽悠，在一个寺庙里，奋笔表达了战后反思的真情实感，县尉任职未满，这首警策朝政的大诗传到了长安，朝野争相传诵，歌女放声演唱，却没有遭到朝廷的批评，唐宪宗不但没有因为白居易谴责了自己的祖上而责怪他，还问，这是不是去年参加考试的白居易？身边人说是，好了，提拔，白居易就在县尉任期不满时，被召回朝中光荣担任左拾遗，还是翰林学士，也就是刚才说的言官，就近行走于皇室，这一来让你骂个够。不久，七品言官白居易，因为平乱扫藩之事，竟然和皇帝当堂争吵起来。皇帝受不了，向宰相李绛埋怨，说白居易这小子不给我面子，李绛劝帝：这正好说明了白居易的忠诚！皇帝释然。左拾遗的职责就是直言极谏，唐皇虽然“渴闻谠言”，但忠言逆耳，有时也会受不了，以致喜怒无常，利益受到损害的旧势力也会展开攻击，但有制度和无制度大不一样，制度之内进言毕竟不算犯罪，是制度保全了年轻的大才子。

我们写白居易，写历史，也是为今天着想，才有启示意义。通过对唐朝制度的考察，可以看到今天制度上的缺陷。由于制度使然，言官才可以尽情地提建议，但你不是言官时，可以继续写诗，正式提建议就要小心。后来，白居易得到提升，离开拾遗岗位，丁忧以后做了太子赞善，置身东宫辅教。这时，主战派武元衡宰相被藩镇刺客砍了，裴度被刺幸存，白居易一冲动，急急上奏建言严惩凶手，而太子宫中官，不得主动参政议政，也有规矩，这在保守派和憎恶白居易的人，特别是宦官集团看来，那是不允许的，原先你是谏官，拿你没办法，现在就可以奏你越职言事，妄议朝政，于是白居易被罗织罪名，贬到江州。也就是今天的江西九江。这下《琵琶行》问世了。至此，牢骚还是可以发的，“同是天涯沦落人”嘛。后来，量移忠州刺史。直至宪宗被害，穆宗登基，召回离京六年的诗人。学界一向认为，白居易前半生奋勇直言兼济天下，后半生知足保和独善其身，表相的确如此，但是我们更应该看到制度的因素，身不任拾遗臣职，失去了诤言谠谏的可能，便只有努力做个清廉好官。此后，白居易一路提升，为官二十任，官至太子少傅，从二品，以刑部尚书致仕，75 岁逝于洛阳。墓地祭者无数，洒酒成泥不可行，人们还是怀念他爱讲真话，做真人。但倘若没有制度保障，也早就被杀了。

白居易一生历经多朝，德宗、顺宗、宪宗、穆宗、敬宗、文宗、武宗，去世时已是宣宗。武宗皇帝企盼晚唐中兴，曾要重新起用“直言极谏”的白居易任宰相，因年事已高，任用了白居易的堂弟白敏中为相。白居易在洛阳辞世，宣宗帝亲自写诗悼念，“缀玉联珠六十年，谁教冥路作诗仙。浮云不系名居易，造化无为字乐天。童子解吟长恨曲，胡儿能唱琵琶篇。文章已满行人耳，一度思卿一怆然。”御笔追悼诗人，史所罕有，也只在唐朝见此独例。

宋朝往后，限制言论的文字狱越来越严酷，苏轼因诗案被贬黄冈，险些丢了性命。这时他尤其追念白居易，因而效法白居易曾在忠州东坡植树之举，咏念白居易“东坡种树”诗，在黄冈小城东门外也开了一片荒坡，种花植树，取号东坡居士，此名留传后世，比实名还响亮。苏东坡一生崇敬白居易，纵笔为文敢直言，执政为官办实事。及至元明，禁言更甚，待到晚清，啥也不让说，直言者动不动杀头，连影射也不能活，也就彻底衰败了。凡失败君王，都制造了一个禁止讲真话的时代。只有提倡和保障讲真话，并形成制度，才是推动社会变革、实现国家强盛的前提条件。

记者：您用几句话，总结一下白居易吧。

赵瑜：白居易是个真性情的正派人，集中体现了中唐文豪诗杰的才华和风骨。他爱诗，就像写日记似的写诗，世称“诗王”“诗魔”。又爱直言纪实，崇敬杜甫，也就留下了唐代生活的真实记录，成为考察中唐政治、经济、文化的重要文本。伟大的白居易为中华民族留下了非常宝贵的精神文化遗产，也为中国诗歌造就了世界级影响。“文章合为时而著，歌诗合为事而作”，对后世影响极大，如今面对中国文坛，犹可深思。

（此文为《映像》杂志专访，整理者王芳）

第一辑已出版书目

1 《逍遥游——庄子传》 王充闾 著

2 《书圣之道——王羲之传》 王兆军 著

3 《千秋词主——李煜传》 郭启宏 著

4 《草泽英雄梦——施耐庵传》 浦玉生 著

5 《戏看人间——李渔传》 杜书瀛 著

6 《心同山河——顾炎武传》 陈 益 著

7 《孤独的绝唱——八大山人传》 陈世旭 著

8 《泣血红楼——曹雪芹传》 周汝昌 著

9 《旷代大儒——纪晓岚传》 何香久 著

10 《烂漫饮冰子——梁启超传》 徐 刚 著

第二辑已出版书目

11 《忠魂正气——颜真卿传》 权海帆 著

12 《花红别样——杨万里传》 聂 冷 著

13 《感天动地——关汉卿传》 乔忠延 著

14 《西风瘦马——马致远传》 陈计中 著

15 《此心光明——王阳明传》 杨东标 著

16 《梦回汉唐——李梦阳传》 泥马度 著

17 《天崩地解——黄宗羲传》 李洁非 著

18 《幻由人生——蒲松龄传》 马瑞芳 著

19 《儒林怪杰——吴敬梓传》 刘兆林 著

20 《史志巨擘——章学诚传》 王作光 著

第三辑已出版书目

21 《千古一相——管仲传》 张国擎 著

22 《漠国明月——蔡文姬传》 郑彦英 著

23 《棠棣之殇——曹植传》 马泰泉 著

24 《梦摘彩云——刘勰传》 缪俊杰 著

25 《大医精诚——孙思邈传》 罗先明 著

26 《大唐鬼才——李贺传》 孟红梅 著

27 《政坛大风——王安石传》 毕宝魁 著

28 《长歌正气——文天祥传》 郭晓晔 著

29 《糊涂百年——郑板桥传》 忽培元 著

30 《潜龙在渊——章太炎传》 伍立杨 著

第四辑已出版书目

31 《兼爱者——墨子传》 陈为人 著

32 《天道——荀子传》刘志轩 著

33 《梦归田园——孟浩然传》曹远超 著

34 《碧霄一鹤——刘禹锡传》 程韬光 著

35 《诗剑风流——杜牧传》 张锐强 著

36 《锦瑟哀弦——李商隐传》 董乃斌 著

37 《忧乐天下——范仲淹传》 周宗奇 著

38 《通鉴载道——司马光传》 江永红 著

39 《琵琶情——高明传》 金三益 著

40 《世范人师——蔡元培传》 丁晓平 著

第五辑已出版书目

41 《真书风骨——柳公权传》 和　谷 著

42 《癫书狂画——米芾传》 王　川 著

43 《理学宗师——朱熹传》 卜　谷 著

44 《桃花庵主——唐寅传》 沙　爽 著

45 《大道正果——吴承恩传》 蔡铁鹰 著

46 《气节文章——蒋士铨传》 陶　江 著

47 《剑魂箫韵——龚自珍传》 陈歆耕 著

48 《译界奇人——林纾传》 顾　艳 著

49 《醒世先驱——严复传》 杨肇林 著

50 《搏击暗夜——鲁迅传》 陈漱渝 著

第六辑已出版书目

51 《边塞诗者——岑参传》 管士光 著

52 《戊戌悲歌——康有为传》 张　健 著

53 《天地行人——王船山传》 聂　茂 著

54 《爱是一切——冰心传》 王炳根 著

55 《花间词祖——温庭筠传》 李金山 著

56 《山之巍峨——林则徐传》 郭雪波 著

57 《问天者——张衡传》 王清淮 著

58 《一代文宗——韩愈传》 邢军纪 著

59 《梦溪妙笔——沈括传》 周山湖 著

60 《晓风残月——柳永传》 简雪庵 著

第七辑已出版书目

61 《竹林悲风——嵇康传》 陈书良 著

62 《唐之诗祖——陈子昂传》 吴因易 著

63 《婉约圣手——秦观传》 刘小川 著

64 《殉道勇士——李贽传》 高志忠 著

65 《蒙古背影——萨冈彻辰传》 特·官布扎布 著

66 《千秋一叹——金圣叹传》 陈 飞 著

67 《随园流韵——袁枚传》 袁杰伟 著

68 《女神之光——郭沫若传》 李 斌 著

69 《自清芙蓉——朱自清传》 叶 炜 著

70 《神韵秋柳——王士禛传》 李长征 著

第八辑出版书目

71 《秋水长天——王勃传》 聂还贵 著

72 《凤凰琴歌——司马相如传》 洪 烛 著

73 《辋川烟云——王维传》 哲 夫 著

74 《天生我材——李白传》 韩作荣 著

75 《如戏人生——洪昇传》 陈启文 著

76 《北宋文儒——欧阳修传》 邵振国 著

77 《红尘四梦——汤显祖传》 谢柏梁 著

78 《梦西厢——王实甫传》 叶 梅 著

79 《纸上云烟——张旭传》 李 彬 著

80 《人间要好诗——白居易传》 赵 瑜 著

图书在版编目（CIP）数据

人间要好诗：白居易传 / 赵瑜著. -- 北京：作家出版社，2020.12（2024.1 重印）

（中国历史文化名人传丛书）

ISBN 978-7-5212-1245-7

Ⅰ. ①人… Ⅱ. ①赵… Ⅲ. ①白居易（772 ~ 846）- 传记 Ⅳ. ①K825.6

中国版本图书馆CIP数据核字（2020）第268126号

人间要好诗：白居易传

作　　者： 赵　瑜
传主画像： 高　莽
责任编辑： 田小爽
书籍设计： 刘晓翔 + 韩湛宁
责任印制： 李卫东　李大庆
出版发行： 作家出版社有限公司
社　　址： 北京农展馆南里10号　　**邮　　编：** 100125
电话传真： 86-10-65067186（发行中心及邮购部）
86-10-65004079（总编室）
E-mail:zuojia@zuojia.net.cn
http://www.zuojiachubanshe.com
印　　刷： 三河市紫恒印装有限公司
成品尺寸： 152×230
字　　数： 345千
印　　张： 25
版　　次： 2021年5月第1版
印　　次： 2024年1月第5次印刷
ISBN　978-7-5212-1245-7
定　　价： 50.00元

作家版图书，版权所有，侵权必究。
作家版图书，印装错误可随时退换。